ཚ་རོང་ཁྲི་ཆེན་འབྲོག་ཁུལ་གྱི་དམངས་འཛོ་འཐིལ་རྒྱས་བརྟག་དཔྱད་སྐུན་ཁྲ། (2017)

北京大学新结构经济学研究院西藏分院
西藏大学珠峰研究院　研究报告系列

拉萨市农牧区民生
发展调查报告
（2017）

杨丹　杨铮　图登克珠　著

人民出版社

序　一

林毅夫

　　民生是民心所系，国之根本，执政之要，也是各国国家治理体系的重要基础。党的十九大报告指出新时代社会主要矛盾就是"人民日益增长的美好生活需要和不平衡不充分的发展之间的矛盾"，可以说给民生改善的重要性做了最好的注释。本人所从事的经济研究工作也直接或间接地与民生相关，尤其是任世界银行首席经济学家兼高级副行长的经历中，主要任务也是帮助发展中国家发展经济，减少贫困，改善民生。

　　青藏高原又被称为世界"第三极"，其地理自然环境全球独一无二，在此条件下产生和发展出来的西藏人文社会、生产生活方式以及传统习俗也极具独特性。在现代科技与全球化经济的冲击下，青藏高原此时此刻正在发生着深刻的变化，以科学客观的方式记录下这一历史变迁的过程已经具有极高的社会历史价值。

　　改革开放以来，西藏自治区社会经济状况得到了极大发展。在中央第六次西藏工作座谈会上，习近平总书记重点指出要"把改善民生、凝聚人心作为西藏工作出发点和落脚点"。西藏地处平均海拔 4000 米的广袤雪域高原上，其特殊的自然地理环境使得人口密度稀疏，以拉萨市为例，拉萨市是省会城市，面积 30000 多平方公里，在所有省会城市中辖区面积位列第二。但是和其他省会城市大不相同，常住人口及户籍人口（2013 年）都只有 50 多万人，除了城关区，其他都是广袤的农区和牧区。受传统观念、宗教文化等因素影响，藏区居民对民生诉求与内地相比存在较大的差异性。西藏作为国家边境省份以及周边亚洲国家"水塔"的地位，承载了巨大的地区性和国际性的义务与责任。多重目标的交错，使得西藏的社会经济发展尤其是民生问题急需科学严谨的研究来评估和规划，杨丹教授主持的西藏民生研究这一开创性的工作填补了这一空白。

本人几次进藏的亲身经历，胸闷心慌、行动缓慢、思维迟钝等高原反应仍历历在目。跋山涉水深入到高海拔偏远农牧区，同时克服语言沟通障碍到农牧民家中展开研究工作，其难度可想而知。课题组对拉萨市农牧区民生问题的研究，需要巨大的勇气，克服挑战才能顺利完成，这一研究开创性的价值很大程度上也源自于研究所面临的高难度。

杨丹教授带领的调查研究团队主要由西藏大学师生组成。我多次到过西藏大学，藏大教师坚守在高寒缺氧环境极端恶劣的青藏高原，激情执着地投入到立德树人的工作中，在世界屋脊"办人民满意的大学"成效显著，令人钦佩。课题组长期从事雪域高原精准扶贫和全面同步小康的研究工作，本次调查由 51 位西藏大学的教师和学生组成，教师包括了藏族、汉族、白族教师，还有援藏干部，访员都是由精通当地藏语方言的老师与学生担任。他们关注中国西藏微观个人和家庭层面的经济社会现象，对农牧区民生发展及整体幸福满意度情况进行真实、客观、科学的记录、刻画与研究。报告记录了拉萨市农牧区民生改善的巨大成就，提出了未来的发展方向。整个报告是"本土情景"的科学展现、经济社会问题本土化研究的呕心力作，兼备科学的方法、专业的精神和人文的关怀。

拉萨市农牧区民生研究利用西南财经大学中国家庭金融调查研究中心的先进调查平台，指标设计结合本地实际，抽样方法科学，访员培训充分，入户调查规范。课题组深入到西藏农牧区家庭，通过科学严谨的抽样获取了 746 户有效样本家庭，涉及人口 2833 人的基础数据，累计行程超过 6 万公里，最终完成了拉萨市农牧区总体满意度的量化测评。研究报告构建了包含居民生活、公共服务、公共安全、生态文明等四个指标的民生满意度测评体系，从基本生活、社会化关联、现代化生活等不同层面进行了满意度的细项分析；从地区、海拔、生产方式、家庭成员、建档立卡等维度进行了不同特性及等级下的满意度差异分析；对农牧区的隔离度、普惠金融发展、牦牛指数、健康与饮用水等开展了专题研究。研究发现与分析结论对处于转型发展中的我国西藏及四省藏区发展有着非常重要的参考与借鉴价值。研究思路、内容与方法对于研究藏族地区农牧民、民生、扶贫等领域的学者来说，也具有重要的参考价值。

显然，这样的民生发展研究应该逐步扩展到西藏全区、自治区外的四省藏区，以及我国周边尼泊尔、印度等国家，建成青藏高原民生发展问题的动态面板数据库。到那时，环喜马拉雅地区的资源禀赋和发展路径将可以清晰、系统地梳理出来。地方政府可以因势利导，克服软硬基础设施瓶颈，创造符合比较优势、具有自生能力的经济主体蓬勃发展的环境，推动地区经济转型升级，完成适宜于本地区禀赋特征的金融供给、教育供给、产业政策、民生政策、财政税收制度的内生性演进和全面深化改革。

可以说，拉萨市农牧区民生调查是具有"世界平面的广度、中国本土深度和西藏未来高度"的重要研究。课题组所做研究对西藏自治区乃至中国的发展都有重要意义。希望以此为起点，看到更多更好的关于西藏当代社会经济发展的研究成果。

林毅夫教授

第十三届全国政协常务委员、经济委员会副主任

国务院参事

北京大学新结构经济学研究院院长

2018 年 5 月

序 二

王一鸣

  治国必治边、治边先稳藏。在 60 多年治边稳藏的实践过程中，依靠党的坚强领导和各族人民的艰苦奋斗，西藏创造了"短短几十年，跨越上千年"的人间奇迹。西藏工作之所以成效显著，最根本的就是以民为本、安民稳藏、富民兴藏。

  "民为邦本，本固邦宁"。中国特色社会主义进入新时代，我国社会主要矛盾已经转化为人民日益增长的美好生活需要和不平衡不充分的发展之间的矛盾。坚持以人民为中心，把人民对美好生活的向往作为奋斗目标，保证全体人民在共建共享发展中有更多获得感，不断促进人的全面发展、全体人民共同富裕，是习近平新时代中国特色社会主义思想的重要内涵，体现在坚持和发展中国特色社会主义的基本方略之中，也是破解不平衡不充分发展的关键。同全国其他地区一样，西藏也进入了全面建成小康社会的决胜阶段。习近平总书记在中央第六次西藏工作座谈会上强调："必须牢牢把握西藏社会的主要矛盾和特殊矛盾，把改善民生、凝聚人心作为经济社会发展的出发点和落脚点。"① 历史的经验和西藏发展的实践都表明，富民兴藏是新时代西藏发展应遵循的基本原则之一。要紧紧围绕改善民生推动经济发展，促进社会全面进步，让各族群众共享发展成果。

研究民生，科学是基。要牢牢把握西藏工作的主动权，牵住西藏发展的"牛鼻子"，就必须准确认识民生内涵，科学评价民生发展，客观看待民生短板，精准实施民生政策。我主要从事宏观经济问题研究，对民生问题研究不多，但从科学研究的一般规律看，要对经济社会现象有准确的判断，就必须从具体真实的现象着手，较为可行的方法就是从客观数据出发，先认识现象和特征，后尝试研究背后的逻辑与规律。同样，研究西藏的民生问题，也应该遵循科学的研究范式，先从真实现象和客观事实出发，再推进到更深层次的研究。杨丹教授率领的研究团队正是遵循这样的科学研究范式，从采集数据入手，通过数据分析得出对拉萨民生问题的基本判断，进而再深入研究西藏经济社会发展的深层次问题。

"经世济民，孜孜以求。"习近平总书记指出："在高原上工作，最稀缺的是氧气，最宝贵的是精神。"② 在平均海拔超过 4000 米的地区做基础性研究，需要跋山涉水入户调查，克服语言障碍倾心交流，承受高寒缺氧准确记录，其险、其艰、其难、其困、其苦，未有高原经历之人是难以想象的。我曾多次入藏，对在高寒环境下开展实地调研的艰难有自己的感受。杨丹教授作为第八批援藏干部和财经领域的专家学者，秉承经世济民之情怀，怀揣孜孜以求之精神，将学者的研究热情、担当风范带到了高原，始终践行智力援藏的理想，瞄准国家和藏区重大战略需求，紧扣民生这一重大研究领域，在较短时间内即完成了整个研究的顶层设计、团队搭建、资源整合与入户调研，最终带领整个研究团队形成

① 《习近平关于全面建成小康社会论述摘编》，中央文献出版社 2016 年版，第 99 页。

② 《习近平：在高原上工作最宝贵的是精神》，2015 年 9 月 7 日，见 http://news.163.com/15/0907/16/B2UGSTJ00014JB5.html。

了具有科学性、综合性、本土化的研究报告，其精神令人十分感动。杨丹教授及其团队舍弃常人所拥有的、放弃常人所享受的，扎根雪域高原，矢志艰苦奋斗，用思想、用行动、用成果，诠释了新一代年轻学者的精神风貌，为"老西藏精神"注入了新的内涵。

拉萨作为西藏首府，虽然占地不足西藏面积的 3%，却拥有西藏三分之一的人口，可以说，拉萨的民生发展在一定程度上代表了西藏的民生发展。此次出版的《拉萨农牧区民生发展调查报告（2017）》是一次宏大的民生发展跟踪研究的首轮工作成果，更是把文章写在中国大地上的一次生动实践。据我所了解，如此全面系统的入户民生调查研究在西藏社会科学研究中尚属首次。俗话说，万事开头难。我相信，随着时间推移和数据积累，本项研究将彰显出重要的学术价值与现实意义，必将为社会了解西藏居民真实民生状况提供新素材，为西藏社会科学研究提供新示范，为政府科学精准施策提供新依据。

王一鸣教授

国务院发展研究中心副主任

第十三届全国政协委员

2018 年 5 月

目　录

第一章

民生问题概述

1.1 民生的概念

1.1.1 民生的内涵

"民生"较早出现在《左传·宣公十二年》上，其中写道："民生在勤，勤则不匮。"这里的"民"是臣民、百姓的意思，"生"则指的是生计。《辞海》中对"民生"的解释是"人民的生计，老百姓的生活来源问题"。中共中央党校教授吴忠民(2009)[①]认为民生的内涵有广义和狭义之分，广义上的民生是指，所有与民生相关的直接和间接的事项，并同属民生范围之内的事，这个概念的优点是高度重视民生问题。这个广义的民生概念几乎可以延伸到任何区域，其中包括经济、社会、政治、文化等。狭义上的民生主要是从社会层面上着眼的，从这个角度看，所谓民生，主要是指人的基本生存和生活条件，以及人们发展的机会、能力、权益等。

党的十八大以来，习近平总书记多次发表重要论述，阐明了"民生观"，指出"一切工作出发点、落脚点都是让人民过上好日子"，"保障

---

① 吴忠民：《民生的基本涵义及特征》，《中国党政干部论坛》2008 年第 5 期。

和改善民生是一项长期工作，没有终点站，只有连续不断的新起点"，提出当前和今后一段时期民生工作的着力点是将广大人民群众凝聚到追求幸福中国的目标上来。习总书记的"民生观"涵盖了医疗、教育、就业、住房、养老等关乎老百姓生活的各个方面，深刻阐述了解决民生问题的重要性和长期性，也是以习近平同志为核心的党中央高度的政治清醒和坚决责任担当的体现。

（1）民生外延界说

根据中国的发展阶段和社会进程，从各期的民生问题出发，李业杰（2008）[1] 对民生概念的外延分类进行列举，包括了孙中山界说、《辞海》界说、多内容说、物质界说等。孙中山的民生界说，是一种"大民生说"，"民生就是人民的生活——社会的生存、国民的生计、群众的生命"。其中，"社会的生存"是指民族人种的生存保障问题，强调的是中华民族不能亡国灭种，国家社会安全不能遭受威胁；"国民的生计"是指国内民众生活日用的基本保障问题，人民应该富足安乐；"群众的生命"是指个人生命的安全保障问题。《辞海》对民生的界说，是小民生说，更多是"民众的生计、生活""平民的生计"的观点，主要是指民众的日常日用生活内容，是一种对生活现象和内容的表达与描绘。多内容说是大家谈论的经济、政治、社会、文化等方面的民生问题，而其着眼点大都在利益分配领域。第四种界说是物质生活和非物质生活的两方面说，主要是指民生内容应该包括物质生活方面的内容和文化生活方面的内容。民生概念外延的不断扩展，体现了社会进步和发展。

结合我国发展现实，民生外延表现为：以人的全面发展为目标，以大力发展社会生产和创造更加丰富的物质财富和精神财富为基础，以政治民主和正义权利为保障，以全面发展、和谐发展的社会为载体，实现

---

① 李业杰：《关于民生概念内涵和外延的确认》，《山东科技大学学报（社会科学版）》2008年第2期。

经济、政治、社会、文化、生态等协调发展，实现全社会全体人民的共享发展。

（2）民生层次理论

陈洪泉（2010）[①] 将民生需要分为生存需要、享受需要、发展需要三个层次。生存需要是人的最基本的需要，是一切社会形态中人的共同的基本需要，包括衣、食、住以及其他物质生活资料。享受需要是在人的生存需要得到基本的和比较稳定的满足基础上形成的。它是人们提高生活质量、优化生活状况、使生活更加安全舒适的需要，包括丰富多彩的精神生活。发展需要是人的需要的高级形式，是人们为了自身的完善和实现自身价值而产生的需要，包括培养思想道德、科学文化，实现自身的价值，促进社会的发展等。

林祖华（2009）[②] 提出民生问题包括由低到高的三个层面的内容，生存的民生、发展的民生和全面发展的民生。第一层面指民众基本生活状态的底线，包括衣食住行、生老病死等方面。第二层面指民众基本发展机会和发展能力，包括包括需要充分就业，具有培训晋升机会，享有平等竞争环境，健全社会保障机制，劳动权、财产权、社会事务参与权等。第三层面指民众全面发展的民生，是全方位的、高层次的民生，是物质文化生活与精神生活的高度统一。包括人的生命价值、健康价值、尊严价值，食品安全、环境质量、公共安全、公平正义、民主法制等。

吕勇（2015）[③] 提出各级政府应当是解决民生问题的主体，有责任保障广大人民群众的基本生存和生活状态以及基本的发展机会、基本的发展能力、基本的权益等观点。一是保障生存权，使广大人民群众

---

① 陈洪泉：《民生需要的涵义、内容和层次》，《淮阴师范学院学报（哲学社会科学版）》2010 年第 5 期。

② 林祖华：《民生概念辨析》，《经济研究导刊》2009 年第 22 期。

③ 吕勇：《民生问题的含义及特点》，2015 年 4 月。

享有最基本的生活资料并随着社会发展不断有所提高，对无法通过自身努力获得最基本生活资料的弱势、贫困群体实施社会救济和最低生活保障制度，为所有老年人提供最基本的养老保险。二是保障最基本的受教育权，为未成年人提供免费义务教育，兴办公立的中小学，为少年儿童提供免费教育，并对困难家庭的学生寄宿提供帮助。三是保障劳动权，为适龄劳动人群提供就业岗位，以解决其基本的"生计来源"问题；尽可能降低失业率，并对就业困难的弱势群体提供就业指导、职业培训等方面的帮助。四是保障最基本的健康权，为广大人民群众提供基础性的公共卫生环境和条件，如兴办基础医疗卫生机构，免费提供传染病疫苗，实施传染病防治和疾病控制，提供最基本的医疗保险和为存在工伤事故的相关行业的工作人员提供工伤保险。五是提供基础性的住房保障，对城市中低收入家庭居住条件的改善提供帮助，帮助群众购房或租房，实现住有所居。六是提供基础的出行条件，为城镇居民提供方便、快捷、廉价的公交系统，为农村居民修建通畅的道路。

郑功成 (2006)[1] 在《科学发展与共享和谐：民生视角下的和谐社会》一书中则直接聚焦了当代社会与民生重大议题，内容涉及构建社会主义和谐社会中人民最关注、最需要解决的收入分配、社会保障、医疗与教育、劳动就业、农民工与农民等问题。认为贫富差距、城乡差距、地区差距的扩大化和劳资之间、进城务工人员与市民之间的利益失衡，以及教育、卫生、社会保障等各种民生问题的发展，在很大程度上影响了社会发展。

1.1.2 民生的特征

从民生的内涵和外延看，民生有其固有的特点[2]：

---

[1] 郑功成：《科学发展与共享和谐：民生视角下的和谐社会》，人民出版社 2006 年版。

[2] 林祖华：《论民生的内涵和特点》，《理论与改革》2012 年第 3 期。

一是时代性。马克思主义历史唯物论认为，思想既不能从它们本身来理解，也不能从所谓的人类精神的一般发展来理解，相反，它源于物质的生活关系。民生思想是对民生现实的反映，民生思想是时代的产物。因此，民生问题是具体的，是动态的，不同的时代有不同的内容与特点，它会随着时代的变化而变化，随着时代的发展而不断发展，民生问题的内涵和外延也会越丰富。人们所追求的生活目标总是随着时代进步而不断提高，时代变化催生民生问题。

二是差异性。不同国家、不同地区有不同的民生问题；同一国家，在不同的历史时期民生问题也不一样；不同地区、不同社会阶层、不同群体对民生诉求同样有较大差异。发达地区、富裕群体追求健康、文化、精神、自我价值实现等目标；欠发达地区、相对贫困的群体则更多关注生存问题，体现摆脱贫困、提高物质生活水平等方面的诉求。

三是系统性。民生关系着一个国家、地区的经济、政治、文化发展，民生问题虽有层次等方面差异，但需要将其当作一个整体，系统来看待。需要将政治、经济、社会、文化、生态文明等方面系统性有层次地解决，才能推动民生建设的不断发展。

四是永恒性。改善民生将是人类活动永恒的价值追求，社会的发展、人民幸福生活的提高都需要不断关注民生、保障民生、改善民生。

1.2　民生问题的重要意义

1.2.1　民生问题提出的背景

关于民生问题的提出与关注的背景，学者们普遍认为是我们党全面贯彻落实科学发展观的重要内容，是构建社会主义和谐社会的重要环节，是体现"权为民所用、情为民所系、利为民所谋"的要求，更是从国强到民富渐进的转变过程。李晓红（2011）[①] 则对这些研究成果进行归纳总结，主要阐述为三种观点。

（1）继承党的优良传统论

《中国共产党章程》总纲中指出："党除了工人阶级和最广大人民群众的利益，没有自己特殊的利益"。高度关注民生，关心群众生活，是党的群众路线的重要组成部分，是贯穿党的历史的一条主线，也是我们党的光荣传统。从历史来看，我们党把高度关注民生、关心群众生活贯穿自身发展的全过程，关注民生是贯穿我们党历史的一个鲜明特色。所以，将保障和改善民生提出到党中央和国家发展的战略高度，是对党以往的优良传统的继承和发展。

（2）缓解各方差距论

我国 GDP 迅速增长，国内生产总值由 2012 年的 54 万亿元增长到 2017 年的 82 万亿元，稳居世界第二，对世界经济增长贡献率超过 30%。GDP 的快速增长，国家综合实力逐步增强，但同时也需要清楚地看到，人们在各方面的差距仍旧存在，主要体现在四个方面：城乡差距、地区差距、群体差距、个人之间差距。习近平总书记在党的十九大报告中指出："民生领域还有不少短板，脱贫攻坚任务艰巨，城乡区域发展和收入分配差距依然较大，群众在就业、教育、医疗、居住、养老等方面面临不少难题"。如何解决差距现已成为中央和群众都关注的问题。

（3）增强党执政社会基础论

巩固党执政的社会基础、实现党执政的历史任务要求我们，必须紧紧依靠人民群众，团结一切可以团结的力量，必须正确认识和妥善处理人民内部矛盾和其他社会矛盾，不断在发展的基础上满足人民群众日益增长的物质文化需要，保证人民群众共享改革发展的成果，必须抓紧解决人民群众生产生活中的突出问题和困难，保证广大人民群众安居乐

---

① 李晓红：《当前民生问题研究综述》，《南方论刊》2011 年第 6 期。

业。不断增强党执政的社会基础、更好地保持党自身的先进性。

1.2.2 民生问题的重要意义

民生问题是世界各国治国理政的根本问题，更是我们党领导的社会主义国家政治制度的本质要求，成为党中央、国务院及各级政府始终关注的重大问题。

（1）改善民生时代所趋，体现社会主义优越性

经济发展，社会进步，民众的总体生活水平逐步提升，但民众之间的个性差异在扩大，民生问题的区域差异凸现。民生问题解决得好，民众对社会和政府的满意程度才会高，社会矛盾才会相应减少，社会也才能更加稳定，因此改善民生是保持社会稳定的关键。在中国特色社会主义市场经济快速发展的今天，民众生活水平差距拉大的原因主要有：民众适应市场经济的能力不同；各自面临的机遇不同；各自生存的环境不同；受教育的程度不同等。种种原因导致民众阶层分化，财富差距与日俱增①。因此，关注改善民生问题是政府为了弥补单凭市场经济调节的先天性不足，加大对低收入民众政策扶持力度，帮助他们解决生存、生活和生产困难，实现社会主义优越性的战略选择。

（2）社会稳定关键议题，服务于人造福于民

党的十八大把民生问题提到了前所未有的高度，指出：民生连着民心，民生就是民心，解决民生问题是最大的政治，民生改善是最大的政绩；无论从怎样的角度看，更加重视民生，切实保障和改善民生，让全体人民共享改革发展的成果，是中国未来发展和共产党长期执政的核心使命。

随着经济发展和社会进步，广大民众的温饱问题基本解决，但医疗问题、教育问题、就业问题、住房问题、环境问题等成为民众生存、生

---

① 赵晖：《公共行政以关照民生为本》，《中国教育报》2008年4月16日。

活面临的主要问题①。医疗问题影响民众的生命、生存和生活质量，影响民众的健康，解决好民众看病就医问题，是政府改善民生的人道主义体现，政府要改变贫困群众有病没钱医治的状况，尊重民众的生命权，维护民众的身体健康权益是政府最基本的职责；教育问题影响民众自身文化素质和劳动技能的提高，促进教育公平是政府改善民生的长期任务，提高教育质量可以从根本上改变人口素质，逐步使民众走上自力更生、自我改善的道路，有利于民众在社会主义市场经济建设中发挥积极作用，实现富民强国历史进程的提速；就业是确保民众收入来源的主要途径，促进就业是政府改善民生的直接手段，减少失业人口，帮助困难群体，是政府改善民生的有效手段；民生问题还要注重环保，节能降耗减排，为广大民众营造良好的生态环境。

党的十八大以来，习近平总书记多次强调："要坚持底线思维，不回避矛盾，不掩盖问题，凡事从坏处准备，努力争取最好的结果，做到有备无患、遇事不慌，牢牢把握主动权。"习近平总书记指出："以人为本、一切为了人民福祉，是我国经济发展不可动摇的目标。在经济发展的基础上不断提高人民生活水平，是党和国家一切工作的根本目的。检验我们一切工作的成效，最终都要看人民是否真正得到了实惠，人民生活是否真正得到了改善。"民生问题的解决不能仅依靠经济的发展，而是坚持"以人民为中心"的发展理念，加大对社会事业的投入，进一步优化公共资源配置，逐步建立惠及全民的基本公共服务体系。

1.3　西藏民生发展的特殊性

改革开放以来，在党中央的特殊关怀和全国人民的大力支援下，西藏自治区民生状况得到了极大改善，正经历着由"温饱"向"小康"的

---

① 郁永斌：《改善民生是中国特色社会主义的社会建设重点》，《理论月刊》2008 年第 1 期。

历史性转变。在中央第六次西藏工作座谈会上，习近平总书记继续强调：要牢牢把握改善民生、凝聚人心这个出发点和落脚点，大力推动西藏及周边四省藏区经济社会发展。把改善民生、凝聚人心作为西藏工作出发点和落脚点，就是要确保西藏经济社会持续健康发展和长治久安，确保西藏各族人民物质文化生活水平不断提高，建设富裕和谐幸福法治文明美丽的社会主义新西藏。

（1）地处边陲，藏区民生改善理论与实践的经验借鉴少

西藏是我国西南边陲的重要窗口，面积占中国国土八分之一，独特的自然环境、人文环境和社会环境也深刻地影响着西藏的经济发展速度与水平，迄今西藏仍是我国最为贫困的地区之一。在平均海拔 4000 米的广袤的雪域高原，实现公平和正义，实现人民共享改革发展的成果，做到全体人民学有所教、劳有所得、病有所医、老有所养、住有所居，没有任何国际经验可以借鉴，因此西藏民生问题也是中国改革开放以来推进经济社会发展的重大实践课题和理论难题。近年来，西藏民生状况不断得以改善，但也应当看到，由于发展起点低、自我发展能力弱，西藏的民生总体状况仍需进一步改进。

（2）自然地理环境特殊，农牧区民生诉求具有独特性

西藏地处青藏高原，平均海拔 4000 米，在特殊的自然环境和地理环境下，导致人口分布不均衡，城镇人口分布密集，农牧区人口分布稀疏、分散，因此农牧区公共服务供给半径非常大。耕地牧场碎片化、气候干旱缺水，因此基本公共服务的投入成本大、公共产品供给难度大。农牧区整体经济发展水平低，贫困面积大、程度深，农牧民收入水平低，民生改善任务重。受长久以来的传统、观念、宗教等因素影响，西藏农牧民普遍存在小富即安、知足常乐的生活心态，因此，西藏民生诉求又呈现出与内地不同的差异化特征。

（3）公共服务供给不足，民生发展不平衡

目前，拉萨城关区的基本公共服务虽与发达省市区域相比仍有一定

距离，但总体上说已基本覆盖；但农村、贫困地区、寺庙社区和针对社会弱势群体的基本公共服务尚未得到充分保障。此外，由于城乡区域间制度设计不衔接，管理条块分割，资源配置不合理，服务提供主体和提供方式比较单一，基层政府财力与事权不匹配，以及监督问责缺位等问题较为突出。民生服务体系不健全，不仅难以保障发展成果惠及全区城乡居民，而且还会制约经济社会健康协调可持续发展。

（4）支持力度大，民生改善预期较好

中央政府及各兄弟省市多年来为西藏投入大量的人力、物力与财力，使之呈现出人均投入巨大、持续时间长的全球绝无仅有的特点。"十三五"时期，中央支持西藏发展的一系列特殊优惠政策不会发生重大改变，兄弟省市的对口支援力度将进一步加大，西藏发展仍处于可以大有作为的重要战略机遇期，也是加快民生改善的关键时期。从需求看，工业化、信息化、城镇化、农业现代化深入发展，精准扶贫力度持续加大，人民收入水平不断提高，消费结构加快转变，对各类公共服务需求日趋旺盛。从供给看，西藏经济将继续保持快速发展，民生财政保障能力将进一步加强。从体制环境看，有利于科学发展的体制机制加快建立，教育、卫生体系、社会保障、公共文化服务、就业、住房等社会事业改革深入推进，建立健全民生保障和改善体系的体制条件不断完善。

从预期看，目前大规模的援藏建设使西藏民生状况得到极大改善。在可预见的未来，中央政府和各兄弟省市的援藏政策还将持续。因此西藏要牢牢抓住难得的历史机遇，顺应各族人民过上更好生活新期待，努力改善民生状况，提升民生满意度，推动经济社会协调发展，为全面建成小康社会夯实基础。如何走上自力更生之路，使西藏农牧民具有自我发展的可持续生计能力，是我们今天研究民生政策的意义所在。

（5）关注西藏民生，进一步凝聚人心

社会和谐、稳定是西藏长治久安的根本保障。西藏是重要的国家安全屏障、重要的生态安全屏障、重要的战略资源储备基地，是我国同西方敌对势力和境内外敌对势力、分裂势力斗争的前沿。西藏的稳定关系国家的稳定，西藏的安全关系国家的安全，习近平总书记提出的"治国必治边、治边先稳藏"战略思想，深刻阐明了西藏社会稳定的特殊重要性①。只有加快发展、改善民生，凝聚民心、汇聚民力，引导各族群众思稳定、求发展、促和谐，才能把西藏各族人民的心紧紧凝聚在一起，在开展与十四世达赖集团的反分裂斗争、维护民族团结和国家统一、维护社会稳定和国家安全等重大政治原则问题上，始终做到旗帜鲜明、立场坚定，确保西藏的跨越式发展和长治久安。

不断改善民生才能切实凝聚西藏各族人民的人心，切实凝聚人心才能更好地推动经济社会发展。西藏和四省藏区是我国贫困面积最大、贫困程度最深的地区，以改善民生、凝聚人心为出发点和落脚点，就紧紧把握住了西藏社会的主要矛盾和特殊矛盾。只有牢牢把握这个出发点和落脚点，始终保持同人民群众的血肉联系，才能赢得西藏各族人民的真诚拥护，形成强大的凝聚力和向心力，才能团结带领西藏各族人民坚定不移走具有中国特色、西藏特点的发展道路，为全面建成小康社会、实现中华民族伟大复兴的中国梦而奋斗。

1.4　西藏农牧区民生的基本现状

民生状况的改善，是人们生活水平提高、政府相关政策效应显现的直接表现。西藏农牧民人口占西藏总人口的80%，因此研究西藏的民生问题，需重点关注农牧区状况。近年来，西藏农牧区民生状况不断得以改善，但由于特殊的地理气候环境，导致人口分布不均衡，城镇人口

---

① 2013年3月9日，习近平总书记在参加十二届全国人大一次会议西藏代表团审议时明确提出。

分布密集，农牧区人口分布稀疏、分散，因此基本公共服务的投入成本大、公共产品供给难度大，民生改善任务重。了解农牧民的民生基本特征，对于制定民生政策具有重要的参考价值。下面将从居民生活、公共服务、公共安全、生态文明四个方面，分析西藏农牧民民生基本状况。

1.4.1 居民生活

居民生活是其生活条件的综合反映，从整体上可以反映一个国家或地区的经济发展状况和文明程度，广义的居民生活既包含物质生活内容，还包含居民对自身生活状况的主观感受。讨论居民生活，应该集中研究与西藏农牧区居民生活关系较为密切的收入、消费、就业和交通四个方面的问题。

（1）收入增速慢，区域间收入不平衡

城乡收入差距大，地域间收入不均衡。到2015年，西藏城镇居民人均可支配收入25457元、农村居民人均可支配收入8244元。2016年，西藏城镇居民人均可支配收入为27875元，增长10%，农村居民人均可支配收入为9316元，增长13%。然而，从全国来看，西藏城镇和农村之间收入差距大于全国城乡收入差距。各个地区的农牧民的收入也存在着差距，2015年拉萨市农牧民的人均收入为10378元，昌都市农牧民人均收入为7311元，山南地区农牧民人均收入为8991元，日喀则市农牧民人均收入为7402元，那曲地区农牧民人均收入为7862元，阿里地区农牧民人均收入为7903元，林芝市农牧民人均收入为10703元。

人均收入低，增速慢。自1951年西藏和平解放以来，西藏自治区的经济社会得到迅猛发展，农村社会经济面貌发生了很大变化，取得了举世瞩目的成就。但是与我国西部地区其他少数民族地区的经济发展相比较，经济社会发展整体水平依然较低，自我发展能力依旧不足，进而影响了农牧民的收入水平提高。

经济发展具有特殊性。西藏居民收入差距从本质上讲，是西藏第一产业和第二、三产业的效益差别的体现。西藏的产业结构虽然呈现出第一产业产值相对最低而第三产业产值最高的特征，但其产业结构的实质内涵却远未达到经济产出服务化的状态，不仅产业规模小，而且初级性、粗放型特征明显，导致贫困发生率高，脱贫攻坚任务艰巨。同时，随着西藏经济社会快速发展和对外交流合作进一步扩大，农牧业生产和发展面临着许多新的问题，诸如生态资源枯竭、生产效率低下等。由于西藏生态十分脆弱，一旦被破坏不仅恢复成本高，而且恢复进度慢，继而影响着西藏农牧民持续增收。另外，社会经济发展多以外援型为主，当地经济发展的自我"造血"能力不足；农牧区应对自然灾害能力较差，一旦面临自然灾害会导致农牧业受损严重，使得农牧民收入波动明显。

（2）消费层次低，结构不合理

农牧民消费层次低。农牧民收入水平整体不高，平均受教育程度低，导致消费注重实用性，关键的焦点在商品的价格和成本上，而对质量、商品外观方面关注较少，物价不稳等成为制约农牧民消费的重要因素。同时，农牧民家庭人口一般较多，家庭人口的数量和收入水平也影响着消费的数量和结构。

膳食营养结构不合理。西藏居民食品消费中肉类、奶类占比高于全国平均水平，蛋类、禽肉、豆制品和水果等需求不足；近年，粮食消费结构发生了较大改变，主食中大米和面粉占比逐渐增大。

交通运输通达能力有限。受交通运输通达能力的限制，蔬菜在农区消费量高但在牧区却较低。农村市场，尤其是牧区，难以提供诸如免费安装、送货上门、网上购物等服务，商品销售网络和服务体系发展滞后。

（3）劳动力素质偏低，就业增长不理想

劳动力素质偏低。尽管西藏一直在教育上狠下功夫，但受"路径依赖"的影响，西藏的劳动力素质依旧偏低，大量劳动力滞留在低层次经济领域，这不利于就业的增加。

人口增长不合理。西藏自治区部分农牧区还出现经济越落后人口的增长率越高的现象，导致人口素质进一步下滑。而西藏农牧区生存环境恶劣、生产条件差、经济发展缓慢、教育落后、医疗卫生条件差的实际情况，人口的高出生率又使得许多家庭生活困难，没有能力给予子女良好的教育，使西藏基础性社会保障的任务艰巨，就业压力增大。

服务业发展滞后。服务业一般属于劳动密集型产业，能创造较多的就业岗位，服务业还能进一步方便和丰富居民生活。尽管西藏的产业中第三产业产值最高，但其产业规模过小，西藏产业结构的生产力分布并未形成现代化产业格局，无法发挥其优势。

（4）城乡居住环境差异大，农牧区住房开支占比高

2015 年，西藏城区已建立了相对完善的公共租赁住房和廉租住房供应保障，廉租住房和公共租赁住房保障户数占城镇常住家庭户数的比重已经达到 14.6%。反观西藏农牧区，尽管人口少，但是居住分散，农牧民长期沿袭着逐水草而居的传统游牧方式，整个牧区基本处于牧民家庭无固定住所、牲畜无棚圈、冬春季节无草料的生活状态。加上西藏农牧区的高寒气候和频繁的自然灾害，牲畜难以摆脱"夏饱、秋肥、冬饿、春死"的恶性循环，抵御自然灾害，特别是冬春季节的雪灾的能力弱。目前，住房开支依旧占农牧民家庭支出的很大部分。

综上所述，西藏农牧区人口分布稀疏、目前人口素质低、产业结构的实质内涵远未达到经济服务化状态等特点，影响着农牧民的就业和收入水平，进而影响着农牧民的消费和居住质量。

1.4.2 公共服务

公共服务是指政府为满足社会公共需要而提供的产品和服务的总称，居民对基本公共服务的满意度是当地居民需求的满足程度的反映，也是当地社会福利的反映。基本公共服务更多应着眼于满足直接关系到人的生存与发展需求的公共服务，如社会保障、教育、医疗卫生、就业、文化体育、科技发展等。主要聚焦于教育、医疗、社会保障、社会服务和交通五个维度。

（1）教育体系已形成，职业教育、高等教育不足

教育体系构建完善。西藏从 1985 年开始，实施对接受义务教育阶段教育的农牧民子女包吃、包住、包学习费用的"三包"政策，先后 12 次提高补助标准，惠及 51.04 万人。2007 年，西藏在全国率先实现 9 年免费义务教育，2012 年又在全国率先实现 15 年免费教育（学前教育 3 年、小学 6 年、初中 3 年、高中 3 年）。目前已建立包括学前教育、基础教育、职业教育、高等教育、成人教育、特殊教育等完整的现代教育体系。

基础教育覆盖面仍不够。目前，全区基础教育设施得到基本的改善，师资队伍也适应和满足了教育发展需求，并且公共财政对教育的资金支持力度也较高，小学、初中和高中的入学比例也都较高。但西藏人口相对稀少、分散的实际情况，使得西藏农牧民教育事业发展依旧比较落后，基础教育的普及率仍需进一步加大和巩固。

职业教育、高等教育不足。西藏接受职业教育与高等教育的人数占比低，高等素质应用型人才、专业技术人员非常稀缺。在农牧区，各个层次教育在农牧区的比例更低，由于缺乏技术和知识指导，导致西藏农牧民的生产、生活水平低下，民生状况需要得到更好的改善。

（2）医疗总体发展速度快，水平依然较低

医疗事业总体发展迅速。从医疗发展状况上来看，西藏地区医疗基础设施、医疗队伍获得快速发展，基层医疗卫生机构增量提质取得历史性突破。

医疗水平依然较低。从医疗现实状况上来看，截至 2015 年，西藏每千人拥有的床位数为 4.34，每千人技术人员为 4.34，均低于全国平均水平，西藏医疗设施仍不完善，医护人员数量少且能力有待提高。同时医疗的基本公共服务质量和均等化水平亦有待进一步提升。

疾病具有高原特性。西藏地区地处青藏高原，高寒、低压、缺氧、日照强烈，自然环境恶劣，因此当地疾病是以高原性心脏病、高原性高血压为主的高原地区特有疾病。2015 年，西藏地区 5 岁以下儿童死亡率为 20.2‰，孕产妇死亡率约为千分之一，人口的平均预期寿命 68.17 岁，全区的儿童死亡率、孕产妇死亡率得到了一定程度的有效控制，人口的平均寿命期延长，但 5 岁以下儿童死亡率是全国平均水平的 2.17 倍。

（3）社会保障体系基本建成，服务质量有所提升

2015 年，社会保险制度实现全覆盖，参保人数达到 278 万人次；2016 年社会保障体系基本建成，各项社会保险参保 300 万人次，城镇低保标准从月人均 640 元提高到 700 元，农村低保标准从年人均 2550 元提高到 3311 元。农牧区医疗制度补助标准从年人均 435 元提高到 475 元，城镇居民基本医疗保险补助标准从年人均 420 元提高到 460 元。基本公共卫生服务项目补助标准提高到年人均 65 元，高出国家标准 15 元。企业退休职工体检费从 300 元提高到 1000 元、新建过渡期福利金月人均 60 元。农村五保户补助标准从年人均 4740 元提高到 4940 元。"三老"人员生活补助月人均增加 50 元。边境一线、二线乡镇边民补助标准从年人均 1700 元、1500 元分别提高到 2700 元、2500 元。

队伍建设步伐落后、宣传有待加强。在西藏社会保障险种不断增加的情况下，经办人员的比例却不断下降，远远高于全国平均水平，经办人员超负荷工作，这将对基本公共服务的质量产生较大的影响。另外，由于农牧区基础设施建设起步晚，成本高，因此农牧民的意识相对封闭，参保意识不强。

（4）社会服务总体发展迅速，局部发展不均衡

社会服务发展迅速，但基数较低、不均衡。以养老服务为例，2015 年，西藏地区每千人口社会服务床位数为 5 张，每千老年人养老床位数

为 50 张，每万人拥有社会工作专业人员数为 18 人，三者皆呈上升态势。基本社会服务呈现的高年平均增长率与西藏地区基本社会服务体系建设绝对值依然较低密切相关；同时，政府在基本公共服务发展过程中，由于巨大的供需矛盾，难以兼顾，导致发展不均衡。

（5）**交通基础设施不断增加，维护成本高**

交通基础设施建设不断增加，运输能力有了突破性的提高。到 2016 年，西藏公路总里程达 7.8 万千米，比"十一五"末增加了 33.70%。墨脱公路全线通车，结束了全国唯一一个县不通公路的历史，乡镇、行政村公路通达率分别达到 99.70% 和 99.20%。

交通建设代价高、运输距离大。由于地质条件、生态脆弱等因素的影响，交通工程建设极其困难；紫外线强度高、昼夜温差大等因素又使得交通硬件设施的使用寿命低于内地；由于地震、泥石流、雪灾、山体滑坡等自然灾害频发，致其维护成本也高。另外，西藏地域广阔、人口稀少且分布不均匀，导致西藏运输距离较大，基础设施瓶颈制约有待进一步突破。

综上所述，由于西藏发展的起步很低，尽管教育、医疗、社会保障、社会服务和交通发展迅速，但存在着总量水平上不足、区域发展不均衡、人才队伍建设滞后等特征。

1.4.3　公共安全

由于特殊的地理位置和民族文化，西藏安全问题与内地相比存在一定的差异性。西藏公共安全事件主要有两大类：一是与内地相同的一般突发公共事件，如自然灾害、事故灾难、生产安全、卫生安全、质量安全。二是与民族分裂、宗教极端势力联系在一起的各类公共危机事件。

（1）**交通安全事故频发，消防隐患大**

西藏农牧区公共安全民生问题主要涉及交通事故和消防两个方面。

农牧区交通的安全性。在交通安全方面，西藏很多乡村道路安全设施差，农村道路里程长，道路状况复杂，路面狭窄，弯道多，坡度大，很多道路未设置警示标识、警示桩、隔离墩等安全设施，从而导致交通安全事故频发。

农牧区交通的特殊性。由于西藏特殊的自然条件，很多农村道路在雨季、雪季经常发生雪崩、坍塌、泥石流事件，受自然环境的影响，西藏既是地震、泥石流、滑坡等灾害的重灾区，同时还是雪灾、大雾、风暴、冰冻等极端天气的受害地区，安全隐患随时存在。

消防安全问题的盲目性。许多农牧民用电知识匮乏，盲目私拉电线，且电路老化、年久失修等问题广泛存在，这也是消防安全问题的一大隐患。

（2）生产标准和制度建设滞后，生产事故治理乏力

安全生产关系着农牧区人民的生命和财产安全，关系着家庭的幸福与稳定，关系着人民对民生改善的满意度。随着农牧区经济的发展，生产已不限于传统的农牧业，与农牧区安全生产标准相关的制度建设却还严重滞后。农牧民合作社、施工队作为基层生产组织生产安全仍旧没有保障，主体责任没有完全落实，劳保设施匮乏，农牧民安全技能水平总体偏低。同时，西藏农牧区居民大多缺乏安全生产意识和安全生产知识，缺少安全保障能力，凭经验办事在生产环节体现明显，从而导致农牧区事故隐患多，治理乏力，安全生产形势仍面临挑战。

（3）医疗卫生滞后，缺乏公共卫生应急措施

医疗卫生的滞后性。随着公众健康意识的提升，医疗卫生、食品安全问题越来越受到广泛关注。西藏农牧区公共卫生服务虽然在近几年有了长足的发展，但在疾病预防与控制、卫生保健、突发公共卫生事件应急处理、健康知识指导教育方面仍有很大的提升空间。公共卫生的资源供给量较高，但资源的利用率低，医护人员的素质仍然偏低，一些村卫生室设施建设滞后、设备简陋、药品种类数量不足、卫生服务能力低下。

公共卫生应急不到位。农牧民对突发公共卫生事件应急处理并不了解，也缺乏相应的应急措施。不过值得肯定的是，新型农村合作医疗已经在农牧区广泛推广并成效显著。

（4）生产方式落后，产品质量安全隐患多

生产力落后的长期性。西藏农牧区的质量安全主要涉及农牧产品质量安全。食品安全与人们的生活息息相关，农牧区是绿色食品的集散地，但监管手段缺乏也可能使之成为不安全食品的聚集地。农牧区的生产和生活方式仍是沿袭传统模式，农牧生产技术力量薄弱，技术人员总量不足，业务素质低，农牧区食品产业基础差，生产经营管理不规范，牲畜防疫工作不足，农兽药使用不规范，这些因素都会影响农牧产品的质量安全。

产品质检能力的特殊性。受高原特殊气候环境的影响，对产品质量检验设备存在特殊要求，技术人员难以引进，运行成本高，维护、易耗品采购困难，导致机构难以正常运作、检验周期长，问题产品无法追踪、召回和处理。

综合来看，西藏农牧区所占面积广，人口密度小，部分农牧区还地处我国边界。农牧区的稳定发展关乎西藏的稳定发展，农牧区的公共安全关乎西藏的公共安全。西藏农牧区经济发展水平相对滞后，自然地理条件更加恶劣，这使得农牧区应对公共安全问题面临专业人才短缺、物资储备不足、技术手段落后等困难，同时受地形、地貌因素制约非常严重，增加了公共产品供给难度，加大了公共服务提供成本，对政府职能提出新的要求。

1.4.4　生态文明

生态环境是人类赖以生存和发展的基本条件，农村生态环境是农业生产和农村经济发展的基础，直接关系着农牧民的生存环境和身体健康。在此研究的主要是垃圾处理、水质环境和农村环境三个方面。

（1）生活垃圾集中科学处理率不高

西藏农村一般较为分散，导致生活垃圾收集和处理难度极大：由于缺乏垃圾分类，垃圾处理地点位置偏僻，运输成本高昂，导致可利用垃圾回收利用率低，填埋场有效库存低。

生活污水大多随意散排，缺乏污水收集和处理设施，长此以往会对水质产生不良影响，同时增大了传播疾病的风险。

（2）水质环境存在隐患，保护措施不足

目前西藏农村存在大量的分散饮用水源地，水源地大都存在功能区划不健全或未划分、水源地标志设置不全、农村饮用水无任何处理净化设施的问题。同时，饮用水水源地保护宣传措施不到位，导致水源地周边随意放牧，垃圾分散处理的现象大量存在。

（3）农牧区环境保护有待提升

农牧区居民环境保护意识不高。由于缺少对偏远农牧民中深入持久地开展生态文明宣传教育，缺乏生态意识和环保理念，导致农牧民长期形成的生活污水均为直接随意散排，主要依靠自然蒸发和土壤吸收渗漏方式解决。畜牧养殖方式以传统的散养和放养为主。

农田污染问题严峻。存在滥用化肥、地膜和农药的现象，缺少利用养殖牲畜的优势增施有机肥，恢复发展绿肥生产和秸秆还田。

综合来看，西藏社会发展在某种程度上存在着一定的传统性与滞后性，农牧民沿袭着传统的生产生活方式，加之环保法律法规及制度不健全、监管能力薄弱和宣传教育不到位的问题，农牧区的环境状况仍不容乐观。

第二章

调研概述

    农牧区覆盖西藏自治区绝大部分区域,农牧民人口占到全区人口的80%以上。拉萨市聚集了自治区六分之一的人口,而全市一区七县中的七个县(包括城关区、林周县、当雄县、尼木县、曲水县、堆龙德庆县、达孜县和墨竹工卡县)均为农牧区,且地理环境条件差异较大,是较为有代表性的区域。自党的十八大以来,民生状态和民生发展是党中央、国务院最为关注的内容,也是主要精力投入与资源倾斜的重要方面。本调研是在拉萨市政府指导与支持下,由西藏大学联合西南财经大学、中央财经大学以及天津大学和中国科学院等高校与研究机构共同开展完成。旨在研究拉萨市农牧区民生的现实状况与发展变化,着眼于真实、客观、科学地记录拉萨市农牧民民生动态发展,对拉萨市民生政策的实施效果做出科学客观的评估,为政府在农牧区居民民生持续改善的政策制定方面提供参考建议。

    下面将从调研设计、调研问卷和调研实施三个方面来介绍整个项目规划和执行情况。

2.1 调研设计

本研究项目立足于经济学科基础，有针对性地开展生态学、医学、生物学、社会学、历史学、宗教哲学以及藏学等多领域多学科的交叉研究，对人类（尤其是藏族）在高寒缺氧极端恶劣环境下的适应性生存与发展展开全方位的专题研究。

首先，就民生这个概念来讲，具有抽象性、概括性、综合性的特征；具体到微观层面的个人家庭，甚至还可能带有主观性的特性。作为严谨、客观、科学的研究项目，在研究设计阶段就需要把民生概念的内涵予以合理细化与解构，形成具体化、指标化的可观测可描述的量化指标体系。此类指标体系研究通行的做法是构建树权形指标层级关系，将抽象的待研究目标作为树权顶端，而各类可观测的具体指标置于树权的末梢，树权结构可以多层，层层递进，相邻两层之间常见的是以加权和的形式来建立联系。根据国务院发展研究中心"中国民生指数研究"课题组（2015）的框架，本项目搭建起一套四个层级的西藏民生满意度指标体系。指标体系的相关介绍在后续章节中将会详述。

其次，在指标体系构建完成后，根据项目研究目标，需要考虑调研问卷的信息效率，影响信息效率的关键因素是问卷的本土化。一份信息效率高的问卷能够在有限的访谈询问时间内获取较多的真实目标信息，或者对于给定需要询问采集的信息所花费的时间较短。显然，向一名居住在高海拔的纯游牧居民家庭提问关于农业种植方面的问题是不能获得任何有效信息的，就如同向一名建筑工人提问汽车修理的技术细节一样。标准化问卷所承载的内容，需要与受访对象的实际情况紧密贴合才能较为有效地获取信息。对于人群覆盖面较广且特征较为多样的大型调研，问卷设计就需要涵盖足够多的细节以契合不同特征人群的实际情况①。西藏农牧区居民生存、生活的地理环境条件极其独特，依此形成的生活模式与生产生活内容也就非常罕见，再加上极端环境和语言文化差异所造成的与外界交流成本过高，使得西藏农牧区居民至今都延续较为传统的生产生活方式②。即使是自治区内不同地区之间的居民，由于较大的海拔落差与降雨条件，所带来的生产生活内容的差异也非常明显。因此，在藏区进行入户调研所使用的问卷在本土化方面的工作就显得尤为重要③。由于在西藏自治区类似的随机抽样入户调研尚属首次，并没有前人的经验可借鉴，因此项目组投入了较多的时间、精力和资源到西藏农牧区进行大量的前期田野调研，同时还开展了广泛的研讨与咨询工作，以提高问卷的科学化和本土化程度，最大限度地提升最终入户调研问卷的信息效率。

此外，本研究项目更大的目标方向是将基于微观个人和家庭信息的民生发展研究扩展到西藏自治区内七个地区（市）以及自治区外的四省藏区，甚至覆盖环喜马拉雅地区。因此，研究设计将本着具有良好的地域扩展性和跨地域对比性的原则来搭建整体研究框架，在坚持局部地区（拉萨市）研究和积累稳步推进的基础上，积极进行扩展性研究。

2.1.1　调研目标

本研究项目的主要目标是通过微观家庭个人层面以及基层政府（村、居委会和社区）层面的动态观察和数据采集，追踪并积累拉萨居民家庭的民生状态与民生改善过程的信息，为研究西藏区域经济社会与微观居

---

① 显然，最终形成的数据也就会存在较多的缺省值。

② 这一点在项目组大量的前期调研过程中有较为深刻的体验。

③ 西南财经大学家庭金融调查中心覆盖全国的家庭金融调查项目已经进行过长期多次的追踪入户问卷调查，也是全球迄今最大的、最科学的民间入户调研项目。虽然并没有在西藏自治区抽样，但是他们在青海藏区有过牧户的调研经历，由于问卷设计对于藏区牧户家庭的针对性与本土化不强，导致其在青海藏区牧户的问卷获取的信息有效性较低。他们的经验为我们本次项目的调研设计提供了宝贵的经验和帮助。

民民生的发展变化进程提供客观、科学、必要的信息数据。对政府过去和已有的社会经济政策在居民民生维度的影响与绩效做评估，为政府未来的扶贫和民生改善的政策制定提供参考和咨询建议。本项目在原始数据信息采集层面，首先，需要遵从的是数据指标集设计科学合理，数据采集执行可行性与效率较高，保障数据质量客观真实等原则。其次，本项目所涉及的主要信息采集主要是针对政府宏观政策（包括拉萨市、西藏自治区以及国家层面）对拉萨市农牧区居民家庭层面影响的信息反馈，既包括客观维度（例如公共基础设施建设、公共服务的可得性等），也包括主观维度（多方面的主观满意度）。再次，本项目的规划是构建动态面板数据库，同质同类的问题将在连续的多个年份到同样的家庭进行多次入户访谈调研。

2.1.2 民生满意度主观指标体系

民生满意度主观指标体系是借鉴国务院发展研究中心"中国民生指数研究"课题组（2015）的指标体系框架和西南财经大学全国中心城市民生满意度调查研究（2015）的主观满意度指标类型基础上，结合西藏自治区农牧区的本地化特征而设计出来的。通过构建树权形指标层级关系，将抽象的民生满意度逐步逐层地分解细化，形成四个层级的西藏民生满意度指标体系。顶层为抽象的目标指标——民生满意度总指数，底层为问卷中有直接对应入户访谈标准化问题的观测指标。构建这种形式的指标体系主要有以下几点考虑：一是将抽象的不可观测不可度量的目标指标（民生主观满意度）予以量化。二是将涉及和影响目标指标（民生主观满意度）的多个可观测事实维度都广泛地纳入到考察体系中，且具有较好的扩展性和本土化特性①。三是整个指标体系的结构关系具有

---

① 这里谈到的扩展性是指，这样的层级逻辑关系可以很方便地在中间层以及底层纳入新指标或删去不适用的指标，只要相邻两层之间的对应逻辑关系（加权和为1）一致化得到保证就不会破坏整个指标体系的结构。

子结构与整体结构的逻辑一致性和类似性，任何一个局部的中间指标向下所形成的树权形结构与总指标结构很类似，也都是向下逐层分解。四是在不可观测不便于量化的抽象指标与可观测可量化的事实指标之间建立逐级逻辑映射关系。指标体系的具体内容与层级逻辑关系见表 2.1.1。

表 2.1.1　民生主观满意度指标体系

总指标	二级指标	三级指标	四级指标
民生满意度总指数	[25%]居民生活	[25%]收入	[100%]您对您家今年的收入状况的满意度
		[25%]消费	[35%]今年的总消费与去年相比的变化
			[35%]今年的总消费支出（货币支出）与去年相比的变化
			[15%]对您家目前主要使用的能源方式的满意度
			[15%]对目前电网用电稳定性的满意度
		[25%]就业	[50%]您对自己目前工作状态的满意度
			[50%]您对近期找到工作的预期
		[25%]居住	[100%]对目前的房屋居住状况的满意度
	[35%]公共服务	[20%]教育	[100%]对目前政府提供的义务教育的满意度
		[20%]医疗	[50%]对目前本村/镇卫生所或医院提供的医疗服务的满意度
			[50%]对目前县医院提供的医疗服务的满意度
		[25%]社会保障	[50%]对目前政府提供的社会养老保障的满意度
			[50%]对今年从政府获得的各种补贴的满意度
		[20%]社会服务	[50%]对目前乡/县政府的行政办事效率的满意度
			[50%]对目前乡/县政府的行政办事态度的满意度
		[15%]交通	[50%]对目前出行可选择的公共汽车方便程度的满意度
			[50%]对目前本村/乡镇道路状况的满意度

续表

总指标	二级指标	三级指标	四级指标
民生满意度总指数	［20％］公共安全	［40％］公共安全	［50％］对目前在自然灾害发生后政府采取（或预计可能采取）措施的满意度
			［50％］对本村／乡镇目前的社会公共治安状况的满意度
		［20％］生产安全	［50％］对目前在生产安全事故发生后政府采取（或预计可能采取）措施的满意度
			［50％］对政府在牲畜传染病防治方面采取（或预计可能采取）措施的满意度
		［20％］卫生安全	［100％］对政府在人传染病防治方面采取（或预计可能采取）措施的满意度
		［20％］质量安全	［100％］对目前身边可购买的食品在食品安全方面的满意度
	［20％］生态文明	［30％］垃圾处理	［100％］对您家目前日常的垃圾处理的满意度
		［40％］水质达标	［100％］对您家目前饮用水水质的满意度
		［30％］农村环境	［100％］对目前您家周边环境状况的满意度

整个指标体系分为四层，顶层为单一目标指标，第二层为四个抽象指标，第三层为 16 个抽象指标，第四层为 26 个底层可观测事实指标。从上到下层层分解，构建出一个从顶层目标指标（民生主观满意度）到 26 个底层的观测指标之间的映射关系。任何一个底层观测指标到顶层指标之间路径上的逐层权重相乘就得到了此底层观测指标对顶层目标指标的贡献率。

指标体系的前三层抽象指标结构，主要借鉴国务院发展研究中心"中国民生指数研究"课题组（2015）的研究成果，而底层的可观测指标选取则是结合国务院发展研究中心"中国民生指数研究"课题组（2015）与西南财经大学全国中心城市民生满意度调查研究（2015）的研究成果。国务院发展研究中心"中国民生指数研究"课题组（2015）的研究成果

中所构造的指标体系具有很好的权威性和科学性，得到了当前许多地方
省区市民生研究的借鉴，因此采用这样一个结构体系是能够较好地进行
横向比较。西南财经大学全国中心城市民生满意度调查研究本身也已经
延续了五年（五轮），在主观满意度的调研方面积累了相当多的经验，
因此底层的可观测指标的选取方面主要是借鉴他们的方式。可观测指标
集的选取与入户访谈问题的设计需要很好的本土化才能达到较高的信息
效率，为此项目组进行了大量的前期调研，以及多轮次的预调研来予以
优化。

　　显然，整体指标体系逻辑结构中最重要的部分是中间层以及底层指
标的权重选取，在这个方面可借鉴的理论或成熟的研究成果并不多。对
于本研究中指标体系的权重选取，简要说明如下：第一，基本遵循的方
式是，同一层级同一个类属的指标之间①，如果没有明显的重要程度区
分，就以均匀的方式来赋权。由于研究对象是基于一个有代表性且数量
较大的群体来进行，虽然在单个家庭或个人层面在不同的指标维度有各
自关心的侧重点，但是就代表性人群来看，这样的差异性会将不同维度
的重要性相互抵消，整体现象是以均匀的赋权形式出现。另外，此次调
研是本项目长期追踪入户调研的首次，在没有前期可借鉴的条件下，较
为稳妥的赋权方式也是倾向于等权模式。第二，对于未均等化赋权的同
一层级同一类属的指标，则是根据本项目研究侧重点进行了有针对性的
技术化处理和调整。这既包括本土化的考虑，也包含为加大个人家庭指
标之间差异性而进行的有限度调整②。

　　下面将对指标体系的细节和设计初衷做简单的说明。获得民生满意
度总指数是整个指标体系构建的目标，通过 26 个具体满意度层面的信

---

　　① 同一层级同一类属的指标是指归属同一个上级指标分支的下级指标。

　　② 涉及家庭与家庭之间存在差异性较多的方面，我们有针对性也是有限度地将其权重
放大，以更为明显地在总指标上体现出差异，拉大方差。此类技术化处理主要是考虑后续数
据分析使用的便利。

息汇总，每一个受访对象（家庭）都将给出其在过去一年中的生产生活经历中的民生满意程度，以0—100中的某一个数来具体表示。

借鉴国务院发展研究中心"中国民生指数研究"课题组（2015）的研究成果，我们同样将民生满意度拆分成四个方面的组成部分，居民生活、公共服务、公共安全以及生态文明。这四个方面较为全面地囊括了与居民生产生活相关的民生感受。这四个方面的得分通过加权和的形式汇聚成民生满意度总指数。与国务院发展研究中心的指标体系一样，公共服务层面的权重较大（35%），而公共安全和生态文明的权重相对较小（均为20%），居民生活层面居中（25%）。从西藏自治区农牧民较为特殊的生产生活内容层面来看，这样的赋权也是有一定合理性的，公共安全与生态文明两个大的方面对于某些农牧区的居民来说，有可能会存在较多的缺省值现象，给个体的民生满意度指数带来一定程度的偏差影响。根据项目组的前期调研发现，公共服务部分中的医疗、社会保障以及交通这几个方面是农牧区居民最为关心的民生内容，且不同地区在这几个方面的现状存在较大差异。此部分的权重加大，将会使得民生满意度总指数在不同类型家庭之间的差异得到更大的体现。

居民生活这个分支下的三级指标分为收入、消费、就业与居住四个方面，以等权重形式合并成居民生活满意度分指数。在居民生活这一个二级指数中囊括了收入（收成）、消费、居住（住房）、就业这四个基本社会生存内容。事实上，这四个方面在西藏农牧区所展现的形式与内地大多数居民所面对和经历的内容存在巨大的差异，这一点在后续的调研问卷的介绍中将会比较细致地予以分析。

公共服务作为二级指标，向下分解为教育、医疗、社会保障、社会服务以及交通五大方面，基本上也还是遵循等权重（20%）的方式汇聚成公共服务满意度指标，其中唯一有细微差异的是社会保障（25%）和交通（15%）两项。首先，这个赋权组合与国务院发展研究中心的指标体系赋权是一致的。其次，在西藏农牧区，政府以转移支付形式发放的各类社保与补贴对许多农牧民家庭（尤其是较为贫穷的家庭）是其货币收入的重要来源，发放形式、发放公平性、政策落实情况也是社会关注的焦点，因此项目组也认为加重这一个方向的权重在西藏农牧区也是较为合理的。

公共安全方面下属四个三级指标，公共安全、生产安全、卫生安全和质量安全，其中公共安全三级指标权重较大（40%），其余三个维度均为20%。

生态文明二级指标包含垃圾处理、水质达标和农村环境三个三级指标，其中水质达标一项权重稍大（40%），而另外两项均为30%。

从上述分析可以看出，本研究项目在一级、二级和三级指标层面与国务院发展研究中心研究的口径是一致的，采用相同的分项指标设置，相同的权重。与国务院发展研究中心的研究最大的差别是在第四级指标。由于26个第四级指标均为入户调研问卷中相应的主观满意度问题，在后面的问卷介绍部分加以详细陈述。

2.1.3　样本选取与抽样方案

本调研旨在了解拉萨市所辖七县的农牧区居民对居民生活、公共服务、公共安全和生态文明四方面的满意度情况，同时还将重点对农牧区居民的健康与饮用水质展开相关的调研、样本采集与检测。调查样本的选取范围为拉萨市所辖七县农牧区的户籍居民，对所选取的七县农牧民样本家庭进行入户调研。

本调查遵循客观、科学、严谨、务实的原则，严格保证调查数据的客观代表性，为此课题组进行了大量的调查前资料获取和整理工作。在此基础上，科学设计了调查的抽样方案，完全遵照随机抽样的原则在现有人口资料里来选取样本。由于本研究项目对象是家庭户，而非单纯的个人，因此最为理想的样本选取是从拉萨市全体农牧民户籍家庭的样本池中随机抽取样本，很遗憾，这样的数据并不可得。能获得的公开人口数据是拉萨市各区县到县一级的人口数据，包括户籍人口与常住人口，县以下行政单位的乡镇与村的人口数据是缺失的。

设计的随机抽样方案分为两个阶段，采取"随机抽样为主，配额抽样为辅"的方式进行抽样调查。第一阶段先从七县 213 个行政村中依照七县的人口权重抽取 62 个入样村①。由于乡镇和村一级的人口信息缺失，第二阶段则依照样本村的户籍列表，随机抽取 12 户作为入户对象②。最终抽取的样本家庭为 746 户（多出的两户是由于入户执行阶段的操作额外带来的），涉及人口 2833 人，约占七县常住人口的 1.02%，户籍人口的 0.89%。

本次调查依据 2013 年的行政划分信息③，拉萨地区共有七县（林周县、达孜县、曲水县、当雄县、尼木县、堆龙德庆县和墨竹工卡县）和一区（城关区），下分 275 个村 / 居委会（其中包括 43 个居委会和 8 个街道办）。第一阶段七县农牧区入户抽样方案将从 7 个县的 213 个村中先依据第六次人口普查的户籍人口数为权重抽取 62 个村，第二阶段每个村按村民户籍列表等随机距抽样抽取 12 户作为入户调查的基本问卷样本。总样本量为 744 户（最终样本为 746 户）。

---

① 事实上，最初确定的抽取方案为 60 个村，由于随机抽样在样本量不够大的时候根据抽样概率分布正好抽取 60 个村是相当困难的，因此最后确定的随机入样村为 62 个。

② 从村户籍列表中随机抽取 12 户的方法是等距抽样，但是由于存在村户籍信息过于陈旧（户籍人口或家庭已不存在，但仍在户籍列表中）或访员派出当天实地入户时家中无人（农区此现象较多，冬天为农闲期，拉萨城关区周边的农民有在农闲期进城打工的现象），因此实际做等距随机抽样时，一般都是抽取 24 户，再将这 24 户随机排序，前 12 户为主样，后 12 户为替样，在访问时主样无法访问且达到换样标准时，换取替样。

③ 西藏自治区统计局、国家统计局西藏调查总队编：《西藏县情概览（2010—2013）》，2014 年出版。

表 2.1.2　拉萨市行政区划构成及各区县第六次全国人口普查信息

地区	六普常住人口	六普户籍人口	乡	镇	街道	居民委员会	村民委员会
城关区	279074	201708	4	0	8	40	11
林周县	50246	62762	9	1	0	0	45
当雄县	46463	51148	6	2	0	3	25
尼木县	28149	34608	7	1	0	0	32
曲水县	31860	36108	5	1	0	0	17
堆龙德庆县	52249	51424	5	2	0	0	34
达孜县	26708	29841	5	1	0	0	20
墨竹工卡县	44674	52495	7	0	0	0	40
合计	559423	520094	48	8	8	43	224

　　表 2.1.2 是我们能从公开信息中查询到的拉萨市各区县人口分布以及县、乡、村各级行政划分状态的详细数据。需要说明三点：第一，拉萨市各区县来看，常住人口数与户籍人口数存在一定的差别（常住人口比户籍人口约多 7.56%）；第二，城关区为人口净流入地区，而 7 个县除堆龙德庆县常住人口比户籍人口略多（1.60%）之外，其他 6 个县均为人口净流出地区，常住人口较户籍人口要少；第三，全行政区划中包含 8 个街道和 43 个居委会，基本上都归属于城关区，城关区之外只有当雄县有三个街道办，其他县均未有街道与居委会的行政单位，这也从一个侧面反映出拉萨市城关区之外的居民基本上都生活在农牧区。

表 2.1.3　抽样村、户、人口占比信息

地区	六普常住人口数	六普户籍人口数	常住人口占七县常住人口比(%)	户籍人口占七县户籍人口比(%)	村委会数	村占比(七县,%)	入样村数	县入样村占总抽样村比(%)	入样户数	县入样户占总抽样户比(%)	入样人口数	县入样人口占总抽样人口比(%)
林周县	50246	62762	17.90	19.70	45	21.10	12	19.40	144	19.30	549	19.40
当雄县	46463	51148	16.60	16.10	25	11.70	10	16.10	117	15.70	492	17.40
尼木县	28149	34608	10.00	10.90	32	15.00	7	11.30	82	11.00	358	12.60
曲水县	31860	36108	11.40	11.30	17	8.00	7	11.30	83	11.10	276	9.70
堆龙德庆县	52249	51424	18.60	16.20	34	16.00	11	17.70	130	17.40	458	16.20
达孜县	26708	29841	9.50	9.40	20	9.40	6	9.70	72	9.70	237	8.40
墨竹工卡县	44674	52495	15.90	16.50	40	18.80	9	14.50	118	15.80	463	19.40
合计	280349	318386	100	100	213	100	62	100	746	100	2833	100

表 2.1.3 是本次调研的随机抽样信息，是将城关区剔除后拉萨市七个县人口的基本分布状况。显然，户籍人口要多于常住人口，七县总体上都是人口流出，但是两个人口口径统计数差别较小。代表性抽样的基本准则是需要尽可能地从总样本中随机抽取，受限于已有的人口与分布信息，项目组决定实施两阶段随机抽样。首先，第一阶段以户籍人口县级分布状态作为入样权重，从七县 213 个村中随机抽取 60 个村①。具体抽样操作的过程中，由于总体村样本数和总抽样数都不算大，因此很难精准地既抽取 60 个村来吻合总体分布，因此从多次抽样方案中最终选定 62 个抽样村的方案（约占七县全体村的 29.10%）。从表 2.1.3 中"县

---

① 此处直接忽略了七县中仅存的三个属于当雄县的街道行政单位，因此当雄的入样权重稍有偏高。而总体 60 个抽样村的规模是根据本项目组入户工作的执行能力，包括访员规模、项目预算、入户交通成本等多个方面来确定的。

入样村占总抽样村比（%）"一列与"户籍人口占七县户籍人口比（%）"一列的比较来看，二者之间只存在细微的差异。而从图2.1.1和图2.1.2的比较来看，随机抽取的入样村在地理位置分布上来看也是非常具有代表性的。其次，第二阶段根据从62个入样村的村委会获取的村户籍列表信息①，以等距抽样的原则，从每个村抽取12户（实际为24户，12个主样，12个替样）作为入户调研的访问样本。由于村一级的入户数量是固定的，因此总抽样的访问样本户在七个县的分布与户籍人口的七县分布一致。最终随机抽样的家庭户所覆盖的人口数为2833人，也就是抽取并最终成功入户访问的746户家庭的人口总数，约占七县户籍人口的0.89%。

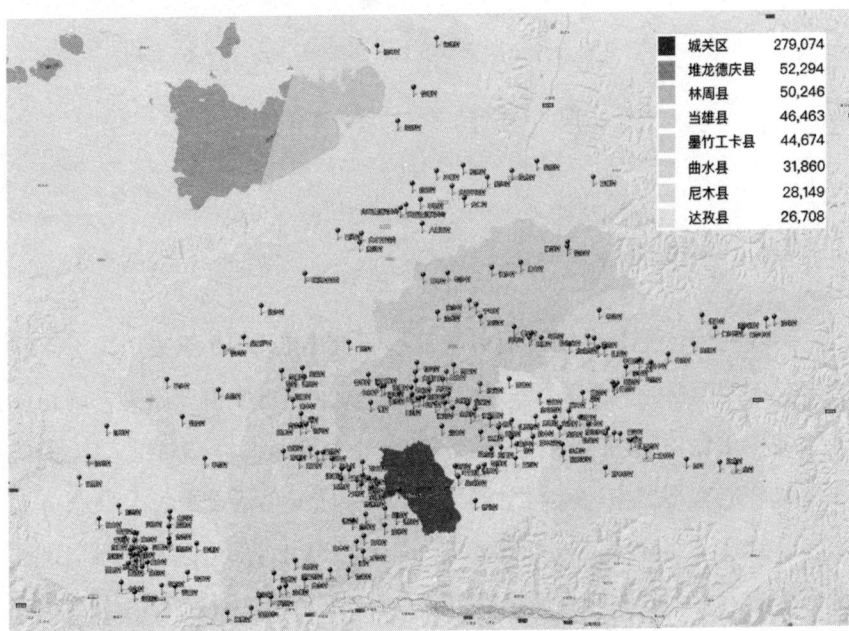

城关区	279,074
堆龙德庆县	52,294
林周县	50,246
当雄县	46,463
墨竹工卡县	44,674
曲水县	31,860
尼木县	28,149
达孜县	26,708

图2.1.1 拉萨市七县村落地理分布

① 在此特别感谢拉萨市人民政府在项目组申请获取入样村户籍表信息过程中给予我们的大力帮助。

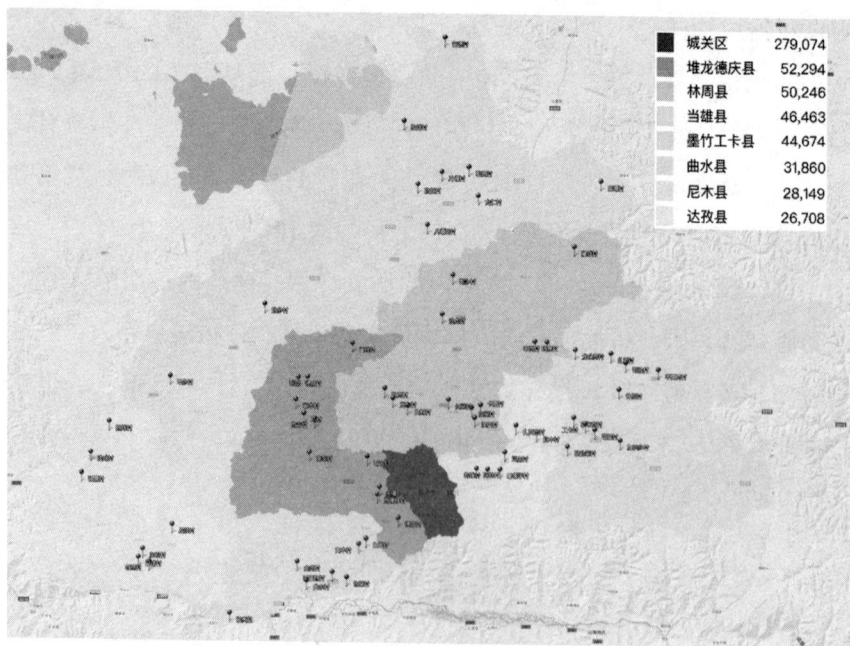

城关区	279,074
堆龙德庆县	52,294
林周县	50,246
当雄县	46,463
墨竹工卡县	44,674
曲水县	31,860
尼木县	28,149
达孜县	26,708

图 2.1.2　抽样村地理分布图

2.2　调研问卷

问卷的设计主要参考了国务院发展研究中心 2015 年关于民生问题的研究和西南财经大学关于全国中心城市民生满意度调查研究，同时结合西藏自治区本地独特的社会经济情况，主要从六个方面来刻画受访居民家庭的客观民生现实与主观民生感受：居民生活部分、公共服务部分、公共安全部分、生态文明部分、健康与饮用水部分以及金融与生活部分。这六个部分的信息最终组成一个有机的整体，力图较为全面和完整地反映涉及居民家庭生活信息。另外再加上一个针对受访家庭与受访对象个人特征信息的问卷部分，形成七个针对受访家庭和个人的问卷。同时还设计了一个反映抽样村公共信息的村级问卷。

问卷由八个部分共 166 个问题组成，其中涉及主观满意度的指标共计 24 个。下面逐一对问卷各个部分内容和问卷设计逻辑与目标进行简要的介绍。

2.2.1 受访者家庭以及受访对象个人特征信息

家庭入户问卷这一部分的内容主要是对受访户的家庭生活情况（包括生活、生产、家庭结构等方面）和受访户本人的个人特征信息(性别、年龄、就业、受教育程度等方面）进行询问。一般来说，家庭人口统计学信息是家庭入户调查极其重要的信息组成部分，由于本次调查的问卷设计有一个部分是询问每一个家庭成员的健康状况，因此在第一部分的家庭人口统计学信息中并未直接对每一个家庭成员进行逐一询问，而是主要以家庭层面的信息为主。设计问卷主要有两个方面的考虑：第一，本轮拉萨地区的农牧区入户民生调查是这个项目的第一轮，以后将会进行多轮追踪入户访谈，对于入户访谈调查这种形式对农牧区受访户的接受程度还存在未知，贸然在问卷访谈的初始阶段就逐一追问每一个家庭成员的个人信息，怕引起受访者（或受访家庭）的反感，从而影响问卷后面部分信息采集的真实度；第二，家庭成员个人信息与成员相应的健康状况信息通过一次连贯的循环提问完成是比较合适的，而将这一结构部分完全放置在入户访谈的第一部分将使这一部分过于冗长，容易降低访谈效率；第三，我们在预调研的过程中，访员较多地反映，家庭成员健康部分中有一个子模块与藏族某些地区的传统有所冲突①，为了不舍弃这一方面的家庭信息，将此部分放置于调查询问的较晚阶段会比较合适，让访员有足够的时间来赢得受访户的信任。

在本部分中涉及的一组问题模块是家庭的生产，包括农业种植与牲畜的养殖，但是在相应的事实细节上并未给予较丰富的问题组合来

---

① 健康部分中包含有对家庭近五年来去世成员的个人信息和去世原因的询问，而这一点在西藏某些地区传统文化中有禁忌，需避讳。

挖掘，这一点需要进行说明。西藏农牧区的独特性具有非常强烈的地域特征：青藏高原空气稀薄，氧含量低，而紫外线强烈，地处内陆腹地，地区近海端被喜马拉雅山脉所阻隔而降雨稀少，被誉为"世界第三极"。这样极端的地理环境条件下带来的是西藏地区地貌多变而人口密度极其稀少，而人口密度在人类社会文明发展过程中又扮演着极其重要的功能：生产的合作与分工有赖于人口密度达到一定的程度；市场边界与消费规模有赖于人口密度达到一定的程度；城市的出现、形成与发展有赖于人口密度达到一定的程度；技术的积累、应用和发展有赖于人口密度达到一定程度等。从项目组前期有限的藏区调研来看，西藏农牧区，尤其是牧区，社会经济发展滞后的主要原因都离不开人口密度过于稀少这一因素，而有限的自然地理条件又是人口稀少的主要原因①，这也就不难理解在今日全球化如此繁盛的 21 世纪，西藏地区仍然存在有广泛的自给自足的传统自然农业经济形式②。在这样的条件下，现代经济中以货币度量的"收入"这样高度概括性的概念在此类藏区的适用性就下降。要弄清楚家庭的生存生活资源与消费，需要一组新的更为复杂的问题来询问，并且存在语言沟通的低效率问题③，因此本项目只能被迫放弃此方面信息的询问。

本部分问卷中还包含一组关于受访对象个人当前工作状态的问题组。事实上，"就业状态"这个概念在西藏农牧区是较为模糊且较为难界定的，从前面的论述中我们已经提到，现阶段在西藏农牧区较为原始

———————

① 这一点从单位土地的人口承载力来考虑就比较好理解。

② 预调研阶段，我们真实遇到这种情况：西藏地区农民完全不知道公制单位，而以"袋"来度量自家农业产出，并辅之以极其有限度的物物交换。这表明他们进入市场进行交换的难度很大。

③ 不仅仅是藏汉语言的交流与翻译的困难，事实上地形多变的不同地区还涉及藏语方言之间相互沟通的困难，即使项目组在每一入户的访问组中都配备有专职藏语翻译，还是遇到了不少方言差异带来的交流难题。

的自给自足的自然经济形式仍然是主要形式①。这与长期以来我国整体就业统计只考虑城镇就业与失业人口数较为类似。规范的经济学概念界定的失业人口是指具有劳动能力与主动劳动意愿而没有工作的适龄劳动人口②，西藏农牧民参与农业与牧业家庭生产作为一种就业工作形式，使得"失业"状态的适龄劳动人口数量很少，因此本项问题设置为多选题，着重希望考察农牧民在农牧业以外参与的以获取劳动报酬或货币回报为目的的生产活动。

有关家庭成员中是否村乡干部的题项组，设计目的是希望观测家庭成员中有基层干部的家庭其生产生活状态在某些方面较非干部家庭是否存在隔绝度相对更低的现象，在获取政府资源方面是否存在相对更为优势的地位，在生活满意度和民生层面是否相对更高。从项目组前期农牧区调研以及问卷入户预调研阶段掌握的信息来看，农牧区最基层的村一级居民大多数生产生活方式都基本上延续传统和封闭隔绝的状态，比如说能够较为顺畅地以汉语交流以及使用汉语获取信息方面都不够理想，而村乡干部是我国政府机构最基层的组织成员，这个群体的对外交流沟通能力相对要更强，在获取政府资源方面既有先天的信息优势又有行政优势，基层政府干部与职员的家庭与普通非干部农牧民家庭多维度的差异是一个值得关注的问题。

牲畜和家禽的家庭养殖在西藏农牧区是非常普遍的现象，纯牧区以及半农半牧地区的居民自然有养殖牛羊等牲畜的传统和需求，而西藏纯农业地区的居民绝大多数也都养殖牛，这一点是与藏族居民的饮食习惯相适应的，藏族日常饮食结构中酥油的消费比较多，而酥油是依靠牛奶来加工生产的，因而农区居民大都在家养殖奶牛。在本组问题模块中最具有西藏本地特色的就是将受访户家养殖的耗牛信息进行较为详细的询

---

① 这一点从问卷后面部分的市场参与度问题组的结论也能得到较好印证。
② 适龄劳动人口通常指 16 周岁及以上人口。

问。牦牛是高寒地区特有的物种，藏族居民生活的许多方面都与牦牛相关，诸如奶制品、肉类供给、牲畜毛皮等，甚至家庭的日常能源供给都离不开牦牛。同时牦牛又兼具家庭资产特征，可在市场变现。特别设置的牦牛问题模块是希望从地区生产特色层面对藏区居民的生活状态予以更为科学客观的描述。

个人及家庭特征部分的问题力争通过 23 个指标维度（问题）来较为简单客观地表述西藏农牧区居民的生产以及部分人口统计学特征信息。这一部分问卷的主要目的首先是希望对整个受访人群和家庭的某些生产生活状态提供此次随机抽样样本的代表性信息；其次是希望给后续分析民生满意度的过程提供更多有意义的解释变量和分析维度。

2.2.2 居民生活

本部分的问卷包括收入、消费、工作状态、房屋居住四个模块内容。

在前一部分家庭及个人基本信息问卷模块的说明中，我们已经阐述了关于针对藏区农牧民家庭来说，"收入"这个概念是比较难界定的方面，而在此部分仍然询问有关受访户家庭收入状况，原因有以下三点：第一，家庭收入是影响居民家庭生活幸福度极其重要的方面，虽然藏区农牧民家庭存在较为普遍的低市场参与度以及低生产分工度而导致的货币化收入并不能很好地代表家庭消费来源，但是通过访员较为仔细的解释和沟通①，试图将一个更为宽泛的"收入"概念向受访户解释清楚。第二，本问卷并没有设计一组尝试将受访户家庭总年收入（产出）较为精确估算的问题模块，主要是考虑到这样做的话将需要填

---

① 在电子问卷中，本题我们加入了一个较为标准化的问题说明："家庭年收入应包括卖出家庭种植的农作物收入、卖出家庭养殖的牲畜收入、家庭成员工作/打工获得的劳动收入、家庭经营性收入以及其他资产性（股票、债券、红利、利息等）收入，但不包含政府发放的各项补贴。"由访员向受访对象解释。

充一个规模较为庞大的问题模块，很可能影响到整体问卷的执行效率，因此代之以简化询问家庭总年收入（产出）的变化趋势信息。第三，对于"总收入"（总产出）这个概念界定时，严格要求将家庭从政府获取的各类转移支付与补贴都剔除在外，主要是想获取家庭的自主收入（产出）的信息，而政府对农牧区居民的各类转移支付与补贴在后面的问卷模块中还有相应的问题进行询问。从收入（产出）度量的角度来看，更高的收入（产出）一般对应着家庭幸福度与民生满意度更高的状况，而动态地来看，收入（产出）的增加则必然带来居民家庭主观满意度评价更高，反之则更低。

本部分包含有关于家庭总消费方面的一组问题。消费是居民幸福度与民生满意度重要的组成部分，尤其是从经济学的视角，可以说消费是幸福满意度最重要的指标。虽然一般认为更高的消费代表更高的幸福与满意度水平，但是回到现实生活细节中来观测家庭消费现象，能够观测到的名义消费量的变化所表示的含义其实并不像收入的变化那样明确。某些时候，消费的增加可能来自于真实收入的增加①，这种主动增加消费的行为一般被认为是生活过得更好，幸福与满意度增加；某些时候，消费的增加也可能来自对某些负面生活状况的被动应付，例如家人突发重大疾病，此时家庭消费量的增加并不能代表是生活幸福满意度的增加。另外还有些时候，消费的增加可能主要来自物价的上涨，由于单个家庭的消费结构并不一定与用消费价格指数（CPI）相对应，因而即使进行价格调整也会存在偏差。我们能够观测到的只能是名义消费量的变化，这种情况下的消费量增加也不应被判断为家庭幸福满意度的上升。

对于西藏农牧区的特殊本地化因素，在家庭消费问卷模块中特地将总消费量和总货币消费支出分开询问，这是由于西藏农牧区普遍存在的

---

① 真实收入的增加是表示在剔除价格变化因素后的真实可比收入增加。

自给自足以及物物交换现象①，导致家庭真实消费量的变化有可能与同期的消费货币支出变化方向相反。与收入问题相类似，家庭消费的度量也是极其复杂的一个方面，在此基于类似的原因，我们也只简单地就家庭总消费量以及总货币消费支出的变化进行提问。

与工作状态相关的问题模块主要询问的目标是受访对象对于当前工作的主观满意度，或者是失业状态中的受访对象对于找工作的乐观程度。由于明显是一组基于主观态度或期望的问题，因此并未针对所有家庭成员逐一询问其主观态度②。

住宅房屋的拥有状况和居住条件是影响生活幸福与民生满意度的重要因素。随着近几年我国城镇化速度的加快以及房地产市场价格的攀升，针对住宅房屋的消费与投资成为影响国内城镇居民生活最大的因素。在住房维度支出、投资以及拥有状况自然成为近年来相关家庭入户调研的重要关注层面③。而通过前期调研与入户预调研的观察，我们发现在住房方面西藏农牧区相比于西藏城镇地区或者内地存在巨大的差异。当前全国范围内的住宅房地产市场的价格高企，有研究认为一个主要原因是政府在城镇住宅土地供给方面未能随城镇化进程的需求增长适应性地提高④。但是西藏全区一个重要的客观事实是地广人稀，西藏自治区的人口密度在全国最低⑤，如果除去自治区城镇人口单看农牧区的

---

① 在不参与市场分工的藏区自给自足农业经济中，小范围的物物交换现象同样普遍存在，这是一种自然农业经济中自发形成的抵御自然风险的保险机制，但是一般来说交换涉及的范围较小，交换的价格固定，基本上都是长时间延续传统而形成的。

② 基于同样的原因，所有涉及主观感受和判断的问题都是针对受访者而非受访家庭或其他家庭成员。代为回答或猜测他人可能的主观感受，或者作为第三者主观评论他人的状态都会带来较大的信息失真，在本问卷的设计中都进行了回避。

③ 例如西南财经大学甘犁教授主持的全国范围内的大型家庭金融入户调查。

④ 对于这一现象或原因的解读，包括有认为是土地财政带来的内生性因素等，不是本调研的研究目标。

⑤ 西藏的人口密度小于每平方千米3人，我国中部地区一般是100—200人/平方千米，而东部地区为500—800+人/平方千米。

人口密度则更低，牧区大致要小于每平方千米 1 人的人口密度，农区稍高。直观地说，西藏农牧区的居民需要建住宅房的话，土地根本不是问题，在村行政区划范围内存在大量的适于建房的土地可以选择。同时由于大家都能以成本较低的方式来进行自家住宅的建设，因此房子对于西藏农牧区的家庭来说更像是耐用品而非投资品①，这是因为：第一，农牧区的房子基本上是没有变现能力的，本村的其他居民一般会更倾向于重新自建新房而非购买他人的旧房，而非本村的居民也没有需求或可能性跨行政区域购买房屋。第二，自家自建住宅房每年都需要一定的支出与花费用于房屋的保养与修缮，部分原因来自于高寒地区的房屋日常折旧要更大，部分原因来自于高海拔地区私人自建房屋时所使用的建筑材料普遍不算特别坚固。从这一点也可以看出，西藏农牧区居民的家庭财富组成与内地以及西藏城镇地区居民的家庭财富组成有很大差异，房屋是一个不同的维度，后面谈到的牦牛是另一个维度。

在房屋居住条件的问题模块中，本轮入户调研未将新农村建设的信息纳入考察范围。从入户调研过程中访员接触到的信息来看，西藏农牧区新农村建设中政府为农牧民无偿修建的家庭住宅房屋对于农牧民的生活改善有很重要的正面作用，为此在入户调研过程中访员以问题备注的形式进行了记录，但是对于数据的分析来说，非标准化的备注信息不大能满足研究分析的需求。在未来的追踪入户调研中将在此方面予以改进。

居民生活部分以 13 个问题（其中包括 4 个主观满意度问题、9 个客观描述性问题）对农牧区居民的收入、消费、工作状态、房屋居住四个维度进行了解，既有主观满意度的询问，也有客观生活状态的记录。虽然涉及的几个方面都只是较为简单和概括性的提问，但这样设计问卷模块的目的是希望尽量以简化的方式来了解信息，避免问卷的冗长，从

---

① 这一点是西藏农牧区家庭房屋从属性上来说与内地最大的不同。

而导致整个问卷的有效性受到影响。

2.2.3 公共服务

家庭问卷的第三部分是公共服务部分，这一部分包含教育、医疗、社保、政府补贴以及交通出行和道路状况五个问卷模块。这五大问卷模块是围绕着由政府供给的公共资源以及公共服务层面展开。现代社会中，政府在公共领域具有强大的公共产品供给能力，同时还兼具提供社会保障的责任，这些方面在西藏展现得尤其充分。自从 1984 年第二次西藏工作座谈会召开以后，西藏的发展进入了第二次高速变革的阶段，中央政府及全国各地方政府援助西藏建设的力度逐年增加，至 2016 年已超过 1500 亿元的年转移支付的规模[①]，多年来居全国各省区市人均中央转移支付之首。关于政府转移支付等方面的成绩，大多数时候都是通过宏观加总后的总量数据来获得的信息，但是仍有三个方面的问题有待进一步探究。第一，社会经济发展与巨量财政转移支付在居民民生获得感贡献度[②]。第二，居民对获得的不同公共产品与服务的需求满意度。第三，巨量财政转移支付在居民民生改善层面的使用效率。很显然，即使是力度巨大的中央财政转移支付，对西藏自治区来说终究也还是有限的外部资源注入，虽然转移支付的目标并不单一是为了改善西藏居民的民生，但是提高民生的确是中央转移支付的重要政策目标之一。政策的实施是不是真的全面有效增进了民生满意度，是不是存在某些方面的过度保障，而某些方面又保障不足？这些都需要用微观的数据来说明与检验。下面将对本部分的几个问卷模块给予

---

① 按照西藏自治区 2015 年约 324 万的户籍人口计算，西藏自治区人均获取的年转移支付的金额至 2016 年约 5 万元，若按四口之家的家庭人口规模来计算，户均获取的年转移支付将超 20 万元，虽然这个转移支付并不是发放到居民手中的现金，但是对于全区的外部资源注入来看，这也是极其可观的。

② 与我国社会经济大环境近年来提倡的"切实增加广大人民的经济增长获得感"类似。

解释说明。

教育问题模块包含三个问题，主要是针对居民在政府提供的义务教育方面的获得性、参与性以及满意度。义务教育的政府供给在西藏自治区是空前大力度和高投入的。对于义务教育的主观满意度，无论家人现在是否有在校义务教育阶段学习的都会予以询问，目的是想观测有家人在校学习的和没有家人在校学习的是否对于义务教育的政府供给有不同的评价。这一问题设计模式在后续的多处问题中还将反复出现。

医疗服务在农牧区的满意度评价，使用了五个问题的组合模块来了解。医疗是现代社会保障的重要组成部分，西藏农牧区一般都处于高海拔、缺氧和交通不便等较为艰苦的环境条件。据 2010 年第六次人口普查数据的显示，全藏人口的预期寿命显著比全国平均水平低，男性约低 8 年，女性约低 6 年，因此医疗条件的改善投入能极大地增进西藏居民的幸福感。传统西藏社会的医疗保障职能主要是由寺庙承担，寺庙的喇嘛兼具藏医医生的角色。由于西藏独特的自然地理环境下产生的独有的植被和矿产成为医药取材之源，藏医一直是传统西藏居民医疗保健的重要选择。本研究对藏医本身并无意深入研究，但是对藏医目前在西藏农牧区的居民日常医疗保健需求中占据何种地位比较感兴趣，因此问题模块中包含询问受访户在家人有医疗需求时首选何种医疗手段。政府提供的医疗保障服务中基层医疗设施与机构的可得性是较为重要的保障维度，同时基层医疗机构的医疗能力也是与居民日常医疗保健保障息息相关的。本模块还对乡村以及县一级的医疗机构的居民满意度进行了询问。

社会保障是现代社会为降低个人家庭风险而发展出来的一个保险机制，一般包含养老保险、医疗保险、失业保险、伤残保险等不同种类。西藏由于独特的人文地理和历史条件，中央政府通过财政转移支付的方式将西藏地区的户籍居民无条件地全部纳入到养老保障体系内①，这对于西藏农牧区的居民来说是一个巨大的社会福利。同时在相应中央扶贫攻坚的号召下，西藏农牧区也有依据家庭收入与财产条件而认定的分等级贫困补贴。西藏农牧区还存在具有较独特的地方特色的生产性补贴、农补与牧补，以及类型繁多的惠农补贴②。各类政府对家庭的生产性转移支付都统一归入到社会保障的类别中。由于养老保障的获取条件比较简单，同时养老保障的作用又无可替代，对于受访户家庭中符合条件领取养老保障的老人的信息以及实际获取的养老金的金额都进行了有针对性的循环提问获取。显然现实生活中农牧区居民获取种类繁多的社会保障转移支付的情况是相当复杂的，哪些保障项目受访家庭符合获得资格，应该获得多少，实际获取了多少等问题，本部分问卷并未就此展开细致的询问，这既有问卷容量和访问效率的考虑，也有入户问卷敏感度的顾虑。在后面的惠农金融部分的问题中是较为含蓄地调查了政府转移支付在基层支付方式的问题。基层政府在各类社会保障的分配与发放过程中的效率以及公平问题，对于农牧区居民的民生福利是存在显著影响的。这个问题也直接影响到中央以及自治区政府的民生政策是否能够有效地惠及基层民众，真正形成凝聚力和向心力。

道路状况与交通出行方式选择，这一组问题可以看作是政府基础设施建设以及交通公共服务供给的客观状况和满意度调查。事实上，由于访员入户时需要亲历从乡到村，以及村内道路至受访户家的道路，因此相关道路客观状况的问题就没有再由访员向受访户以提问的形式来获取，而是改由访员自行填写回答。道路状况以及交通工具的可选性，这既关系到农牧区居民与外界交通联通的便捷性，同时也关系到受访家庭的市场可得性与参与度。现代基础设施修筑

① 无论是否曾经缴纳过社会保障金，户籍居民达到特定年龄后每月就能够从政府领取相应数额的养老保障金。

② 家电下乡补贴、建房补贴、农业贷款贴息补贴等。

技术①的提升和现代交通工具的出现使得相对偏僻的西藏农牧区居民能够较为便捷地与外界接触和联通，共享现代社会科技文明发展的成果。但是西藏地广人稀，地形复杂，海拔落差变化剧烈，高寒地区基础设施材料的特殊要求等因素，导致西藏农牧区的基础设施建设在各个地区并不是较为一致地平行推进的。拉萨周边各县的基础道路修建是全自治区较为领先的地区，但是从我们的随机抽样入户的情形来看，拉萨周边的各县乡村仍然存在着大量的交通不便利，现代交通工具难以通达居民家庭。这极大地影响了这些居民与整个社会的沟通和融入。

公共服务部分问卷共计使用22个问题（其中7个主观满意度问题、15个客观描述性问题）来刻画西藏农牧区教育、医疗、社会保障和交通道路这四个方面的政府公共产品与公共服务的供给状况，同时也询问了居民对这几方面的现状民生满意程度。虽然在每一方面的细节层面并未深入挖掘，但是作为整体政府公共服务供给的考察，本部分的问卷具有较好刻画的效果。

2.2.4　公共安全

公共安全问卷部分由五个模块组成，分别为安全生产、自然灾害、社会治安、公共卫生安全以及质量安全。公共安全是政府提供的公共产品和服务的一个重要方面，囊括了影响居民生产生活中来自社会公共领域可能面临的风险。安全需求是人类生存最为基本的需求之一，现代社会的发展让人与人的交流、交往、分工、协作都有了巨大的变化，人与人之间的距离变得越来越小，而空间的重叠变得越来越多，安全更多的不是单个人或单个家庭的问题，而是社会化的公共事务问题，只能由政府来主导。因此本部分的各个问题模块本质上是询问受访户对政府在公共安全领域的各个方面提供的公共服务的满意度。需

---

① 主要是高寒地区的道路修筑问题。

要特别指出的有两点：第一，本部分的问题模块基本都遵循先征询受访户关于某一类公共安全（风险）事件的经历，包括个人和家庭成员的经历，然后再询问受访对象对于政府在该类事件中扮演的角色或作用的主观满意度。显然，各类安全（风险）事件或事故并不算是一种普遍性的经历，我们并未以有过此类安全（风险）事件的经历作为满意度调查提问的筛选条件，而是针对所有人群来询问[①]。在问卷的修改阶段，不少预调研访员对此也曾提出过质疑，坚持这样安排这一部分的问卷模块是基于以下逻辑：首先，虽然安全（风险）事件对于个人或单个家庭来说并不一定有亲身经历，但是如果将考察的对象放大到村或乡为单位，那么类似事件发生过的概率就要大为增加，本村或本乡发生事应该说是受访者身边发生事，可以认为没有亲身经历而听说过身边发生的事件，对于受访者来说是具有间接经历的。其次，对于亲身经历过安全（风险）事件的受访者[②]，询问的主观满意度是个人感受，而对于完全没有过经历的，询问的主观满意度可看成是预期，对比相应安全（风险）事件的真实感受与预期之间的差异，正是我们研究的重点对象之一。再次，政府在各类公共安全（风险）事件中的作用不仅仅是事后的应对、救助、治疗以及处理的角色，同时还负有预防公共安全（风险）事故发生的责任。因此是否真实具有类似公共安全（风险）事件的经历并不应该成为评价政府在此类事务中作为的前提条件。第二，询问的相关经历是有时段限制的，仅仅考虑最近一年范围内发生的。首先，采集的民生满意度是当前时点的满意度，而根据项目的整体规划，将每年进行入户采集，因此每次提问所涉及的时段长度为一年是比较合适的。其次，与政府行为相关的民生满意度的调查主要是对有民生感受的各类政府政策的满意度调查，而时间久远的政府政

---

① 比如消费、工作、受教育等前一部分的问卷模块所涉及的内容就具有普遍性，一个合格的受访对象都一般都具有相应的经历。

② 包含具有间接经历的。

策无论是政策本身还是执行政策的各级政府部门人员可能都变化了，彼时的满意度对现时的作用不是我们关注的重点。下面将逐一对问题模块进行解释说明。

安全生产一般是现代社会化集约生产在深度分工条件下出现的现象，虽然其风险的发生并不一定与政府行为直接相关，但是政府在此类事件中还是负有不可回避的责任。这是因为：首先生产安全事故涉事人员以及背后所关联到的家庭是风险的主要承受方，而这个群体所面临的困难是一个社会化的问题；其次，由于现代生产的深度分工带来的信息不对称会带来诸如道德风险和逆向选择的问题，劳动参与者对自己所面临的生产过程风险并不一定有清楚的了解，此时政府负有制定安全生产标准和准则、监督与检查安全生产条件、追究生产安全责任等多方面的责任。由于西藏农牧区居民参与到社会化大生产的程度较低，安全生产事故在西藏农牧区居民家庭中相对发生得较少，安全事故主要可能存在的领域是藏区各类资源开采类企业或基础设施建设企业雇佣本地劳动力在当地组织生产过程中产生的风险，另外也可能出现在现代机械化农业生产过程中各类农业机械操作使用过程中产生的风险[1][2]。在生产安全问题模块中，我们遵循本部分的问题组合逻辑，先询问两层事实信息，包括家庭成员是否经历了生产安全事故和是否听说过村中其他家庭经历了生产安全事故，然后询问受访对象对政府采取的措施（或预计采取的措施）是否感觉满意。

本部分第二个问题模块是针对自然灾害所设计。西藏不但地处高海拔寒冷地带，而且正位于地球地质活动活跃的陆地板块交接

---

[1]　根据我们项目的前期调研以及预调研，我们发现村或乡政府拥有并提供（或出租）农业机械生产设备给农牧区居民的情况是比较普遍的，尤其是大型农业机械，比如大型拖拉机、收割机等。

[2]　我们在电子问卷的本题中用标红的文字给出了生产安全事故的定义，并要求访员一定要耐心全面地向受访户解释清楚后再询问受访户的回答。

地带①，因此全区范围内常年气候灾害②与地质灾害③频繁发生，极大影响了居民的生产生活。虽然西藏居民由于长期生活在自然灾害频发地区从而形成了某些特定的社会文化传统来提供社会保障功能，比如宗教④和婚姻⑤，受当时的技术条件和行政能力局限，这类传统即使有作用也只能是小范围和局部的，与现代社会政府能提供的全方位社会保障基本上不具有可比性。当前政府提供灾害保障的能力虽然极其强大，但并不是无可挑剔的，比如灾害发生后政府的救助方式就存在多种选择以及相应的政策满意度问题，如是否符合当地居民生活习惯，是否兼顾到救助措施的短期影响与长期影响等诸多方面。虽然没有使每一个人都满意的政策，但是政策的选择应该兼顾到大多数民众的利益与民生感受。用微观数据的方式来呈现政策满意度，从居民主观维度来做政策评估显得非常必要。

接下来的一个模块是关于社会治安层面的满意度。这里社会治安事件仅仅指与刑事犯罪相关联的各类治安事件。除了各类暴力、盗窃以及诈骗等刑事案件外，将近一年来全国各地突然泛滥的电信和网络诈骗事件纳入了问卷寻访范围。访员询问受访者其本人或家人是否在最近一年有经历过电信或网络诈骗事件，如果有类似的经历将会在备注中进行详

---

① 青藏高原的形成正是由于欧亚板块被印度洋板块冲撞挤压后被抬高形成的。

② 包括洪水、冰雹、雪崩、旱灾、霜冻等。

③ 主要有地震、泥石流等。

④ 西藏宗教主要是藏传佛教，长期以来西藏本地宗教不仅仅停留在意识形态领域只影响藏区居民的精神生活，比如藏传佛教格鲁派最有影响力的两支，达赖与班禅，在相应地域内就是政教合一的，兼具意识形态和行政功能。显然，宗教在解释各类自然灾害发生机制的逻辑有助于缓解社会的恐惧感，但是从另一方面来观察，民众在日常生活中供奉寺庙，寺庙间接地承担日常社会储蓄与积累功能，在自然灾难发生时寺庙再承担救济功能，形成一种社会保障机制。

⑤ 西藏的婚姻形式比较多样，包括一夫一妻、一夫多妻、一妻多夫和多夫多妻等形式，有一种解释，婚姻形式的多样性是由于藏区自然灾害过多，为了对抗风险而形成的保障机制。

细记录。

公共卫生不算是一个现代社会的概念，两千多年前的古罗马时代的城市建设就有了公共污水处理系统的雏形，这是由人类社会进入城邦社会和人口居住密度上升带来的人民生活空间相重叠部分加大而自然形成的需求。现代公共卫生的概念大约是从 14—15 世纪欧洲那场惊世的黑死病以后开始发展起来的。为什么要介绍公共卫生发展的由来和原因呢？这与想要解释和说明的藏区公共卫生的地区独特性有极大的关系。公共卫生的需求主要来自两个方面：一是人口定居和人口居住密度增加达到一定的程度(例如城市化) 后带来的居民的活动空间相互重叠较多，形成较多的公共空间，在公共空间中个人与个人之间是相互影响的[①]；二是人口密度较大必然带来人与人的距离变小，从而导致单一个体的某些具有传染性质的疾病会给整个人群带来较大的潜在危害[②]。西藏农牧区在公共卫生需求的以上两个点都有较大的本地独特性，关于第一点的人口密度问题在前文中阐述多次，不再赘述；而第二点关于传染性病菌或病毒在西藏高原缺氧干燥环境中的差异性表现，本报告的几位作者都非此专业方向的研究者，专业知识掌握有限，无法作出较为科学客观的论断，但是作为长期在藏生活过的人，至少从另一个侧面可以来间接探究——西藏地区的食物保鲜概念与内地存在较大差异，缺氧以及空气极度干燥这两点相结合，使得有过西藏地区生活经历的人都会深切感受到当地食物较之内地不易腐坏[③]。加之西藏农牧区目前还处于较为明显的农业社会，因此人际之间的传染病、人与牲畜之间的传染病以及牲畜之间的传染病都可能存在。在本模块的问题中不但询问了有关人传染病的

---

① 比如生活污水的排放就是一个典型的公共卫生的问题。

② 农业社会中，其实是三种交叉感染的风险同时存在：人与人之间、人与牲畜之间、牲畜与牲畜之间。

③ 并不能说西藏的公共卫生遭受传染病侵袭的可能性就要更小，就像西藏存在有独特的动植物类型是一样的，西藏的微生物可能也有其独特的生存活动方式。

事件，还加入了一个本地化状况的有关牲畜传染病事件的询问，从经验的角度来猜测，牲畜传染病的发病率比人传染病的发病率还要更高，同时二者存在相互影响的可能。

虽然本课题组并未具备专业能力涉及高原生命科学领域的前沿研究，但是在西藏公共卫生领域背后真正能够形成支撑的是更为重要的高原生命科学研究（诸如医学、生理学、生物学等方向），而此领域目前的研究现状并不令人乐观，尚存在大量的亟待解答的现象与科学问题。在此领域的大力支持与投入同样应该成为当前政府在公共卫生方面的工作之一，这一领域研究成果的丰富与切实推进将是给西藏带来真正公共安全的有力保障。

与公共卫生比较类似的另一个公共安全问题是食品安全，由于我们在公共卫生模块中仅仅询问了关于流行病方面的情况，所以食品安全就单独构成问题模块来询问。食品安全的由来还是从社会化大生产的分工专业化过程中产生的，在一个生产分工较为细化的社会中，个人以及家庭消费的食品都不是自己经手生产的，这其中当然就包含了可能的道德风险所带来的食品安全问题①。同样是由于西藏农牧区比例较高的自给自足经济形式的现实特殊性，首先就家庭日常消费的食品（包含主食和副食等）来源进行了询问。显然，如果家庭日常消费的食品如果基本上是自家产出的，那么此类家庭基本上不参与到市场化的食品交易行为中，其实基本上也就不存在食品安全问题，唯一相关联的可能只是个人或家庭卫生意识。从预调研询问来的情况看，拉萨周边农牧区的居民有很大一部分都是自给自足的生产消费模式，但有一个方面较为特殊，基本上都需要到市场购买——婴幼儿产品，包括婴幼儿食品以及尿不湿等。因此家中若有年幼的婴儿或儿童时，食品安全同样是西藏农牧民十

---

① 信息不对称所带来的道德风险使得食品行业尤为特殊，政府在这个市场中的监管角色是极其重要的。近十多年来，我国内地所爆发的多次食品安全事件就是很好的例证。

分敏感关注的问题。

在本部分的最后，额外加入了一组与公共安全关联度不大的问题模块，是询问居民关于县乡政府行政办公办事效率以及态度方面的问题，主要是从主观层面来观测。当前自治区政府在社会保障（包括医疗保险和养老保障等）、扶贫、教育以及普惠金融等多个方面对各类西藏居民进行了有效的全面覆盖，居民家庭生活中与政府打交道的机会日益增多，逐渐成为日常生活的重要组成部分。政府各个部门办理与居民生活相关事宜的对外工作窗口提供的公共服务在居民的日常经历感受中是怎样的评价，是否足够便捷，政策的信息传递（尤其是新实施的政策）是否足够畅通，政策的落实是否及时有效与公平公正，对外窗口的服务是否亲和等方面，都是政府部门很关心与敏感的信息。受限于问卷的容量，选取了两个维度作为此模块的问题来询问。显然，也并不是所有的受访者或受访家庭都有到乡县一级的政府去办事的需求和经历，我们在问题选项中也兼顾了可能存在无此类经历人群的客观状况。

2.2.5　健康与饮用水安全

健康与饮用水部分是本问卷较有特色的一个专题，是本项目组与西藏大学理学院、天津大学环境科学与工程学院以及中国科学院青藏高原研究所跨学科深度交叉合作的基础上形成的。健康是民生最为重要的组成部分之一，个人的身体健康状况以及家人的身体健康状况都极大地影响到整个家庭成员共同的生活幸福感。生老病死是人类个体生存固有的周期性现象，个体健康状况受众多因素影响，其中不乏偶然性的因素，但是如果从一个较大的人群角度来看待整体健康状态，则能较好地剔除众多个体因素而发现其中某些共性特征[①]。这也是为何一般将一个国家

---

　① 生命体结构非常复杂，因此人体医学以及生命科学的发展都不是建构性科学，而是统计性科学，主要是建立在基于大量双盲对照试验结果的逻辑分析上。

某时段内整体的婴儿死亡率和人均预期寿命作为刻画该国国民健康度的标志性指标。作为全球独一无二的青藏高原，自然环境和地貌特征如此的独特，其中长期生存进化的生物体以及繁衍生活于此的藏族人群的生命特征也具有相当程度的独特性。从国家最近一次的人口普查数据来看，西藏自治区居民的整体平均预期寿命相比于内地人口，女性要低约6岁，男性要低约8岁，这也直观地反映出青藏高原高寒缺氧条件下生存环境的恶劣程度。

本部分问卷的初始设计动机来源于项目组成员在项目初期的藏区调研入户中所观测和了解到的一些农牧区现实状况。西藏自治区整体的人口密度相当低，300多万人口居住在约120万平方千米的土地上，绝大多数人口主要以农牧业为生，且自治区内海拔起伏很大，从最低几百米到5000多米的地貌都存在。那么长期以来，农牧区居民又主要是如何选择居住地的呢？主要是依水而居，逐水而迁。农业人口主要是依靠几条大的水系，沿河沿江而定居。牧区人口的游牧迁徙也主要是选择草场地区的水源流经地而搭建帐篷。显然，自然环境中水是农牧区居民生存地选择最为重要的外部资源硬约束之一。传统生活方式中，农牧区居民的饮用水和生活用水都是直接取自自然地表水源。虽然西藏的自然水源基本上未遭受工业化生产的污染，但是将地表水直接用于饮用还是存在一定的风险。既有上游居民的生活污水对下游居民的影响，也有某些地区地表水矿物质超标而用于直接饮用所带来的健康隐患，还可能存在有居民用水观念与饮用水储水习惯方面的原因①。在拉萨周边地区是否存在局部因自然水源不适合饮用而造成的地方病？从项目前期调研所观测和了解到的信息来看，似乎是有，但并不能客观地确认二者的直接因果关系。项目组在与西藏大学理学院水化学方面的专家进行咨询和探讨后发现，西藏自治区并未有过大面积有代表

---

① 还有一点无法忽视的原因是，在高海拔空气稀薄的地区，水的沸点要远小于100℃，正常来看都只有80℃上下，这也为饮用水健康带来一定的隐患。

性抽样的农牧区居民饮用水检测与研究，已有的水科学方面研究成果基本上都是做的较大的自然地表水系的水样检测与水质监测。因此达成在民生调研项目的健康研究部分做深度学科交叉合作的共识，在派出访员进行入户调研的同时，直接采集农牧区家庭的饮用水水样进行全面检测，构建西藏地区饮用水水质数据信息库，同时入户调研问卷也将受访居民家庭成员的健康状况做逐一信息采集，由此形成健康与饮用水的直接关联数据。下面将对本部分的问卷模块做详细的解释说明。

本部分主要分为三大问题模块：目前所有家庭成员的健康状况、近五年来去世家人的去世原因、家庭饮用水来源和用水习惯（储水方式）。

目前家庭成员的健康状况需要逐一询问到每一个成员个体。本问题模块的询问边界是户主的家庭成员而非本户籍单元的人口，家庭成员的准确界定统一以经济关系作为主要的判断依据，收入与消费支出与户主共享的均视为和户主是同一家庭的成员。同时为了更准确地了解与健康状况紧密联系的个人属性，访员采集了受访户每一个家庭成员的年龄、性别、身体健康度（主观）①、是否患有慢性病②、近三年是否患过大病以及大病的具体信息③。

我们还在被访户愿意的情况下，询问了近五年来去世的家庭成员信息以及去世的原因。

————————————

① 身体健康与否或身体健康程度，都是较为模糊的概念，并没有简单的指标能清楚地区分，因此这个信息只能是依据受访者的主观判断来界定，如果受访者对于某个家庭成员的健康程度有疑惑，我们的访员会提示"与同龄人相比，健康程度如何？"

② 慢性病是一个不太好清晰界定的概念，我们的电子问卷在此题处会要求访员为受访者读出来的问题提示"解释：慢性病包括高血压、高血脂或低血脂、糖尿病、癌症、慢性支气管炎或肺气肿、肺心病、肝脏疾病、心脏病、中风、肾脏疾病、胃部疾病或消化系统疾病、情感及精神方面问题、老年痴呆症、脑萎缩、帕金森症、关节炎或风湿病、哮喘、颈腰椎疼痛等。高原较为常见的慢性病还包括包虫病和大骨节病等。"

③ "大病"这个概念也需要访员在调研过程中与受访者进一步沟通澄清，问卷上附有解释："大病一般是指非常见的需要经过医院的专业治疗一个阶段后才能康复的病"，直观地来界定就是需要住院治疗的肯定是大病，但也不完全局限于此种情形，访员有现场裁量的权力。

接下来重点询问家庭饮用水方面的细节信息。首先是饮用水的来源，包括公共自来水厂集中供水、地表水以及地下水这三个大类别。从拉萨周边农牧区的基本地理条件来看，地表水是占据大多数情况的。其次是家庭饮用水的用水习惯信息采集。显然，用水习惯中包含有居民的健康用水观念问题。访员询问了饮用水在家庭中是否先储存，这是从项目前期调研和预调研过程中观测到的现象，大多数的家庭为了用水的便捷，一般都采用先少量储存在用于烧水饮用的方式，尤其是以地表水为饮用水源的家庭。对于储水的容器，在问卷中有单独的问题来询问，而且要求访员在此问题询问后现场对储水容器进行拍照采集图片，为数据后期处理的精确信息复核提供更客观的依据。储存后再用于饮用的话就还带来一个饮用水更新的问题，这方面的信息我们也进行了单独询问采集。

本部分问题的末尾，访员还询问了受访者对其饮用水水质的主观评价。这个问题主要是用于研究分析拉萨周边农牧区居民对于饮用水健康的用水观念的分析。

2.2.6 金融与生活

金融与生活部分也是本次民生调研项目问卷的一个特色专题。金融作为现代经济的重要组成部分在我国的发展十分迅猛，而普惠金融作为政府在西藏地区扶持当地经济和扶助居民生产生活方面的重要政策性工具在近年来力度逐步加大，且涉及的人群也在逐年增多。虽然西藏农牧区的经济形态还较为传统和落后，但是金融工具的介入与参与正在变得越来越多。为了了解当前金融机构、金融工具、金融知识以及金融信息等多方面在拉萨农牧区的发展与应用现状，项目组特意设计了本部分的问卷。本部分对于金融在居民生产生活中的参与程度的调查问卷包含有三个子问题模块：银行卡的日常使用和接受程度、家庭银行贷款状况和资金需求目的、家庭非银行借款状况和利息负担状况。

　　由于西藏农牧区居民家庭生产生活模式中仍有很大部分是延续传统的自给自足经济，因此对于这一部分家庭来说是极少到市场参与交易的，可以说极少使用货币。这类家庭货币的主要来源是政府的各类补贴、补助以及社保。中国人民银行拉萨中心支行曾经计划推动给每一个西藏自治区户籍人口免费办理一个储蓄银行卡账户，种类众多的与户籍人口相关的各类政府补贴、补助和社保等就能非常便捷地直接发放到个人账户，但是这个政策几乎遭到基层政府机构的一致反对。探究其原因，最可能是以下两种情形：一是银行卡账户具有银行账户间资金往来的便捷，但是在用户使用端还需要具备一个条件，就是银行卡支付[①]或银行卡取现也需要较为便捷的设施，而这一点在广大的西藏农牧区可能目前还无法达到，尤其是较为偏远的地区。二是中央政府和自治区政府针对户籍居民种类众多的转移支付的发放一直以来都是依靠政府县乡村各级行政单位的层层下发最后交付到个人家庭，这显然产生了一个经济学中常见的委托—代理问题，各级政府下发针对户籍居民的转移支付资金的时候都有截留一部分的可能，若改为银行卡直接发放到个人账户，那么中间环节的截留将无从谈起。到底西藏农牧区民众对银行卡的使用是一种什么样的个人态度，本部分的第一个问题模块就是想要了解此方面的现实情形。

　　第二个问题模块是关于银行贷款方面。作为普惠金融的一个重要方面，国家财政在西藏农牧区的贷款上都给予了力度很大的财政贴息。自治区不同地区的贴息程度有所差别，基本原则是海拔高的偏远艰苦地区贴息程度更高，农牧区比城市贴息程度高。在西藏农牧区，具有各级分支机构有能力发放贷款的基本上只有中国农业银行。针对入户时点受访家庭仍然未还清的银行贷款信息进行了逐笔的询问（如果同时有多笔贷

---

　　① 银行卡支付需要商户具备 POS 机用于刷卡，而这样的技术实现又有赖于网络的畅通，最低也需要有线电话线路的连接。

款未还清的话），包括获得时间、发放银行、当前未还清的金额、年支付的利息数额等。需要特别指出的是，访员详细询问了每一笔贷款的家庭用途，这个信息实际上是非常核心和关键的。从贷款发放行为的本质和国家财政对西藏居民贷款予以贴息的初衷来看，贷款发放的主要目的是为了解决西藏居民的生产资金困难，扶助生产层面的行为。因为消费性贷款本质上是很难带来产出效应的，借款消费行为不过是平滑个人在时间维度的消费选择，通过降低未来的消费来增加当期消费。而且消费性贷款需要严重依赖于借款人稳定的收入流，若可预见的稳定收入流不够支撑借款的偿还，那么借款人未来违约的风险就会相当大，而大量发放此类贷款的银行将极有可能承受巨大的呆账坏账压力。我们要求访员在询问此题时碰到生产性用途的回答，如购买拖拉机或其他农机、购买运输车辆、购买种子、开店等，一定要在"其他（请备注）"选项中详细地予以备注。

第三个问题模块是关于非银行类的民间借款情况。项目组成员在项目前期调研期间曾经碰到过一个牧区家庭有借民间高利贷用于购买跑运输的卡车，借款年利率高达 36%，但是这个家庭却从未在银行有过任何贷款经历[①]。藏区民间借贷是一个什么样的基本状况，尤其是非亲友之间的民间借贷情况，项目组还未看到过任何有关这一方面的研究或调研，这又是一个非常值得关注的问题，因此我们将此问题模块加入问卷。本问题模块对于曾经有过非银行类民间借贷家庭[②]询问了其借款对象、借款的原因、近三年内此类借款的次数（无论目前是否已经偿清）、多笔借贷情况下借款人所支付过的最高利率以及最近一年支付的利息等。

---

① 该户所在地区对应的银行借款年利率低至 1.08%，与其高利贷的利率形成极大的反差。

② 我们将亲友之间发生的借款也归于民间借贷现象，但此类借款只询问金额超过 5000元的情况。

2.2.7　生态文明

问卷的最后一个部分是生态文明。这一部分的问题模块分别覆盖生活能源与用电、生活垃圾处理途径、生活污水排放与厕所等几个家庭生活方面。顾名思义，生态文明的内涵包括两个方面——生态与文明。生态是指生态环境，文明是指物质文明和经济文明程度。从全球各经济体的发展经验来看，尤其是发达经济体与高速增长经济体的发展路径，一般都走不出发展——污染——治理的模式。生态和文明在经济发展很低或很高的阶段，两者是没有冲突的。原始经济和农业经济中，人与自然之间是较为和谐的①；后工业经济中②，人们的环保意识以及污染控制和处理能力都较高，因而也不会出现环境大幅恶化的状况。生态环境和文明程度相背离的主要是在工业经济阶段，物质文明高速增长的同时环境也快速恶化。虽然我国在经济起飞阶段（20世纪80年代）就有呼声提倡尽量避免走发达国家曾经走过的先污染再治理的老路，但事实证明还是没有能够避免这种情况的发生。从经典的经济学理论中我们知道，环境污染与环境保护都是具有巨大外部性的行为，因此在处理和解决环境问题上政府担负有主要职责。

近年来我国大多数省区市都大面积地遭受了较为严重的环境被污染破坏的恶果，民生对于清洁环境的需求相当迫切③，也使得政府工作在多个方面陷入增长与环保的矛盾和考量中。西藏自治区在这个方面与全国的普遍状况同样存在有较大差异。西藏位处青藏高原，不但是我国主要水系（长江、黄河、金沙江以及怒江等）的发源地，而且是周边众多

---

① 也可以说，在这个经济阶段，人类破坏环境的能力是十分有限的，这包括人口数量不高、人口密度不大的因素在内。

② 后工业经济是如何界定的，并没有简单的度量指标，第三产业产出所占比重是一种方式。

③ 对清洁空气和清洁水源的需求，实质上是一种健康需求。

亚洲国家主要水系的发源地（包括印度的布拉马普特拉河以及东南亚的湄公河等），支撑供给的人口数极其庞大且流经的下游地区人口密度极高，对于全球来说都具有最为重要的生态安全地位。作为一个对内负责任和对外主导周边国际地区事务有担当的政府，我国很早就将西藏自治区定位为我国的生态屏障和安全屏障并加以保护。基于其特殊的定位，西藏自治区内的经济和工业发展在生态环境评估审批方面执行极为严格的标准，并未走我国内地先污染后治理的工业化发展老路，因而西藏居民在生态文明层面的民生需求具有其独特的内涵。事实上，西藏农牧区并未遭受工业化或现代化的冲击，农牧区居民仍然较多地延续了本地区传统的农牧业生产生活方式，相对应地，农牧民生活方式现代化文明程度也较低。针对当前居民生活本地化的民生需求，项目组设计了本部分的问卷，下面将对问卷中的各个问题模块具体说明。

首先是生活能源与用电模块。西藏自治区较为独特的生活能源的一个来源是牛粪，据研究小组的前期项目调研和日常了解，藏区居民选择烧牛粪作为日常饮食与取暖的能源方式并不局限于牧区[①]。

事实上，需要对牛粪这种特殊的燃料进行再认识。牛属于食草类动物，由于牛消化能力天然较弱且体型较为庞大，因此进食成为牛日常生活的主要内容（我们总是看见牛成天在吃草）。与此同时产生两个结果：其一，牛消化能力弱而导致其粪便中未消化的有机物比例很高，牛粪的可燃性很高且异味很小[②]；其二，单只牛的牛粪产出量很高，或者说牛粪的产出效率是较高的。这两点使得牛粪作为天然燃料

---

① 西藏除林芝地区较为例外，因为当地树木资源极为丰富，历来就是以烧柴为能源获取方式。自治区的其他地市区的农区和半农半牧区大多数也是以牛粪为能源方式。养牛不多、牛粪生产匮乏的地区家庭会购买牛粪，甚至在西藏人口密度最大的拉萨市城关区，藏族家庭冬天取暖的燃料选择也有相当一部分是购买牛粪。

② 有过此生活经历的大概都知道，牛粪燃烧过程中大约是产生一种与烧草很类似的气味，俗称草香味。

选择是非常具有可行性的，再加之西藏大部分地区处于高寒地貌，木本植物都极为稀少，牛粪作为藏区居民的天然生活燃料来源成为不二选择并且延续至今。青藏高原的地势大约是由东南往西北整体攀升，且西南角围了一条难以逾越的喜马拉雅山脉[1]，因此伴随着地势海拔的攀升，还有一个特征是降水量也逐步地减少。高寒缺氧外加少雨干燥，西藏地区随着海拔的攀升，植被生长所需条件也是逐渐恶化，因此较为直观地观测到随海拔高度攀升天然植被的生长高度下降，至拉萨地区天然树木已经稀有[2]，再往西北部的那曲与阿里，地表植被只有矮草。基于青藏高原的自然地理条件来分析，牦牛简直就是高寒地区天然的高效燃料收集器[3]，藏族居民的生活的确对牦牛的依赖非常大。甚至有"儿不嫌母丑，人不嫌年粪脏"的民间谚语。这也从另一个侧面解读了为何藏族居民如此爱惜牦牛，很多地区都有不杀牛的习俗。还有非常重要的一点，牛粪作为燃料使用过程中非充分燃烧带来的烟很少，可以视为一种清洁能源。可能的缺点是手工制作的牛粪密度松散体积较为庞大，不耐烧，因此使用过程中人工添加燃料的频率比较高。

在日常能源使用的另外一个方面是电的消费。我国内地各省区市基本上都已经达到公共电网全覆盖，国家的电力发电装机容量和年总发电量还在逐年上升，而居民消费端的家用电器种类无论是国内生产供给能力还是总消费量都在飞速提升，可以说电力消费已经成为内地居民家庭生活的基本能源方式。而这一方面在西藏也有着巨大的差异。西藏地广人稀，人口密度小，公共电网的基础供电网络建设缺少消费端规模效应

---

① 此处为青藏高原的近海端，但高耸的喜马拉雅山脉将印度洋的暖湿气流全部拦截，因此在这条连绵山脉少有的几处缺口均成为极佳的水汽通道，形成久负盛名的几条"沟"，如勒布沟、亚东沟等。

② 现在去拉萨市看到的众多树木基本上都是人工种植，依靠拉萨河的水浇灌成活。

③ 高海拔地区的居民家庭基本上常年都需要烧牛粪用于取暖的。

支撑，这意味着公共电网初始铺设的单位用户成本是极高的。西藏人烟稀少的地区基本上都是高寒地区，此类地区的基础设施日常折旧损耗成本平均是内地的好几倍。此外，用户少且分布稀疏意味着供电网络的单位线路损耗率也非常高。以上几点相叠加导致在西藏地区对所有居民家庭给予公共供电网络的全覆盖经济性较差，具有一定难度。虽然国家近年来在西藏地区也在积极地建设太阳能电站，开发西藏丰富的太阳能资源，但是太阳能发电的应用同样有其内在的局限性。考虑问卷容量的原因，问卷询问了用电来源和用电稳定性两方面，并未就家庭电器设备和用电量进行详细的调查。

本部分的第二个问题模块是询问生活垃圾的处理途径。居民家庭的日常生活垃圾的产出量是一个较好的家庭消费能力的衡量指标，而一个社区或社会的公共垃圾收集与处理方式则可以成为整个社区或社会文明程度的较好评价维度。现代生活中各类化工产品日益成为不可或缺的组成部分，由此也带来了生活垃圾处理的难题[1]，这是典型的政府供给的公共服务与产品的范畴。西藏农牧区虽然人口稀少且生产生活方式较为传统，但是现代工业产品也在逐渐深入居民的日常生活中，传统的垃圾丢弃与倾倒处理方式慢慢变得不相适应，由此产生的生活垃圾处理隐患也逐渐显露。显然此类问题是严重影响居民民生质量的内容，政府在垃圾处理方面所提供的公共服务是否能跟上时代和居民消费的变化是本模块问题所关注的重点。

与上一个模块相类似的是生活污水排放与家庭厕所形式的问题模块。这一方面的问题与前述公共卫生问题模块有很强的关联性。西藏传统的生活模式中散居和游牧方式所占比重较大，同样由于人口过于稀少和人口密度极低，导致生活污水排放处理与厕所设施的需求近乎

---

① 例如，塑料袋和各类废弃电子消费产品所产生的垃圾，自然降解几乎不可能，而传统的填埋和简单焚烧则带来严重的环境污染，此类垃圾是无法简单处理的。

为零①。随着西藏本地定居人口的逐年增长②和政府新农村建设带来的人口定居聚居条件的扩大形成,再加上近十年来逐年高速增长的旅游人口进入量,西藏社会在生活污水排放处理以及家庭与公共厕所的需求层面正在发生转变,既包括现代生活观念层面也包括实际环境恶化压力层面。由于此类现象近年来明显还处于一个快速转型期,因此本模块的问题我们并未加入民生感受的主观调查提问,仅仅进行了客观事实描述方面的询问。

在有关生态环境模块的最后我们加入了一个询问受访者对家庭周边环境满意度的问题。虽然问题的提法相当抽象,但是在前续多方面细节的提问完成后,我们认为受访者在生活生存环境的几大类具体方面已经有了初步的细节感受,此方面总体民生评价提问不至于带来抽象概念的理解困扰,同时我们还要求访员提问后就"环境状况"的概念进行细致的解释与说明。

当前远程实时通信需求日益成为现代社会生活模式的基本需求内容,针对近年来无线通信网络与设备的快速发展,本部分还有针对性地设计了一个手机使用与网络使用的问题模块来刻画西藏农牧区居民家庭的现代化生活方式影响。

从通信网络基础设施的建设与维护来看,与前述的公共供电网络有极其类似的地方,初期基础设施建设投入巨大、日常折旧率高且维护成本大,而用户使用率极低,缺少供给的规模效应。在过去未曾铺设过任何通信基础网络的广大西藏农牧区,跳过有线通信网络的建设而直接提供无线通信网服务无疑是可行性更高经济性更好的选择。无论从国家边境地区的安全角度还是西藏自治区大力发展旅游业的需求方面,实时通

---

① 事实上,迟至 2000 年,整个西藏地区的公共厕所都相当稀少。传统藏区生活习惯中,农区定居家庭有简单的旱厕,而牧区家庭由于游牧的生活状体导致基本上完全没有厕所的概念。

② 包括人口高自然增长率和移居人口高增长率,尤其是拉萨地区。

信网络的有效覆盖都存在刚性需求，而个人与家庭成员的手机拥有率与日常使用率又可以从另一个侧面来客观反映受访家庭的收入消费状况和生活状态。

无线网络的使用普及状况我们并未直接进行询问，而是设计了一个代理变量——微信的使用频率①。从我们项目的前期调研了解的情况来看，西藏农牧区在互联网的使用上还存在一定的实际困难，使用代理变量的问题设计是基于以下几点的具体考虑：一是当前互联网中藏文的信息较少，而西藏农牧区居民的国家通用语言文字使用能力目前也较低②，这导致即使有网络也可能很难上网主动搜寻与获取信息。二是藏文的输入法在各类移动设备中并不默认内置于系统，要从移动设备输入藏文对于西藏农牧区的居民来说还有一个较为复杂的软件操作过程。三是微信在使用移动互联网的西藏农牧区用户中是极其普遍的现象，这要归功于微信通讯功能中的一个便捷性操作模式——语音留言功能，即使受教育程度很低的用户也能很快地掌握语音留言功能的使用。四是微信实现语音留言功能所需的网络条件也很低，使得其普遍适应性很高，接受面较广。五是西藏农牧区当前的移动网络覆盖率还非常有限，多变的地势起伏使得移动网络时有时无的情况较为严重，且网络连通条件参差不齐，语音留言功能不需要实时通话而传递实时信息，恰好填补了通信双方不能随时在线的客观约束。六是加上微信还有众多的如实时拍照与录像发送等多种功能，极大地满足和丰富了藏区居民的日常通信能力和沟通内容。七是在地广人稀的西藏农牧区，远程通信需求是更为强烈的，比如游牧居民在游牧季节，家庭与家庭之间，个人与个人之间，相互的空间距离是非常大的，移动网络通信能非常好地解决信息沟通的空间障碍。

---

① 声明：本次调研活动并未收受任何腾讯公司或微信官方的资助和委托，该部分信息的采集也不为任何商业目的服务。

② 此次调研过程的一个普遍现象是农牧区入户调研只能用藏语，极少数情况下受访者能够以汉语来进行交流。

将互联网的使用情况的调查转换为微信的使用率的询问是一个较为合适的本地化转换方式①。

2.2.8　追访信息留存与受访户客观信息

在家庭问卷的最后，询问并留存了受访者以及受访户的联系电话号码信息，这样做的目的，首先是为了问卷调查数据处理后期的追访，如果在后期的数据清理过程中发现某些数据字段存在明显的矛盾或填写错误，项目组可以较为方便地通过电话追访的方式来核实真实信息并予以修订。其次，根据规划，将进行多次追踪式的入户调研，这意味着后续年份还需要多次与受访者或受访家庭取得联系并再次入户，由于现代社会家庭的迁移与地址变更等是正常的现象，而追访是不以此为条件来舍弃或更改目标家庭作为样本进入数据库的，所以在首次入户成果后留取受访者或受访家庭的联系方式是十分必要的。

家庭入户问卷最末尾还有一个问题模块是采集受访者和受访户家庭的某些客观并易于观测的事实信息，不需要再向受访者直接询问而是由入户访员直接观测并填写的，包括受访者的性别、受访户家到村委会的道路状况②和受访户家庭所在位置的海拔高度③。

2.2.9　村问卷部分

本次拉萨农牧区民生调查研究项目的实施阶段得到了拉萨市人民政府的大力支持与指导，入户调研小组在进入每一个村的时候得到了

---

① 事实上，"weixin"这个发音已经成为藏语中指代"微信"这一事物的名词发音，微信在西藏农牧区居民中（无论是否使用过微信）也具有极高的认知率。

② 我们的访员在此次入户过程中都是统一先在村委会集中，然后从村委会出发再去各受访户家，因此从村委会到受访户家的道路状况是访员在入户前就亲身经历的事实，无须再向受访者口头询问。

③ 海拔高度都是使用统一的出访电子问卷设备（华为 pad）中由项目组预装好的名为"GPS STATUS"（中文名：GPS 状态）的软件测量读取的。

村干部的通力合作。每一个入户调研小组都是由督导（队长）带领三名访员和三名翻译，在村干部的指引下进行入户访问的。设计了一个单独的村问卷（督导问卷），原因首先是村问卷是由访问入户小组的督导来填写的，基本上包含的都是村一级的公共信息（对于每一户村民来说都是一样的信息）。其次，村问卷基本上都是督导通过个人的观察来独立填写，部分问题则是对当地村民或村干部进行简单询问后获取信息。

村问卷由 30 个问题组成，涵盖了受访村的交通道路状况、教育设施、环境、地理特征、宗教设施、物价水平、通信网络以及金融可达性等八个方面的问题模块。显然，村问卷是对家庭入户问卷在公共信息部分的补充，同时也是对村级客观信息的一个描述。下面将逐一对村问卷的八个主要问题模块进行简单的解释说明。

首先是交通状况问题模块。受访村的交通道路包括村与外界相联系的公路条件和距离，同时也包括村内各户之间的通达道路状况。西藏地广人稀，即使是拉萨市辖的各县（区）自然地理条件也多变和复杂。从项目组前期调研掌握的信息来看，村居民和外界的联系沟通密切度（或从反面来看，隔离度）与本村的地理位置和地理环境条件有直接的关系。比如位于国道旁的村相比于距离等级公里较远且只有简易道路连接的村，村居民的生产生活方式、发展水平甚至是沟通能力就要更为现代。即使是同一个村内，一般来说位于海拔更高和通达村委会道路条件更差的家庭，他们选择的生产生活方式也要比紧靠村委会居住的村居民要更为传统。一般来说，村委会到所在乡的道路是要优于村内各户之间连通的道路。

第二个问题模块为教育设施。在西藏大致可以看到这么一个一般性的现象，村上建有公共幼儿园，乡上建有小学，县里建有初中，而地区（市）一级才会有高中。这样的教育资源安排主要是由于西藏地广人稀造成的。部分村的幼儿园还兼具小学一二年级的学制安排，这主要是由于乡上的小学离村太远，而交通条件并不能满足小学生每天通勤上学的要求，因此乡上的小学会要求住校，小学一二年级的儿童某些还达不到住校独立生活自理的能力条件。在村问卷中只要求督导观察受访村是否建有学龄前阶段的幼儿园。

　　第三个问题模块是描述村上是否有政府提供的收集并集中处理家庭生活垃圾的机制，有的话，集中处理的方式是什么。这个问题模块是将家庭入户问卷中生态文明部分生活垃圾处理模块归并到村问卷里。

　　第四个模块则是要求督导首先用软件测量村委会所在位置的海拔高度，同时通过询问村干部来获取本村家庭住户海拔最高和最低的住户其海拔高度是多少。此问题模块的目的是为了衡量受访村的整体行政区域内地理环境在海拔落差方面的客观信息。在前述的家庭问卷的说明中已经提到过，西藏农牧区的生产活动极大地受到地理环境条件制约，海拔较高的地区只能放牧而无法种植农作物。而海拔落差大的村就会形成同村内居民之间的生产生活方式的较大差异，比如村下所辖的组就分为农组、牧组和半农半牧组等情况。同一个村的经济形态单一或多样也能在一定程度上影响到村居民的生活隔离状态①。

　　第五个问题模块是记录受访村的物价水平。通过位于本村的小卖部或小店中最为常见的七种食品饮料的单价来刻画本地的物价水平。显然，影响本地小卖部常见商品零售价格的因素是多重的，包括整体市场价格的波动、通货膨胀水平、受访村的地理位置、受访村与外界连通的

----

　　①　比如单一的牧业村就必须与村外的市场进行交易，因为牧区完全不产出任何粮食。若同村内既有纯放牧经济的牧民，也有纯务农种植的农民，那么本村内的居民之间就能完成粮食换肉类的交易而无须借助外界的市场。

道路状况、某类商品在本地的销量① 等因素。设计本问题模块的初衷是想通过物价这一指标来检验西藏地区道路基础设施投入的效果。西藏农牧区，尤其较为偏远的地区，成本较低的商品其零售端价格将受到运输成本的巨大影响，而运输成本显然又是由受访村的地理位置和连通道路等级状况来决定。同时，价格的波动又将反映受访村的隔离程度，当然一轮单次调研还无法对价格波动做出刻画，需要等待数据的多轮积累后才能形成有效信息。

第六个问题模块是记录受访村的无线通信可得性。对于民用领域，在西藏农牧区建设无线通信网要远比建设有线通信网的可行性和成本低。我国目前无线蜂窝通信网提供商包括中国移动、中国联通和中国电信三家公司。西藏地区复杂而广阔的地理条件与极为稀疏的用户使用密度，导致无线网络的覆盖在西藏农牧区并不理想。通过项目组的亲身体验来多次记录这方面的客观事实，是能够较好地反映出西藏社会文明程度与基础建设的发展变化的。

最后一个问题模块是有关助农取款点运行状况以及银行业务与金融信息的宣传。这一问题模块需要督导向受访村的村干部询问核实。由于在西藏农牧区建设与运营日常银行金融网点的成本过高，因此中国农业银行就与村级政府机构合作，在每一个村委会设立助农取款点，留存一定金额的现金在村委会，由村干部来代为完成村民银行账户的取款业务。本模块的基本目的是检验这样一种助农取款点的设立是否有效地解决了没有金融网点的偏远地区居民银行账户取款难的问题。另外，金融知识和金融信息的宣传问题询问，则是为了检验农牧区居民金融意识与信息的沟通和知识的普及度，目的是为政府的普惠金融政策的实施寻求更有效的可操作手段。

---

① 在城市中商品价格显然还受到当地房租市场价格和税费的影响，但是在西藏农牧区，这两种因素都可以忽略不计。

同样地，村问卷的最末尾仍然遵循方便未来追访的操作，询问并留存了村委会或村干部的电话号码。

2.3 调研实施

本研究项目的各个环节中，最难且最重要的一环就是实地入户访谈进行真实数据的采集，这个过程中需要调动的人力、物力以及软硬件的支持非常巨大，在西藏农牧区进行这样覆盖面广、有较好代表性的大型随机抽样入户调研尚属首次。类似这样的研究工作在内地已经非常成熟地开展了近15年[①]，并不是因为众多研究者和研究机构有意地忽略掉西藏，而的确是因为在西藏，尤其是西藏农牧区，开展此类调研工作的难度过于巨大而被迫放弃。

内地较为成熟的入户调研在首次抽样入户的时候一般采取的形式可以归纳如下：第一步，对于随机抽样出来的入样村，先派调查队到村取得联系，获取户籍列表信息，并记录交通、住宿等地理生活环境信息。第二步，根据调查队提供的信息做出出访规划，包括时间、路线等。第三步，派出正式入户访问调研队，由督导带队进入受访户家庭完成访问问卷。

本次项目的入户调研与上述常规工作步骤基本相同，但是在西藏农牧区开展调研相比于内地将会面临额外的三重困难：第一，交通与地理环境困难，西藏320万人口居住在约120万平方千米的地区，聚居少，散居多，尤其是牧区，还有夏季牧场和冬季牧场的区分，没有内地一样较为方便通达的公共交通工具可选，且出行过程中周边环境的生活资源匮乏[②]，交通工具的选择只能租用越野车，很多农牧民家庭

---

① 国内最为成熟的覆盖全国的几个追踪入户调研数据均未将西藏纳入到样本选取框内。

② 在偏远农牧地区解决出访队员的食宿问题是很有挑战性的。

所在地根本没有路①，因此出访过程中有大量的时间消耗在路途交通上，高海拔地区的天气多变，本次出访过程中访员路途上碰上雨雪是非常常见的经历。第二是语言文化困难，西藏农牧区生活的居民汉语能力较弱，入户访谈必须使用藏语，因此出访队伍标准人员结构是一个访员配备一名藏语翻译②，这造成出访队伍较为庞大，而通过翻译来沟通的面访过程与内地入户访问相比访问任务完成的效率要低一些③；同时由于藏区地缘辽阔且地形多变，导致西藏自治区内各地区之间也存在有藏语"方言"的问题，藏语翻译与受访对象使用的如果不是同一种藏语方言，也会给访问过程带来极大的困难，甚至可能完全无法进行。第三是生理适应困难，本次拉萨农牧区随机抽样的家庭所处海拔最低为3454米，最高达到4976米，即使是藏族老师或翻译，在经历超过1000米的海拔爬升到达受访户家庭以后，身体都要承受巨大的压力，更需要在高海拔的地方坚持完成入户访谈工作的任务。本次访员主要是由西藏大学的汉族老师及部分藏族老师来承担，因此无论是访员、翻译还是随行的司机，都需要在生理适应层面接受巨大的挑战。

本次拉萨市农牧区入户调研是西藏农牧地区首次覆盖面广的随机抽样入户调查，且是本项目动态追踪入户调查的第一次，因此整个调研过程项目团队基本上都是在边学习、边摸索、边讨论、边实施的过程中探索性地完成，全过程得到了西南财经大学家庭金融调查中心的大力支持。

---

① 本次在拉萨市周边七县出访，我们队员都碰到过随机抽样的入样户家庭所在地与村委会之间完全没有道路，连越野车也无法通过，只能选择骑马才能通达。

② 本次入户，访员队伍的基本构成是西藏大学的老师，大多数都是汉族老师，因此需要配备翻译，翻译是雇佣藏族学生来解决的。同时入户访问的规则是一个入户小组必须由两名队员构成，因此即使是藏族老师入户访问，我们也配备翻译，或者是一藏一汉两名老师的搭配。

③ 一次入户访问，用时更长，获得的信息量更少。

2.3.1　调研实施简介

本调研项目覆盖全拉萨市所辖的七个县域行政区内的 62 个村，入样村的选取是基于七县的户籍人口比例从 213 个村中随机抽取，每个村的入样受访户为 12 户，入户访问的正式样本为 752 户（实际入户过程中的操作过程出现小偏差，导致有两个村的入户数大于 12 户，有两个村的入户数小于 12 户，最终数据清理筛选合格的样本为 746 户），加上预调研所入户的样本，全调研过程在拉萨市七县农牧区入户 860 户。从首次派出入户访问队伍（预调研）到入户调研完成用时 48 天，行程累计超过 6 万千米。整个入户调研阶段由项目前期调研访谈、项目预调研以及正式调研三个阶段组成。

2.3.2　项目前期准备

由于西藏自治区自然地理环境和人文语言传统等方面的独特性，导致藏区（尤其是农牧区）的微观入户调研数据的建设积累相对于全国其他地区来说是相对滞后的，项目组早在 2015 年下半年就开始筹划准备在这一领域开展先导性的工作，这个阶段也就是我们提到的项目的前期准备阶段。这个阶段的主要工作内容包含以下几个方面：

第一，深入农牧区，开展前期调研。走访农牧区家庭，对其生产生活的方方面面进行观察和访谈。由于基本信息的缺失，平时在西藏大学与身边的藏族同胞进行沟通交流，能够获取的有效信息非常有限，而且西藏大学的教职工这个群体本身对于整个西藏地区居民整体上来说其代表性还是比较弱的[①]，因此必须深入走访到现实的农牧区农牧民家庭来亲身经历和感受，才能较好获取西藏农牧民这个人群的基本生产生活内

---

① 比如西藏大学教职工中的藏族同事大多接受了高等教育，在城市生活了较长时间，而且大多数都曾经有过内地求学经历的一个人群。

容。项目组在这个阶段的一个深刻感受是：生活呈现的多样性远超过人的想象力的。通过各种渠道的联系，包括西藏大学的驻村工作点、学生家庭、同事亲属朋友家等，走访了拉萨地区、山南地区、日喀则地区、那曲地区和林芝地区约 50 户农牧民家庭。这个阶段的工作为项目组完成入户访谈问卷的初稿提供了大量新鲜而难得的第一手资料，为后续的正式调研工作奠定了基础。同时，项目组还通过召开学术研讨会，积极与内地专家进行咨询、沟通和研讨，对整个项目的实施形成全面科学的规划。

第二，通过与西南财经大学的合作，培训调研团队。西南财经大学家庭金融调查中心在微观入户问卷调研工作方面有极高的声誉[1]，包括数据库建设、调研团队培训与执行方案、软件与硬件平台等诸多方面都是全国领先水准。当项目组联系家庭金融调查中心，表达希望在藏区开展入户调研的时候，得到了家庭金融调查中心的热情回应和毫无保留的帮助支持。2016 年 1 月，项目组派出 25 名西藏大学的老师赴成都西南财经大学家庭金融调查中心培训两周，全面接触和学习入户调研的诸多执行层面的知识。初步构建起后续正式入户调研工作的核心团队。后续项目组还多次派出团队专项分工人员赴西南财经大学家庭金融调查中心学习软件编程、数据清理、录音核查等多个环节的工作。可以说，没有家庭金融调查中心的毫无保留的大力支持，本项目团队在调研阶段的工作是根本无法在较短的准备时间内形成实际有效的执行能力。

第三，得到拉萨市人民政府大力支持，获取农牧区入户调研必要的行政资源支持。项目组在对自身团队人员、资金、技术实力等各方面评估后，决定首次入户调研工作以拉萨市为目标是比较切实可行的方案，在积累了足够的经验并锻炼了足够大和专业的调研团队后再将工作扩展

---

[1]　西南财经大学家庭金融调查中心在甘犁教授的带领下开展多年多轮的"中国家庭金融调查"是全球最大的动态追踪入户调研项目，中心自主开发的一整套为调研工作全阶段（前中后）服务的软件系统平台，是全球最领先的调研管理应用平台。

到西藏自治区全境。因此项目组从 2016 年中开始主动与拉萨市人民政府积极地沟通和协调，获得了政府层面非常积极地回应，特别是获得了西藏自治区齐扎拉主席（时任拉萨市委书记）的关心和专门批示，得到政府诸多相关部门的大力配合与支持。本研究项目所关注和研究的问题在政府层面也有很大的实际需求，而西藏大学独特的资源条件也对项目的顺利实施提供了充实的保障，从而获取了政府的信任与支持。

通过一年多时间项目前期准备工作的逐步推进和积累，项目组为后续调研工作的执行积累了坚实的知识、信息、技术基础，培训和锻炼出一个高效的核心团队，有力保障了农牧区入户调研按照规划顺利实施。

2.3.3 项目所依托的软硬件基础

本次调研项目在较短的准备期内能够顺利推进与实施，得益于西南财经大学中国家庭金融调查中心在软件和硬件方面无保留地给予的支出和帮助，因此有必要对本次调研项目所基于的软硬件技术条件做简要及必要的说明。

中国家庭金融调查中心通过多年的积累和开发所形成的一整套入户调研技术支持体系，其应用的目的主要是为了更高效安全地保障入户调研访问的实施以及更安全的传输、保存和管理采集的数据。入户调研是一个非常复杂、包含众多环节步骤、耗费巨大的人力物力时间且需要多部门分工协作的大团队活动。如何有效地协调众多分工参与者的工作，各部门之间高效准确的信息传递成为核心问题，同时耗费巨大人力物力时间所获取的宝贵数据，如何能够准确安全地传输、保存和管理也是整个调研活动成功的关键①。

---

① 虽然调研活动的后期对数据还能进行一定程度的修订与补救，但是就一次调研活动采集的整个数据来说，是一次性的，不可重复获取的。

（1）软件方面

本次拉萨市农牧区民生发展研究的入户调研数据采集环节所采用的软件平台完全是移植西南财经大学中国家庭金融调查中心的调研与数据采集管理平台，由中国家庭金融调查中心同时提供软件服务平台和部分硬件支持平台。事实上，由于拉萨民生发展研究的调研需求比中国家庭金融调查中心的全国性入户调研项目规模要小很多，同时拉萨民生项目是首次实施，因此并未完全使用到中国家庭金融调查中心调研软件平台的所有环节和模块。得益于在调研开展前的准备期中多次派遣人员赴成都学习和掌握调研管理软件平台的操作，通过预调研阶段的短期培训与适应，在正式入户调研过程中团队较为熟练地掌握了整套管理平台的使用，保障了入户调研的效率以及调研数据的安全。

整个管理平台中与本次拉萨市农牧区入户调研相关的核心功能大致可分为访员管理模块、样本管理模块、调研过程监测模块以及数据管理模块四大基本模块。访员管理模块主要用于管理：访员注册、访员招募、访员培训、访员考核。样本管理模块主要用于管理入户样本（包括主样本以及替换备样）。调研过程监测模块主要管理入户样本的分样派样、换样以及样本完成度和数据回传度等调研实时过程信息。数据管理模块主要管理已回传数据的完整度（包括文字、图片以及录音等）和相关信息。

入户调研访问最为核心的一个环节是问卷。本次拉萨市民生发展农牧区入户调研过程使用的是基于中国家庭金融调查中心自主开发的CQL电子问卷系统。与传统的纸质问卷相比较，使用电子问卷具有以下几个重要的优点：第一，问卷的内在逻辑结构由电子问卷自动生成而无须依靠访员现场判断，减少了人工出错的风险，同时也大大提升了调研访谈过程的提问效率，在有限的有效时限内[1] 完成更多访谈信息的采

---

[1] 每一次入户访谈的总时长是有一个经验性的有效极限，因为时间过长会让受访者产生抵触情绪或妨碍到受访户的日常生活，一般而言，超过两个小时的问卷访问，之后的时段采集的信息的真实有效性要大打折扣。

集。第二，问卷随预调研的推进修改，修订的成本较低。第三，问卷的内在逻辑顺序将强制性地要求访员不可随意跳转或忽略问题。第四，问卷数据生成的过程就已经电子化，便于后期的核查与数据库维护。第五，问卷系统还随入户访问过程附带生成了额外的访谈数据，比如录音，同时还有每一题的回答时耗等。第六，问卷系统还可随访谈过程同步插入扩展信息，例如在特定的问题中插入实时拍摄的照片，可在每一题预留备注信息空间等。

（2）硬件方面

本次入户调研活动所依托的硬件主要分为服务器、网络设施以及手持问卷设备三个方面，下面我们将简单地加以介绍：

服务器是本次调研活动的核心硬件支撑部分。感谢西南财经大学中国家庭金融调查中心为本次拉萨市民生改善项目农牧区入户调研活动单独提供了两台服务器全程做支持。所有的软件平台数据交换与管理都是在成都的服务器上进行操作，包括访员管理、样本管理、调研过程管理以及数据管理。调研活动全程通过互联网实现手持终端、管理终端以及平台服务器之间的数据联系，主要是依赖的 3G 电信无线网络。手持入户设备上装载的是电子问卷，使用了华为的 10 英寸 3G 平板电脑，全程通过 3G 网络与服务器进行实时数据交换与发送。

2.3.4　项目实际投入的时间与人力资源

本轮拉萨市民生改善农牧区入户调查实际包括三个阶段：调研前期筹备阶段、预调研阶段、正式调研阶段。

调研前期筹备阶段的时间跨度较长。从 2015 年上半年开始，项目组成员就开始陆续开展了西藏自治区农牧区入户访谈，走访了包括拉萨市、日喀则市和那曲地区农牧区居民 40 多户，初步形成了大规模入户调研所需的农牧民生产生活基本信息，在此基础上开始设计问卷初稿。2016 年 10 月基本确定拉萨市入户调研的随机抽样村，并在此基础上与拉萨市人民政府积极沟通协调，得到了政府各部门的大力支持。随后项目组派出先遣队赴各个抽样村实地踩点并修订样本村信息①，绘制地图并记录详细路程与时耗信息，记录样本村附近的餐饮与住宿信息②等等。在获取了足够的样本村信息后，项目组在 2016 年 11 月份制定出较为详细的入户访问数据采集实施计划细则。

预调研阶段从 2016 年 11 月 15 日至 12 月 8 日。预调研在整个入户访问阶段的工作中占有极其重要的作用。首先是修订问卷的需要，问卷最终版经历了总共 13 轮的修订。其次是锻炼执行团队，本次拉萨市农牧区入户调研是本研究项目的首次入户调查，因此从管理到执行等多个环节都是边摸索、边改进、边积累经验，一个高效的调研执行团队需要通过实地操作来逐步培养。为了不影响到正式样本的有效性，预调研选取了拉萨市以及山南市的三个非正式样本村来实施预调研，收到了很好的效果。

正式调研阶段为 2016 年 12 月 9 日至 2017 年 1 月 5 日。本次农牧区入户调查的访员主要是西藏大学财经学院与经济管理学院的在职教师。正式调研初期还处于学期末，因此调研进度较慢，大部分样本都是在正式调研后期完成的。

西藏地区特殊的地理条件与社会环境使得在西藏开展入户调查，尤其是农牧区入户调查，存在巨大的困难，这也是近年来覆盖全国其他地区的各类入户调查均忽略西藏样本的重要原因。本次拉萨市农牧区入户调查的访员大多数都是西藏大学财经学院和经济管理学院的藏汉师生，入户调查执行队伍的标准人员单元组配备是一名访员（教师）加一名翻译③。一般每

---

① 单纯从互联网地图上获取的村级地理位置信息存在较多的错误，这也是西藏地区较为独特的现象。

② 大部分样本村的出访队伍均为当日往返，但都需要在外至少逗留一整天。当雄县由于地域过大且路途遥远，出访队伍为了完成当地样本入户访问，最终是在当雄县连续住宿了 6 天。

③ 翻译主要由西藏大学财经学院已毕业的藏族学生构成。

个出访队伍由一名队长（督导）与三个组构成，共七人两车，规划的标准工作量大致为一天完成一个村（12 户）的访问数据采集①。

2.3.5 项目实施中依照的准则

整个出访入户调研过程，执行团队制定了较为详细和严格的培训、考核、派出以及换样等准则，下面简单地对主要准则进行介绍。

访员考核准则：所有出访正式样本的访员至少需要接受一次问卷培训；所有出访正式样本的访员至少需要接受一次出访培训；所有出访正式样本的访员必须至少有两户预调研入户访员的经历，且经由质控组核查其预调研问卷后评定通过后才能成为正式访员。

派出准则：每一支派出队伍基本构成为一名队长（督导）、三名访员（主要为西藏大学教师）、三名翻译（主要为西藏大学已毕业学生），分乘两辆越野车，大多数样本村的数据采集均为当天出发，当天完成并返回学校；样本村信息以及入户样本信息在出访前一天告知队长；到达样本村后，由队长现场了解各户的相对地理位置信息后，给各个小组分派入户样本，随后队长需单独完成村问卷；队长需负责解决整个出访过程中与村干部的沟通协调问题以及队员的食宿问题；所有的问卷必须由访员来执行完成，禁止将问卷交由翻译单独完成。

换样准则：为了最大可能地保证样本的代表性，在样本的选取阶段严格执行了随机选取的准则，而在入户执行阶段，本次入户调查同样依照严格的换样规则来进行，以避免因为执行层面的不当处理而给样本带来有偏性问题。换样需要经过两层审核，第一层是带队的督导审核，第二层是后台质控审核员。换样的规则是：若队员和督导确认抽取的样本已经未在本村居住或本村确实查无此户籍（户主名下的全部人口户籍均

---

① 工作量的规划分配还需要参考路途时间消耗，最靠近市区的村偶尔有一天一支队伍完成两村，或一天两支队伍完成三村的情况。

死亡销户或迁出），可以换样；确认户籍全家季节性未在本村居住，且访员实地考察居所判断近期无人居住，可以换样；不能确定住所是否有人居住而未有人应答的情况下，需等待至当天下午四点后才能提请换样；访员在寻访到达该户的过程中判断可能有交通安全隐患，在督导现场确认的情况下准许换样。

2.3.6 项目数据的后期处理

数据采集工作完成后，全部数据都实时加密传输到西南财经大学中国家庭金融调查中心为本次入户调研项目专门设立的两个服务器中保存。项目组派专人学习了标准的数据核查清理流程后，对本次调研数据进行了基本的数据清理以及录音抽样核查。

第三章

拉萨市农牧区民生状况基本分析

3.1 居民生活

居民生活的现状以及预期是民生满意度的基本构成，遵循国务院发展研究中心的度量模式，我们又将其细分为居民收入、居民消费、就业以及居住四个方面。

3.1.1 基本情况介绍

居民生活领域的基本情况，主要通过居民收入、居民消费、就业和居住四个方面，并同家庭农牧业生产（主要是畜牧饲养）先进行简要的描述性介绍，然后结合居民满意度情况以及几个方面的内在联系进行分析。

（1）居民收入稳中有增，对收入状态普遍感到满意

西藏自治区近年来经济和社会飞速发展，人民生活水平和生活质量不断提高。从我们 2016 年度对拉萨市七县农牧区居民的入户调研结果来看，居民家庭收入稳中有增，如图 3.1.1 所示。受访的农牧区样本家庭 2016 年全年的家庭货币收入比 2015 年增加了的占 32.71%，保持不

变的占 47.32%，减少了的占 18.49%，另有 1.48%表示不太清楚。

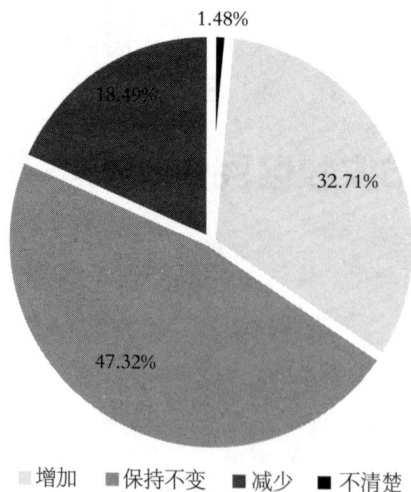

图 3.1.1　家庭 2016 年全年货币收入比 2015 年的变化情况

受访居民对家庭的收入状态满意度总体感受一般，如图 3.1.2 所示，对家庭的收入状态感到非常满意的占 14.75%，感到比较满意的占

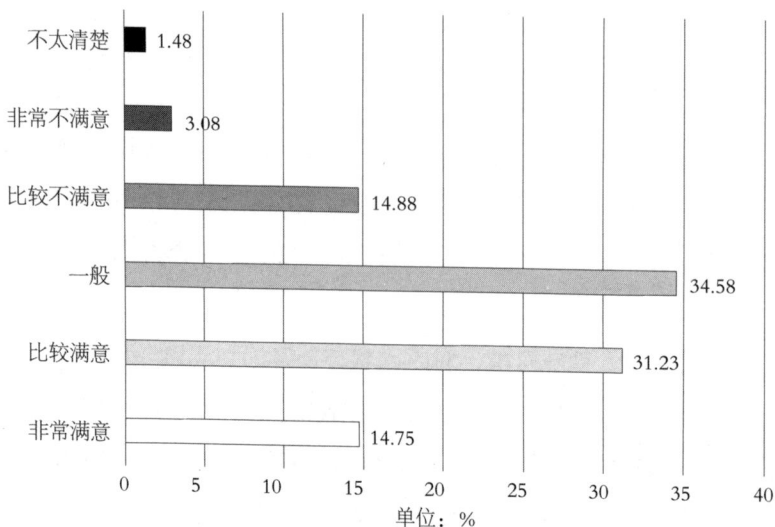

图 3.1.2　2016 年收入状况满意度情况

31.23%，感到一般的占 34.58%，感到比较不满意的占 14.88%，非常不满意的占 3.08%，不太清楚的占 1.48%。

（2）消费普遍增加，货币支出增加明显

近年来西藏的地区 GDP 增速一直居全国首位，实体经济活力凸显，带动了全区居民收入提高，居民消费能力也大大增强。总体来看，受访样本居民家庭总消费普遍增加，其中货币支出消费增加明显。

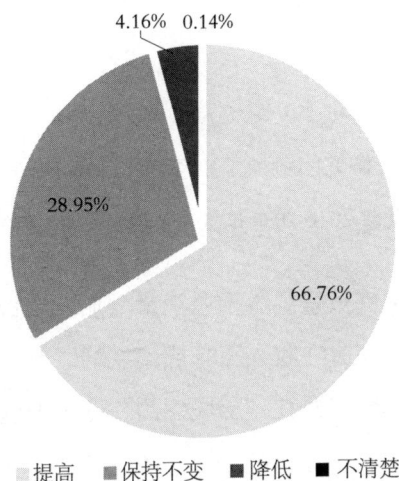

4.16%　0.14%

28.95%

66.76%

■提高　■保持不变　■降低　■不清楚

图 3.1.3　家庭 2016 年全年总消费比 2015 年的变化情况

如图 3.1.3 所示，家庭总消费① 与 2015 年相比，66.76% 的家庭提高了，28.95% 的家庭保持不变，4.16% 的家庭降低了，0.14% 的家庭不清楚。

根据图 3.1.4 的信息，受访家庭中 2016 年货币支出比上一年增加了的占 74.13%，保持不变的占 20.78%，减少了的占 4.56%，不清楚的占 0.53%。

综合上述信息我们可以发现，2016 年拉萨市七县农牧区受访对象

① 根据西藏地区农牧民生产生活的具体情况，调研中我们区分了家庭总消费与货币消费的概念。年度家庭总消费包括需要货币支出购买的部分与非货币性获取的部分，非货币性获取的消费是指自家农牧业的产出供自家消费的部分，以及以物物交换进行消费的部分等。

4.56%　0.53%

20.78%

74.13%

■提高　■保持不变　■降低　■不清楚

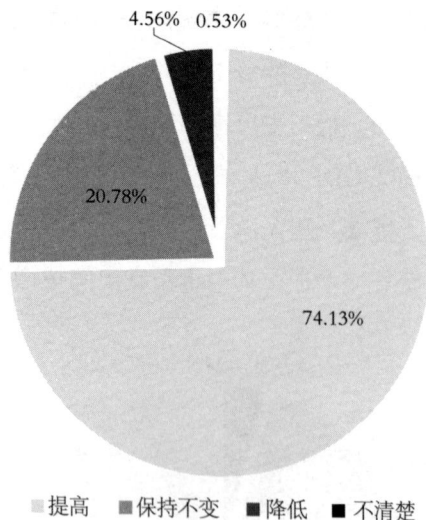

图 3.1.4　家庭 2016 年全年货币支出比 2015 年的变化情况

中货币收入增长的家庭数量要少于总消费增加以及货币消费增加的家庭数量，这说明有部分家庭在收入下降或不变的情况下支出增加了。从这个角度来看，这一部分居民在"居民生活"这一维度的民生满意度上不会太满意。

（3）就业总体状态较好，部分正在寻找工作的人并不乐观

我国经济发展进入新常态化以来，全国经济保持中高速增长，产业结构调整升级、供给侧结构性改革、"一带一路"倡议等具备国际战略意义的政策改善了我国当前的就业结构现状。西藏自治区居民近年来从业就业状况也有了比较大的改变。本次入户调研中我们针对受访对象的工作状态也进行了信息采集，在介绍具体情况前需要先说明两点：第一，调研中绝大部分的问题都是针对受访家庭的，但是部分问题则仅仅是询问受访者本人的状况，关于就业状况的提问就属于只提问受访者本人；第二，本次针对拉萨市七县农牧区的调研在就业方面的定义与一般的就业存在一定差异性。由于受访对象的主体是农牧民，而针对农村人口，我们一般不太好界定就业与失业，因此对就业与失业状态的问题的

说明中有如下表述："有工作包括务农、经营个体或私营企业、开网店、为家庭工商业或农业生产经营项目活动帮工、自由职业、打零工等（目前如果有工作，但因度假、生病、照顾家人、生小孩、天气等原因正在休假而无法上班的，也算是有工作）"，由于"务农"属于有工作的状态，因此本调研中就业与失业的概念与一般的城镇居民就业失业概念是存在差异的。根据调研的结果，当前西藏农牧区大部分居民有工作，并且大多数工作者对目前工作状态感到满意；但没有工作的居民少部分在寻找工作，且对找到工作的预期并不乐观。

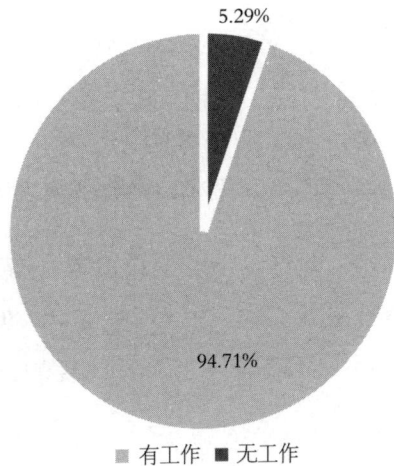

图 3.1.5　居民工作状态

如图 3.1.5 所示，本次入户调研的受访对象中 94.71％的表示有工作，5.29％的居民没有工作。此处，我们将表示无工作且年龄在 55 岁以上的受访对象剔除，假设这一类受访对象处于退休状态，因此受访对象中回答没有工作的 84 人中有 47 名为认定的退休人员。

有工作的居民中，对自己的工作状况感到非常满意的占 24.62％，感到比较满意的占 45.02％，感到一般的占 22.51％，感到比较不满意的占 7.40％，感到非常不满意的占 0.45％，如图 3.1.6 所示。可以看到，表示不满意的（"比较不满意"与"非常不满意"）比例是相当低的，因此有工作的受访对象基本上对目前状态持正面的态度。

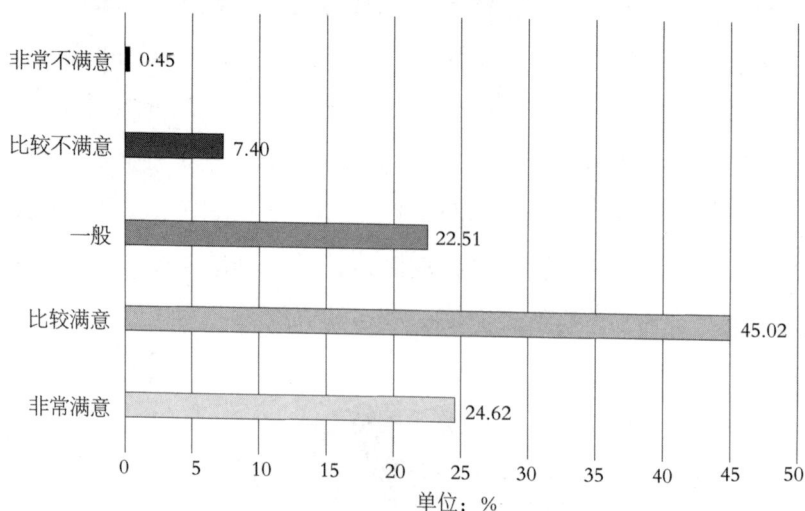

图 3.1.6 有工作居民对工作状况满意度情况

没有工作且年龄在 55 岁以下的受访对象共有 37 人，其中 13 人（35.14%）表示没有在寻找工作，另外 24 人（64.86%）在寻找工作，如图 3.1.7 所示。对找到工作的前景持乐观态度的占少数（2 名，占比

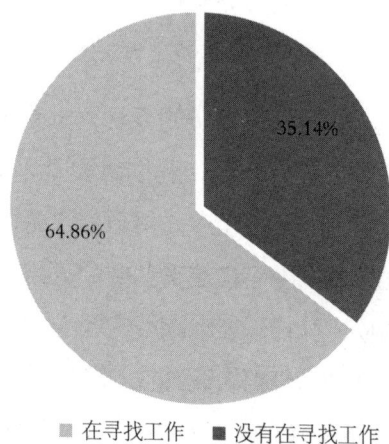

■ 在寻找工作 ■ 没有在寻找工作

图 3.1.7 无工作居民是否在寻找工作情况

15.38%）。

应该说，农牧区居民中失业本身就比较少见，因此关于就业的研究还需进一步深入调研。

（4）住房主要是自家拥有，对居住状况满意

我国一直秉持满足群众基本住房要求，实现全体人民住有所居的保障原则，大额度、大范围地提高住房福利待遇。西藏全区也积极响应号召，积极解决民生问题中的重大事项——住房，通过一系列资金扶持政策，很好地解决了当地居民的住房问题。由于本次调研的为农牧区居民，西藏农牧地区本来就地广人稀，因而在本村宅基地范围盖住房的土地约束较少。

目前西藏地区绝大多数的居民居住的房子是自家拥有的，且房屋建造时间集中在 2000 年及之后（占比 96.58%）。从调查来看，有 98.12% 的家庭目前居住的房子是自家拥有的，有 1.88% 的家庭目前居住的房子不是自家拥有的，如图 3.1.8 所示。

在自家拥有房子的居民中，有 81.15% 的被访者认为家庭房子是够家人居住的，有 18.85% 的被访者认为家庭房子是不够家人居住的，如

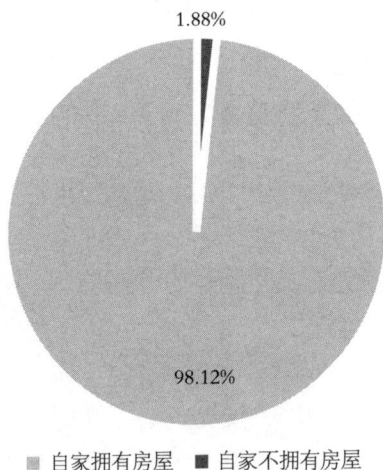

1.88%

98.12%

■ 自家拥有房屋　■ 自家不拥有房屋

图 3.1.8　家庭住房是否自家拥有情况

图 3.1.9 所示。大多数是够家人居住的。

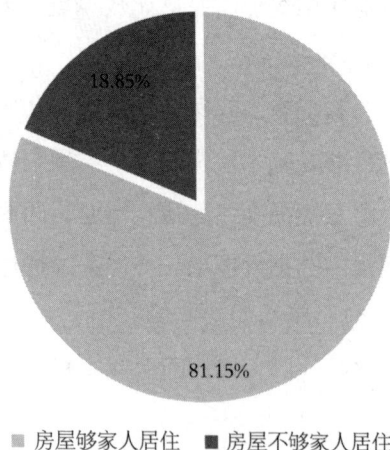

图 3.1.9 自己拥有房子居民的住房容量情况

对家庭目前房屋居住状况感到非常满意的占 21.72%，比较满意的占 35.66%，一般的占 25.34%，比较不满意的占 15.15%，非常不满意的占 2.13%，如图 3.1.10 所示。超过一半的受访者对目前房屋居住状况普遍感到满意。

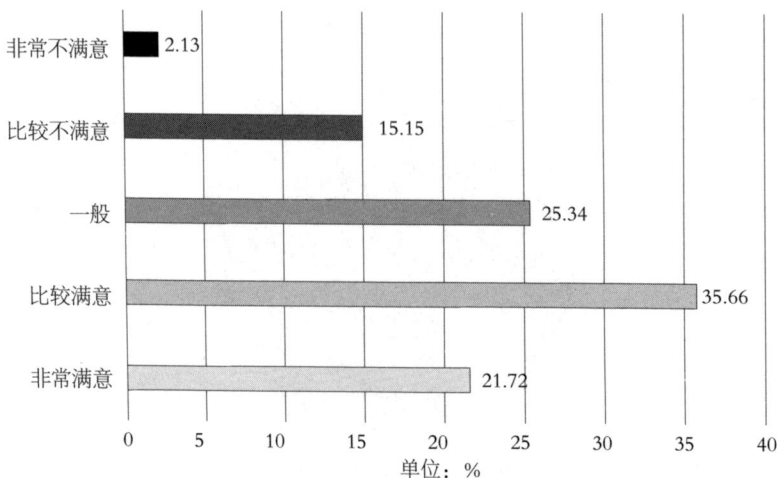

图 3.1.10 居民对目前房屋状况满意度情况

近年来，西藏自治区不但大力推广新农村建设，政府给农牧民在合适的位置集中建设舒适的住宅楼房，而且对自建住房的农牧民给予较高的现金"建房补贴"。从我们调研的数据也可以看到，绝大多数的农牧民目前居住的房子都比较新，2010年以后建设的住房比例超过了30%，2000年以后建设的比例达到96.58%。对目前居住条件不够满意的受访户占比只有17.29%。

（5）九成家庭饲养牲畜，饲养牦牛和奶牛比例过半

党中央、国务院历来高度重视农业、农村和农民工作，在宏观调控中注重加强农业，实施一系列更直接、更有力的政策措施。畜牧业作为西藏地区的特色产业，具备先天的自然优势和人文优势，政府也大力扶持畜牧业的发展。西藏农牧区家庭，尤其是主要从事农业生产的家庭，大多数家中也都圈养了奶牛和家禽等。从我们调研的数据来看，受访家庭绝大多数家庭饲养牲畜或家禽。具体来看，89.95%的家庭饲养了牲畜或家禽，10.05%的家庭没有饲养牲畜或家禽，如图3.1.11所示。

饲养牲畜或家禽的家庭中主要的饲养种类包括：59.79%的家庭饲养有奶牛，46.25%的家庭饲养有牦牛，12.73%的家庭饲养有黄牛，

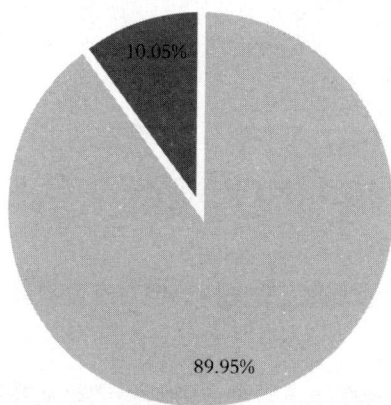

■ 饲养了牲畜或家禽的家庭　■ 没有饲养牲畜或家禽的家庭

图3.1.11　有无饲养牲畜或家禽家庭情况

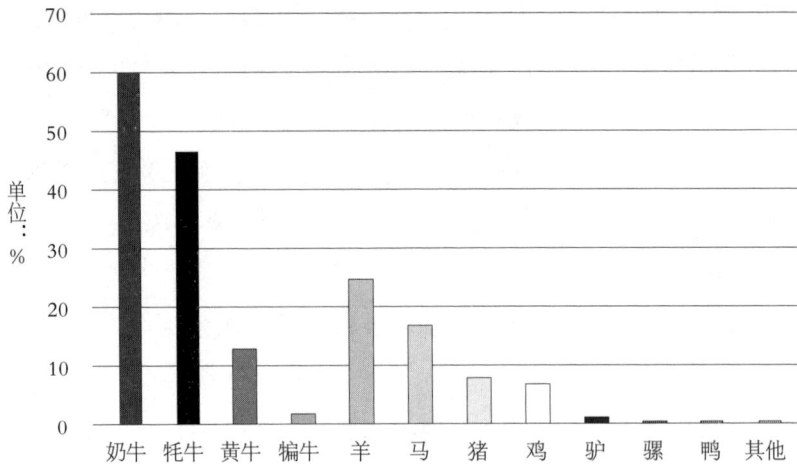

图 3.1.12　家庭饲养有各牲畜或家禽种类的占比情况

24.40% 的家庭饲养有羊，16.62% 的家庭饲养有马等，如图 3.1.12 所示。

显然，牛是西藏农牧区最主要的牲畜饲养种类，其中奶牛的饲养普遍性甚至高于牦牛，这是由于本次入户调研的样本中，纯农或半农半牧的生产方式的家庭占多数，而此类家庭由于高原生活传统习俗的影响（用牛奶制作的酥油是藏民必不可少的日常消费食品），在自家圈养奶牛以供给自家酥油消费是极为常见的。

3.1.2　交叉效应分析

本小节分为两个部分，每个部分选择不同方面的题项进行两两交叉列联表分析。第一部分是有关收于与消费的交叉分析；第二部分是有关消费与家人教育的分析。

（1）收入的增加会促进消费支持，但对家庭教育并未产生直接的当期影响

西藏社会经济欣欣向荣，带动产业结构调整和升级，提高了人民的收入水平，居民消费能力也大大增强。一直以来，全区高度重视居民的教育问题，普及义务教育等政策效果显著。拉萨居民收入的变化紧密影

响消费的支出，但家庭成员是否接受正规教育与收入的增减状况关系
不大。

表 3.1.1 收入与消费交叉表和卡方检验

			货币消费变化			总计
			增加了	保持不变	减少了	
货币收入变化	增加了	计数（户）	192	42	10	244
		占收入的百分比（%）	78.69	17.21	4.1	100
		占消费的百分比（%）	35.04	28	29.41	33.33
		占总计的百分比（%）	26.23	5.74	1.37	33.33
	保持不变	计数（户）	246	90	15	351
		占收入的百分比（%）	70.09	25.64	4.27	100
		占消费的百分比（%）	44.89	60	44.12	47.95
		占总计的百分比（%）	33.61	12.3	2.05	47.95
	减少了	计数（户）	110	18	9	137
		占收入的百分比（%）	80.29	13.14	6.57	100
		占消费的百分比（%）	20.07	12	26.47	18.72
		占总计的百分比（%）	15.03	2.46	1.23	18.72
总计		计数（户）	548	150	34	732
		占总计的百分比（%）	74.86	20.49	4.64	100
卡方检验						
		值	自由度		显著性	
皮尔逊卡方		12.88	4		0.012	

前文中我们已经看到，全体受访样本中，2016 年货币收入增加的受
访家庭比例要低于货币支出增加的比例（32.7% 对比 74.10%）。为了进
一步探究拉萨市七县农牧区居民 2016 年货币收入与货币消费之间的相关
性，我们对二者进行了列联表分析（删掉了两个变量中回答"不清楚"
的 14 个观测值），如表 3.1.1 中所示。收入与消费的交叉分析可知，二者
之间大致呈现一定的正相关关系，也就是收入增加的家庭更可能增加消
费。从整体卡方检验可知，卡方统计量的双尾检验 P < 0.05，表明在 5%
的显著性水平下，居民的收入和消费之间存在较为显著的相关关系。

事实上，我们还通过列联表分析检验了收入增加的家庭是否会可能

有更多的家人在接受正规教育，结果发现二者之间并未呈现显著的相关性（表略）。这也与当前西藏自治区已经实现15年义务教育全覆盖有密切的联系，并不是收入增加的家庭会倾向于送孩子接受义务教育。

（2）消费支出增加和家庭教育存在密切关系，但与家庭医疗没有密切的关系

拉萨市七县农牧区居民中，有家人正在接受义务教育的受访家庭其家庭消费支出的增加可能性更大，而医疗与消费量在增加则未出现相类似的效应。

表 3.1.2　消费与家人教育交叉表和卡方检验

			现在家人是否在接受正规教育		总计
			是	否	
消费变化	增加了	计数（户）	437	116	553
		占消费的百分比（%）	79.02	20.98	100
		占家人教育的百分比（%）	79.17	61.05	74.53
		占总计的百分比（%）	58.89	15.63	74.53
	保持不变	计数（户）	95	60	155
		占消费的百分比（%）	61.29	38.71	100
		占家人教育的百分比（%）	17.21	31.58	20.89
		占总计的百分比（%）	12.80	8.09	20.89
	减少了	计数（户）	20	14	34
		占消费的百分比（%）	58.82	41.18	100
		占家人教育的百分比（%）	3.62	7.37	4.58
		占总计的百分比（%）	2.70	1.89	4.58
总计		计数（户）	552	190	742
		占总计的百分比（%）	74.39	25.61	100
卡方检验					
	值		自由度	渐进显著性	
皮尔逊卡方	24.52		2	0.000	

消费与家人教育的交叉分析如表3.1.2所示（删掉消费变化问题中回答"不清楚"的4个变量）。表中可以较为清晰地看到，有家人正在接受义务教育的家庭，其2016年家庭货币消费增加的比例相对更高，而没有

家人正在接受义务教育的家庭，其家庭货币消费减少的比例相对更高。从整体卡方检验可知，卡方统计量的双尾检验 P 值接近于 0，表明至少在 1% 的显著性水平下，居民的消费和家人教育之间存在很显著的相关关系。由于西藏自治区目前实行的是 15 年全免费义务教育制度（从幼儿园到高中），因此教育本身并不应该大面积地增加家庭消费压力，但是存在两个可能的影响：一是家里目前有在读大学生，大学阶段并不在义务教育覆盖的范围内，因此有在读大学生的家庭货币支出负担较大是极为可能的；二是家中有在读义务教育阶段的学龄家庭成员，虽然上学不花钱，但是该阶段的家庭成员在学费之外可能产生更多的消费支出需求。

我们还对消费与家人医疗行为进行了列联表交叉分析（表略），即使在 10% 的显著性水平下也未显示居民的消费增减状况和家人是否看病之间具有相关关系。

3.1.3 小结

受访农牧区居民 2016 年收入稳中有增，而支出则有较大比例的增加，整体而言，收入增加了的受访家庭比例低于支出增加的受访家庭比例。针对农牧区居民的就业失业研究并不具有一般意义上的代表性，事实上农牧区居民并不存在失业压力，未工作而在找工作的受访对象对找到工作持乐观预期的不多。绝大多数家庭的住房均为自有住房，且自有住房绝大多数又都是新建于 2000 年以后，因此对住房条件不满意的受访对象占比小于 20%，整体满意程度也较高。约九成受访居民有饲养牲畜或家禽，其中奶牛和牦牛的饲养比例最高。

通过交叉变量分析，我们发现收入变化与消费变化之间存在较为显著的正相关关系，收入增加了的家庭更倾向于消费增加；消费支出变化与家庭成员是否正在接受正规教育有很强的相关关系，正在接受正规教育，尤其是高等教育更可能推高家庭的消费支出；收入变化与家庭成员是否正在接受正规教育没有显著的相关关系；消费变化与家庭成员是否去医院接受治疗没有显著的相关关系。

3.2 公共服务

近些年来，伴随中央政府对西藏财政投入力度的加大、援助省份和中央企业援助力度的增加，西藏各地公共服务供给数量和质量都在不断地上升。为了进一步分析拉萨市农牧区公共服务发展状况，本节将主要通过文化教育、医疗卫生、社会保障、社会服务以及交通状况等五个方面来展开讨论。

3.2.1 文化教育

农牧区家庭对现代正规教育的接受程度越来越高，现代正规教育承担了主要的教育工作，在受访家庭中有 553 户受访家庭成员正在接受正规教育，占总数的 74.13%，当前没有家庭成员正在接受正规教育的占比为 25.87%，如图 3.2.1 所示。

事实上，西藏自治区是全国第一个实现 15 年制全免费义务教育的

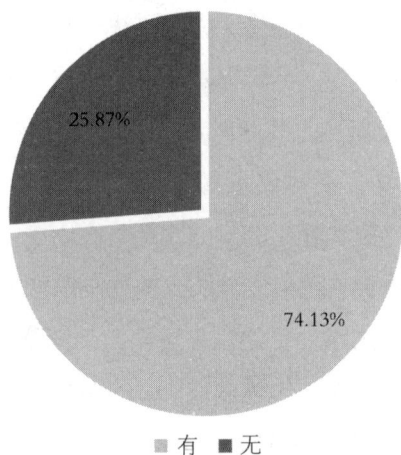

25.87%

74.13%

■ 有 ■ 无

图 3.2.1 受访者中目前是否有家庭成员正在接受正规教育情况

省份，其中小学至高中阶段为"包吃、包住、免学费"的"三包"政策以及助学金制度[①]，这显示政府在提高自治区人力资本和人口素质层面投入了巨大的公共资源。在地广人稀的西藏自治区办好教育并非易事，同时兼顾到青少年发育不同阶段的生理特性以及教育行业具有规模效应的特征，自治区目前义务教育机构（各级学校）的基本设置是每村建有幼儿园，每乡（镇）开设小学，每县开办初中，每市（地区）具备高中。通过我们的入户调研考察拉萨七县地区全面义务教育推行与实施的效果，目前存在学龄阶段青少年成员的家庭中，以7—15岁为学龄口径[②]（共233户），其中4.30%的家庭声称没有家庭成员正在接受正规教育，以7—18岁为学龄口径[③]（共274户），则6.60%的家庭声称目前没有家庭成员正在接受正规教育。图3.2.2中显示了不同学龄阶段可能存在辍学儿童或青少年家庭的比例，估算的方式是家庭成员中存在学龄儿童或青少年（3—6岁为幼儿园阶段，7—12岁为小学阶段，13—15岁为初中阶段，16—18岁为高中阶段），但受访者声称家中没有在接受正规教

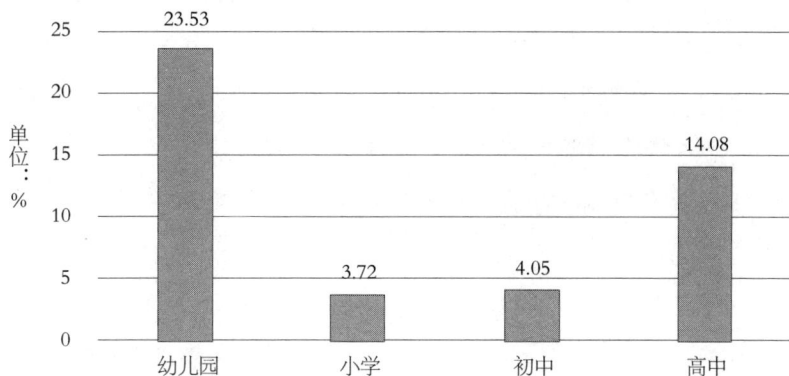

图3.2.2　可能存在辍学儿童或青少年家庭的比例

---

① 15年义务教育是包括从幼儿园至高中毕业的全部阶段。全免费义务教育的内容具体为学费、书杂费以及住宿费（若有寄宿状况发生）和餐食费全免。

② 对应的学龄阶段为小学和初中。

③ 对应的学龄阶段为小学、初中和高中（或高职）。

育的家庭成员。虽然以上估算比例中并不能完全鉴别出同一家庭学龄阶段青少年成员中既有在上学接受正规教育的也同时有辍学的情况并存，但可以猜测这样的情况应该是非常少见的。从整体上看，学龄青少年的入学率（或在校率）是非常高的。

而目前有家庭成员正在接受正规教育家庭中，所接受的教育阶段包括幼儿园、小学、初中、高中、中专/高职、大学，其中小学阶段与初中阶段的在读生家庭比率最高，达到38.47%和23.06%，而拥有在读大学生家庭的比例也达到了17.43%，如表3.2.1所示。

表3.2.1　家庭成员接受正规教育的不同阶段统计

教育阶段	频数	百分比（%）
幼儿园	93	12.47
小学	287	38.47
初中	172	23.06
高中	111	14.88
中专/高职	21	2.82
大学	130	17.43

注：此提问可多选。

对于义务教育现状满意度的调查结果显示，表示非常满意的占68.23%，感到比较满意的占22.39%，感觉一般的占3.75%，感到比较不满意的只占到0.94%，表示不清楚的占4.69%，如图3.2.3所示。整体来看，表示满意（非常满意与比较满意之和）家庭占比90.62%，而表示不满意的家庭不到1%的比例，其中非常不满意的受访家庭更是为0，这充分表现了农牧区居民对当前西藏自治区15年免费义务教育的肯定和赞赏。

小结：农牧区居民对义务教育的评价的满意度较高，调查样本中对义务教育表示满意的家庭占比达90.62%。这主要得益于西藏自治区政府针对中小学实行"包吃、包住、免学费"的"三包"政策和助学金制度。但是即使在政府一系列教育优惠政策下，农牧区文化教育仍存在以下问题：第一，在调查样本中仍有高达23.53%的家庭存在幼儿园学龄

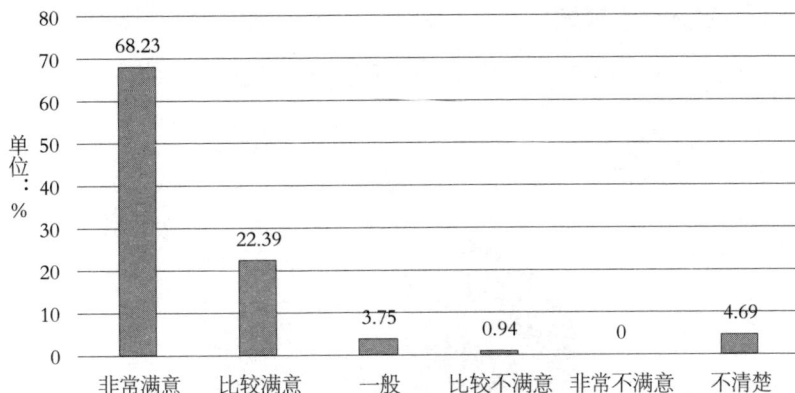

图 3.2.3 受访者对义务教育的评价

家庭成员而未入园；第二，14.08%的家庭存在高中学龄家庭成员而未在读，如图 3.2.2 所示。

其背后可能的原因有：第一，村村实现幼儿园建设的目标尚未达到全覆盖，这一点在未来应该能看到较好的提升；第二，2012 年前的"三包"政策主要包括中小学，而高中及以上学费需要农牧民家庭自己承担，高额的费用使得很多农牧民认为小孩上完初中就可以了，因而导致高中学龄的青少年未能有效地完成高中学业。完全贯彻执行"15 年"义务教育政策始于 2012 年，教育是个长期的工程，其长效性还有赖于政府的教育投入长期长效坚持与积累完善。

3.2.2 医疗卫生

公共医疗卫生是民生中的重大问题，医疗卫生类公共服务与农牧民的健康息息相关，关乎经济社会的发展。西藏地理环境特殊，高血压、心脏病、肺心病等与低氧、寒冷、干燥和紫外线照射等高原环境相关的疾病也较常见。此外，一些与农牧民现有生活条件、生活习惯和饮食结构相关的病症也较多。因此，与内地相比，西藏地区农牧民对医疗卫生服务的需求更高。在被调查的 746 个样本家庭中有 561 户家庭在当年

（2016年）有过家庭成员去村／乡镇卫生所或医院看病经历，占比高达75.20%，如图3.2.4所示，这还不包括生病选择在家隐忍或选择其他方式治疗的情况。

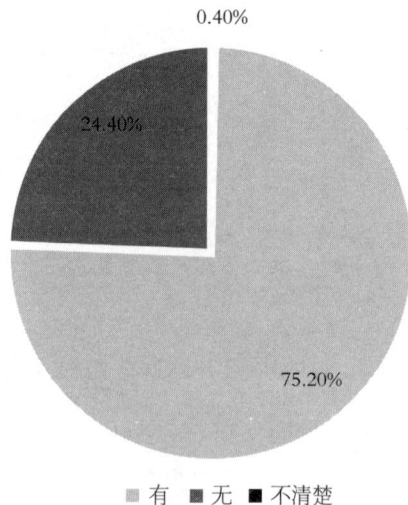

0.40%

24.40%

75.20%

■ 有　■ 无　■ 不清楚

图3.2.4　当年（2016年）家庭成员有到村／乡镇卫生所或医院看病经历的比例

　　近年来，在中央政府与发达地区政府的援助下，西藏自治区农牧区的公共医疗卫生事业快速发展，基本形成了基层三层（县、乡、村）卫生网络服务体系。而农牧民对现代医疗服务的接受度也越来越高，调查结果显示，农牧区居民生病时有**98.12%**的调查对象会首选去乡／镇卫生所、县城卫生所或去拉萨市医院就诊，**2.81%**的会选择藏医进行诊断，而只有**0.13%**的会选择活佛／喇嘛诊断。

表3.2.2　生病时首选的诊病方式

诊病方式	频数	百分比（%）	累积百分比（%）
活佛／喇嘛诊断	1	0.13	0.13
藏医诊断	20	2.68	2.81
去乡／镇卫生所或医院	615	82.44	85.25
去县城卫生所或医院	96	12.87	98.12

诊病方式	频数	百分比（％）	累积百分比（％）
去拉萨市医院	14	1.88	100

注：N=746。

在首选诊疗方式中，乡／镇卫生所或医院承担着主要的治疗工作，占比高达 82.44% 的家庭生病时首选去乡／镇卫生所或医院。调查显示，农牧区家庭对本村／乡镇卫生所或医院的医疗服务表示非常满意的达到 33.91%，比较满意的占 33.91%，一般的占 20.51%，比较不满意的占 6.30%，非常不满意的占 1.33%。其中表示非常满意和比较满意的占有到总调查人数的 67.82%，如图 3.2.5 所示。

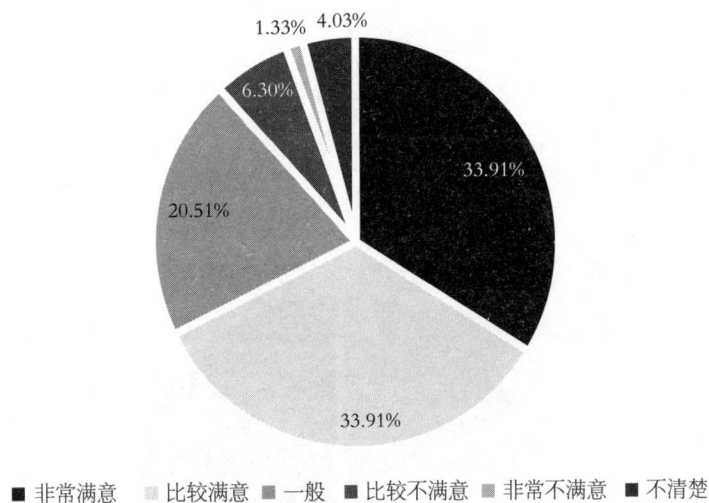

■非常满意　■比较满意　■一般　■比较不满意　■非常不满意　■不清楚

图 3.2.5　对本村／乡镇卫生所或医院的医疗服务评价

在被调查样本中有占比 45.17% 的家庭有成员到县医院就诊过。全体受访对象对县院医疗服务表示非常满意的占比 40.08%，表示比较满意的占 31.50%，评价一般的占 6.97%，表示比较不满意与非常不满意的分别占 3.22%、1.21%，另外有 17.02% 表示不清楚，如图 3.2.6 所示。若在对县医疗服务主观评价的提问中除去回答"不清楚"的样本（因为的确有 54.83% 的家庭当年并没有在县医院就诊的经历），那么高达 86.26% 的样本是表示"非常满意"或"比较满意"的。

表 3.2.3　是否有家庭成员到县医院就诊

变量	频数	百分比（%）
有家庭成员到县医院就诊	337	45.17
没有家庭成员到县医院就诊	409	54.83

注：N=746。

小结：农牧区对现代医疗服务的接受与依赖程度越来越高，有高达 98.12% 的农牧区调查对象会首选去乡／镇卫生所、县城卫生所或去拉萨市医院就诊，而乡／镇卫生所或医院承担主要医疗服务工作（有高达 85.25% 的农牧民会首选去乡／镇卫生所或医院就诊）。可以看出，广大农牧区基层卫生所或医院承担着主要的医疗服务工作，但是对村／乡镇的卫生所或县医院的医疗服务整体满意度偏低（"非常满意"与"比

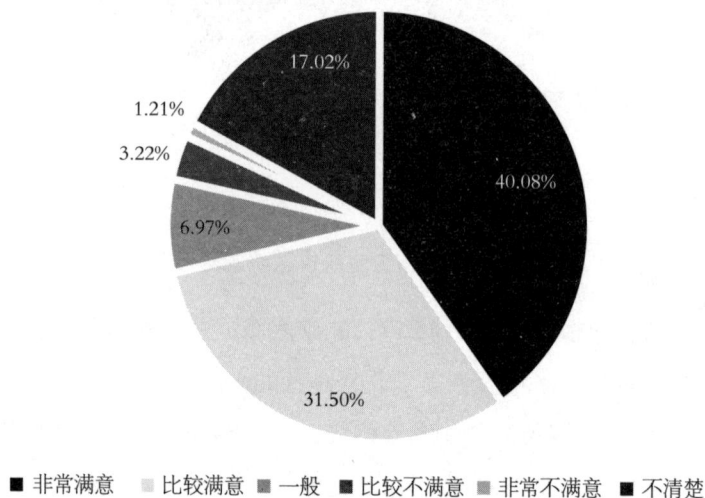

■ 非常满意　　■ 比较满意　　■ 一般　　■ 比较不满意　　■ 非常不满意　　■ 不清楚

图 3.2.6　对县医院的医疗服务评价

较满意"的占比为67.83%），而对县院医疗服务表示满意的占比要更高，为71.58%（其中"非常满意"的占比40.08%，"比较满意"的占比31.50%）。考虑到当年有县医院就诊的家庭比例（45.17%）远低于在村/乡镇医疗机构就诊的家庭比例（75.20%），这样的满意度差异可以理解，二者并无实质性的优劣，都略高于1/3。显然，医疗服务的满意度还存在较大的提升空间。

基层医疗服务满意度偏低其背后的可能原因：第一，西藏地广人稀，医疗服务均等化还需要一段时期的持续投入。基层医疗机构经费不足，服务设备不达标、医疗设备缺乏，简陋的设备条件使得基层医疗服务难以达到农牧民的要求，同时也难以保证有效的医疗服务。第二，医疗人才不足，基层卫生所远离中心城市，对于大专院校毕业的医务人员而言生活有诸多不便，加之工资待遇、子女教育等问题，导致人才流失问题突出。

3.2.3　社会保障

社会保障体系通常包括社会保险、社会救济、社会福利以及优抚安置等内容。西藏经济发展水平相对落后，生活处于贫困状态的农牧民占比较高。为了了解拉萨市农牧区家庭社会保障现状，调查主要包括养老保障与政府财政补贴两方面的内容。

（1）养老保障

在被调查对象中，其中294户的家庭有老人领取社会保障养老金，占总调查对象的39.41%，如表3.2.4所示。而领取家庭养老金家庭中有220户家庭有1人领取养老金，占领取养老金家总数的74.83%；71户家庭有2人领取养老金，占24.15%；有3人领取养老金的家庭只有3家，占1.02%。

表 3.2.4　有没有老人领取社会保障养老金

变量	频数	百分比（%）
有老人领取社会保障养老金	294	39.41
没有老人领取社会保障养老金	452	60.59

注：N=746。

对社会养老保障的评价，有 433 户家庭表示对现有社会养老保障"非常满意"，152 户家庭表示"比较满意"，农牧区家庭对社会养老保障的发放表示"非常满意"和"比较满意"占总调查样本的 78.42%；有 55 户家庭表示"一般"，占比 7.37%；5 户表示"比较不满意"，占比 0.67%；表示"非常不满意"的有 5 户，占比 0.67%；另外还有 96 户，占比 12.87% 的调查对象表示对社会养老保障不清楚，如图 3.2.7 所示。

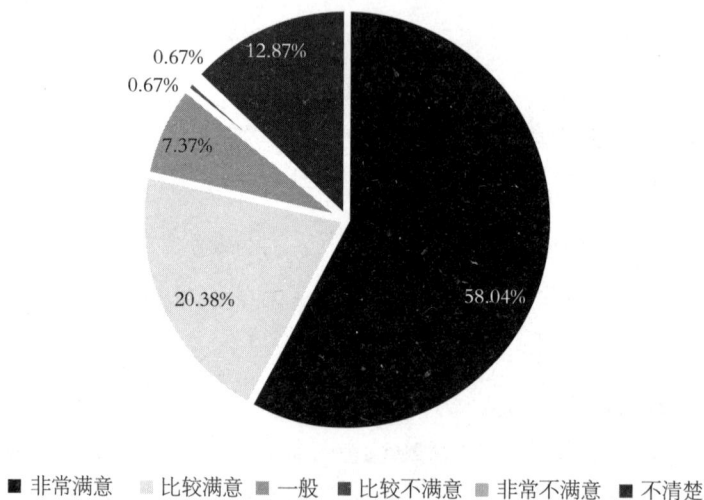

■ 非常满意　■ 比较满意　■ 一般　■ 比较不满意　■ 非常不满意　■ 不清楚

图 3.2.7　对社会养老保障的评价

我们注意到，对于目前家中有老人在领取社保的家庭来说，其对社保的满意度是要远高于目前家中没有老人领取社保的家庭，前者为 92.18% 的家庭表示"非常满意"或"比较满意"，而后者只有 69.47% 的家庭表示"非常满意"或"比较满意"。而领取社保的家庭中，无论是一位老人还是两位老人在领取，其对社保的满意度差异就很小了，一位老人领取的家庭表示满意的达 92.73%，两位老人领取的家庭表示满意的也有 90.14%，如图 3.2.8 所示。

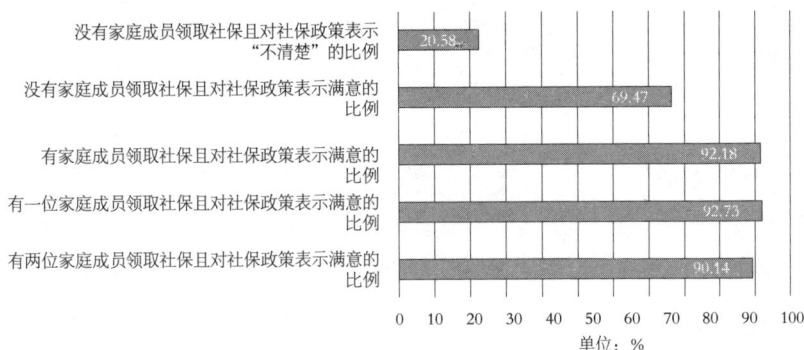

图 3.2.8　不同类型家庭对社保发放的态度

以上现象的出现，我们认为有以下两点值得关注与思考：第一，关于社会退休保障金的领取条件与发放细则在国家及自治区政策的宣传层面还有待进一步加强，因为未领取社保金的家庭对社保政策表示"不清楚"的占比达到 20.58%，如图 3.2.8 所示，同时未有家庭成员领取社保金的家庭对社保政策的满意度较低，表示满意的比例为 69.47%，显著低于领取了社保金且表示满意的家庭比例，其中可能包含主观错误的认为有家庭成员应该领取社保金的受访家庭；第二，社会退休保障政策的落实还需要进一步核实与落实，可能存在部分应该领取社保金而未发放到位的家庭，或者领取者不熟悉社保金名称和政策，其满意度自然较低。

（2）各类财政补贴

西藏自治区生产力水平较为落后，居住在广大农牧区的农牧民家庭的基本生活较难维持，因而，地方政府通过财政补贴方式来为贫困者提供物质帮助，从而保障贫困家庭的基本生活权利。在调查的拉萨市农牧家庭中，有 159 户家庭（占比 21.31%）为建档立卡的贫困户。而建档立卡户中，72 户家庭（占比 45.28%）为一般贫困户，86 户家庭为低保户（占比 54.09%），有 1 户为刚刚申请建档立卡。

表 3.2.5　有否建档立卡贫困户

变量	频数	百分比（%）
建档立卡	159	21.31
非贫困户	587	78.69

注：N=746。

在被调查的拉萨市农牧区家庭 746 个调查样本家庭中，占比 67.02%的家庭有获得政府的农牧业补贴，如图 3.2.9 所示。有 169 户家庭（占比 22.65%）获得了除农牧业补贴、低保补贴以及养老金之外的其他政府补贴，如表 3.2.6 所示。

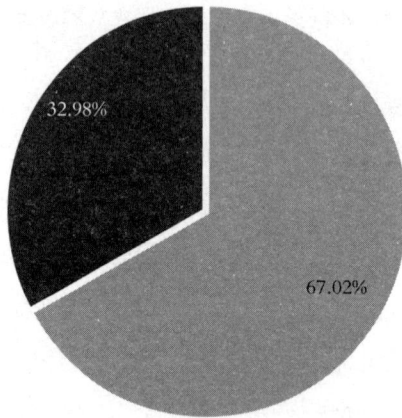

■ 2016年有获得政府发放的农牧业补贴　■ 2016年没有获得政府发放的农牧业补贴

图 3.2.9　有无获得政府农牧业补贴

表 3.2.6　有无获得政府其他补贴

变量	频数	百分比（%）
有获得政府其他补贴	169	22.65
没有获得政府其他补贴	577	77.35

注：N=746。此处的"其他补贴"将农牧业补贴、低保补贴及养老金除外。

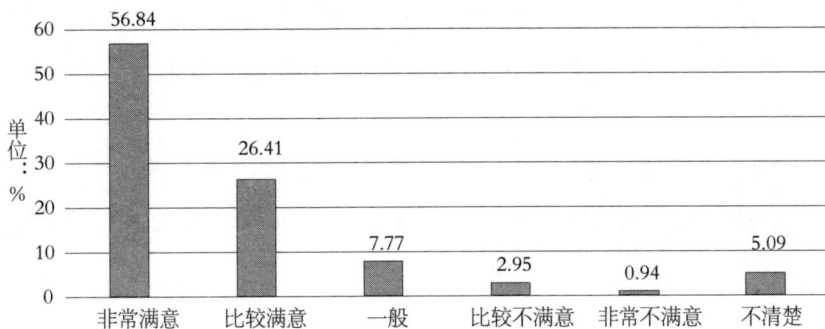

图 3.2.10 对政府各类补贴的评价

在被调查家庭中，有 **56.84%** 的家庭表示对现有的各类政府补贴表示"非常满意"，**26.41%** 表示对现有财政补贴表示"比较满意"，占有 **7.77%** 调查对象对现有政府补贴表示"一般"，别外分别有 **2.95%**、**0.94%**、**5.09%** 的调查对象对政府补贴表示"比较不满意""非常不满意"与"不清楚"。表示对政府补贴不满意的占 **3.89%**（比较不满意与非常不满意之和），如图 3.2.10 所示。

小结：由于西藏地区的区域特殊性，政府出台一系列政策法规，大力推进西藏养老工作与给予西藏地区各种财政补贴。在被调查对象中有 **39.41%** 的调查家庭有领取到社会养老金，远高于全国平均水平。同时，在被调查样本中有 159 户家庭（占比 **21.31%**）为有建档立卡的贫困户，有占比高达 **67.02%** 的家庭获得政府的农牧业补贴，此外还有 169 户家庭（占比 **22.65%**）获得了除农牧业补贴、低保补贴以及养老金之外的其他政府补贴。可以看出，无论是养老保障还是财政补贴，西藏农牧区家庭都享受到了国家更多的政策倾斜与财政补助。但是，从调查样本对社会保障制度的评价来看，满意度评价应该说不高也不低。其中，对社会养老保障表示满意的（非常满意与比较满意之和）占总调查样本的 **78.42%**，对财政补贴表示满意的（非常满意与比较满意之和）占总调查样本的 **83.24%**。

分析其背后可能的原因：第一，农牧区家庭对国家在西藏的各类社会保障政策认识不够全面和细致，存在认识上的偏差；第二，部分农牧区家庭有"等、靠、要"思想，使得部分居民的期望值更高。

3.2.4 社会服务

社会服务主要包括农牧民对目前乡/县政府的行政办事效率与乡/县政府的行政办事态度的满意度。

农牧民对乡/县政府办事效率的评价（图3.2.11）：在调查的746个样本中，对乡/县政府办事效率感到非常满意的样本有338个，占样本总量的45.31%；感到比较满意的有246个样本，占样本总量的32.98%；农牧民对于乡/县政府办事效率感到一般的样本有108个，占样本总量的14.48%；感到比较不满意的有40个样本，占样本总量的5.36%；感到非常不满意的样本有14个，占样本总量的1.88%。总体来看农牧民对于乡/县政府办事效率感到满意（非常满意与比较满意之和）样本合计584个，占样本总量的78.27%，满意程度较高。

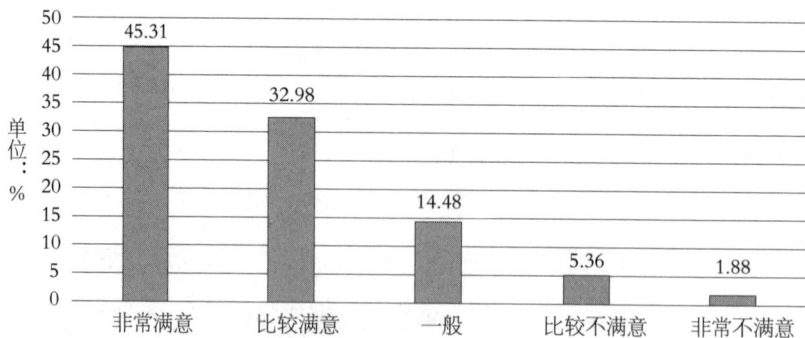

图3.2.11 对目前乡/县政府的行政办事效率评价

农牧民对乡/县政府办事态度的评价（图3.2.12）：调查样本中农牧民对于乡/县政府行政办事态度感到非常满意的样本有352个，占样本总量的47.18%；感到比较满意的有231个样本，占样本总量的30.97%；农牧民对于乡/县政府行政办事态度感到一般的样本有94个，

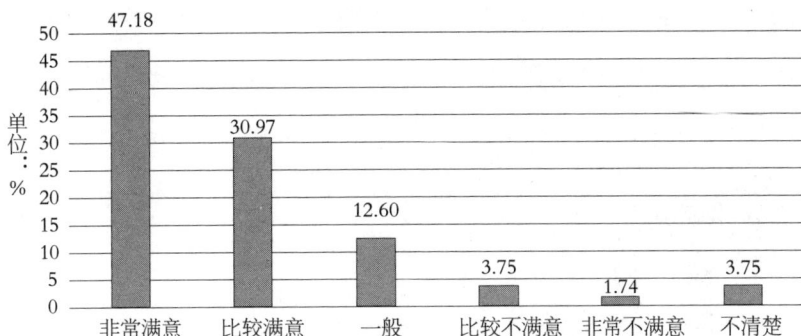

图 3.2.12 对目前乡/县政府的行政办事态度的评价

占样本总量的 12.60%；感到比较不满意的有 28 个样本，占样本总量的 3.75%；感到非常不满意的样本有 13 个，占样本总量的 1.74%。此外还有 28 个样本没有在乡/县政府行政办事的经历，占样本总量的 3.75%。总体来看，农牧民对于乡/县政府行政办事态度感到满意的评价合计 583 个，占样本总量的 78.15%，满意程度较高。

小结：通过调查样本对社会公共服务领域的整体评价来看，拉萨市农牧区居民对乡/县政府的行政办事效率与办事态度整体满意度处于较高水平，对乡/县政府行政办事效率表示满意的（非常满意与比较满意）占比 78.28%，对乡/县政府行政办事态度表示满意的（非常满意与比较满意）占比 78.15%。在坚持人民至上的新时期，贯彻落实亲民爱民为民新实践的任务就需要提升行政办事效率与办事态度。同时努力降低居民群众对于政府工作的服务流程可能存在的信息不对称。

3.2.5 交通状况

农牧区家庭出远门选择的交通方式包括走路、公共汽车、小巴车、自驾、包车、计程车、摩托车、拖拉机、马以及搭便车等。其中出远门选择坐公共汽车的只有 12.96%，小巴车与摩托车是农牧区家庭出远门的主要交通工具，其中选择小巴出行的占比 61.80%，选择摩托车的占比 44.50%。调查对象中出远门选择"走路"以及"搭便车"的家庭占比分别为 21.05% 和 18.77%，如图 3.2.13 所示。注意，此处问题为多选项，因此图中各项比例之和大于 100%。

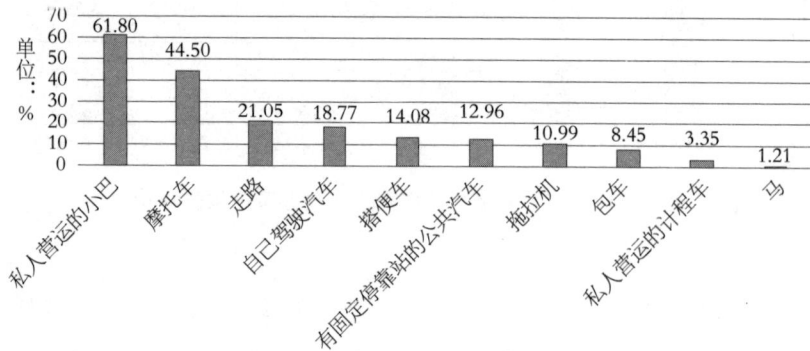

图 3.2.13　出远门的交通方式选择

选择公共汽车出行占比较低，很大一部分原因是由于很多农牧区没有便捷的公共汽车，被调查家庭中有 353 户家庭回答其所在村庄没有公共汽车（涉及 53 个村，占全部 62 个样本村的 85.50%），占有调查样本的 47.32%，如图 3.2.14 所示。没有任何一个村的全部样本均一致选择"本村没有公共汽车"的情况，这说明各受访村或多或少均有公共汽车可通达。由于农牧区居民的居住地相对较为分散，因此公共交通设施与

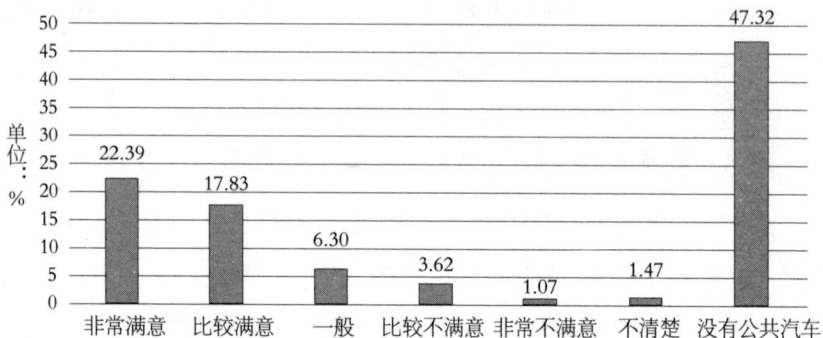

图 3.2.14　对公共汽车的评价

服务对居民整体的覆盖并不理想。对公共汽车的便捷程度表示非常满意和比较满意的家庭只占到 40.21%，占比较低。

在乡村道路建设方面，有 44.24%的对现有道路状况表示非常满意，26.94%的家庭比较满意现有道路状况，对现有道路状况评价一般的占比 12.20%，仍有 16.35%的家庭表示对现有道路善比较不满意或非常不满意，另有 0.27%的家庭表示不清楚，如图 3.2.15 所示。

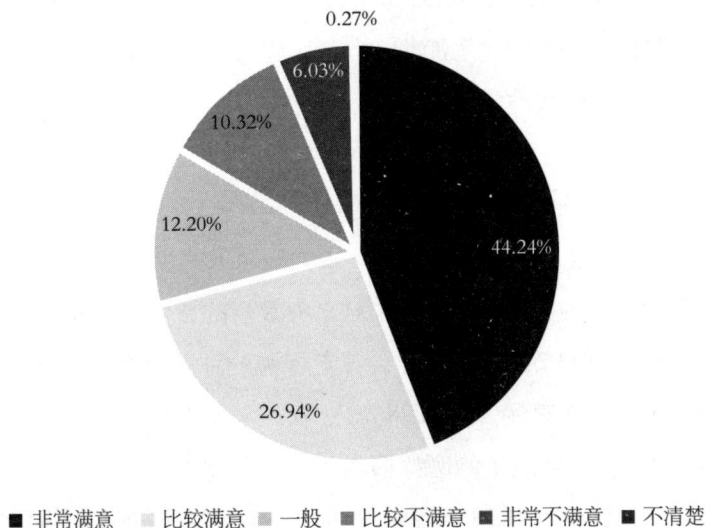

图 3.2.15 对目前本村／乡镇的道路状况评价

小结：交通既是一个地区社会经济发展的重要载体之一，又是社会进步的纽带和命脉，是民生的重要组成部分。调查结果显示，受访者选择出远门（去本乡以外的地方）的交通方式共有 10 种，其中选择小巴车占比 61.80%、摩托车占比 44.50%、走路占比 21.05%、搭便车占比 18.77%，这四种方式最为普遍，还有一些则选择自驾、公共汽车、拖拉机、包车、计程车和走路，极少人会选择骑马。这说明，由于西藏地广人稀，载客量相对较小，运营成本相对较低的小巴车更适合市场需求；同时，西藏民风淳朴，因此有较大份额的农牧民会选择搭便车的方式出行。但在西藏的气候地理条件下，仍然有近一半的农牧民可能选择摩托车出行，说明在地形地貌较为复杂的农牧地区，通过能力出色且操作灵活的机动车更适应本地出行。另外还能看到，绝大多数人都会选择机动车出行而非走路或骑马，这说明西藏农牧区居民的生活现代化水平已经达到较高的水平。

对乡村道路满意度调查结果显示，有71.18%的受访者对本村 / 乡镇的道路状况表示满意，16.35%的人表示不满意。考虑到高海拔高寒地区的道路建筑与维护成本都非常巨大，农牧区居民对乡村道路满意度水平能达到这样的水准已经相当高了。

3.2.6 公共服务各领域满意度评价总结

整体来看，在公共服务各领域，农牧民家庭的满意度（非常满意与比较满意之和）由高到低依次为：对义务教育的评价（90.62%）、对政府补贴的评价（83.24%）、对社会养老保障的评价（78.42%）、乡 / 县政府的行政办事效率评价（78.28%）、乡 / 县政府的行政办事态度的评价（78.15%）、对县医院的医疗服务评价（71.58%）、对目前本村 / 乡镇的道路状况评价（71.18%）、对本村 / 乡镇卫生所或医院的医疗服务评价（67.83%）、对公共汽车的评价（40.21%）。

拉萨市农牧区家庭对文化教育的满意度最高达90.62%，这表明，在文化教育方面政府的相关政策使得农牧区家庭切实得到了好处，帮助农牧区居民家庭解决了子女教育问题。

对公共交通工具表示满意的程度最低，表示非常满意和比较满意的只有40.21%。农牧区公共交通工具缺乏严重影响农牧民的出行，有高达46.44%被调查对象所在村庄没有公共交通工具，农牧民出行只能选择小巴车、摩托车、搭便车等其他出行方式，而这些出行方式不但隐藏较大的安全隐患，同时也直接影响人们出行的便捷性。

表 3.2.7 拉萨市农牧民对公共服务各领域评价

项目	具体评价指标	非常满意(%)	比较满意(%)	一般(%)	比较不满意(%)	非常不满意(%)	不清楚(%)
文化教育	对义务教育的评价	68.23	22.39	3.75	0.94	0	4.69
医疗卫生	对本村/乡镇卫生所或医院的医疗服务评价	33.91	33.91	20.51	6.3	1.34	4.02
	对县医院的医疗服务评价	40.08	31.5	6.97	3.22	1.21	17.02
社会保障	对社会养老保障的评价	58.04	20.38	7.37	0.67	0.67	12.87
	对政府补贴的评价	56.84	26.41	7.77	2.95	0.94	5.09
社会服务	乡/县政府的行政办事效率评价	45.31	32.98	14.48	5.36	1.88	—
	乡/县政府的行政办事态度的评价	47.18	30.97	12.6	3.75	1.74	3.75
交通状况	对公共汽车的评价	22.39	17.83	6.3	3.62	1.07	1.47
	对目前本村/乡镇的道路状况评价	44.24	26.94	12.2	10.32	6.03	0.27

注：对"公共汽车的评价"中，另有 47.32% 的受访对象选择"本村没有公共汽车"。

3.3 公共安全

为了进一步分析拉萨市农牧民公共安全状况，本节将从生产安全、自然灾害、公共治安、传染病例、食品安全等五个方面来展开讨论。

3.3.1 生产安全

西藏自治区的经济高速发展不可或缺的是第二产业（工业生产制造业以及资源采集行业）的迅猛发展，而生产过程中的安全隐患并不能完全避免。本次调研考察的农牧区生产安全状况主要来自在该地区生产的工业企业，尤其是矿山、建筑以及修路等行业在高寒缺氧条件下的生产安全事故，同时也包含农牧业生产过程中的农业机械操作可能带来的人身健康安全事故。

在受访的农牧区家庭中，本年度（2016 年）家人有发生生产安全事故的比例较低，占 3.08%（23 户），而听闻或知晓本村今年发生过的生产安全事故的受访者有 40 位（占比 5.36%），来自 25 个不同村。综合这两方面信息，涉及本年度有过安全生产经历的村达到 40 个，占全部 62 个受访村的 64.52%，如图 3.3.1 所示。

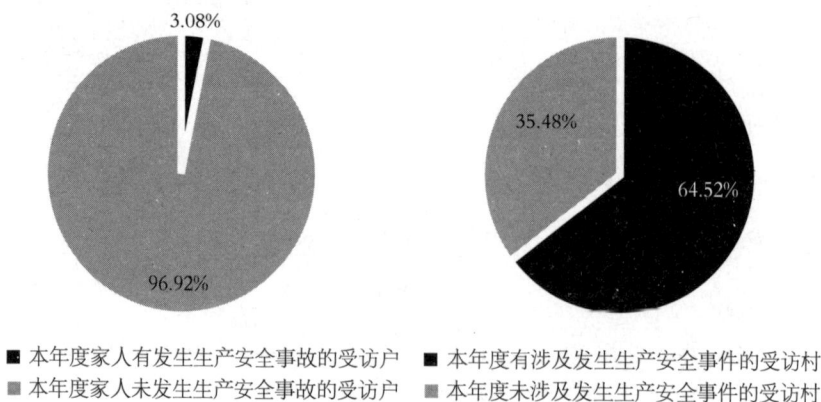

3.08%

96.92%

35.48%

64.52%

■ 本年度家人有发生生产安全事故的受访户　■ 本年度有涉及发生生产安全事件的受访村
■ 本年度家人未发生生产安全事故的受访户　■ 本年度未涉及发生生产安全事件的受访村

图 3.3.1　生产安全事故发生状况

对于发生生产安全事故后政府采取的（或是预计可能采取的）处理以及救助安置措施的主观评价，所有受访对象中 290 户（占比 38.87%）表示"非常满意"，192 户（占比 25.74%）表示"比较满意"，而明确表示不满意的只有极少的一部分，共 25 户（占比 3.35%）。同时还有超过 1/4 的受访者对此没有概念，如图 3.3.2 所示。

通过更细致的考察和分析，我们还发现：第一，本年度有家人发生了生产安全事故的受访者，对于政府在生产安全事故发生后的善后政策措施不满意度是要远高于未有家人发生生产安全事故的受访者（26.09%对比 2.63%），但两类群体在此问题上的表示满意的比例相当（60.87%对比 64.73%）；第二，本村当年发生了生产安全事故的受访者，对政府在生产安全事故发生后采取的措施不满意度也要远高于本年度未有此类

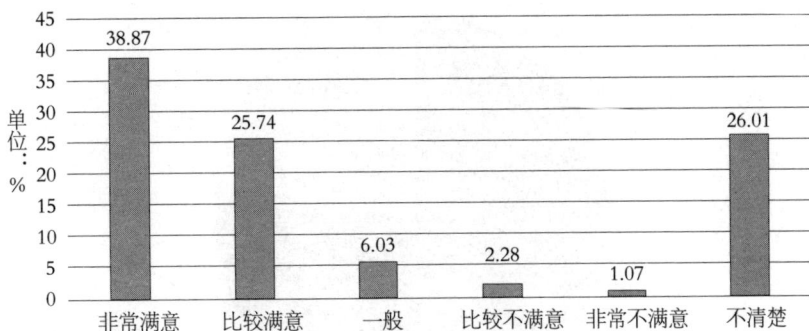

图 3.3.2　对生产安全事故后政府措施（或预期措施）的评价

事故村的受访者（20%对比 2.41%），而这两类人群在此问题上表示满意的比例也有较大的差异（50%对比 65.44%）。显然，具有生产安全事故亲身经历（自己或家人发生事故）或身边发生过安全生产事故（本村发生有此类事故）的政府政策满意度评价更为客观且更有意义，没有此类经历的人其主观评价只能是预期或猜测。基本事实表明有事故亲身经历居民的满意度评价更低，这给我们的政府在事故事后的慰问救助、追责处理以及风险防范等多方面的工作提出了更高的要求。

3.3.2　自然灾害

自然环境是人类赖以生存和发展的物质基础，自然灾害直接影响人类的活动。在调查的 746 户样本中，有 581 户受访家庭表示所在村镇本年（2016 年）没有遭受自然灾害的侵扰，占 77.88%；165 户受访家庭表示所在村镇本年经历了自然灾害，占 22.12%，如图 3.3.3 所示。

农牧民对自然灾害发生后政府采取措施的评价，具体结果如图 3.3.4 所示。在 746 个受访家庭中，非常满意的 357 户，占 47.86%；比较满意的 173 户，占 23.19%；认为一般的 64 户，占 8.58%；比较不满意的 36 户，占 4.83%；非常不满意的 16 个，占 2.14%；不清楚的 100 户，占 13.40%。

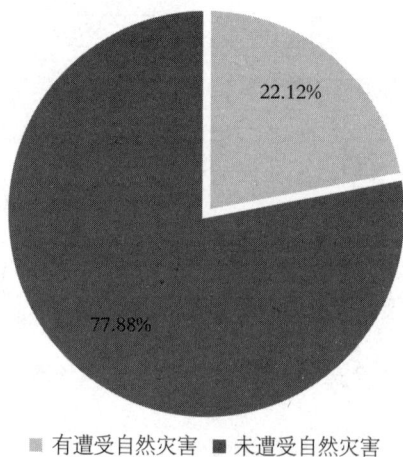

图 3.3.3　村镇遭受自然灾害情况

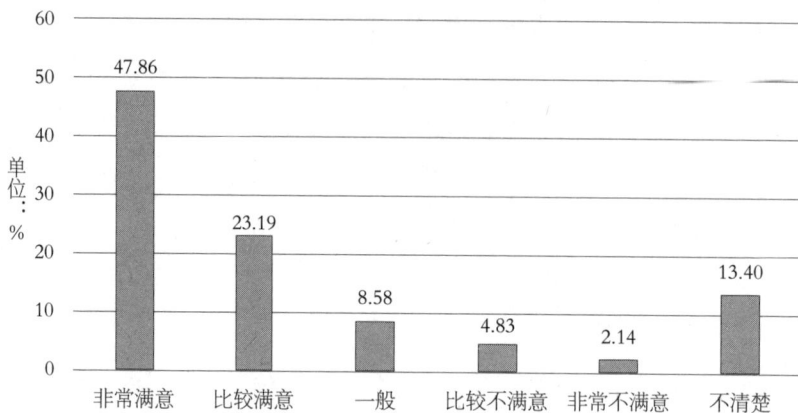

图 3.3.4　对自然灾害发生后政府采取措施的满意度评价情况

小结：调查结果显示，拉萨市农牧区自然灾害发生的概率较大，是抑制拉萨农牧区民生发展的客观存在。拉萨市农牧民对自然灾害发生后政府采取相应措施感到满意的评价占总样本的比例为 71.05%，满意程度较高；同时有 13.40% 的农牧民对发生自然灾害后政府采取或预计采取的措施和政策并不了解。进一步分析也发现：一方面，受访对象中本年度经历了自然灾害的农牧民对政府的相关措施的认知度要更高（经历了自然灾害的居民中 7.88%的受访户表示对政府的灾后救助政策不清楚），相对地，本年未经历自然灾害的受访对象对相关政策的了解程度就要更低（14.97%的表示不清楚）；另一方面，经历了灾害的居民对政府的灾后救助等措施的表示满意的比例为 63.03%，表示不满意的比例为 14.54%，而未经历灾害的居民在该方面表示满意的比例为 73.32%，且表示不满意的比例为 4.82%。显然，受灾并可能真实获得政府灾后救助的居民满意度显著更低，这说明政府在自然灾害发生后的救助措施与政策执行工作与受灾农牧区居民的期望可能还存在差距。

3.3.3　治安安全

治安安全是维护社会稳定和加快经济发展的重要保证。在入户调查的 746 户家庭中，受访家庭没有经历治安安全事件的样本为 736 个，占 98.66%；经历了治安安全事件的样本 10 个，占 1.34%；同时共计有 21 个不同村的居民回答其经历或听闻所在村/乡镇本年度发生过治安安全事件，占全部样本村的 33.87%，如图 3.3.5 所示。

农牧民对村镇社会公共治安安全状况的评价如图 3.3.6 所示。农牧民对村镇社会公共治安安全状况感到非常满意的有 461 户，占

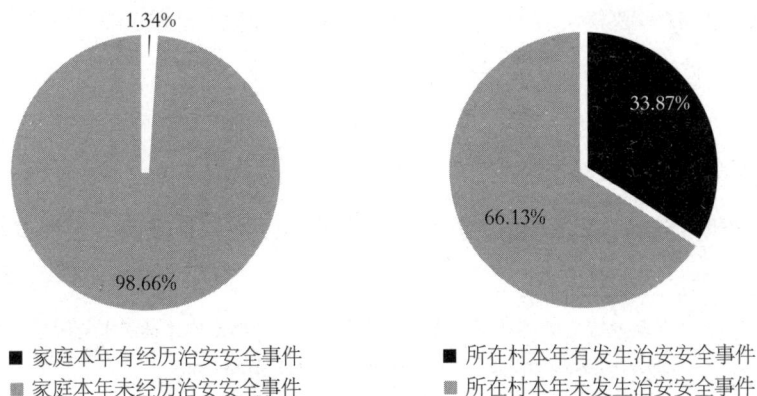

1.34%

98.66%

■ 家庭本年有经历治安安全事件
■ 家庭本年未经历治安安全事件

33.87%

66.13%

■ 所在村本年有发生治安安全事件
■ 所在村本年未发生治安安全事件

图 3.3.5　村镇发生治安安全事件情况

61.80%；比较满意的有 233 户，占 31.23%；表示一般的有 37 户，占样本总量的 4.96%；比较不满意的有 11 户，占 1.47%，非常不满意的有 4 户，占样本总量的 0.54%。

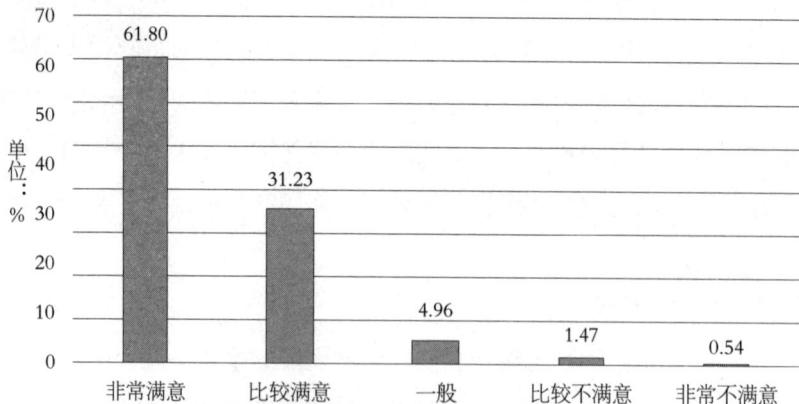

图 3.3.6 对村镇社会公共治安安全状况的满意度评价

小结：调查显示整体来看，拉萨市农牧区居民对村镇公共治安安全状况感到满意的占 93.03%（非常满意与比较满意之和），应该说满意程度是非常高的。另外，中国社会科学院发布的《公共服务蓝皮书》中，全国 38 个城市，拉萨市公共安全满意度连续四年排名第一[①]，也与我们的调研事实基本相一致[②]。可见，近年来拉萨市无论是城区还是各县农牧区，政府公安机关在社会治安状况的治理方面所付出的努力与取得的成绩受到了人民群众的充分肯定。

3.3.4 传染病例

严防传染病疫情等突发公共卫生事件的发生，是保障农牧民身体健

---

① 《〈公共服务蓝皮书（2014）〉发布 拉萨公共安全满意度连续四年全国第一》，见 http://www.chinapeace.gov.cn/xizang/2015–01/06/content_11166154.htm。

② 中国社会科学院的调研主要是以拉萨市城关区的城市居民为访问评估对象，而我们的样本是七县农牧区，二者数据具有互补性。

康和生命安全的重要措施。拉萨市农牧区村镇发生人传染病例情况，如图 3.3.7 所示。全体 746 个农牧区受访对象中涉及 26 个村的居民（共计 35 户）表示本年度其所在村 / 乡镇有发生过人传染病例，占总 62 个样本村的比重为 41.94%。这个发病的覆盖率显然并不低，但涉及的病例并不多，较为分散。显然，这些传染病例得到了较好的有效控制和治疗，并未蔓延并产生公共卫生风险。

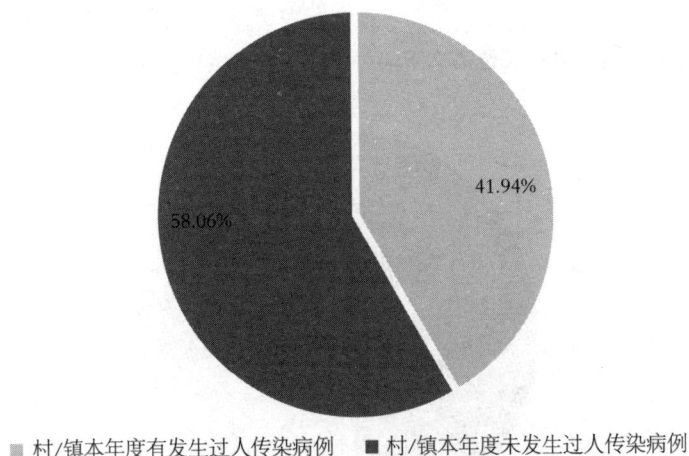

图 3.3.7 村镇发生传染病例情况

农牧民对于政府在人传染病防治方面采取措施或预防措施的评价，见图 3.3.8，具体为：非常满意有 434 户，占 58.17%；比较满意的有 183 户，占 24.53%；表示一般的有 21 户，占 2.82%；比较不满意和非常不满意的各有 7 个样本，均占 0.94%；不清楚的有 94 户，占 12.60%。

拉萨市农牧区村镇发生牲畜传染病例情况，如图 3.3.9 所示。71 位受访者(涉及 32 个村) 声称本年度起所在村 / 乡镇发生了牲畜传染病例，占全体 62 个样本村的 51.60%。

农牧民对于政府在牲畜传染病防治方面采取措施或预防措施的评价，如图 3.3.10 所示，非常满意的有 521 个样本，占 69.84%；比较满意的有 168 个，占 22.52%；一般的有 8 个，占 1.07%；比较不满意有

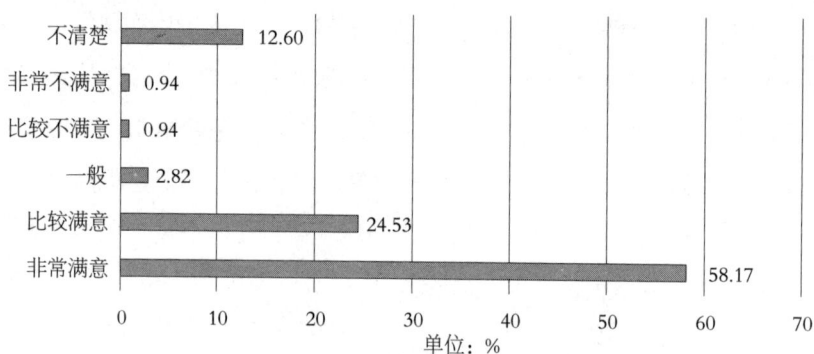

图 3.3.8 对政府在人传染病防治方面采取措施或预防措施的满意度评价

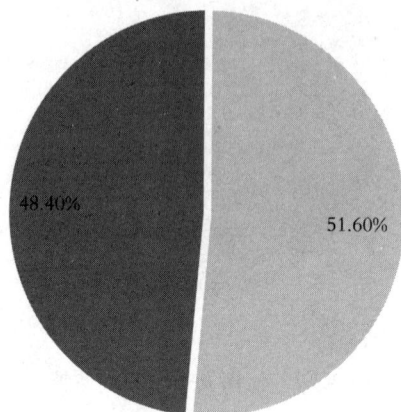

■ 所在村/乡镇本年度未发生牲畜传染病　■ 所在村/乡镇本年度有发生牲畜传染病

图 3.3.9 村镇发生牲畜传染病例情况

5 个，占 0.67%；感到非常不满意有 4 个，占 0.54%；不清楚的有 40 个，占 5.36%。显然，对于政府在牲畜传染病防治方面，受访农牧区居民的满意度是压倒性的（92.36%），不满意的属于较为个别的现象（1.21%）。

小结：总体而言，农牧民对于政府在人传染病防治方面采取措施或预防措施的评价满意的占比为 82.71%，不清楚的有 12.60%。农牧民对于政府在牲畜传染病防治方面采取措施或预防措施的评价满意的占比为 92.36%，不清楚的占比 5.36%。究其原因，一是农牧民对于传染病对

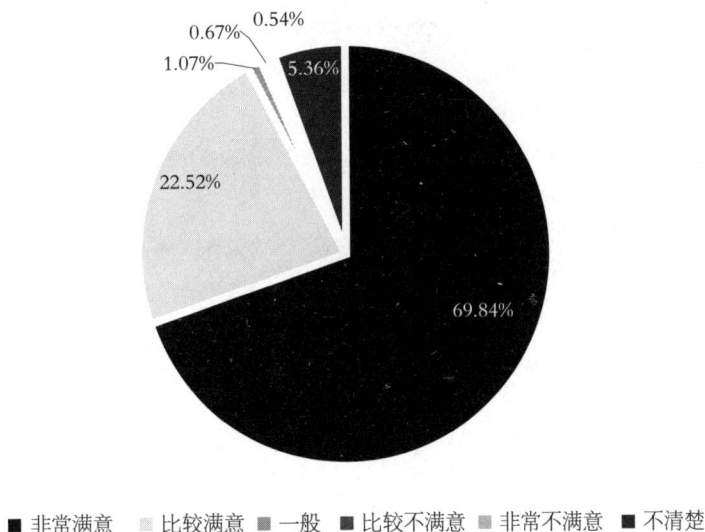

■ 非常满意 　■ 比较满意 　■ 一般 　■ 比较不满意 　■ 非常不满意 　■ 不清楚

图 3.3.10　对政府在牲畜传染病防治方面采取措施或预防措施的评价

人影响的公共卫生意识还有待加强，部分居民对此方面的政府政策完全不知情；二是农牧民生产生活较为严重地依赖于牲畜，对于政府该方面的作为应更加关心和了解；三是关于传染病的宣传还待加强。

3.3.5　食品安全

拉萨市农牧日常消费来源情况，如图 3.3.11 所示。一方面，市场的供给是农牧区居民日常食品消费最主要的来源，39.41%（294 户）的受访家庭食品消费完全依赖市场；另一方面，农牧民日常食品消费同样较为普遍依赖自家的种植与养殖，其中 22.92%（171 户）的受访居民家庭在食品方面几乎不进入市场，而是完全依靠自家的农作物种植与牲畜养殖来提供，而 36.06%（269 户）的受访家庭有约一半的日常食品消费也是通过自家的农业生产获取。与内地相比，西藏自治区地处高海拔高寒地区，地广人稀，社会生产，尤其是农业生产的社会化分工并不充分，因此其占人口主要部分的农牧业地区经济的市场化程度较低。

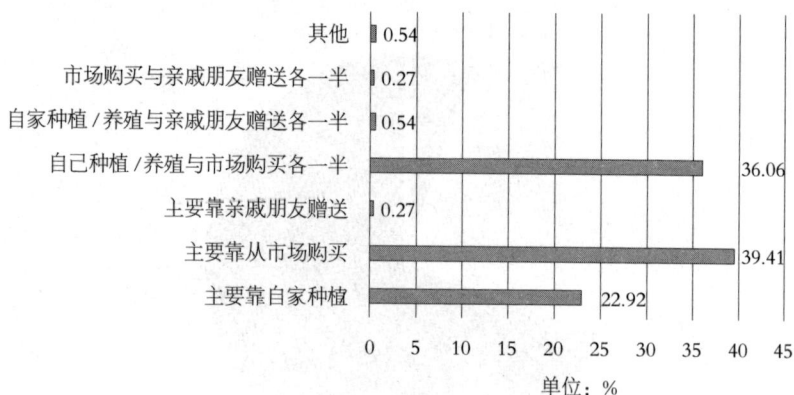

图 3.3.11　日常消费食品来源情况

　　显然，市场化程度较低的地区农业生产效率会受到一定的影响：首先，生产者不以生产效率为导向来组织和选择生产，而是以自我消费的需求与偏好来种植和养殖；其次，市场化程度偏低也同样导致信息闭塞而对农业生产技术的扩散与提高带来滞后影响。生产效率的损失又可能较大地带来收入偏低的结果，同时市场化程度偏低的另一个负面影响是居民的食品消费结构较单一，营养均衡性受到一定的影响。我们认为，交通的便捷性与信息的交流获取成本较高或许是导致市场化程度偏低的

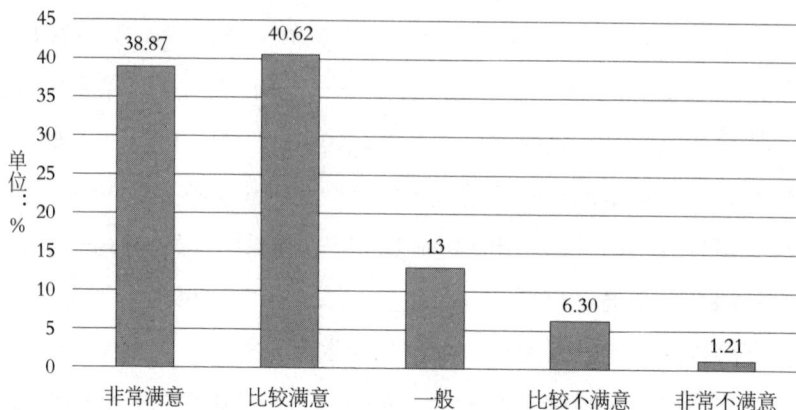

图 3.3.12　对购买食品的安全性满意度评价

主要原因。

农牧民对购买食品的安全性满意度评价，如图 3.3.12 所示。非常满意的有 290 户，占 38.87%；比较满意的有 303 户，占 40.62%；表示一般的有 97 户，占 13%；比较不满意的有 47 户，占 6.30%；非常不满意的有 9 户，占 1.21%。

小结：食品是人类赖以生存的基本物质，食品安全是全球性的问题，也是我国目前的重要挑战之一。调查结果显示，拉萨市农牧民日常食品消费的主要渠道有市场购买、自供与市场购买各一半、自给自足三种。拉萨市农牧民日常消费食品来源主要有自供、市场购买两种方式，个别存在亲朋赠送与政府负担的现象。可见，近几年国家对西藏的精准扶贫政策成效显著，拉萨市农牧民"吃"的问题已经得以解决。农牧民对购买食品的安全性感到满意的有 593 个，占比 79.49%，总体满意程度中上。随着市场经济的发展，拉萨市农牧区食品供给问题解决，农牧民对食品的需求也转向了更高级的需求，食品安全问题已越来越引起农牧民的关注，在满足食品供求平衡的同时，还应建立健全各项食品卫生管理规章制度。

3.3.6 公共安全领域满意度评价小结

从整体来看，如表 3.3.1 所示，在公共安全各领域，农牧民家庭的满意度（非常满意与比较满意之和）由高到低依次为对村镇社会公共治安安全状况的评价（93.03%）、对政府在牲畜传染病防治方面采取措施或预防措施的评价（92.36%）、对政府在人传染病防治方面采取措施或预防措施的评价（82.71%）、对购买食品的安全性评价（79.49%）、对自然灾害发生后政府采取措施的评价（71.05%）、对生产安全事故发生后政府采取措施的评价（64.61%）。

拉萨市七县农牧区家庭对村镇社会公共治安安全状况的满意度高达 93.03% 是非常难得的一个成绩。这表明，在治安安全方面政府做得比较好，相关政策制定及落实比较到位，近些年当地维稳政策切实给人民带来了实处，保障了人民的公共安全。另外，拉萨市农牧民家庭对政府在牲畜传染病防治方面采取措施或预防措施的满意度也比较高，这表明政府在畜牧业生产方面的传染病防治方面做得也比较到位。

对安全生产事故发生后政府的措施满意度不尽如人意，排名最低，只有64.61%的受访对象表示满意。而不满意的主要来源是本年度亲身经历了生产安全事故或本村有生产安全事故发生的受访对象，这说明政府在生产安全事故的事后处理方面还有需要进一步改进提升的空间。对自然灾害发生后政府采取措施的满意度评价也较低，表示非常满意和比较满意的只有71.05%。这说明农牧民对自然灾害发生后政府采取措施满意度相对不高。进一步分析也发现，在调查中有13.40%的人也对政府相关政策不了解。如果农牧民对自然灾害的认知水平低，没能掌握自然灾害发生时应该采取的相关应对措施，也缺乏对政府相关政策的了解，就会使有关政策不能起到预期效果。政府在完善补救政策的同时更要加大政策及安全知识的宣传力度。

表 3.3.1　拉萨市农牧民对公共安全各领域评价

项目	具体评价指标	非常满意（%）	比较满意（%）	一般（%）	比较不满意（%）	非常不满意（%）	不清楚（%）
生产安全	对生产安全事故发生后政府措施的评价	38.87	25.74	6.03	2.28	1.07	26.01
自然灾害	对自然灾害发生后政府采取措施的评价	47.86	23.19	8.58	4.83	2.14	13.4
治安安全	对村镇社会公共治安安全状况的评价	61.80	31.23	4.96	1.47	0.54	—

续表

项目	具体评价指标	非常满意(%)	比较满意(%)	一般(%)	比较不满意(%)	非常不满意(%)	不清楚(%)
传染病例	对政府在人传染病防治方面采取措施或预防措施的评价	58.18	24.53	2.82	0.94	0.94	12.60
	对政府在牲畜传染病防治方面采取措施或预防措施的评价	69.84	22.52	1.07	0.67	0.54	5.36
食品安全	对购买食品的安全性评价	38.87	40.62	13	6.30	1.21	—

3.4　生态文明

评价拉萨市农牧区生态文明建设的现状，主要考察和分析拉萨市农牧区居民在日常生活中的以下四个维度：日常能源方式的选择状况、电力供给状况、生活垃圾的处理以及周边生活环境状况，同时记录和分析农牧区受访居民对这四个方面的满意度。这些指标可以较为本地化地、具体形象地展现拉萨市七县农牧区的生态环境的主要方面，而农牧区本

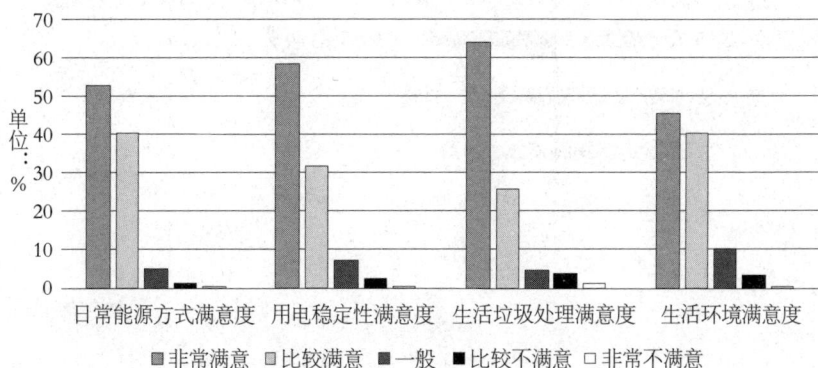

图 3.4.1　受访者生态文明建设满意度

地居民对所处生态环境的具体感受则形成生态文明方面的民生满意度。

由图 3.4.1 可知，总的来看，受访家庭对生态文明建设满意度较高：首先，日常能源方式、用电稳定性和生活垃圾处理方式这三个方面，约 90% 的受访者表示满意（非常满意与比较满意两组的加总），且有超过 50% 以上的家庭表示"非常满意"，而生活环境的满意度也接近 90%（86.19%）；其次，全部四个方面的不满意（比较不满意与非常不满意两组的加总）比例均在 5% 以下。

若从受访者家庭具体的生态文明状态来看，情况并不如受访者的满意度那么突出：清洁能源和污水处理上问题最为突出，垃圾处理和厕所使用上情况良好，下面我们将进行具体分析。

3.4.1　家庭日常生活的能源使用

做饭和取暖是农牧区家庭日常生活基本能源需求的主要方面。由图 3.4.2 可知，拉萨市七县农牧区居民的日常生活能源方式具有的显著特征：首先，牛粪这种在藏区最为传统的生活燃料仍是拉萨市七县农牧区居民家庭日常生活能源消费的主要方式，高达 96.11% 的受访者家会选择牛粪作为诸如做饭与取暖等日常生活的主要能源来源（或主要来源之一），同

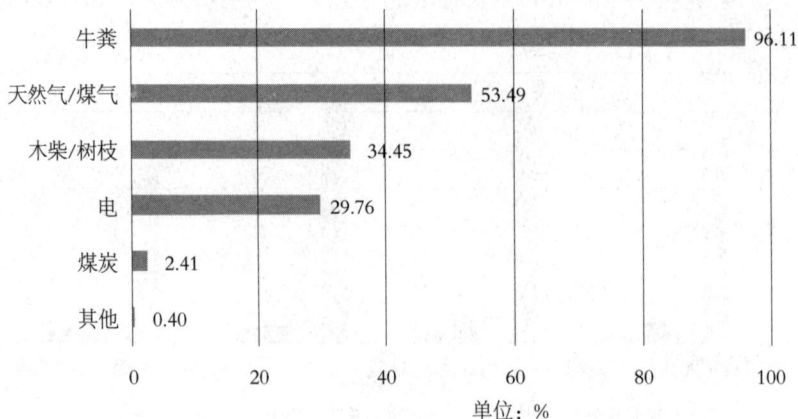

能源方式	百分比
牛粪	96.11
天然气/煤气	53.49
木柴/树枝	34.45
电	29.76
煤炭	2.41
其他	0.40

单位：%

图 3.4.2　家庭日常生活能源方式的选择（多选）

时我们还发现约近三成（29.09%，共 217 户）的农牧区居民是以牛粪作为唯一的日常生活能源消费的来源；其次，天然气／煤气、木柴／树枝以及电是三种拉萨七县农牧区主要的能源消费选择方式，分别有 53.49%、34.45% 以及 29.76% 的受访家庭选择这三类作为生活能源消费的主要来源之一（极少有家庭以这三种能源作为家庭日常生活的唯一能源选择，其中 12 户（0.94%）以天然气／煤气作为唯一的日常生活能源，1 户（0.13%）以电作为唯一的日常生活能源，没有单一使用木柴／树枝的家庭）；再次，极少部分的家庭日常使用煤炭，18 户家庭（2.41%）将煤炭作为日常生活消费能源选择，其中只有 2 户（0.27%）单一地使用煤炭。

　　具体分析以上现象的原因，我们认为：

　　牛粪作为牧区最为常见的燃料，是一种青藏高原清洁简便的能源，具有悠久的使用历史和传统，深受广大农牧民的欢迎，也是藏区居民长期在青藏高原生活生存所积累下来的宝贵生存经验之一。牛粪的生态循环可再生性是其他化石能源所无可比拟的，可以毫不夸张地说，青藏高原农牧居民对牦牛的依赖在很大程度上来自对牛粪的依赖。

　　目前西藏自治区本地还未有大型的化石能源矿产的发掘和开采，因此诸如煤炭、天然气以及石油等能源都只能靠区外的输入才能获取，因此此类能源的使用从成本上考虑是比较不经济的。但化石能源的单位能量高的特性也是无可比拟的，因此作为居民家庭日常能源消费的辅助性选择或组合性选择是相当有效的。而天然气的使用具有环境污染小的特点，在青藏高原严苛的环保要求政策下，天然气／煤气成为较煤炭更为广泛采用的生活能源消费种类。

　　近年来西藏自治区的电网建设在日新月异地发展，电网的覆盖率已经达到了很高的水平，尤其是拉萨市范围。拉萨市作为西藏现代化建设程度最高的城市，电网覆盖已基本能做到村村通，因此我们看到电成为选择范围第四高的日常生活能源选择。

　　拉萨作为平均海拔 3700 米的高原地区，植被主要以高原草场为主，自然生长的树木等高大乔木较为稀少且成长缓慢，但在人口居住密度极为稀疏的农牧区，仍然较为广泛地以木柴或树枝作为日常生活能源消费的补充性选择，因而我们也看到并未有任何样本单一地选择木柴或树枝作为日常生活能源来源。

3.4.2 家庭用电

电能是现代社会应用最为广泛和便捷的清洁生活能源，无论从各类传统的家用电器到电脑、手机以及互联网等，都离不开电的支持。青藏高原地处高寒、高温差变化以及高紫外线照射的极地性气候（又称世界第三极），因此在西藏进行基础设施的建设较之于全球其他地区，施工难度更高，设施材料要求更高，日常维护成本更高，同时还要面临建筑成本更高且折旧率更高的种种问题。电能的基本供给方式一般都是通过铺设电网来实现，而一般来说电网供电的一个较为基本的条件是需要具有用电的规模效应，这一点在青藏高原地广人稀的农牧区又形成巨大的障碍。西藏自治区广大的农牧区的电网铺设与电力供应状况是要远远滞后于全国平均水准的，基于这样的发展现状，本次农牧区调研特意将农牧区居民电力消费的现状与满意度纳入到民生满意度的考察内容。

在青藏高原上，政府尝试多种供电方式互补的形式来满足居民的用电需求，常规的方式包括电网供电、太阳能电池供电以及燃油发电机供

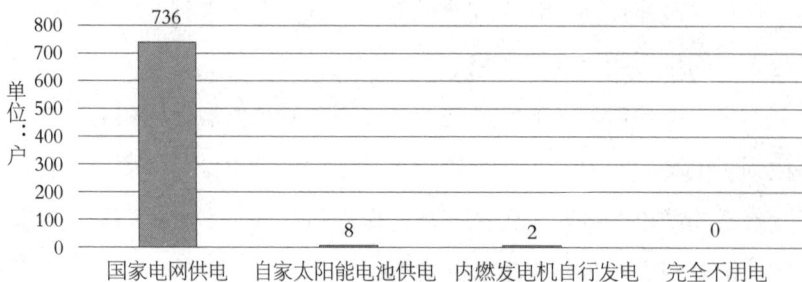

图 3.4.3 家庭主要用电来源

电。图 3.4.3 中给出了本次拉萨市七县农牧区的入户调研中采集到的各类供电方式在居民日常用电力来源的分布状况。

需要澄清一点，从图 3.4.2 中我们已知约三成的受访农牧区居民选择以电力作为日常生活的能源方式，这里的日常生活仅指做饭与取暖，并不包含日常家用电器以及通信设备等的电力能源消费。下面将对本次调研的受访居民家庭电力的使用状况进行介绍与简单分析。

如图 3.4.3 所示，全部 746 户受访对象中有 98.65%（736 户）的家庭使用国家电网的电力供应，另外不足 2% 的家庭采取太阳能电池发电供电或内燃发电机自行发电的方式来获取电力。注意一点，我们的选项中包含有"完全不用电"的状态，但是这一类型的居民家庭为 0，不用电的家庭没有。上述调研信息表明，随着越来越重视生态建设和环境保护，对西藏自治区的财政转移支付力度不断加大，基础设施建设不断加强，不断地提高西藏自治区国家电网的覆盖率，使家庭用电更为方便，从而不断降低了农牧区居民对其他能源的需求，这将有利于西藏自治区的环境保护和生态文明的建设。

3.4.3　家庭的生活垃圾与排污处理

生活垃圾与污水处理是居民生活生态环境中最重要的两个方面。

由图 3.4.4 可知，72.65% 的农牧区受访者家庭能够获取到政府提供

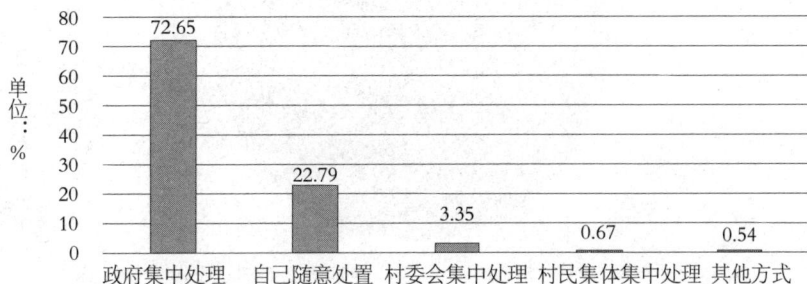

图 3.4.4　家庭生活垃圾的处理途径

的生活垃圾收集与集中处理的公共服务，**22.79%**的受访者家庭生活垃圾主要自家随意处理，**4.02%**的家庭依靠村委会或村民集体组织处理，还有 **0.54%** 的家庭选择其他如焚烧或坑埋的方式。

可以看到大部分家庭的生活垃圾能够得到有效的集中妥善处理，从而减少对其所在生态环境的破坏。但仍有比例不小的家庭其生活垃圾的处理方式缺乏有效的生态保护途径，主要表现为自家随意处理垃圾，甚至采取焚烧、坑埋的方式，这样会对脆弱的高原生态环境造成不可修复的破坏。事实上，政府是否有效提供了生活垃圾的集中有效处理的公共服务可能是实现生态环境免遭居民生活垃圾污染的先决条件。应该说各地方政府从生活垃圾处理方面着手，推进当地生态文明建设以提高民生方面的工作取得了有效的成绩，但还有进一步提升的空间。

在生活污水的排放方面就不够尽如人意了。如图 3.4.5 所示，高达 **91.69%** 的受访家庭将自家生活污水单独排放，极少部分家庭（**8.31%**）能够获得村镇污水排放系统的公共资源，这对于高原水环境来说存在巨大的污染隐患与公共卫生隐患。由于污水相比生活垃圾来说，具有体积大、产生频率大、集中运送难等特点，且污水排放系统的建设需要一定

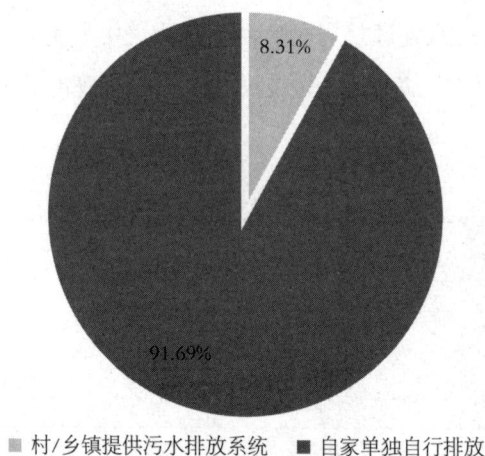

图 3.4.5　家庭生活污水排放模式

的人口居住密度而形成规模效应。诚然，我们要承认如人口居住集中的城市一般建立普遍覆盖所有居民的污水排放系统对于居住分散且人口密度极低的西藏农牧地区的确是极难操作，但目前的现状也的确令人担忧。

本次调研也有针对性地收集了关于农牧区家庭的厕所状况。由图3.4.6可知，66.35%的受访家庭依靠传统的自建旱厕、2.95%的受访家庭则用上了自建的冲水厕所，不足1%的家庭使用公共厕所，另外还有30.29%的受访家庭表示没有厕所。三成家庭完全没有厕所，这一点是当前拉萨市七县农牧区在生态环境的民生维度上的薄弱环节。随着近年来自治区政府对西藏生态的高度重视，投入大量资金开展厕所革命专项运动，而拉萨市作为西藏全区现代化建设的标杆地区，厕所的普及度已经获得了大幅的提升。应该看到大部分农牧民对修建厕所、保护生态、家庭和个人卫生的重视程度已经有了较大的改观。

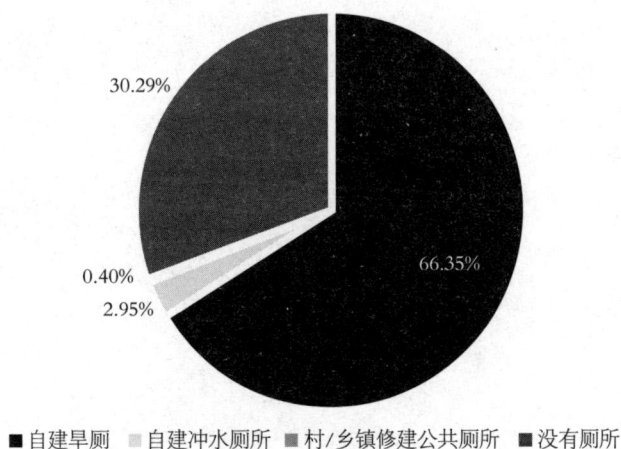

30.29%

0.40%

2.95%

66.35%

■自建旱厕 ■自建冲水厕所 ■村/乡镇修建公共厕所 ■没有厕所

图 3.4.6 家庭使用厕所情况

3.4.4 小结

我们认为，拉萨市农牧区在环境保护和生态文明建设方面取得的成绩是巨大的，但相比内地省区市的基础设施和环境保护意识，仍有巨大提升空间。所以尽管存在问题，但大家对取得的巨大进步，对生活周边环境满意度仍很高。总的来说，尽管政府在加强生态文明的建设，人们生态环保意识在不断提高，天然气／煤气、电和太阳能等清洁能源的使用也在普及，但是清洁能源的使用情况还需进一步普及推广。

在生活垃圾集中处理、污水排放以及家庭厕所普及这三个方面，拉萨市七县农牧区虽然已经取得了长足的进步，但现实状态仍然存在较多生态环境方面的隐患。生态文明方面的民生满意度也有进一步提升的空间。目前这样的状态需要政府投入更大的公共基础建设与公共服务供给来推进农牧区的生态文明建设。

第四章

拉萨市农牧区民生状况深度分析

4.1 总体民生满意度分析

4.1.1 评分体系介绍

结合拉萨市农牧区民生的现实状况，构建了拉萨市农牧区民生满意度评分体系。该评分体系共有四个层级指标，一级指标为总体民生满意度。二级指标有4项，包括民生生活、公共服务、公共安全和生态文明。

三级指标共有16项，其中，民生生活下的三级指标有收入、消费、就业和居住；公共服务下的三级指标有教育、医疗、社会保障、社会服务和交通；公共安全下的三级指标有公共安全、生产安全、卫生安全和质量安全；生态文化下的三级指标有垃圾处理、水质达标和农村环境。

四级指标共有24项，构成基础数据，收入、消费、就业和居住下的四级指标包含8组相应主观满意度提问；教育、医疗、社会保障、社会服务和交通下的四级指标包含9组相应主观满意度提问；公共安全、生产安全、卫生安全和质量安全下的四级指标包含 6 组相应主观满意度提问；垃圾处理、水质达标和农村环境下的四级指标包含 3 组相应主观满意度提问。

　　给各层级的不同指标进行专家赋权，再通过加权平均获得各个层级不同指标的满意度评分。一级指标权重为 1；二级指标居民生活、公共服务、公共安全和生态文明的权重分别为 25%、35%、20% 和 20%；三级指标中，居民生活下的三级指标收入、消费、就业和居住的权重都为 25%，公共服务下的三级指标教育、医疗、社会保障、社会服务和交通分别为 20%、20%、25%、20% 和 15%；公共安全下的三级指标公共安全、生产安全、卫生安全和质量安全的权重分别是 40%、20%、20% 和 20%；生态文明下的三级指标垃圾处理、水质标准和农村环境的权重分别为 30%、40% 和 30%。四级指标，通过调查问卷直接获得相应的满意度评分，且等权重。

表 4.1.1　民生满意度评分体系表

一级指标	二级指标	三级指标	四级指标
总体民生满意度	居民生活（25%）	收入（25%）	您对您家今年的收入状况的满意程度
		消费（25%）	今年家庭的总消费与去年相比的变化
			今年家庭的总消费支出（货币支出）与去年相比的变化
			对您家目前主要使用的能源方式的满意程度
			对目前电网的用电稳定性的满意程度
		就业（25%）	您对自己目前工作状态的满意程度
			您对近期找到工作的预期的乐观程度
		居住（25%）	对目前的房屋居住状况的满意程度

续表

一级指标	二级指标	三级指标	四级指标
总体民生满意度	公共服务（35%）	教育（20%）	对目前政府提供的义务教育的满意程度
		医疗（20%）	对目前本村/镇卫生所或医院提供的医疗服务的满意程度
			对目前县医院提供的医疗服务的满意程度
		社会保障（25%）	对目前政府提供的社会养老保障的满意程度
			对今年从政府获得的各种补贴的满意程度
		社会服务（20%）	对目前乡/县政府的行政办事效率的满意程度
			对目前乡/县政府的行政办事态度的满意程度
		交通（15%）	对目前出行可选择的公共汽车的方便程度的满意程度
			对目前本村/乡镇的道路状况的满意程度
	公共安全（20%）	公共安全（40%）	对目前在自然灾害发生后政府采取（或预计可能采取）的措施的满意程度
			对本村/乡镇目前的社会公共治安状况的满意程度
		生产安全（20%）	对目前在生产安全事故发生后政府采取（或预计可能采取）的措施的满意程度
			对政府在牲畜传染病防治方面采取（或预计可能采取）的措施的满意程度
		卫生安全（20%）	对政府在人传染病防治方面采取（或预计可能采取）的措施的满意程度
		质量安全（20%）	对目前身边可购买的食品在食品安全方面的满意程度
	生态文明（20%）	垃圾处理（30%）	对您家目前日常的垃圾处理的满意程度
		水质达标（40%）	对您家目前饮用水的水质的满意程度
		农村环境（30%）	对目前您家周边的环境状况的满意程度

在评分体系中，0 分代表非常不满意，25 分代表比较不满意，50 分代表一般满意，75 分代表比较满意，100 分代表非常满意。通过本次调研，每一级指标满意度加权平均得分最高分 100 分，最低分 0 分，得分大于等于 0 分且小于 12.5 分的，满意度为非常不满意；得分大于等于 12.5 分且小于 37.5 分的，满意度为比较不满意；得分大于等于 37.5 分且小于 62.5 分的，满意度为一般满意；得分大于等于 62.5 分且小于 87.5 分的，满意度为比较满意；得分大于等于 87.5 分的，满意度为非常满意，如表 4.1.2 所示。

表 4.1.2 民生满意度指标计分准则

一、二、三级指标的计分准则		四级指标的计分准则	
非常满意	（87.5，100]	非常满意	100
比较满意	（62.5，87.5]	比较满意	75
一般	（37.5，62.5]	一般	50
比较不满意	（12.5，37.5]	比较不满意	25
非常不满意	[0，12.5]	非常不满意	0

注：四级指标为来自问卷的原始指标，问卷的回答选项为标准五分法："非常满意""比较满意""一般""比较不满意""非常不满意"，对应的计分准则为 100、75、50、25、0。而一、二、三级指标为民生满意度指标体系中的高级综合指标，为了方便对分析结论的理解，我们将各高级综合指标得分所处的空间 [0，100] 分为五个区段，然后由高至低以五档满意度来标识。

4.1.2 总体满意度

本节首先将给出本次入户调研全样本受访对象民生满意度一、二、三级指标评分的总体概况，随后对总体民生满意度进行分析，以评价拉萨农牧区居民民生整体状况的满意情况，并用对应的二级指标对其满意度得分情况进行解释分析。本节还将对单个样本满意度得分在后 20% 的人群特征与全体受访样本特征在居住海拔相对较高、生产方式上采取养殖和种植的比例等维度进行比较分析。

表 4.1.3 展示了民生满意度指标体系在前述计分准则下，综合全体 746 个受访样本的具体回答而得到的民生满意度一、二、三级指标的具体得分描述性统计。其中样本量是指计算该指标所涉及的全体有效样本的数量，由于某些受访对象在某些提问中回答为"不清楚"，此类样本在这个问题上被计为非有效样本以保证我们分析的客观性，因此综合度越高的指标在计算中可能涉及的非有效样本会较多，相应的样本量也会少一点。

表 4.1.3　民生满意度一、二、三级指标描述性统计

指标	指标级别	样本量	均值	标准差	变异系数	最小值	最大值
民生满意度	一级指标	543	79.12	9.78	0.12	42.62	98.15
居民生活	二级指标	659	65.34	14.15	0.22	19.49	92.69
公共服务	二级指标	687	80.10	12.50	0.16	25.00	100.00
公共安全	二级指标	645	85.57	12.83	0.15	30.00	100.00
生态文明	二级指标	746	85.51	15.49	0.18	17.50	100.00
收入	三级指标	735	60.07	25.39	0.42	0.00	100.00
消费	三级指标	736	64.44	9.20	0.14	27.00	71.05
就业	三级指标	675	70.85	22.82	0.32	0.00	100.00
居住	三级指标	746	64.91	26.32	0.41	0.00	100.00
教育	三级指标	711	91.42	15.08	0.16	25.00	100.00
医疗	三级指标	740	77.67	20.47	0.26	0.00	100.00
社会保障	三级指标	735	86.85	17.57	0.20	0.00	100.00
社会服务	三级指标	746	79.31	22.10	0.28	0.00	100.00
交通	三级指标	733	56.94	27.75	0.49	0.00	100.00
公共安全	三级指标	746	85.10	17.92	0.21	0.00	100.00
生产安全	三级指标	726	88.74	15.28	0.17	0.00	100.00
卫生安全	三级指标	652	89.49	17.71	0.20	0.00	100.00
质量安全	三级指标	746	77.41	23.33	0.30	0.00	100.00

续表

指标	指标级别	样本量	均值	标准差	变异系数	最小值	最大值
垃圾处理	三级指标	746	87.16	21.01	0.24	0.00	100.00
水质	三级指标	746	86.90	22.88	0.26	0.00	100.00
农村环境	三级指标	746	82.00	20.12	0.25	0.00	100.00

注：全体有效样本为746，但由于某几个指标对应的问卷提问中包含"不清楚"答题选项（表明受访者对所提的问题不够了解），因此相应分量的赋值计算中会出现观测值无效的情况。例如，综合后计算"总民生满意度"时，各个维度的无效观测值相叠加而导致计算样本量缩减到543个。

在后续关于民生满意度总指标以及各级各分量指标的分析中，我们主要是用均值来进行讨论分析，仅仅选取均值来分析是否科学呢？从统计的角度来看，表4.1.3 中 21 项指标的变异系数[①] 大多小于等于0.3，超过0.4的仅有三项：收入、居住和交通，0.3—0.4 之间的有两项：就业与质量安全，其余 16 项均在 0.1—0.3 之间。显然三项变异系数大于0.4的都是均值比偏低的指标。我们认为在 0.12—0.49 的变异系数范围内，且大多数指标的变异系数小于 0.3，基于均值的样本总体分析讨论是比较科学和合理的。

（1）总体民生满意度

通过本次调研，计算总民生满意度指标的有效样本为 543 个，样本总体满意度得分 79.12 分，位于"比较满意"的得分区间 (62.5, 87.5] 内，因此我们认为拉萨市七县农牧区居民 2016 年的总体民生满意度为"比较满意"的水平。随着社会经济的发展与进步，拉萨农牧区人民的生活

---

① 变异系数（coefficient of variation），又称"离散系数"或"标准离差率"，是概率分布离散程度的一个度量，其定义为样本标准差与均值之比，其符号与均值符号一致，只在均值不为 0 时有意义。当变异系数接近于 0 时（正负皆可），表明标准差相对于均值来说很小，均值对样本总体的代表性较高；而当变异系数远离 0 时（正负皆可），说明标准差相比于均值来说较大，均值对样本总体的代表性较差。

水平不断提高，居民的生活幸福度也随之上升，但拉萨七县之间同样存在发展不均衡以及发展不同步的现象。应该说"比较满意"的总民生满意度是对当前拉萨市农牧区社会经济现状的一个客观评价。

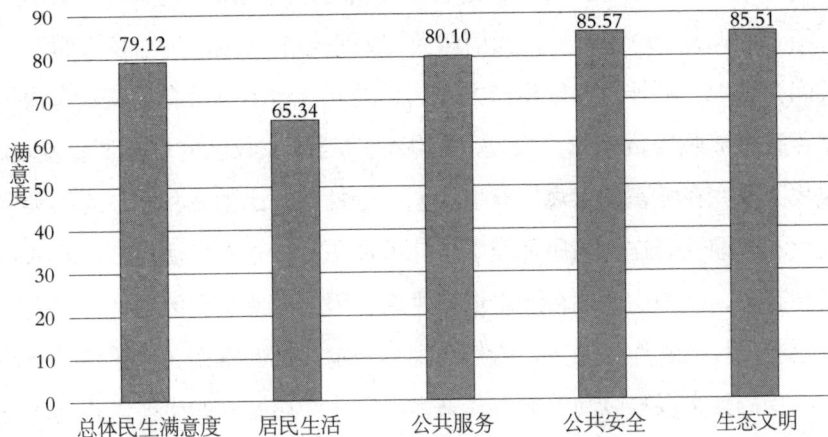

图 4.1.1　二级指标满意度评分比较图

如图 4.1.1 所示，民生满意度二级指标的"居民生活""公共服务""公共安全"和"生态文明"民生综合满意度分别为 65.34、80.10、85.57 和 85.51。显然，四项二级指标均处于得分区间（62.5，87.5］内，属于主观评价"比较满意"的范畴；其中生态文明和公共安全的满意度得分则相对较高，超过 85 分，已经非常接近"非常满意"的标准（根据表 4.1.2 所示，"非常满意"需要得分大于 87.5），对总体民生满意度的贡献度最大；公共服务的满意度得分与总体民生满意度得分相近，相比较而言处于平均水准；而居民生活则相对较低，65.34 的得分已经接近主观评价为"一般"的范畴。

（2）民生总体满意度得分最低 10% 与最高 10% 人群的特征比较分析

将总体样本以总民生满意度为指标由低到高排序，我们可以得到满意度不同的子样本。比较评价最高的 10% 与最低 10% 的两个极端子样本的差异，可以大致观察影响满意度的因素。接下来我们将对受访家庭的生产方式、居住地海拔高度以及隔离度的特征进行简单分析。

图4.1.2中对于受访家庭的三种生产方式（纯农业或半农半牧、纯牧业和非农非牧）在总民生满意度最低、最高和全样本三个样本组中的分布状况进行了比较。关于家庭生产方式的分类方式，先做一个简单的介绍：在本次入户调研中，我们对受访家庭当前的生产生活多方面做了询问，其中主要涉及家庭生产方式信息的问题包括是否有种植农作物与是否有饲养牲畜或家禽。根据项目组针对西藏农牧区的广泛调研发现，农牧区家庭在牲畜和家禽的养殖（尤其是牲畜，比如牛和羊）方面具有极大的普遍性，这与高原环境中生存条件恶劣，基本生活对牲畜的依赖较高有关，比如生活燃料严重依赖牛粪。因此即使是农区居民，家庭农业生产以种植农作物为主，依然会饲养一定数量的牲畜。在这样的条件下，我们其实很难以简单的方式来客观区分受访家庭的生产方式到底是农业还是半农半牧。基于本地化实际情况，在家庭生产方式分类上我们将纯农业生产和半农半牧家庭合为一类，仅仅养殖牲畜而未有种植任何农作物的家庭归为"纯牧业"类①，另有极少部分既不种植农作物也不养殖牲畜家禽的家庭（占比4.42%）基本上是从事小商业或公务员家庭归于"非农非牧"类。

图4.1.2中将总民生满意度评分最高的10%家庭、最低10%家庭两个子样本以及全体样本中三类生产方式家庭的占比进行了比较，可以看出满意度最高的10%子样本中，纯农或半农半牧的家庭占比达到近86%，这个比例是要显著地高于满意度最低10%子样本中57%的此类家庭占比；相应地，纯牧业家庭在总民生满意度最低10%家庭中占比35%，显著地高于纯农或半农半牧家庭14%的占比。总体样本在不同类家庭生产类别中的占比大小居于最高10%与最低10%两个子样本

①　事实上可以看到，本次入户调研的所有受访家庭中被分类为纯牧业生产的家庭90%均居住在海拔超过4000米的地区，而这样海拔高度的几乎是无法种植任何农作物的。

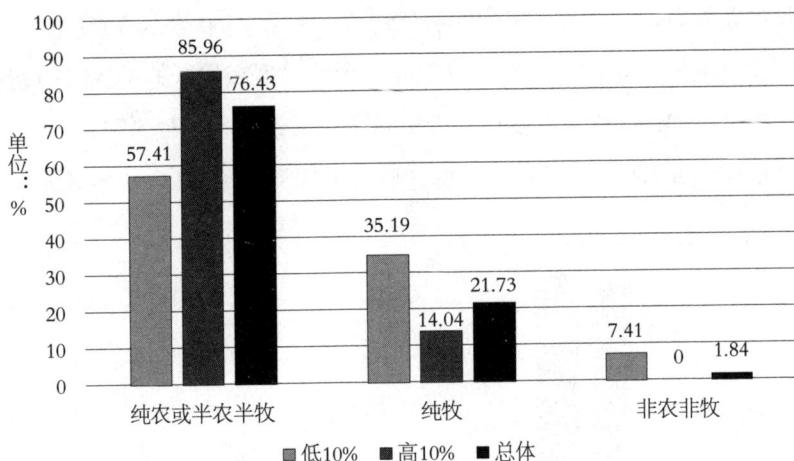

图 4.1.2 生产方式类别的民生满意程度分布状态

之间①。据此可判断，牧民家庭的民生满意度要显著低于纯农或半农半牧家庭。

居民家庭所居住环境的海拔高度是其选择生产方式的一个重要影响因素②，但同样受到其他诸多因素的影响。青藏高原的最主要的地形地貌特征之一是整体绝对海拔高度较高且地区间海拔落差较大，为此我们单独以海拔高度作为分析对象来观察民生满意度较高与较低的样本家庭在不同海拔区域间的分布。图 4.1.3 中以受访家庭所在住址的海拔高度作为分类指标，对总民生满意度最高 10%、最低 10% 两个子样本以及全体样本在居住海拔高度层面的特征进行比较。此处的海拔分类以 4000 米与 4500 米作为分类节点，将所有受访居民分为三类。从受访居民家庭的

---

① 注意，图 4.1.2 中非农非牧类家庭在总体样本占比为 1.84%，而非前文提到的 4.42%，这是由于此处的总体样本是指的具有完整民生满意度记录的 543 户，而 4.42% 所计算的是全体受访 746 户样本。

② 事实上，青藏高原地区农业生产受到多维度自然环境条件的影响，包括年平均降水、年平均气温、日照、氧含量、是否靠近水源、土壤质地等诸多因素，这些因素或多或少都与海拔高度有关，但并不完全为海拔所决定。

实际数据来看，全体受访家庭的居住海拔分布于 3450 米至 5000 米之间，不同海拔区间的居住人口密度有差异，大致呈现海拔低的地区人口密度高，海拔高的地区人口密度低，但相对变化关系并不绝对单调。

根据图 4.1.3 中所显示的数据，居住海拔低于 4000 米的地区居民在

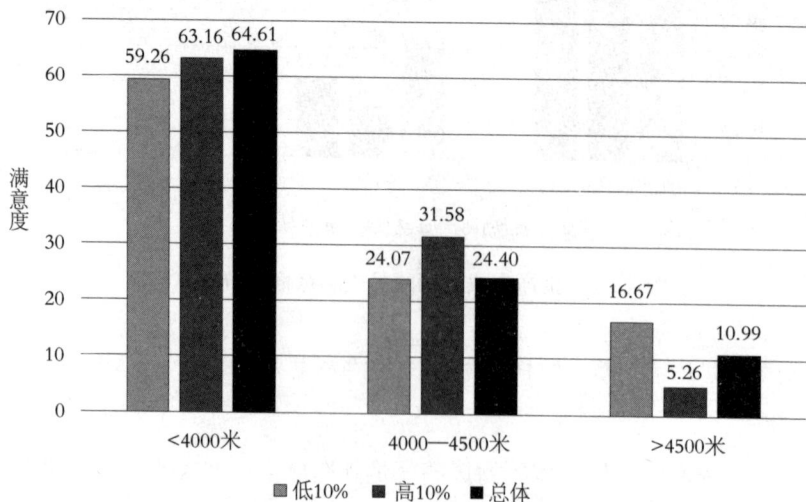

图 4.1.3 不同海拔高度的民生满意程度分布状态

总民生满意度最高 10%、最低 10% 和总体受访家庭三个样本组中的占比较为接近，在 62% 附近；而最高满意度 10% 的样本组中居住于海拔 4000—4500 米地区的居民比例要显著地高于最低满意度 10% 样本组以及总样本；再往更高海拔地区观察，最低满意度 10% 样本组居住于海拔 4500 米以上地区的比例要显著高于另外两组。显然，海拔高度与总民生满意度之间的分布并未呈现简单的单调关系。

在本研究的专题部分（第五章），我们构建了一套全新的适用于西藏自治区的本地化"隔离度"指标体系。通过项目组广泛的前期调研与目标地区（拉萨市七县）全覆盖的实际抽样入户的综合经验，我们发现西藏农牧区家庭现实的生活状态与其所处的客观环境因素有较大的关联度，但也较为显著地受到家庭成员某些特征因素的影响。综合来看，农

牧区家庭与外界社会经济环境①相联系、接触、沟通和依赖的程度对其生产生活方式和民生满意度有重大的影响，而这其中又包含两种不同的因素：一类是被动因素，包括居住地与外界的道路联通状况、交通工具可选择状态、电力能源可得性状态、通讯手段可得性状态等基础设施和公共服务方面；一类是主动因素，包括受教育程度、市场依赖度、金融工具的使用、通信设备和通信方式的使用等个体选择方面②。我们将这些影响因素进行系统化整合，形成一套全新的西藏本地化"隔离度"指标体系③。图 4.1.4 中以受访家庭的综合"隔离度"作为分类指标，对总

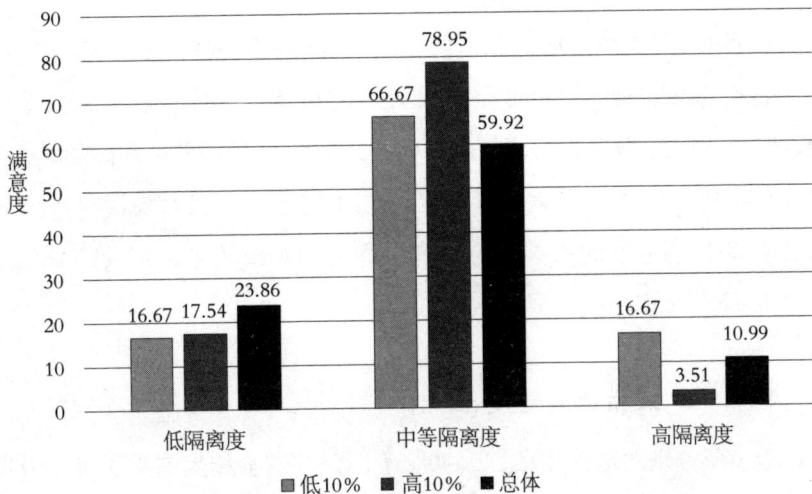

图 4.1.4　不同隔离度的民生满意程度分布状态

----

①　此处的外界主要是指其生活周边以外，所在村以外。

②　关于相关影响因素的筛选，我们是通过两层选取法完成，先纳入较多的备选因素，然后以严格的统计方法来决定取舍而最后确定。第五章中对此有详细介绍。

③　关于"隔离度"这个名称的选取，我们希望尽量使其字面含义中性化，相比于"封闭度"或"孤立度"等名词要好，但也还是不够令人满意，暂且使用。隔离度是将受访家庭所处的环境特征（包括道路通达状况，以及用水用电通信等方面）与家庭成员日常生活社会关联特征（包括家庭成员手机、微信、银行卡等使用状况）信息相结合而构造的一个综合指标，目的是为了测度家庭整体的对外联系（或对外封闭）的程度。关于该指标的构造、论证与分析在第五章中详细给出。

民生满意度最高 10%、最低 10% 两个子样本以及全体样本在不同隔离度层面的特征进行比较。

如图 4.1.4 所示，中等隔离度类别的受访家庭在三个民生满意度样本组中的占比都是最高的，但满意度最高 10% 的受访家庭中居于中等隔离度的家庭比例要显著地高于满意度最低 10% 组和全样本组；而高隔离度的受访家庭中其民生满意度居于最高 10% 的样本组的比例就很小了。可以判断，隔离度对总体民生满意度有重要的影响，但并不呈现简单的单调关系。对于隔离度与民生满意度的关系，本研究的专题部分第五章有更为细致的分析。

本节小结：拉萨市居民总体民生满意度还是比较满意的。其中，生态文明和公共安全的满意度得分大大超出 62.5 分的比较满意评价最低线，对总体民生满意度的贡献度最大；公共服务和居民生活上的满意度得分也不低，处于比较满意评分区间的中档水准，相对来说贡献度较低。后 20% 满意度的人群生产方式以养殖和种植为主，且大部分生活在海拔 4200 米以上。

4.1.3 二级指标满意度

本小节分别对居民生活、公共服务、公共安全和生态文明等二级指标的每一项指标的满意度进行分析，以评价拉萨农牧区居民民生方面的满意情况，并用对应的三级指标对其满意度得分情况进行分析。

（1）居民生活

随着经济的发展与进步，拉萨农牧区人民的生活水平不断提高，但仍有不足之处，居民生活总体满意度仅处于"比较满意"评分区间。

如图 4.1.5 所示，二级指标"居民生活"维度全体有效受访样本的满意度得分为 65.34（有效样本共计 659 户），仅仅处于"比较满意"档次中偏低的水平（若低于 62.5 分将降为满意度"一般"）。其构成因子的三级指标收入、消费、就业、居住的满意度得分分别为 60.07、

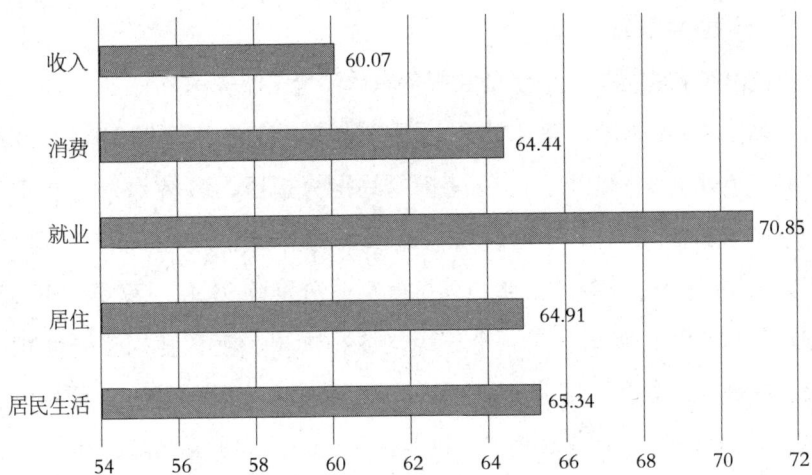

图 4.1.5 居民生活评分情况

64.44、70.85 和 64.91，得分都不高。其中收入满意得分较低已经处于满意度"一般"的区间内，是拉低居民生活满意度的主要因素之一，而其他三项也都较为靠近"比较满意"得分的下限。因此，总体而言，"居民生活"各方面的民生满意度偏低，需要得到政府决策层面的重视。

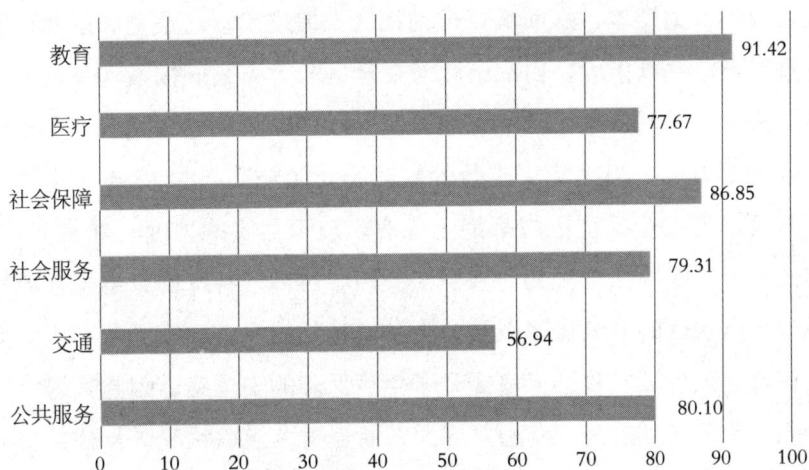

图 4.1.6 公共服务评分情况

（2）公共服务

拉萨市农牧区居民对于公共服务总体评价"比较满意"。

如图 4.1.6 所示，总体的公共服务的满意度得分为 80.10（有效样本共计 687 户），处于"比较满意"的得分范围，较为靠近"非常满意"的得分下限（87.5 分）。其构成因素的下属三级指标教育、医疗、社会保障、社会服务、交通的满意度得分分别为 91.42、77.67、86.85、79.31 和 56.94。显然，在五个三级构成指标中，满意度的差异度相当大，最高的"教育"部分已经位于"非常满意"的满意程度，而最低的"交通"部分则处于满意度"一般"水平。公共服务是政府提供的公共产品中最主要的构成部分，我们考察的范围既包含社保与医疗方面的生活保障因素，也包含教育与交通方面的公共产品供给因素，还有关于政府政务窗口对外服务的评价指标。随着拉萨市各地区生活水平的不断提升，居民对于与日常生活及家庭成员息息相关的政府公共产品的消费需求也日益提升。

我们认为各三级指标项得分所反映的总体居民满意度还是较为客观地体现了政府工作在这几个领域的工作绩效。首先，通过教育提升全社会的人力资本，从而真正推动社会发展进步，这是全球落后地区发展赶超的共同经验。自治区政府在全区教育方面的投入与重视程度多年来一直居于各项工作的重点，使得教育成为普通居民家庭受惠感最强烈的方面。2012 年来推行的涵盖幼儿园至高中的 15 年全免费义务教育制度在全国范围内都绝无仅有，政策落实的力度也非常到位，因此获得了农牧区居民的一致好评。西藏自治区特殊的普惠型社会保障政策所包含的养老保障以及各类家庭补贴的发放政策的落实也实实在在地让大多数农牧区家庭提升了生活保障的安全感，因此其得分也较高。比较滞后的是"交通"层面，涵盖村乡道路状况以及公共交通工具的可获得性两方面满意度评价。拉萨市农牧区居民的居住地极为分散，人口密度稀疏，要以现代铺装道路标准来全覆盖传统的农牧区居民活动区域，从投入到施工等各环节都还面临诸多困难。目前政府在这个层面是多头推进，既不断推进道路的修筑与覆盖，也规划新的农牧民聚居地建设（新农村建设），但还需要长期的积累才能达到居民足够满意的程度。

（3）公共安全

拉萨市农牧区居民对于公共安全总体评价为"比较满意"。

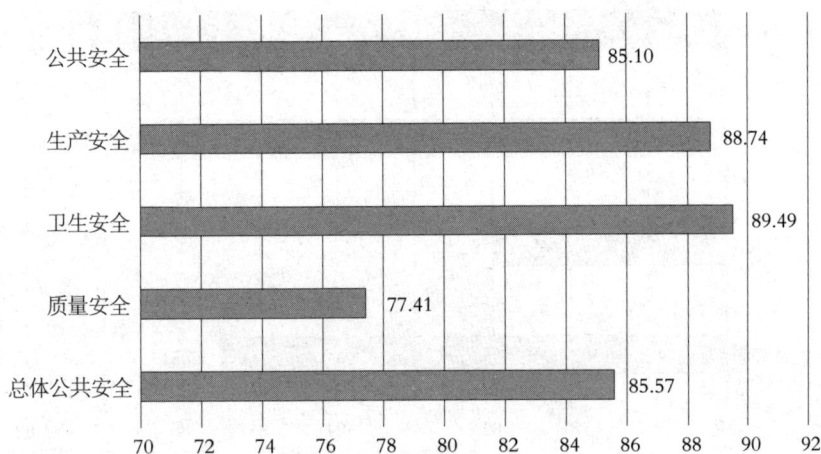

图 4.1.7　公共安全评分情况

如图 4.1.7 所示，二级指标总体"公共安全"的民生满意度得分为85.57（有效样本共计 645 户），居于"比较满意"的评分范围。下属包含的四个三级指标"公共安全""生产安全""卫生安全"和"质量安全"的满意度得分分别为 85.10、88.74、89.49 和 77.41。应该说在社会安全层面，居民的满意度普遍都比较高，其中"生产安全"和"卫生安全"的满意度得分超过了"非常满意"评价得分的下限（87.5 分），同时三级指标"公共安全"满意度得分也非常接近"非常满意"评价得分的下限，唯有"质量安全"的满意度得分相对低。居民生活的安全度感受是影响民生满意度的重要方面，从本次调研的结果来看，拉萨市七县居民的社会生活安全感是比较强的，居民生活安定，这与自治区政府在社会安全方面的重点治理以及长效高质量维持的政策不可分割。

（4）生态文明

拉萨市农牧区人民对于"生态文明"民生方面的总体评价为"比较满意"。

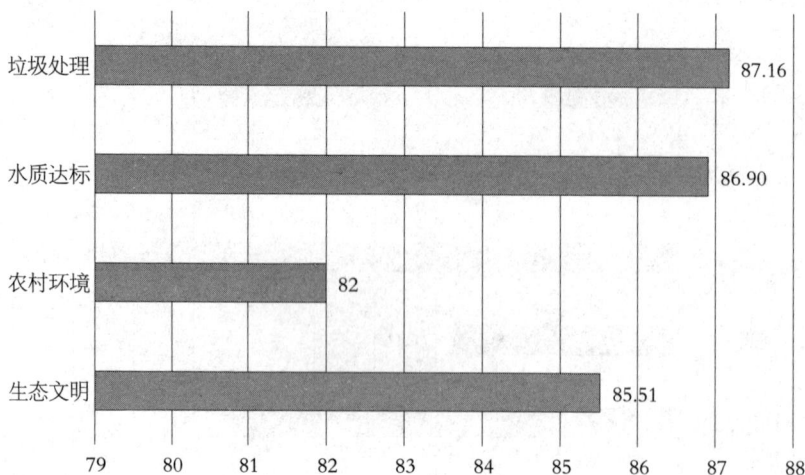

图 4.1.8　生态文明评分情况

如图 4.1.8 所示，总体生态文明的满意度得分为 85.51（有效样本共计 746 户），处于"比较满意"评分区间较高的位置。其下属的三个三级指标"垃圾处理""水质达标"和"农村环境"的满意度得分分别为 87.16、86.90 和 82，均处在"比较满意"的评分范围内。显然，生态文明无论是总指标还是各分项的民生满意度情况比较均衡，都已经很靠近"非常满意"的得分下限。此处需要指出一点，虽然"垃圾处理"方面的满意度达到了 87.16 分，但是我们从第三章的分析中知道，拉萨市七县农牧区居民的垃圾处理的方式客观地来说还有待提升，23%的受访居民的生活垃圾目前还处于自家随意处置的状态，这说明至少有一部分农牧居民对于目前自家的生活垃圾随意处置的传统方式同样感到满意，而这样的垃圾处理方式是会对周边环境带来污染隐患的。因此可以看出在某些社会生活方面,居民个人的主观民生满意度与客观事实还需要结合起来分析,个人的方便可能并不是社会最优的选择。

本节小结:总的来看,拉萨市农牧区居民在民生满意度四个二级指标均处于"比较满意"的评分区段内,其中"居民生活"的得分较低,接近"比较满意"的评分区段的下限;而"公共安全"与"生态文明"的得分相对较高,接近"比较满意"的评分区段的上限。我们认为这样的评分结果较为客观地反映了当前拉萨市七县农牧区的社会生活各方面的现状。

"居民生活"下属的三级指标中"收入"的满意度欠佳,对居民生活满意度评分负面贡献最大。对于"公共服务"民生方面,其下属三级指标中"教育"方面满意度较为突出,是得分最高的三级指标(达到了"非常满意"的满意度),对公共服务满意度的正向贡献最大,"医疗"和"社会服务"的满意度略低,而"交通"的满意度得分最为不理想,是唯一落入满意度"一般"的三级指标。"公共安全"方面下属的四个三级指标中,"生产安全"和"卫生安全"的满意度较为突出,达到了"非常满意"的程度,其正向贡献最大,"质量安全"的满意度相对较低。"生态文明"下属的三个三级指标的满意度得分较为均衡,都处于"比较满意"评分区间中的较高水准。

4.1.4 不同维度满意度分析

本节为了测量不同维度的满意度情况,分别对样本涉及的不同县域行政区划、海拔高度、隔离度、生产方式、家庭成员是否担任了村干部、是否建档立卡户等六个方面进行归档分析,并对每个方面的一级指标和二级指标满意度进行分析。

(1)县域行政区划

本次调研涉及拉萨市下辖除城关区外的全部七县,分别为达孜县、当雄县、堆龙德庆县、林周县、墨竹工卡县、尼木县、曲水县，下面将对这七个县的一级指标和二级指标满意度进行地区间的横向比较分析。

①七县总体满意度分析

随着经济的发展与进步，拉萨市农牧区人民的生活水平不断提高，各县居民对民生方面的满意度普遍较高，都处于"比较满意"的水准，全有效样本的总体满意度评分为 **79.12**。

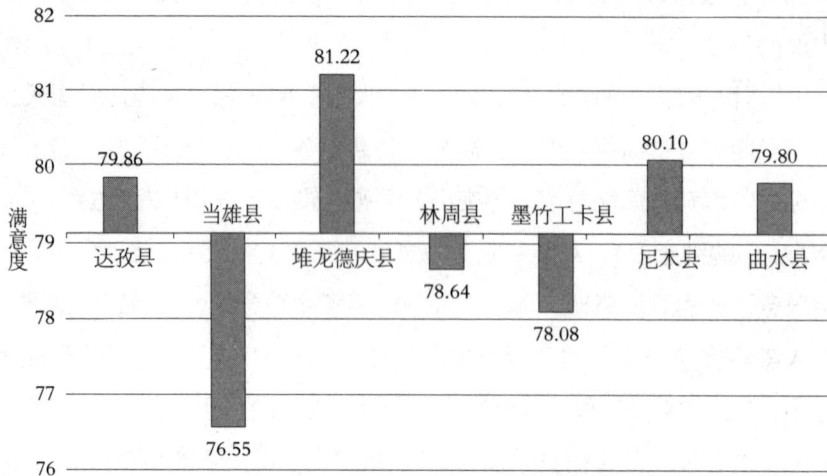

图 4.1.9　分地区总体满意度

如图 4.1.9 所示，七个县按总体满意度评分由高到低排序分别是堆龙德庆县、尼木县、达孜县、曲水县、林周县、墨竹工卡县和当雄县，评分分别为 81.22、80.10、79.86、79.80、78.64、78.08 和 76.55。其中，堆龙德庆县、尼木县、达孜县、曲水县的总体满意度评分均高于拉萨农牧区总体满意度评分（79.12），当雄县、林周县、墨竹工卡县低于平均水平。应该说各县之间的实际满意度得分差异并不算大（76.55—81.22），且均处在比较满意区间。事实上，民生满意度地区评分最低的当雄县地处拉萨市海拔最高的西北部地区（有效样本的平均海拔为

4465米），离拉萨市城关区最远，是自然地理条件最差的地区；而堆龙德庆县则毗邻城关区①，城镇化程度较高，居民生活便利，因此其总民生满意度在各县中最高也属于常理之中。

②县域二级满意度分析

a.各县对"居民生活"二级指标的满意度都不太高，但除了当雄县以外均仍处于"比较满意"的评分范围。

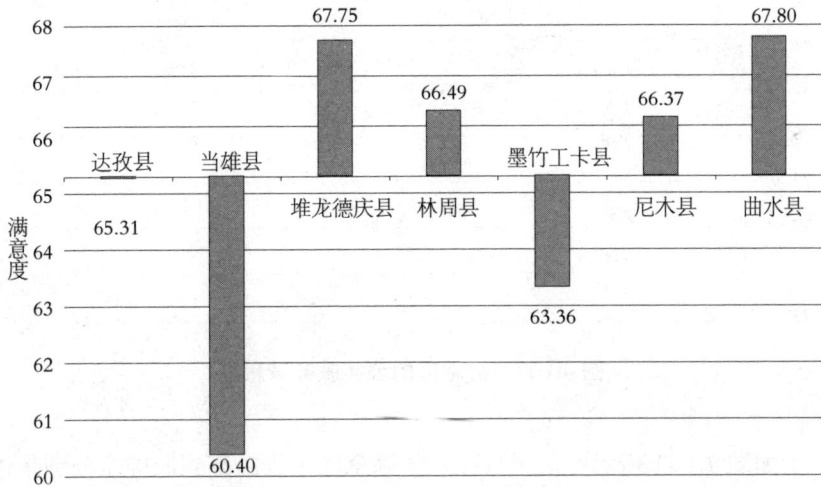

图4.1.10　分地区的居民生活满意度

如图4.1.10所示，七个县按居民生活满意度评分由高到低排序分别是曲水县、堆龙德庆县、林周县、尼木县、达孜县、墨竹工卡县和当雄县，评分分别为67.80、67.75、66.49、66.37、65.31、63.36和60.40。其中，曲水县、堆龙德庆县、林周县、尼木县的居民生活满意度评分均高于拉萨农牧区总体满意度评分（65.34），墨竹工卡县、达孜县和当雄县低于平均水平，但除当雄县以外其余六县满意度得分都处于比较满意区间。当雄县得分为60.40分，应该说与其他六县的水平存在较大差距，且落

① 目前拉萨市堆龙德庆县已转为拉萨市堆龙德庆区。

入满意度"一般"的评分范围。

b.各县居民对公共服务比较满意，个别县表现突出，而个别县相对较低。

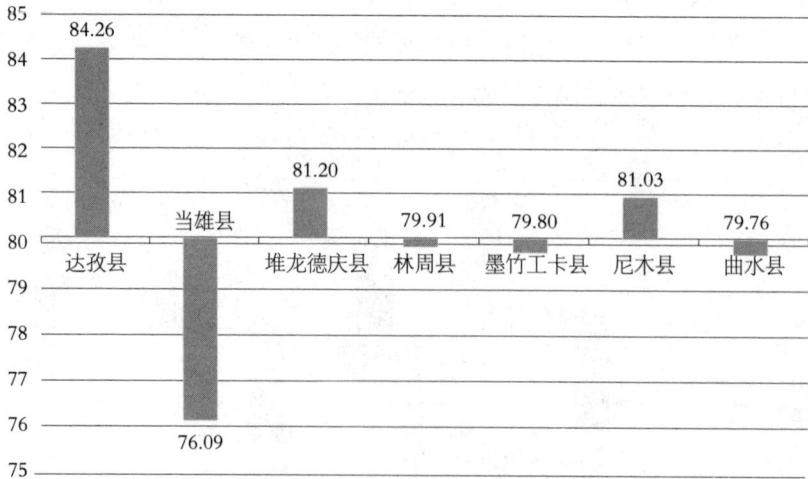

图 4.1.11　分地区的公共服务满意度

如图 4.1.11 所示，七个县按总体满意度评分由高到低排序分别是达孜县、堆龙德庆县、尼木县、林周县、墨竹工卡县、曲水县和当雄县，评分分别为 84.26、81.20、81.03、79.91、79.80、79.76 和 76.09。其中，达孜县、堆龙德庆县、尼木县的公共服务满意度评分均高于拉萨市农牧区七县总体满意度评分，林周县、曲水县、墨竹工卡县和当雄县低于平均水平，满意度得分都处于比较满意区间。仍然是当雄县较平均水平，尤其是最高水平，差距较大。

c.各县居民对公共安全给予很高的评价。

如图 4.1.12 所示，七个县按总体满意度评分由高到低排序分别是尼木县、堆龙德庆县、达孜县、墨竹工卡县、曲水县、林周县和当雄县，评分分别为 88.31、88.29、86.06、85.89、85.44、84.89 和 80.83。其中，堆龙德庆县、尼木县满意度评分较高，处在"非常满意"评分区间，达

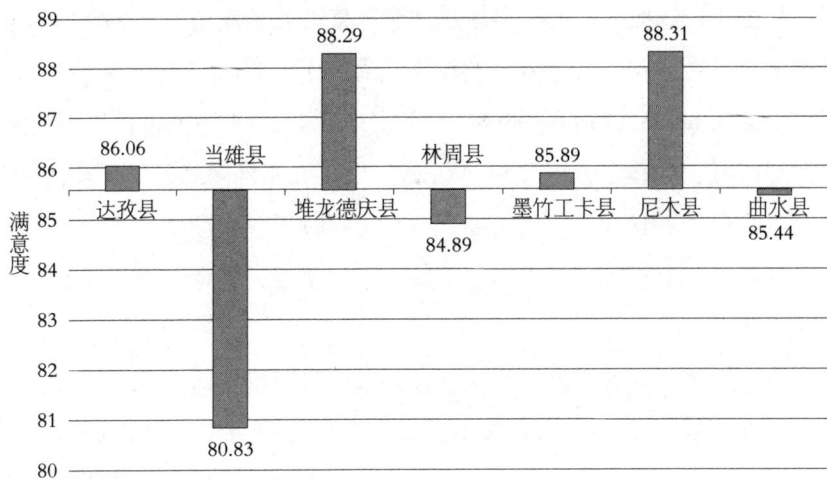

图 4.1.12　分地区的公共安全满意度

孜县、墨竹工卡县的公共安全满意度评分也均高于拉萨市农牧区总体满意度评分（85.57），曲水县、林周县和当雄县低于平均水平。当雄县在"公共安全"民生满意度上虽然绝对水平较高，但距离全市七县的平均水平有一定差距。

　　d. 各县居民对生态文明的满意度评价很高。

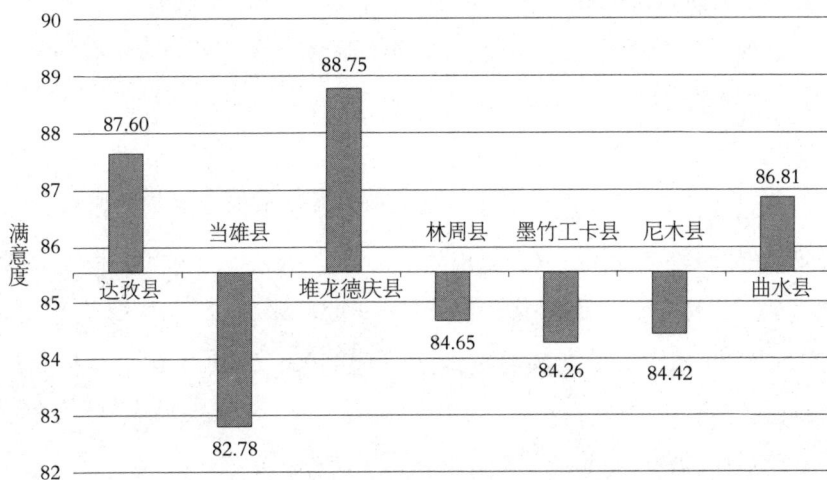

图 4.1.13　分地区的生态文明满意度

如图 4.1.13 所示，七个县按总体满意度评分由高到低排序分别是堆龙德庆县、达孜县、曲水县、林周县、尼木县、墨竹工卡县和当雄县，评分分别为 88.75、87.60、86.81、84.65、84.42、84.26 和 82.78。其中，堆龙德庆县、达孜县满意度评分较高，处在"非常满意"的评分区间；曲水县的总体满意度评分也均高于拉萨市农牧区总体满意度评分，尼木县、林周县、墨竹工卡县和当雄县低于平均水平，满意度得分都处在比较满意区间。

综上所述，样本所涉及的七个县的居民对民生生活、公共服务、公共安全和生态文明的满意度较高，其中，堆龙德庆县、达孜县、尼木县、曲水县、林周县和墨竹工卡县的总体满意度评分均高于拉萨市农牧区总体满意度评分，当雄县低于平均水平。

分析二级指标的地区结构，我们发现，当雄县是目前拉萨市农牧区民生发展的短板，较其他六县的水平有滞后，在各二级指标评分的横向比较中均处于最低一位。这样的结果有其内在的自然地理环境的因素：高海拔，农业自然资源最为匮乏，基本以纯牧业生产为主，人口密度最低。可以想象，在各民生满意度维度提升当雄县的水平也是难度最大，困难最多，投入最大的。

其他六县在不同的民生满意度二级指标维度各有所长也各有相对短板，但都差距不大，发展水平较为同步。

（2）海拔

通过本次调研，全体有效样本 746 个，其中样本按海拔高度，从最低海拔 3454 米到最高海拔 4976 米，分为三类，以 4000 米与 4500 米为两个分界点。我们将海拔 3450—4000 米定义为高海拔地区，4000—4500 米定义为超高海拔地区，而 4500—5000 米定义为极高海拔地区。

①总体满意度分析

随着经济的发展与进步，拉萨市农牧区人民的生活水平不断提高，不同海拔高度居民对民生问题的满意度有差异，但都处于"比较满意"的评分范围。

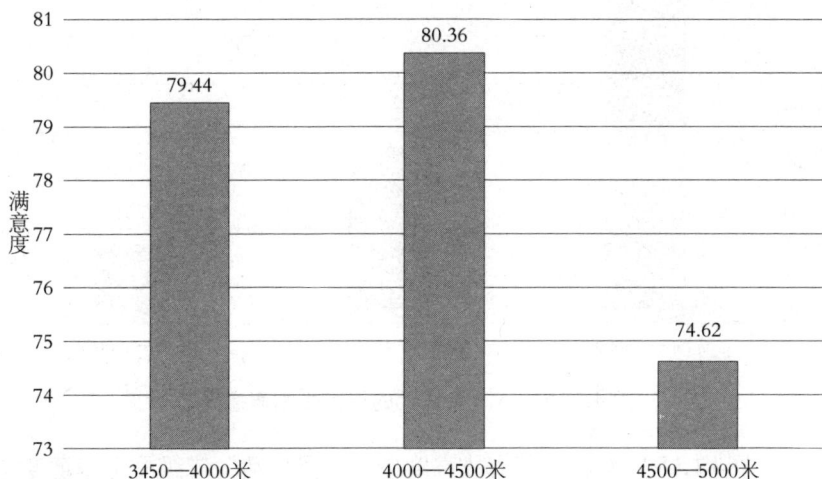

图 4.1.14 不同海拔下的总体满意度

如图 4.1.14 所示，不同海拔高度按总体民生满意度评分由高到低排序分别是 4000—4500 米、3450—4000 米、4500—5000 米，评分分别为 80.36、79.44 和 74.62。显然，在极高海拔位置生活的居民家庭其总体民生满意度要显著地低于高海拔与超高海拔地区生活的居民。在总体民生满意度有效样本中，家庭住址的海拔高度超过 4500 米的家庭有 62 户，占比 11.42%。而高海拔（343 户，占比 63.17%）与极高海拔（138 户，占比 25.41%）两类海拔高度的受访居民的总体民生满意度差别很小，且在极高海拔范围居住的居民样本组的平均总体民生满意度还要略微高些。这也说明，海拔高度与民生满意度之间并不呈现简单的线性关系，这可能与对外界的了解多少有关。

②二级满意度分析

a. 不同海拔高度居民对居民生活的满意度差别较高，海拔高度越高的居民生活满意度较低。

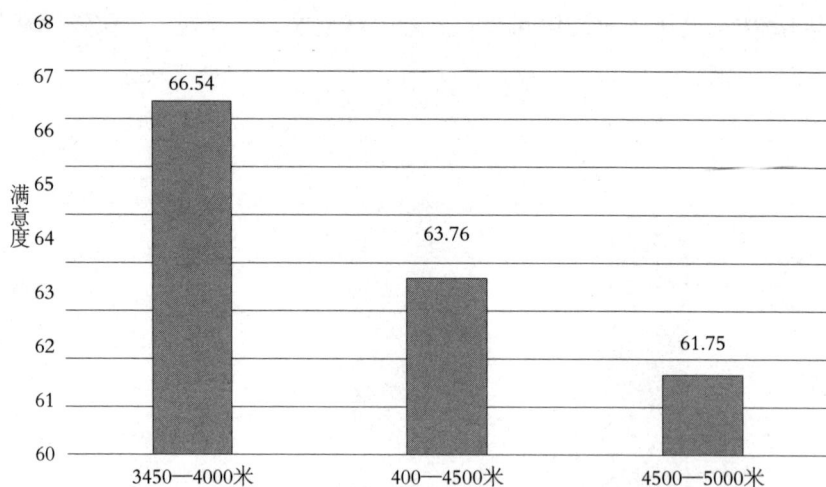

图 4.1.15 不同海拔下的居民生活满意度

如图 4.1.15 所示，不同海拔高度按"居民生活"二级民生满意度评分由高到低排序分别是 3450—4000 米、4000—4500 米、4500—5000 米，评分分别为 66.54、63.76 和 61.75。显然，从"居民生活"二级指标角度来衡量，随着居住地海拔高度的上升，样本组平均的满意度水平下降，呈单调变化趋势，但最高与最低之间相对满意度分差小于 10%。

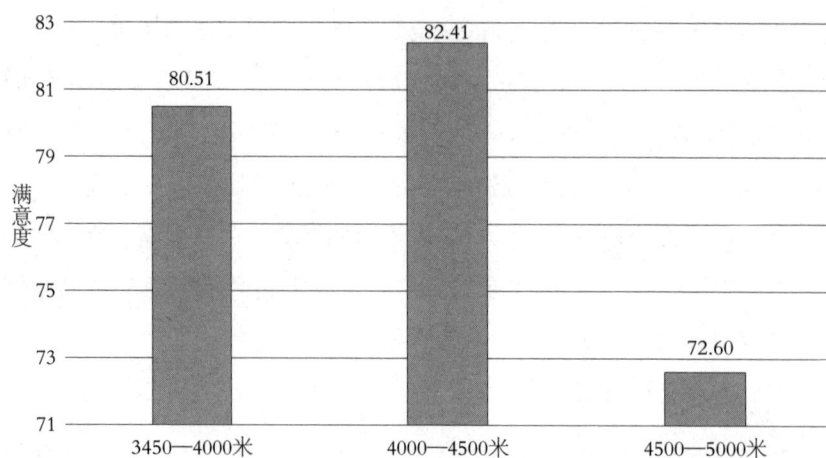

图 4.1.16 不同海拔下的公共服务满意度

b. 不同海拔高度居民对公共服务都比较满意，但极高海拔位置的居民满意度较低。

如图 4.1.16 所示，不同海拔高度按"公共服务"二级民生满意度评分由高到低排序分别是 4000—4500 米、3450—4000 米、4500—5000 米，评分分别为 82.41、80.51 和 72.60。在公共服务方面，超高海拔地区居住的受访农牧民家庭的满意度最高，而极高海拔地区居住的受访居民满意度较超高海拔地区的要低超过 10% 的评分。

c. 不同海拔高度居民对公共安全的满意度均属于"比较满意"。

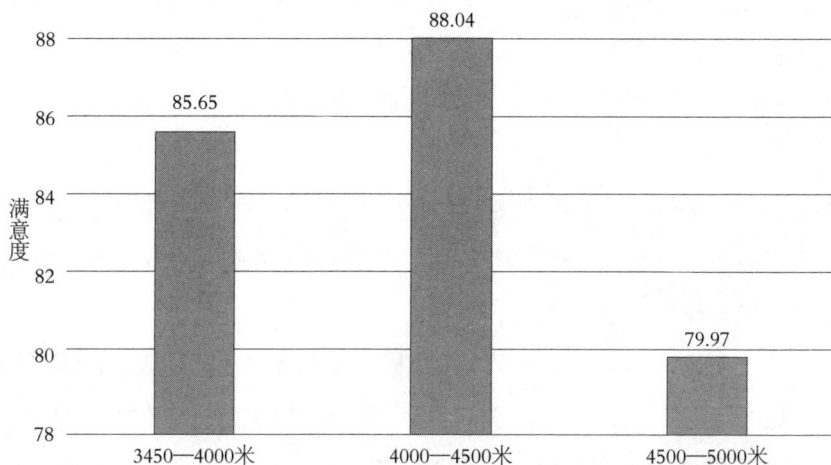

图 4.1.17　不同海拔下的公共安全满意度

如图 4.1.17 所示，不同海拔高度按"公共安全"二级民生满意度评分由高到低排序分别是 4000—4500 米、3450—4000 米、4500—5000 米，评分分别为 88.04、85.65 和 79.97。三类地区的"公共安全"满意度相对格局与"公共服务"指标相仿，仍然是超高海拔地区评分最高，极高海拔地区评分最低，相对差距约为 10%。

d. 不同海拔高度居民对生态文明的满意度评价较高

如图 4.1.18 所示，不同海拔高度按"生态文明"二级民生满意度评分由高到低排序分别是 3450—4000 米、4000—4500 米、4500—5000 米，

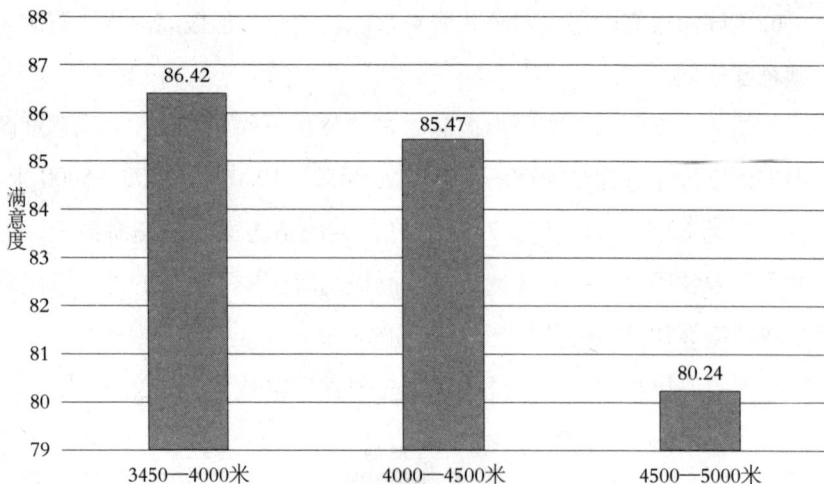

图 4.1.18 不同海拔下的生态文明满意度

评分分别为 86.42、85.47 和 80.24。在"生态文明"二级满意度上，三个海拔高度递增的样本组，其平均的满意度呈递减趋势，但相互之间满意度的差异较小，小于 10%。

综上所述，我们将全体样本按海拔高度分为高海拔地区、超高海拔地区以及极高海拔地区三类，数据显示不同海拔高度居民对民生问题的不同度量维度表示出不同的满意度分布状态，并未出现满意度随海拔高度上升而递减的普遍趋势，但居住在极高海拔地区（4500—5000 米）的居民在各个二级民生满意度指标上均较海拔较低的另外两组要低。海拔高度对"居民生活"二级满意度指标的影响较为明显，随海拔升高满意程度显著下降。

（3）综合隔离度

我们将受访居民按综合隔离度[①] 指标分数分为三类，对应等级分别为低隔离度、中等隔离度、高隔离度。下面将分别对这三类隔离程度的

---

① 综合隔离度的具体计算见本研究第五章。

有效受访样本对不同组的一级指标和二级指标的满意度予以分析。

①总体满意度分析

不同隔离度等级的受访居民组总体满意度存在显著差异，随综合隔离度的提高呈现总民生满意度下降的变化趋势。

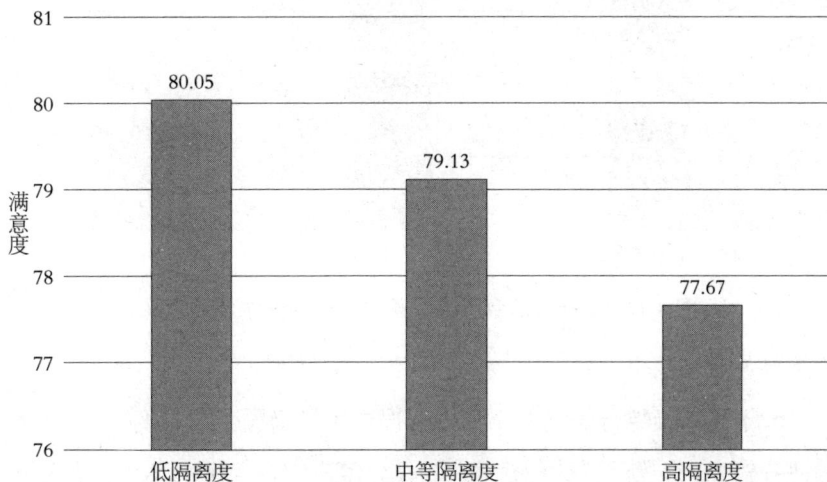

图 4.1.19 不同综合隔离度等级下的总体满意度

如图 4.1.19 所示，不同等级综合隔离度居民按总体满意度评分由高到低呈现隔离度升高的趋势，评分分别为 80.05、79.13 和 77.67。三组不同隔离度的样本组总体民生满意度均值都在"比较满意"的得分区间中。总体来看，各组之间的满意度相差并不大，大致处于相同水平。

②二级满意度分析

a. 不同等级隔离度下"居民生活"二级满意度存在较为显著的差异，并随隔离度上升而呈满意度下降趋势。

如图 4.1.20 所示，二级满意度"居民生活"指标随隔离度的上升而呈现满意度评分下降的趋势，分值从低隔离度、中等隔离度到高隔离度分别为 66.65、65.52 和 62.70。显然，高隔离度的居民生活满意度比另

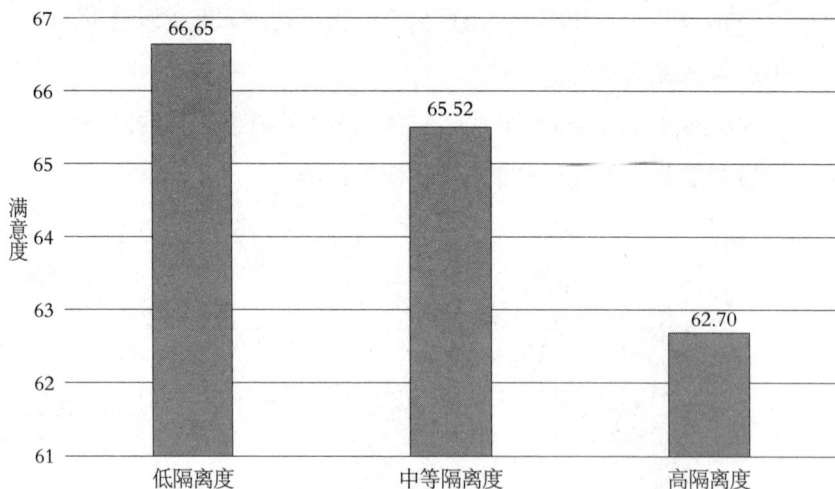

图 4.1.20 不同综合隔离度等级下的居民生活满意度

两组显著低，几乎达到"比较满意"等级得分区间的下限（62.50）。

b. 不同等级综合隔离度下受访居民对于二级民生满意度"公共服务"的评分较高，均处于"比较满意"的计分范围内，但组间存在显著差异，并随隔离度的上升呈现单调下降的趋势。

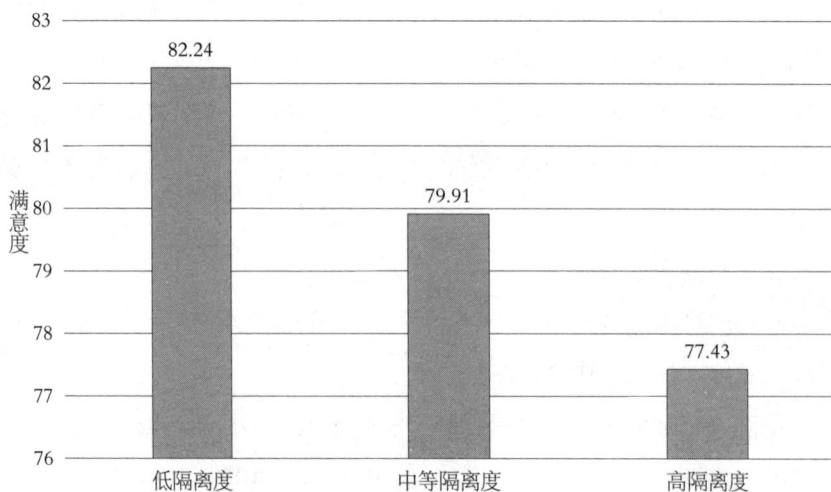

图 4.1.21 不同综合隔离度等级下的公共服务满意度

如图 4.1.21 所示，随各组隔离度的上升，二级民生满意度"公共服务"的得分呈现显著的单调下降的趋势，隔离度越高，满意度越低。从各组满意度的得分情况看，都处于"比较满意"的分值范围内。

c. 不同等级综合隔离度分组条件下居民的"公共安全"满意度差异较小。

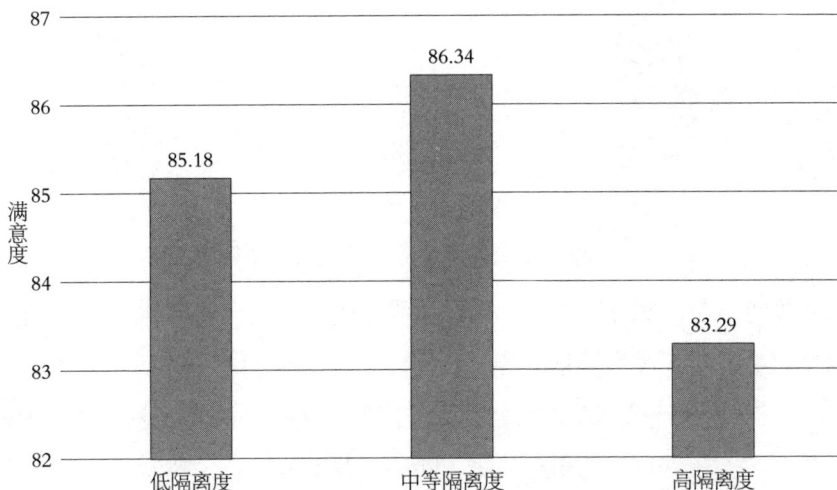

图 4.1.22 不同综合隔离度等级下的公共安全满意度

如图 4.1.22 所示，不同等级综合隔离度分组条件下受访居民的"公共安全"满意度得分差异不大，且中等隔离度样本组的得分最高，高隔离度样本组得分最低。总体而言，满意度得分都比较高，均为"比较满意"等级。

d. 不同等级综合隔离度下居民的"生态文明"满意度各组差异变化不大，大约呈现单调下降趋势。

如图 4.1.23 所示，不同等级总隔离度下居民按"生态文明"满意度评分由高到低大致呈现隔离度升高的趋势，但各组之间差异很小，均处于"比较满意"的得分等级。

综上所述，样本按总隔离度指标分为高、中、低三个等级，数据显

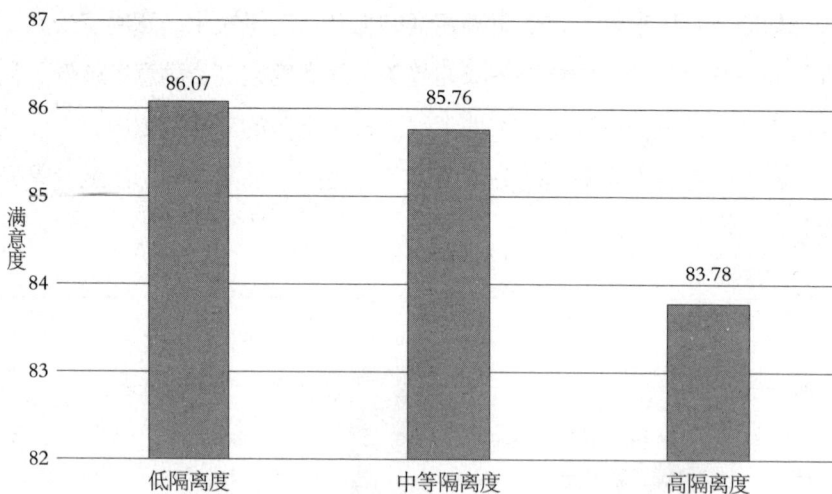

图 4.1.23　不同综合隔离度等级下的生态文明满意度

示不同等级总隔离度下居民总体民生满意度大致呈现随隔离度升高而递减的趋势。对于民生满意度各二级指标，不同等级综合隔离度下"居民生活""公共服务""公共安全"和"生态文明"的满意度差异都不大，均处于"比较满意"的得分等级。除"公共安全"外，其他几类二级满意度指标与隔离度之间大致也呈现单调下降的趋势。总体而言，高隔离度组的满意度在各个二级指标维度都是最低的。

（4）生产方式

根据受访家庭在农作物种植与牲畜家禽养殖方面的信息，我们针对所有样本家庭的生产形式分为三类，分别为纯农或半农半牧、纯牧以及非农非牧。下面将以这三种生产方式样本组的一级和二级满意度指标为对象进行简单分析。

①总体满意度分析

不同生产方式的受访家庭总民生满意度均处在"比较满意"的得分范围，但各组之间存在显著的差异。

如图 4.1.24 所示，不同生产方式按总体满意度评分由高到低排序分别是纯农或半农半牧、纯牧、非农非牧，评分分别为 80.05、76.58 和

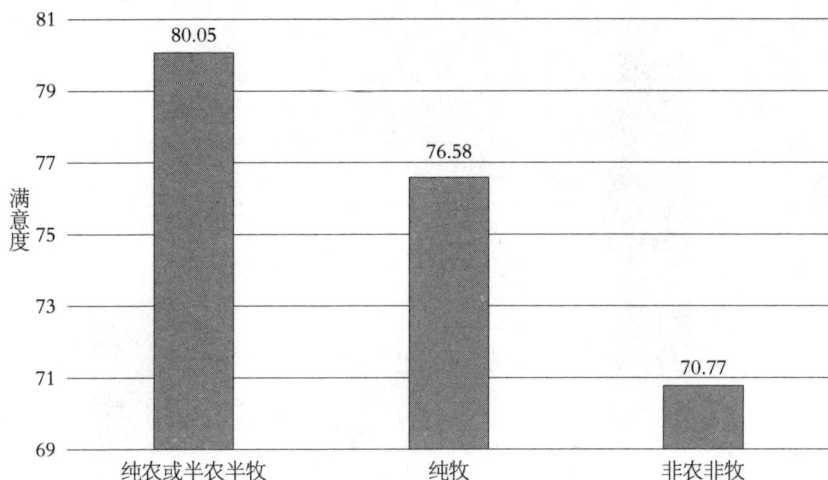

图 4.1.24　不同生产方式下的总体满意度

70.77。显然各组总民生满意度得分都处在"比较满意"的计分区间。事实上，本次抽样入户调研的农牧区居民样本中，这三类生产方式样本组所涵盖的有效总民生满意度样本数量同样存在较大的差异，纯农或半农半牧、纯牧和非农非牧三组的样本量分别为415、118和10。由于在计算总民生满意度中"非农非牧"样本组的样本量显著偏低，据此判断该组的得分（70.77）显著地低于另外两组的结论也很可能存在一定的有偏性。

②二级满意度分析

a. 不同生产方式的受访居民在"居民生活"二级满意度维度上呈现一定的差异。

如图 4.1.25 所示，不同生产方式样本组在"居民生活"二级民生满意度得分方面呈现一定的差异，其中纯农或半农半牧样本组得分最高，而纯牧样本组得分最低（61.31），且已落入满意度"一般"的类别。在计算"居民生活"二级民生满意度指标时，有效样本量比总指标的计算要多，三个组分别为508、133和18，其中非农非牧样本组的样本量仍然显著地偏少。

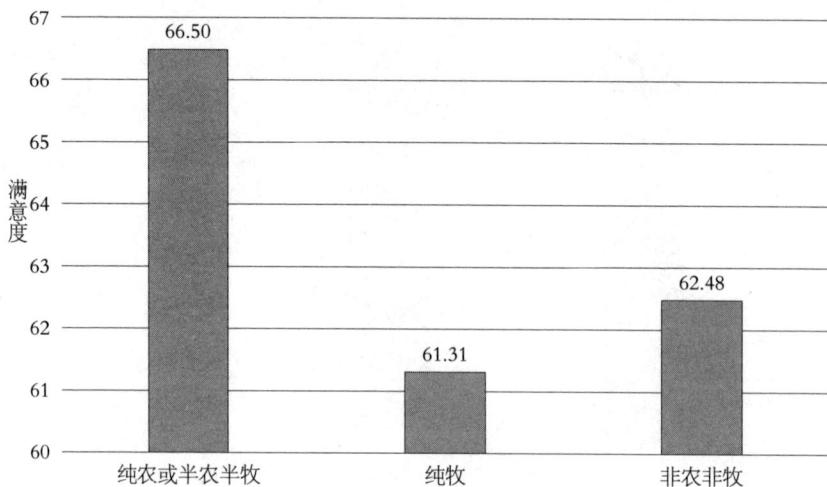

图 4.1.25 不同生产方式下的居民生活满意度

b. 不同生产方式居民对"公共服务"的满意度差异度较小，均处在"比较满意"的范围。

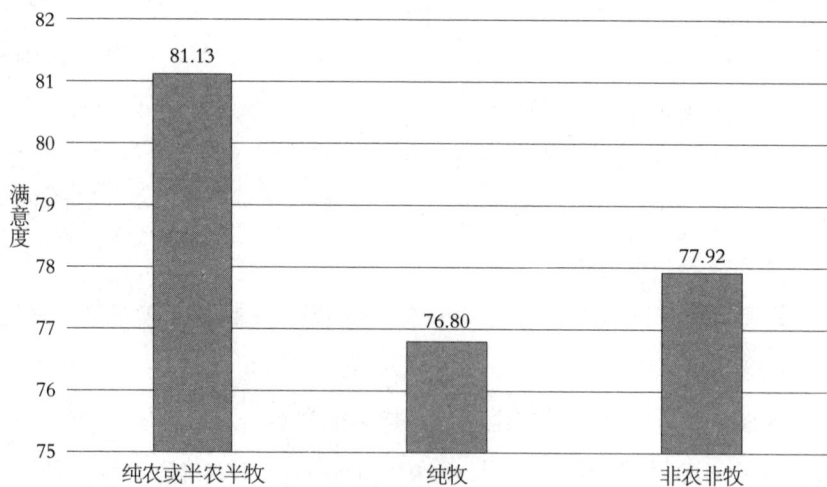

图 4.1.26 不同生产方式下的公共服务满意度

如图 4.1.26 所示，不同生产方式的样本组在"公共服务"满意度方面差异较小，较为显著的是纯农或半农半牧样本组的满意度得分要显著地高于其他组。

　　c.不同生产方式受访居民对"公共安全"的满意度较高，组间差异
较小。

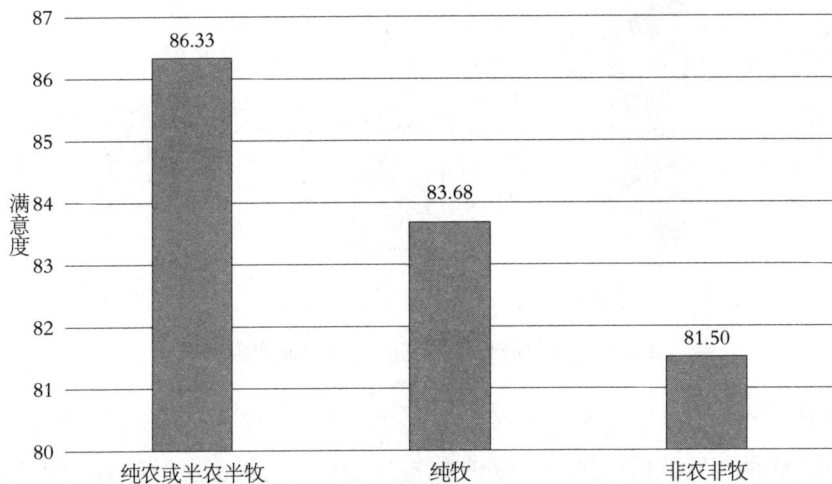

图 4.1.27　不同生产方式下的公共安全满意度

　　如图 4.1.27 所示，不同生产方式按公共安全满意度评分由高到低排
序分别是纯农或半农半牧、纯牧、非农非牧。三组之间的得分差距较
小，均处在"比较满意"的范围。

　　d.不同生产方式居民对"生态文明"二级指标的满意度较高，均为
"比较满意"的程度。

　　如图 4.1.28 所示，不同生产方式受访居民对于"生态文明"二级满
意度指标的评分都比较高，组间差异度较小。

　　综上所述，样本所涉及的生产方式分成三类，分别是纯农或半农半
牧、纯牧、非农非牧。对这三种不同生产方式的一级和二级满意度指标
进行分析，我们发现纯农或半农半牧子样本组无论是在总民生满意度指
标还是四个二级指标上满意度得分均处于各组最高，但各组之间的得分
差距比较小。由于计算各一级和二级民生满意度指标的有效样本量之间

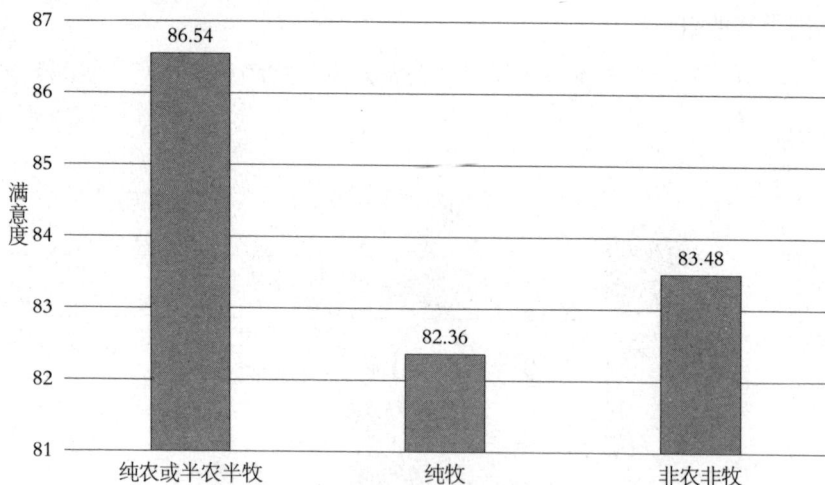

图 4.1.28　不同生产方式下的生态文明满意度

存在差异，且各组得分分差较小，使得一级指标和二级指标在纯牧与非农非牧两组间的得分排序上存在逻辑上的冲突，因而这两组的满意度得分之间的细微差异并不算稳健，基本可看作组间差异不显著的状态。

（5）家庭成员担任干部

在本次调研问卷中，我们提问受访对象，是否有家庭成员正在担任村/乡干部，以此为分成两组标准得到两个子样本组，对这两组样本在一级和二级指标的满意度方面进行分析。

①总体满意度分析

是否有家庭成员担任村/乡干部对于农牧区居民的总体民生满意度影响很小。

如图 4.1.29 所示，家庭成员里有担任村/乡干部的家庭（共计 70 户有效样本，占比 12.90%）总体满意度得分略微高于没有家庭成员担任村/乡干部的家庭（共计 473 户有效样本，占比 87.01%），两组得分分别为 80.05 和 78.99，在统计上，可以认为这两组总体民生满意度均值无差异。同时可以看到，两组总体民生满意度得分均处在"比较满意"计分区间。

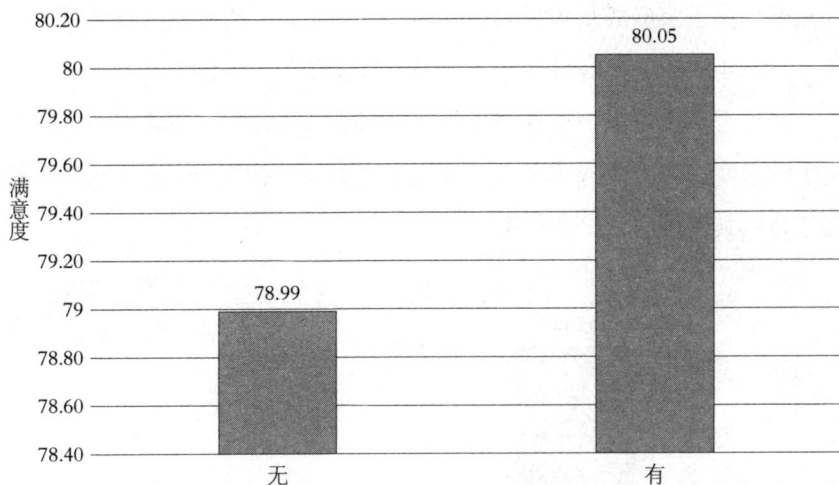

图 4.1.29　总体满意度满意度与家庭成员是否担任村 / 乡干部

②二级满意度分析

a. 是否有家庭成员担任村 / 乡干部的受访家庭在"居民生活"二级民生满意度指标上存在一定差异，有担任干部的家庭满意度较高。

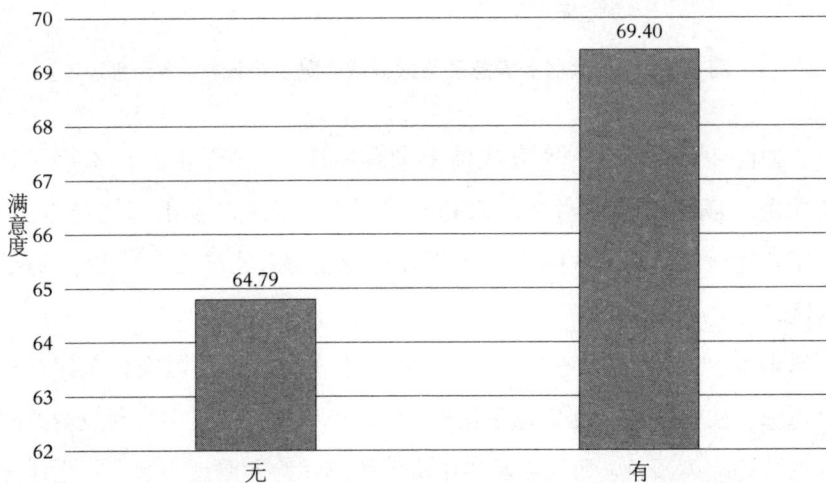

图 4.1.30　居民生活满意度与家庭成员是否担任村 / 乡干部

如图 4.1.30 所示，家庭成员里有担任村 / 乡干部的居民居民生活满意度得分高于家庭成员里没有担任村／乡干部的，两组家庭得分分别为 69.40 和 64.79，满意度得分均处在"比较满意"区间。

b. 是否有家庭成员担任村／乡干部的受访家庭在"公共服务"二级民生满意度指标上差异不明显，且没有家庭成员担任村／乡干部的家庭其"公共服务"满意度要稍高。

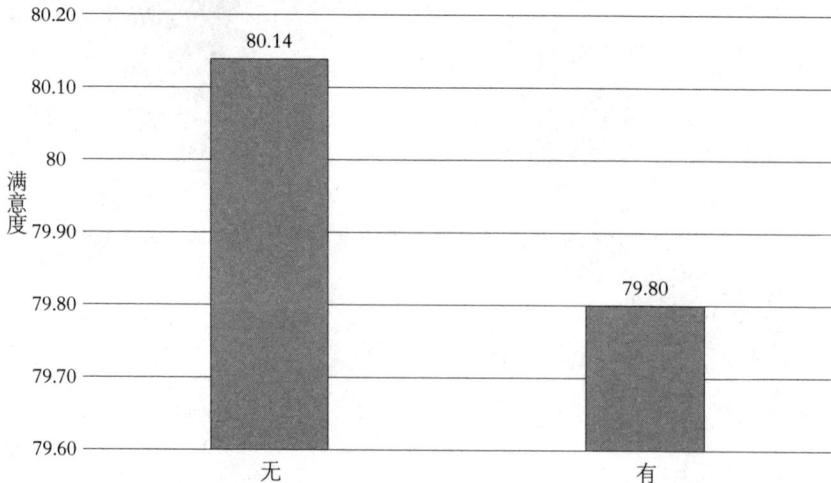

图 4.1.31　公共服务满意度与家庭成员是否担任村／乡干部

如图 4.1.31 所示，家庭成员里没有担任村／乡干部的样本组"公共服务"满意度得分略高于家庭成员里有担任村／乡干部的样本组，两组家庭得分分别为 80.14 和 79.80，满意度得分也均处在"比较满意"区间。

事实上，"公共服务"二级指标所涉及的内容涵盖教育、医疗、社会保障、社会服务以及交通等诸多方面。近年来，由于中央财政对西藏自治区的政策倾斜，每年巨额的中央转移支付给西藏地区社会民生保障的提升带来翻天覆地的变化和推动。显然，这样普惠的民生保障提升大部分来自于公共资源（财政转移支付）对普通居民群众的分配，而分配的渠道首要依赖的是市、乡／镇、村各级行政职能机构的有效执行。有家庭成员担任村／乡干部的家庭在公共资源普惠分配的过程中是有一定的信息与行政优势的。很欣慰地看到，有／无家人担任干部并未在"公共服务"的民生满意度上显现出明显差异，且没有家人担任干部的家庭满意度还要稍稍高一点。

c. 是否有家人担任村／乡干部对于民生满意度二级指标"公共安全"和"生态文明"两个方面并无显著差异。公共安全方面，家庭成员里没有担任乡村干部和家庭成员里有担任乡村干部的居民满意度得分分别为85.59和85.42。在生态文明方面，家庭成员里没有担任乡村干部和家庭成员里有担任乡村干部的居民满意度得分分别为85.73和83.85。

综上所述，样本按家庭成员是否有担任村／乡干部分成两类进行满意度分析，结果发现不同家庭居民总体的满意度较高，且满意度几乎没有显著差异。就二级指标而言，除了"居民生活"方面显现出一定差异外，其他三个二级指标对于不同家庭居民居民生活的满意度无显著差异，满意程度相当。

（6）建档立卡

样本按西藏自治区对贫困户与非贫困户以及贫困户的等级分为三类，分别为非建档立卡户、一般贫困户和低保户，以上三类居民家庭的收入和财富状况是依次递减的。下面我们将对这三类受访家庭的民生满意度一级指标和二级指标进行简单分析。

①总体满意度分析

不同收入水平的居民家庭总体民生满意度都比较高，各组之间仅存在细微差异。

如图4.1.32所示，不同建档居民按总体满意度评分由低到高排序分别是非建档立卡户、一般贫困户和低保户，评分分别为78.93、79.13和80.56，满意度得分均处在"比较满意"评分区间。显然，各组样本之间的得分差距非常小，三组总差距都不到2分，因此我们可以认为各组满意度无差异。

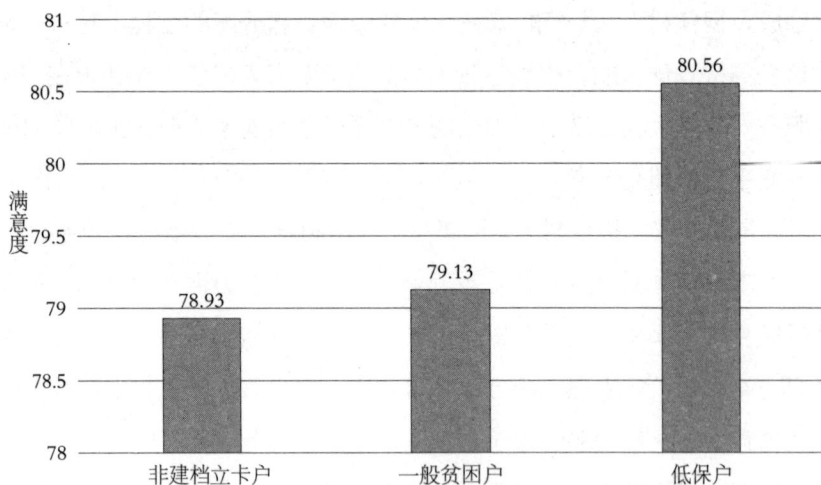

图 4.1.32 不同贫困程度下的总体满意度

②二级满意度分析

a. 不同建档居民的居民生活的满意度存在一定的差异，一般贫困户在"居民生活"二级满意度指标上仅为"一般"满意度水平，低保户与非建档立卡户的满意度处于"比较满意"范围。

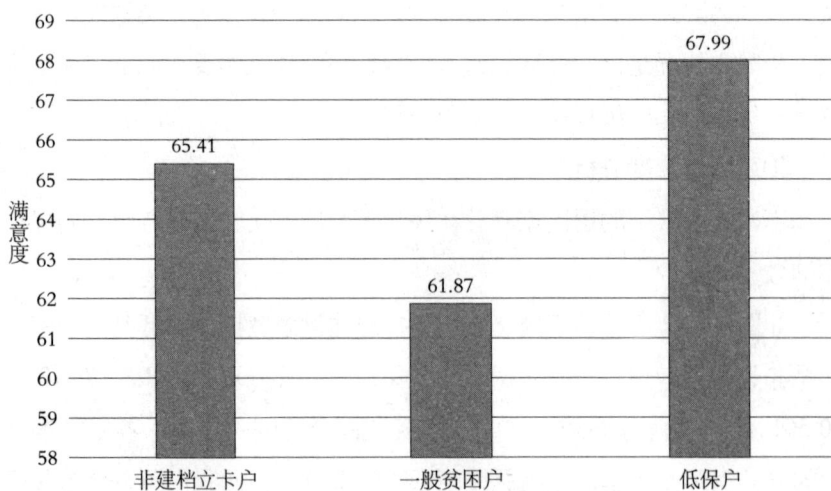

图 4.1.33 不同贫困程度下的居民生活满意度

如图 4.1.33 所示，居民生活满意度评分由高到低排序分别是低保户、非建档立卡户和一般贫困户，评分分别为 67.99、65.41 和 61.87。不出意料，"居民生活"二级满意度得分各组均不算高，其中一般贫困户样本组仅仅达到"一般"满意度水平，另外两组也只是稍稍超出"比较满意"评分范围的下限。我们知道"居民生活"二级指标中包含有诸如收入和消费的满意度调查，对于低保户能在这一维度成为三个组别中得分最高的，比较令人意外，这可能与预期有关。

b. 其他三个二级指标，公共服务、公共安全以及生态环境，三个不同收入状况的受访户组别的满意度均相差很小，其中三个组别在"生态环境"指标上的满意度得分上达到了"非常满意"的程度，而在"公共服务"与"公共安全"上都为"比较满意"的水准。由于组别差异微小，与总满意度指标相仿，大致可视为各组满意度在这三个二级指标维度上相互无差异。

综上所述，对于不同家庭收入水平(或称贫困程度）的受访家庭组，总民生满意度在各组之间无差异；二级满意度指标中，对于"居民生活"的满意度，一般贫困户家庭评价仅为"一般"，而非建档立卡户以及低保户的满意度则刚刚超过"比较满意"评分标准的下限一点，得分不高，三个组别的满意度存在显著差异；三个不同家庭收入水平的样本组在"生态环境"指标上的满意度方面达到了"非常满意"的程度，组别满意度无差异；在"公共服务"与"公共安全"上均为"比较满意"的水准，组间同样是无差异。

（7）小结

本小节主要对受访家庭各类别特征与其民生满意度之间的关系进行了简单分析，我们发现：

①七个县的居民的总民生满意度均比较高，其中较为明显的是当雄县相对较低。分析二级指标的地区差异，我们同样发现当雄县是目前拉萨市农牧区民生发展的短板，较其他六县的水平有滞后，在各二级指标

评分的横向比较中均处于最低一位。其他六县在不同的民生满意度二级指标维度则各有所长也各有相对短板，但都差距不大，发展水平较为同步。

②通过将全体样本分为高海拔地区、超高海拔地区以及极高海拔地区三类，我们发现不同海拔高度居民对民生问题的不同度量维度表示出不同的满意度分布状态，但并不存在满意度随海拔高度上升而递减的普遍趋势。居住在极高海拔地区（4500—5000米）的居民在各个二级民生满意度指标上均较海拔较低的另外两组要低。海拔高度对"居民生活"二级满意度指标的影响较为明显，随海拔升高满意程度显著下降。

③将样本按总隔离度指标分为高中低三个等级组别后，我们研究发现不同等级总隔离度下居民总体民生满意度大致呈现随隔离度升高而递减的趋势。对于民生满意度各二级指标，不同综合隔离度样本组的满意度差异都不大，均处于"比较满意"的得分等级。总体而言，高隔离度组的满意度在各个二级指标维度都是最低的。

④分析纯农或半农半牧、纯牧、非农非牧三类不同生产方式的受访家庭组的一级和二级满意度指标，我们发现纯农或半农半牧样本组无论是在总民生满意度指标还是四个二级指标上满意度得分均处于各组最高，但各组之间的得分差距比较小，基本可认为是组间差异不显著的状态。

⑤将受访样本按家庭成员是否有担任村/乡干部分成两类进行满意度分析，数据显示不同样本组的总体民生满意度都较高，没有显著差异；二级指标中，除了"居民生活"方面显现出一定差异度外，其他三个二级指标对于不同家庭居民居民生活的满意度无显著差异，满意程度相当。

⑥对于不同家庭收入水平（或称贫困程度）的受访家庭组，总民生满意度在各组之间无差异；二级满意度指标中，对于"居民生活"的

满意度，一般贫困户家庭评价仅为"一般"，而非建档立卡户以及低保户的满意度则刚刚超过"比较满意"评分标准的下限一点，得分不高，三个组别的满意度存在显著满意度；三个不同家庭收入水平的样本组在"生态环境"指标上的满意度方面达到了"非常满意"的程度，组别满意度无差异；在"公共服务"与"公共安全"上均为"比较满意"的水准，组间同样是无差异。

4.2　基本生活层面满意度分析

本部分分为六小节。第一小节主要是对收入、健康、居住、安全四个基本满意度指标进行了分点的简要描述性统计分析；第二小节至第五小节依次对四个基本满意度指标进行了总体概况分析、与相关维度的得分做列联表交叉分析；第六节将四个指标进行两两之间的列联表交叉分析。

在该部分的数据处理中，实际做交叉分析时均采用四舍五入法进行归档。初始的满意度档次分为 5 种，在做交叉分析时，根据实际情况分为 2 种或者 3 种。无特殊说明时（例如健康指标相关分析），若交叉表中显示分为 2 种，即代表将选项 1—3 归为"没有不满意"档，选项"4—5"归为"不满意"档。若交叉表中显示分为 3 种，即代表将选项 1—2 归为"满意"档，选项 3 归为"一般"档，选项"4—5"归为"不满意"档。与前文类似，综合类指标的特征表达时，仍然使用评分区间来定义，评分在 [0, 12.5] 之间的为"非常不满意"或"非常不好"，在 (12.5, 37.5] 之间的为"比较不满意"或"比较不好"，在 (37.5, 62.5] 之间的为满意度"一般"或健康度"一般"，在 (62.5, 87.5] 之间的为"比较满意"或"比较好"，在 (87.5, 100] 之间的为"非常满意"或"非常好"。

4.2.1　整体基本满意度

本节对四大类基本生活状态指标，包括收入、健康、居住和生活安全，进行简要的统计分析。在数据处理上，对各项指标分别删除选择了"不清楚"的观测样本；其中健康指标取家庭成员的平均健康度；生活安全指标包含三类民生满意度指标"公共安全""卫生安全"和"质量安全"的信息，三项分别以权重为50%、25%、25%的加权和形式构成生活安全指标。四大类指标得分的描述性统计分析统计表见表4.2.1。注意，其中"收入"和"生活安全"指标由于在计算的时候剔除了"不清楚"选项的观测样本，因此其数量是要小于全体有效样本数746的。

表4.2.1　对四大类指标的描述性统计分析统计表

样本数		收入	健康	居住	生活安全
样本数	有效	735	746	746	652
	无效	11	0	0	94
平均值		60.07	67.24	64.91	84.53
中位数		50	71.875	75	87.50
众数		50	75	75	100
标准差		25.39	20.88	26.32	14.04
偏度		−0.19	−0.67	−0.36	−1.03
峰度		2.50	3.24	2.32	4.26

（1）收入满意度

平均值约为60.07，受访者对于收入的满意度情况平平。中位数为50，即"一般"；众数为50，也为"一般"，这表明对于收入的满意度情况感觉平平的受访者占比最大。

（2）健康

本次全体受访家庭的家庭健康度平均值约为67.24，受访者家庭的健康状况为较好；中位数为71.875，即健康度比较好；众数为75，为

"比较好"的状况，因此对于家庭健康情况感觉比较好的受访者占比最大。

本次受访家庭所覆盖到的总人口数为 2833 人，家庭平均规模为 3.9 人，健康度指标是取每个家庭人口的平均健康满意度。个人健康度的描述分为"非常好""比较好""一般""比较差""非常差"五档，对应的分值分别为 100、75、50、25、0。

（3）居住满意度

平均值约为 64.91，受访者对于居住的满意度情况比较好。中位数和众数均为 75，受访者对于居住的满意度较好的受访者占比最大。

（4）生活安全满意度

平均值约为 84.53，受访者对于生活安全的满意度情况居于"比较满意"较高的水准了；中位数为 87.50，已经达到"非常满意"水准，由此可以断定，有超过一半的受访者认为目前的生活安全度是非常满意的；总数为 100，即在三个生活安全维度均表示"非常满意"的家庭占比最大，达到 25% 的比例。

小结：拉萨市农牧区受访者对于公共安全的满意度最高，健康和居住次之，收入状况稍弱，但整体可以说是较为满意的。从具体差异度（标准差）来看，受访者对于收入和居住的满意度差异性最大，对消费和公共安全的满意度差异性最小。

4.2.2 收入满意度

本节对收入满意度指标进行了总体概况分析、与相关非满意度打分的题项做列联表交叉分析、与七个区县做列联表交叉分析。

（1）总体概况

收入满意度分为五档：1 表示非常满意，2 表示比较满意，3 表示一般，4 表示比较不满意，5 表示非常不满意。

从图 4.2.1 中可以直观地观察到，占比最高的是第三类"一般"满意，

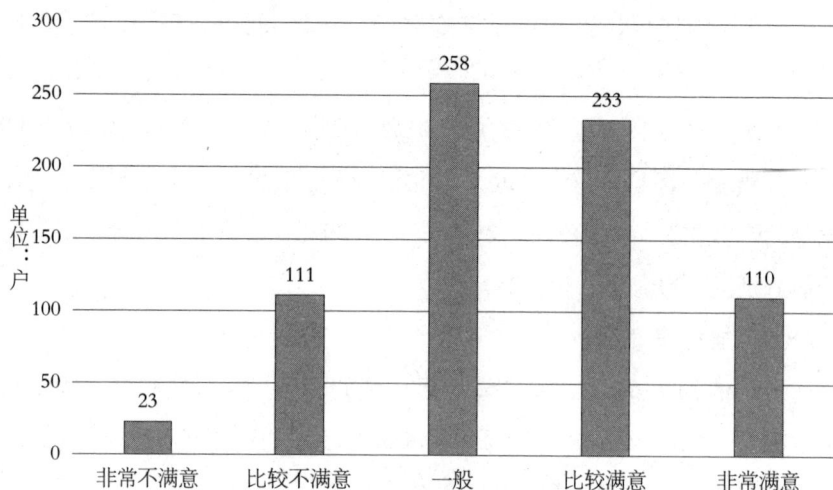

图 4.2.1　收入指标直方图

其次为第二类"比较满意"，这两类之和超出总和的一半以上。

（2）交叉效应分析

①收入增减。此处的交叉分析将原先五档的收入满意度简化为两档：原先的 1、2、3，划分为"没有不满意"档；原先的 4、5，划分为"不满意"档。

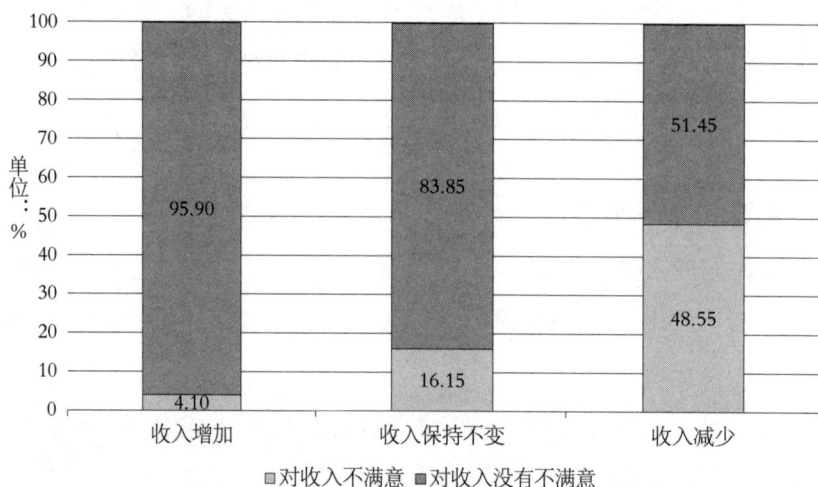

图 4.2.2　收入满意与否与收入增减

如图 4.2.2 所示，随着收入的变化趋势由增加到减少的变化，样本组内对收入不满意的比例显著地上升。在收入增加样本组中，对目前收入不满意的只占极小一部分（4.10%），而在收入减少样本组中，对收入状况不满意的比例接近了一半（48.55%），组间差异相当明显。

表 4.2.2　收入满意与否与收入增减情况列联表和卡方检验

			收入增减情况			总计
			增加了	保持不变	减少了	
收入满意与否	不满意	计数（户）	10	57	67	134
		占收入增减情况的百分比（%）	7.46	42.54	50	100
		占收入满意与否的百分比（%）	4.10	16.15	48.55	18.23
		占总计的百分比（%）	1.36	7.76	9.12	18.23
	没有不满意	计数（户）	234	296	71	601
		占收入增减情况的百分比（%）	38.94	49.25	11.81	100
		占收入满意与否的百分比（%）	96.10	83.90	49.70	81.77
		占总计的百分比（%）	31.84	40.27	9.90	81.77
总计		计数（户）	244	353	138	735
		占总计的百分比（%）	33.20	48.03	18.77	100
卡方检验						
		值		自由度		P 值
皮尔逊卡方		122.65		2		0.000

表 4.2.2 中对家庭收入的变化与收入的满意度之间进行了相关性列联表分析。

横向观察，对收入不满意的人群中，收入与上年保持不变或减少的受访者占比达到了 92.54%。对收入没有不满意的人群中，收入与上年保持不变或增多的受访者占比达到了 88.19%。显然，收入的增减变化对收入满意度影响很大。

纵向观察，收入比上年增加的人群中，仅有 4.10% 对收入感到不满意。在收入保持不变的人群中，只有 16.14% 对收入感到不满意。在收入比上年减少的人群中，48.55% 对收入感到不满意，51.45% 没有对收入感到不满意。这说明收入的增加对收入满意度影响很大，相比而言收入减少带来收入满意度下降比收入增加带来的满意度上升的敏感度大。

卡方统计量的 $P < 0.01$，表明在1%的显著性水平下，拒绝原假设，即收入满意度与收入增减变化情况有密切的关系。收入增加的情况下，人们越容易对收入感到满意。

②总消费增减。此处的交叉分析同样将原先五档的收入满意度简化为两档：原先的1、2、3，划分为"没有不满意"档；原先的4、5，划分为"不满意"档。而对于家庭总消费变化的描述，在剔除了表示"不清楚"的样本后，分为三类：增加、保持不变、减少。

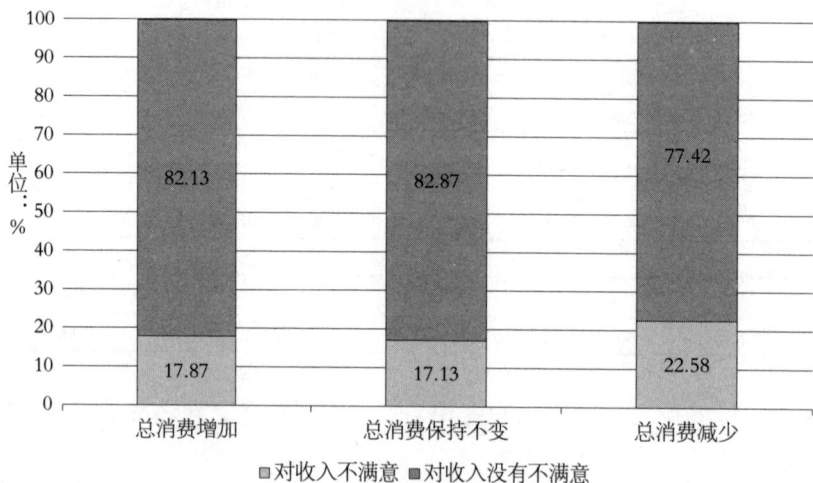

图 4.2.3　收入满意与否与总消费增减情况

图4.2.3中显示了收入满意度与总消费变化的相对关系。总消费减少的组别中，对收入不满意的比例要稍高，而在总消费增加与保持不变的两组中，对收入状况满意与否的比例几乎一致。事实上，即使以收入满意度的五档水平样本占比来观测消费变化，同样相关度不显著，除了在"消费减少"的样本组中收入满意度两个类型，"非常满意"与"非

常不满意"的占比要较为显著与"消费增加"和"消费保持不变"两组情况不同，其他方面的差异性并不明显。从卡方检验也可知，表明即使在10%的显著性水平下，也不能拒绝原假设，即收入满意度与收入增减变化情况没有明显的相互关系。这一现象与消费理论是基本吻合的，收入的变化波动幅度要显著大于消费的变化波动幅度，消费自身有平滑趋势，因而消费只与长期收入相关度较高，而与短期变化相关度较低。

③货币消费增减。此处仍然考察简化的两类收入满意度水平，而此处考察的消费有别于上面分析的总消费，是指货币支出部分的消费。前文曾经分析过，西藏农牧区的居民有相当一部分的消费，包括食物、衣着等，是靠家庭农业生产自给自足的形式来供给的，但随着现代社会化生活环境的影响加大，农牧区居民的生活也必须通过市场以货币来购买的商品。本部分考察的就是年度货币支出与收入满意度之间的关系。

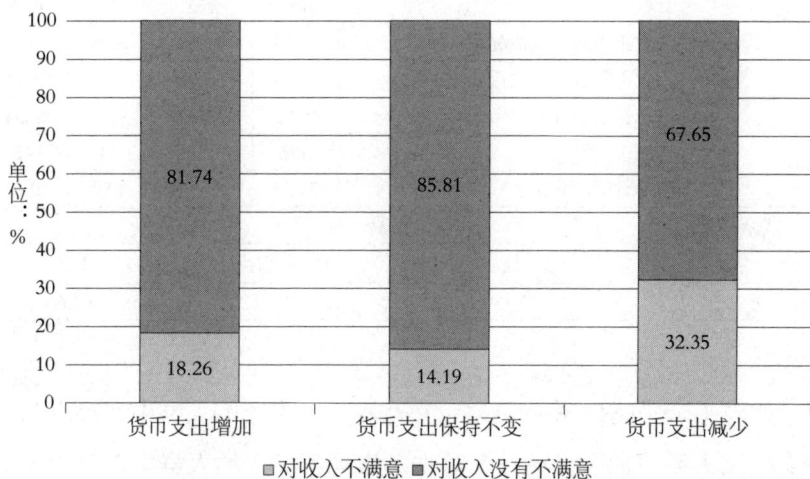

图 4.2.4 收入满意度与货币消费增减情况

图4.2.4中显示，在货币支出变化不同的三个组中，保持货币支出不变样本组内收入不满意的家庭占比最低（14.19%）；其次为货币支出

增加组内的收入不满意家庭占比（18.26%），这一占比最高的是在货币支出减少样本组32.25%。进一步，若检验货币收入与货币支出变化的二重叠加效应，我们发现其中有15.03%的总样本家庭2016年处于家庭货币总收入减少且货币总支出增加的境地，6.57%的总样本家庭2016年处于家庭货币总收入减少且货币总支出减少的境地。事实上，消费支出的减少是一个更需要关注的现象，因为这可能来自于家庭长期可预期收入的下降。

表4.2.3　收入满意度与货币支出变化情况列联表和卡方检验

			货币消费增减情况			总计
			增加了	保持不变	减少了	
收入满意与否	不满意	计数（户）	101	22	11	134
		占货币消费增减情况的百分比（%）	75.37	16.42	8.21	100
		占收入满意与否的百分比（%）	18.26	14.19	32.35	18.06
		占总计的百分比（%）	13.61	2.96	1.48	18.06
	没有不满意	计数（户）	452	133	23	608
		占货币消费增减情况的百分比（%）	74.34	21.88	3.78	100
		占收入满意与否的百分比（%）	81.74	85.81	67.65	81.94
		占总计的百分比（%）	60.92	17.92	3.10	81.94
总计		计数（户）	553	155	34	742
		占总计的百分比（%）	74.53	20.89	4.58	100
卡方检验						
		值	自由度		P值	
皮尔逊卡方		7.18	2		0.066	

如表4.2.3所示，横向观察，在对收入不满意的人群中，75.37%货币支出比去年增加了。在没有对收入感到不满意的人群中，74.34%货币支出比上年增加了。二者差异度不大，这说明货币支出增加对收入满意度影响不显著。

纵向观察，在货币支出比去年增加的人群中，18.26%对收入感到不满意。在货币支出保持不变的人群中，14.19%对收入感到不满意。

在货币支出比去年减少的人群中，32.35%对收入感到不满意。

从卡方检验表 4.2.3 得知，卡方统计量的 P < 0.1，表明在 10% 的显著性水平下，拒绝原假设，即收入满意度与货币支出的变化情况有较为显著的相关关系。货币支出增加的情况下，人们越容易对收入感到满意。

④区县。收入满意度简化为两档，并与堆龙德庆县、墨竹工卡县、尼木县、当雄县、曲水县、林周县和达孜县七县进行交叉列联表分析，以检验收入满意度是否存在显著的县级地域性差异。

表 4.2.4 区县与收入满意与否列联表分析

			收入满意与否		总计
			不满意	没有不满意	
区县	堆龙德庆县	计数（户）	20	110	130
		占收入满意与否的百分比（%）	15.38	84.62	100
		占区县的百分比（%）	14.93	17.97	17.43
		占总计的百分比（%）	2.68	14.75	17.43
	墨竹工卡县	计数（户）	16	102	118
		占收入满意与否的百分比（%）	13.56	86.44	100
		占区县的百分比（%）	11.94	16.67	15.82
		占总计的百分比（%）	2.14	13.67	15.82
	尼木县	计数（户）	11	71	82
		占收入满意与否的百分比（%）	13.41	86.59	100
		占区县的百分比（%）	8.21	11.60	10.99
		占总计的百分比（%）	1.47	9.52	10.99
	当雄县	计数（户）	41	76	117
		占收入满意与否的百分比（%）	35.04	64.96	100
		占区县的百分比（%）	30.60	12.42	15.68
		占总计的百分比（%）	5.50	10.19	15.68
	曲水县	计数（户）	15	68	83
		占收入满意与否的百分比（%）	18.07	81.93	100
		占区县的百分比（%）	11.19	11.11	11.13
		占总计的百分比（%）	2.01	9.12	11.13

续表

			收入满意与否		总计
			不满意	没有不满意	
	林周县	计数（户）	17	127	144
		占收入满意与否的百分比（％）	11.81	88.19	100
		占区县的百分比（％）	12.69	20.75	19.3
		占总计的百分比（％）	2.28	17.02	19.3
	达孜县	计数（户）	14	58	72
		占收入满意与否的百分比（％）	19.44	80.56	100
		占区县的百分比（％）	10.45	9.48	9.65
		占总计的百分比（％）	1.88	7.77	9.65
总计		计数（户）	134	612	746
		占总计的百分比（％）	17.96	82.04	100
卡方检验					
		值	自由度		P 值
皮尔逊卡方		30.27	6		0.000

如表 4.2.4 所示，横向观察，七个区县中，仅当雄县的收入没有不满意者占比最低，小于 80%（64.96%）；林周县的收入没有不满意者占比最高为 88.19%，接近 90%；其余各县的收入没有不满意者占比均在80%—87%之间，差异小。

纵向观察，尼木县的收入不满意者在收入不满意组占比最低，为8.21%，当雄县的收入不满意者在组中占比最高，达到 30.6%，其余各县的收入不满意者在组中占比均在 10%—15%之间。

从卡方检验表得知，卡方统计量的 P < 0.01，表明在 1%的显著性水平下，拒绝原假设，即收入满意度存在极显著的地域性差异，不同区县的人们对于收入满意度存在显著的不同感受。这其中，尤以当雄县的受访居民收入满意度显著低于其他各县居民。

小结：拉萨市七县农牧区居民对收入满意度感到一般的占多数，感到比较满意的次之，二者的总共占比在一半以上。

收入满意度与收入增减变化情况有密切的关系，不同的收入满意度人群中实际收入的变化是有差异的，收入变化会明显影响到人们对收入的满意度，收入增加的情况下，人们越容易对收入感到满意；与总消费增减变化情况没有明显的相互关系，相近的收入满意度人群中总消费的变化差异不是很明显，总消费变化可能不会影响到人们对收入的满意度；与货币支出的变化情况有密切的关系，相近的收入满意度人群中货币支出的变化差异虽不是很明显，但货币支出对人们的收入满意度可能有影响，货币支出增加的情况下，人们越容易对收入感到满意；与各区县有密切的关系，各区县间在收入满意度上存在着差异，不同区县的人们对于收入满意度有着不同的感受。

4.2.3　健康满意度

本节对家庭健康状况指标进行了总体概况分析、与关乎健康的饮用水来源题项做列联表交叉分析、与七个区县做列联表交叉分析。

（1）总体概况

由于在健康满意度的调查中，每个受访者将回答家中其他成员的健康状况，致使健康满意度的观测总数为 746 个家庭共计 2833 个体。个人健康状况总共分为五档：1 表示非常好，2 表示比较好，3 表示一般，4 表示比较差，5 表示非常差。在后续深入讨论中，我们将计算每个受访者家庭的平均健康状况。平均健康度的换算方式与其他的满意度相类似，首先换算出个人健康得分：非常好为 100 分，比较好为 75 分，一般为 50 分，比较差为 25 分，非常差为 0 分，然后依据个人健康得分在全家庭成员取算术平均成为家庭平均健康得分。而对于家庭平均健康度的分类：(87.5,100] 为健康状况"非常好"，(62.5,87.5] 为健康状况"比较好"，(37.5, 62.5] 为健康状况"一般"，(12.5, 37.5] 为健康状况"比较差"，[0，12.5] 为健康状况"非常差"。

从图 4.2.5 中可以直观地观察到，健康水平从"非常不好"到"比较好"随健康水平提升而样本家庭数量显著增加；其中健康度"比较好"的家

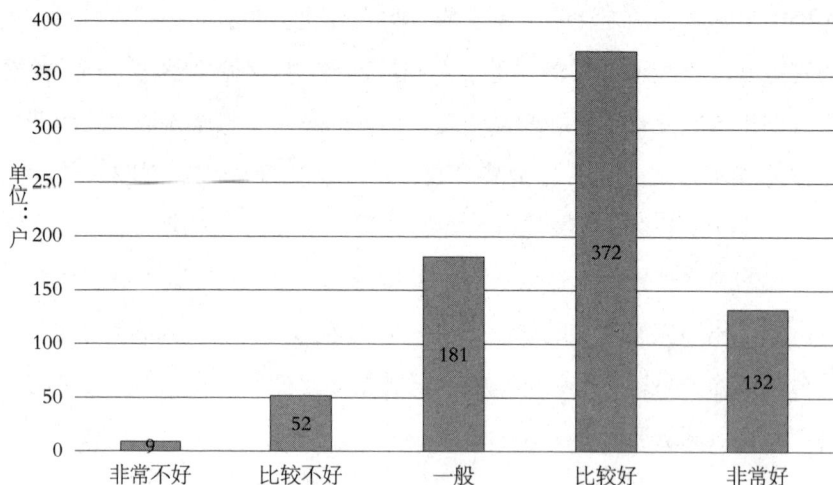

图 4.2.5　健康指标直方图

庭占比达到了 49.87%，接近一半；而"比较好"与"非常好"的比例之和达到 67.56%，超过 2/3；"非常不好"与"比较不好"的加和占比为 8.18%，小于 1/12。总体来看，全体受访居民的健康度水平是比较高的。

（2）交叉效应分析

①主要饮用水来源。此处健康度水平简化为 3 档：原五档中的 1、2 表示健康状况好，3 表示健康状况一般，4、5 表示健康状况差；同时，我们在图 4.2.6 中也将五种家庭日常主要的饮用水来源类型（忽略掉总样本中占比 1.07% 的"其他"类型）简化为三种：公共自来水厂集中供水、地下水和地表水，其中"地下水（井水）"是指"自家水井"与"村里/乡镇的公共水井"的样本加和，"地表水"是"地表水蓄水设施集中供水的自来水"与"自然地表水（溪水或河流）"的样本加和。结合健康状况与引用水源二者的交互关系如图 4.2.6 所示。

如图 4.2.6 所示，"地表水"作为日常饮用水源的家庭在三个健康组别中都是占绝对多数的，其次是"地下水（井水）"类别，能获取公共自来水厂加工处理过的安全饮用水的家庭是极少的。健康状况由好到差的样本组别其饮用水源是"地表水"的占比则逐渐下降，由 83.92% 逐

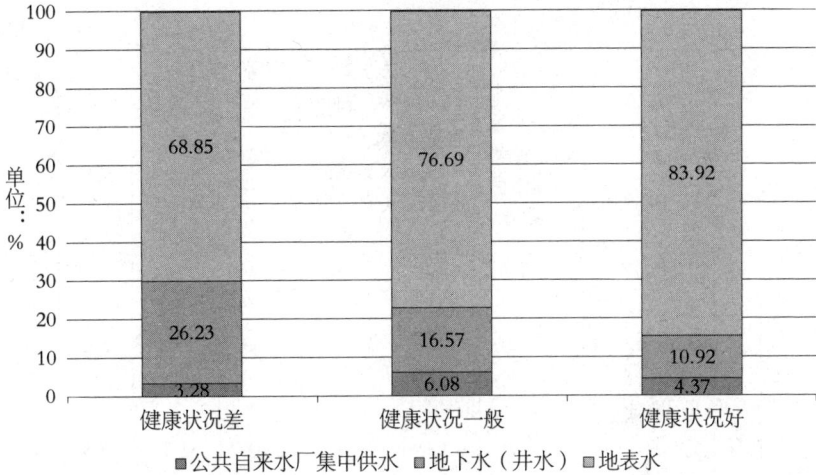

图 4.2.6 健康状况与饮用水来源

步降低到 68.85%；同时其饮用水是"地下水"的家庭占比则逐步上升，从 10.92% 上升到 26.23%。应该说饮用水源与居民健康度之间存在一定的相关性。

表 4.2.5 健康状况与主要饮用水来源情况列联表分析

			主要饮用水来源						总计
			地表水蓄水设施集中供水的自来水	自然地表水（溪水或河流)	村里／乡镇的公共水井	自家的水井	公共自来水厂集中供水的自来水	其他	
健康状况	差	计数（户）	28	14	9	7	2	1	61
		占主要饮用水来源的百分比（%）	45.90	22.95	14.75	11.48	3.28	1.64	100
		占健康状况的百分比（%）	7.05	6.83	18	13.73	5.71	12.5	8.18
		占总计的百分比（%）	3.75	1.88	1.21	0.94	0.27	0.13	8.18

续表

			主要饮用水来源						总计
			地表水蓄水设施集中供水的自来水	自然地表水（溪水或河流）	村里/乡镇的公共水井	自家的水井	公共自来水厂集中供水的自来水	其他	
健康状况	一般	计数（户）	88	49	13	17	11	3	181
		占主要饮用水来源的百分比（%）	48.62	27.07	7.18	9.39	6.08	1.66	100
		占健康状况的百分比（%）	22.17	23.90	26	33.33	31.43	37.50	24.26
		占总计的百分比（%）	11.80	6.57	1.74	2.28	1.47	0.40	24.26
	好	计数（户）	281	142	28	27	22	4	504
		占主要饮用水来源的百分比（%）	55.75	28.17	5.56	5.36	4.37	0.79	100
		占健康状况的百分比（%）	70.78	69.27	56	52.94	62.86	50	67.56
		占总计的百分比（%）	37.67	19.03	3.75	3.62	2.95	0.54	67.56
总计		计数（户）	397	205	50	51	35	8	746
		占总计的百分比（%）	53.22	27.48	6.70	6.84	4.69	1.07	100
卡方检验									
			值		自由度		P 值		
皮尔逊卡方			16.95		10		0.075		

如表 4.2.5 所示，横向观察具体五种饮用水来源在各健康组别中的具体占比，结论与图 4.2.6 所示相一致，长期依赖地表水的居民健康度显著地要优于依赖地下水为饮用水源的居民家庭。

纵向观察，主要饮用公共自来水厂的供水的人群中，5.71%健康状况差，31.43%健康状况一般，62.86%健康状况好；主要饮用地表蓄水设施的集中供水的人群中，7.05%健康状况差，22.17%健康状况一般，70.78%健康状况好；主要饮用自然地表水的人群中，6.83%健康状况差，23.90%健康状况一般，69.27%健康状况好。这一对比说明，直接饮用天然地表水的样本家庭健康度甚至要略优于饮用公共自来水厂经过处理的安全供水。这间接地论证了西藏自治区长期以来的环境保护是极富成效的，天然地表水与公共自来水的水质相当，具有直接饮用的水准。当然，这里的健康度是居民的主观感知，并非实际健康状况。

主要饮用村镇中的公共水井供水的人群中，18%健康状况差，26%健康状况一般，56%健康状况好；主要饮用自家水井的供水的人群中，13.73%健康状况差，33.33%健康状况一般，52.94%健康状况好。对比地表水的样本组，可以推测，直接饮用地下水作为日常生活用水的居民家庭，健康度存在一定的隐患。

从卡方检验表 4.2.5 可知，卡方统计量 $P < 0.1$，表明在 10%的显著性水平下，能拒绝原假设，表明主要饮用水来源与健康有一定的相关性。

②县域行政区划。此处健康满意度简化分为三档（满意、一般、不满意）。

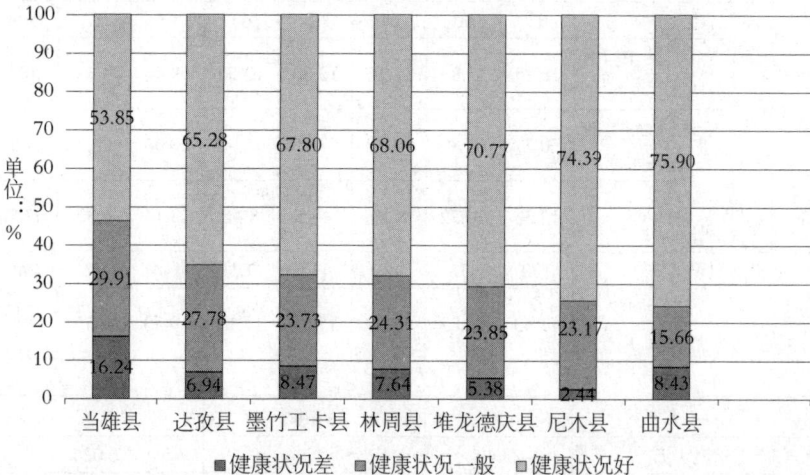

图 4.2.7 健康指标与县域列联分析图

如图 4.2.7 所示，较为突出的是当雄县受访居民的健康状况要显著地比其他六个县差，在后续的健康专题部分中，我们对此还将有详细的分析论证。

表 4.2.6　健康状况与县域列联表分析

			区县							总计
			堆龙德庆县	墨竹工卡县	尼木县	当雄县	曲水县	林周县	达孜县	
健康状况	差	计数（户）	7	10	2	19	7	11	5	61
		占区县的百分比（%）	11.48	16.39	3.28	31.15	11.48	18.03	8.20	100
		占健康状况的百分比（%）	5.38	8.47	2.44	16.24	8.43	7.64	6.94	8.18
		占总计的百分比（%）	0.94	1.34	0.27	2.55	0.94	1.47	0.67	8.18
	一般	计数（户）	31	28	19	35	13	35	20	181
		占区县的百分比（%）	17.13	15.47	10.50	19.34	7.18	19.34	11.05	100
		占健康状况的百分比（%）	23.85	23.73	23.17	29.91	15.66	24.31	27.78	24.26
		占总计的百分比（%）	4.16	3.75	2.55	4.69	1.74	4.69	2.68	24.26
	好	计数（户）	92	80	61	63	63	98	47	504
		占区县的百分比（%）	18.25	15.87	12.10	12.50	12.50	19.44	9.33	100
		占健康状况的百分比（%）	70.77	67.80	74.39	53.85	75.90	68.06	65.28	67.56
		占总计的百分比（%）	12.33	10.72	8.18	8.45	8.45	13.14	6.30	67.56
总计		计数（户）	130	118	82	117	83	144	72	746
		占总计的百分比（%）	17.43	15.82	10.99	15.68	11.13	19.30	9.65	100
卡方检验										
			值			自由度			P 值	
皮尔逊卡方			23.49			12			0.024	

单纯地查看列联表 4.2.6，并不能很好地把握居民健康度与地区之间的变化相关性，但是从卡方检验表得知，卡方统计量的 P < 0.05，表明在 5% 的显著性水平下，拒绝原假设，因此从统计上可以认为各县域行政区划与健康状况之间存在较为显著的相关性。

小结：拉萨市农牧区居民自我感觉身体健康情况都不错。主要饮用水来源与健康在 5% 的显著性水平下没有显著的关系，对健康方面感觉不同的人群中主要饮用水来源方式各比例差别不大，且主要饮用水来源方式对人们的自我健康感觉影响差别不大。但在 10% 的显著性水平下，存在一定的相关关系。

直接饮用天然地表水的样本家庭健康度甚至要略优于饮用公共自来水厂经过处理的安全供水。这间接地论证了西藏自治区长期以来的环境保护是极富成效的，天然地表水与公共自来水的水质相当，具有直接饮用的水准。

地区与健康状况之间有密切的关系，虽健康状况不同的人群中各区县的比例变化比较接近，但地区对人们的健康状况有影响。七县中，堆龙德庆县、尼木县和曲水县的健康状况相对较好，当雄县和达孜县健康状况相对较差。

4.2.4 居住满意度

本节对居住满意度指标进行了总体概况分析、与相关非满意度打分的题项做列联表交叉分析、与七个区县做列联表交叉分析。

（1）总体概况

现有居住条件的满意度总共分为五档：1 表示非常满意，2 表示比较满意，3 表示一般，4 表示比较不满意，5 表示非常不满意。

从图 4.2.8 中可以直观地观察到，占比最高的是目前居住感受"比较满意"的家庭，明显高于其他类。表示满意的受访居民（比较满意与非常满意之和）比例超过一半，占比为 57.37%，表示不满意的受访居

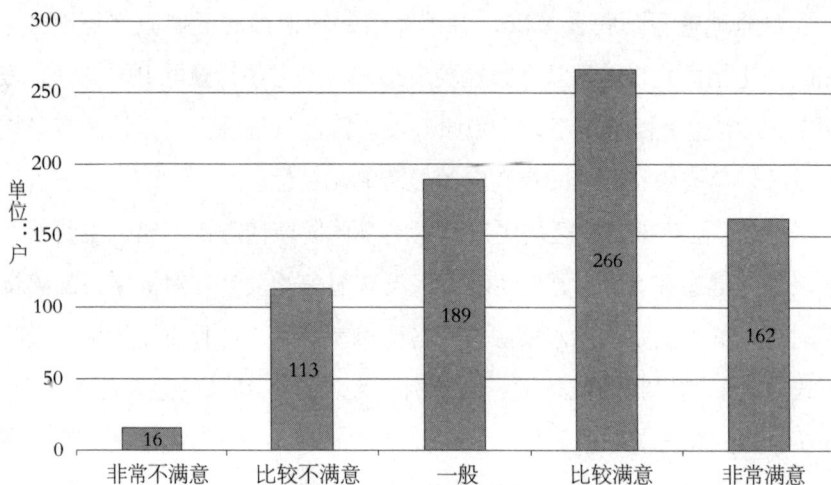

图 4.2.8 居住指标直方图

民（比较不满意与非常不满意之和）比例为 17.29%，占比小于 1/5。

（2）交叉效应分析

房屋够住与否。将五档自有居住满意度分为两档：原先的 1、2、3，划分为"没有不满意"档；原先的 4、5，划分为"不满意"档。

表 4.2.7 自有居住者居住满意与否与住房够住与否情况列联表分析

			够住与否		总计
			是	否	
自有居住者居住满意与否	非常满意	计数（户）	148	10	158
		占够住与否的百分比（%）	93.67	6.33	100
		占自有居住者居住满意与否的百分比（%）	24.92	7.25	21.58
		占总计的百分比（%）	20.22	1.37	21.58
	比较满意	计数（户）	236	26	262
		占够住与否的百分比（%）	90.08	9.92	100
		占自有居住者居住满意与否的百分比（%）	39.73	18.84	35.79
		占总计的百分比（%）	32.24	3.55	35.79

续表

			够住与否		总计
			是	否	
自有居住者居住满意与否	一般	计数（户）	146	41	187
		占够住与否的百分比（%）	78.07	21.93	100
		占自有居住者居住满意与否的百分比（%）	24.58	29.71	25.55
		占总计的百分比（%）	19.95	5.6	25.55
	比较不满意	计数（户）	61	50	111
		占够住与否的百分比（%）	54.95	45.05	100
		占自有居住者居住满意与否的百分比（%）	10.27	36.23	15.16
		占总计的百分比（%）	8.33	6.83	15.16
	非常不满意	计数（户）	3	11	14
		占够住与否的百分比（%）	21.43	78.57	100
		占自有居住者居住满意与否的百分比（%）	0.51	7.97	1.91
		占总计的百分比（%）	0.41	1.50	1.91
总计		计数（户）	615	594	138
		占总计的百分比（%）	81	81.15	18.85

卡方检验			
	值	自由度	P 值
皮尔逊卡方	113.42	4	0.000

横向观察表 4.2.7，在对居住条件非常不满意的人群中，21.43%感觉够住，78.57%的情况是感觉不够住。在对居住条件感到非常满意的人群中，93.67%感觉够住，6.33%的情况是感觉不够住。显然，居住空间的充裕度对居住条件的满意度存在较大的影响①。

---

① 居住条件主要包括居住的空间、舒适度、房屋的新旧程度、房屋的结构布局等方面。

从卡方检验表 4.2.7 得知，卡方统计量的双尾检验 P 接近于 0，表明在 1% 的显著性水平下，拒绝原假设，即居住满意度与居住是否够住之间存在显著的相关关系。居住够住的人群更不容易对居住感到不满意。

小结：拉萨市农牧区居民对居住满意度感到比较满意的占比最高，明显高于其他类。

居住空间是否够用对人们的居住满意度的影响明显，感觉房屋面积够住的人群更不容易对居住感到不满意。

4.2.5　生活安全满意度

本节对生活安全满意度指标进行了总体概况分析、与相关非满意度打分的题项做列联表交叉分析、与七个区县做列联表交叉分析。

（1）总体概况

生活安全满意度是一个综合性指标，其中包含"公共安全""卫生安全"和"质量安全"三个类别的信息。因此对于生活安全满意度的分类评分标准如下：表示对生活安全"非常满意"，表示对生活安全"比

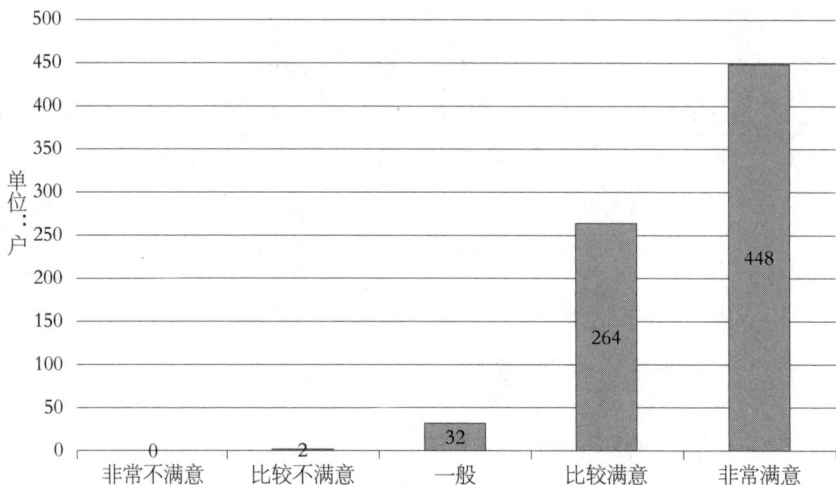

图 4.2.9　生活安全指标直方图

较满意"，表示对生活安全满意度感觉"一般"，表示对生活安全"比较不满意"，表示对生活安全"非常不满意"。

较为特殊的一点是，对家庭生活环境的生活安全度感觉"非常不满意"的样本量为0。从图4.2.9中可以直观地观察到，占比最高的是表示满意的两类，即非常满意和比较满意，明显高于其他类。仅有约0.30%的受访对象（2户）对生活安全感觉"比较不满意"，4.30%的受访家庭表示对生活安全满意度感觉"一般"，因此表示满意的样本占比是压倒性的。

（2）交叉效应分析

①所在村／镇是否遭受自然灾害。

表4.2.8　安全满意度与否与所在村／镇是否遭受自然灾害列联表分析

| | | | 是否遭受自然灾害 | | 总计 |
			是	否	
安全满意与否	比较不满意	计数（户）	0	2	2
		占是否遭受自然灾害的百分比（%）	0	100	100
		占安全满意与否的百分比（%）	0	0.34	0.27
		占总计的百分比（%）	0	0.27	0.27
	一般	计数（户）	11	21	32
		占是否遭受自然灾害的百分比（%）	34.38	65.62	100
		占安全满意与否的百分比（%）	6.67	3.61	4.29
		占总计的百分比（%）	1.47	2.82	4.29
	比较满意	计数（户）	67	197	264
		占是否遭受自然灾害的百分比（%）	25.38	74.62	100
		占安全满意与否的百分比（%）	40.61	33.91	35.39
		占总计的百分比（%）	8.98	26.41	35.39
	非常满意	计数（户）	87	361	448
		占是否遭受自然灾害的百分比（%）	19.42	80.58	100
		占安全满意与否的百分比（%）	52.73	62.13	60.05
		占总计的百分比（%）	11.66	48.39	60.05

续表

| | | 是否遭受自然灾害 | | 总计 |
		是	否	
总计	计数（户）	165	581	746
	占总计的百分比（%）	22.12	77.88	100
卡方检验				
	值	自由度	P 值	
皮尔逊卡方	6.88	3	0.076	

从卡方检验表 4.2.8 得知，卡方统计量的双尾检验 P 大于 0.05 而小于 0.1，表明在 10% 的显著度下，生活安全满意度与所在村 / 乡发生自然灾害之间有一定的相关关系。

②村中发生治安事件。

表 4.2.9　安全满意与否与所在村 / 镇是否发生治安事件列联表分析

| | | | 是否发生治安事件 | | 总计 |
			是	否	
安全满意与否	比较不满意	计数（户）	0	2	2
		占是否发生治安事件的百分比（%）	0	100	100
		占安全满意与否的百分比（%）	0	0.28	0.27
		占总计的百分比（%）	0	0.27	0.27
	一般	计数（户）	8	24	32
		占是否发生治安事件的百分比（%）	25	75	100
		占安全满意与否的百分比（%）	20.51	3.39	4.29
		占总计的百分比（%）	1.07	3.22	4.29
	比较满意	计数（户）	11	253	264
		占是否发生治安事件的百分比（%）	4.17	95.83	100
		占安全满意与否的百分比（%）	28.21	35.79	35.39
		占总计的百分比（%）	1.47	33.91	35.39
	非常满意	计数（户）	20	428	448
		占是否发生治安事件的百分比（%）	4.46	95.54	100
		占安全满意与否的百分比（%）	51.28	60.54	60.05
		占总计的百分比（%）	2.68	57.37	60.05

		是否发生治安事件		总计
		是	否	
总计	计数（户）	39	707	746
	占总计的百分比（%）	5.23	94.77	100
卡方检验				
	值	自由度	P 值	
皮尔逊卡方	26.49	3	0.000	

从卡方检验表 4.2.9 得知，卡方统计量的双尾检验 P < 0.01，表明在 1% 的显著水平下，即生活安全满意度与自家或村中是否发生过治安安全事件之间较为显著的相关关系。村中没有发生治安事件的居民对安全的满意度较高。

③村镇发生人传染疾病。

表 4.2.10　安全满意与否与所在村 / 镇是否发生人传染疾病列联表分析

			是否发生人传染疾病		总计
			是	否	
安全满意与否	比较不满意	计数（户）	0	2	2
		占否发生人传染疾病的百分比（%）	0	100	100
		占安全满意与否的百分比（%）	0	0.28	0.27
		占总计的百分比（%）	0	0.27	0.27
	一般	计数（户）	5	27	32
		占否发生人传染疾病的百分比（%）	15.62	84.38	100
		占安全满意与否的百分比（%）	14.29	3.80	4.29
		占总计的百分比（%）	0.67	3.62	4.29
	比较满意	计数（户）	16	248	264
		占否发生人传染疾病的百分比（%）	6.06	93.94	100
		占安全满意与否的百分比（%）	45.71	34.88	35.39
		占总计的百分比（%）	2.14	33.24	35.39

续表

			是否发生人传染疾病		总计
			是	否	
非常满意		计数（户）	14	434	448
		占否发生人传染疾病的百分比（%）	3.12	96.88	100
		占安全满意与否的百分比（%）	40	61.04	60.05
		占总计的百分比（%）	1.88	58.18	60.05
总计		计数（户）	35	711	746
		占总计的百分比（%）	4.69	95.31	100
卡方检验					
	值		自由度		P 值
皮尔逊卡方	12.22		3		0.007

从卡方检验表 4.2.10 得知，卡方统计量的 P＜0.01，表明在显著度为 1%的水平下，安全满意度与村中是否发生过传染病之间有显著的相关关系。

④区县。

将五档的生活安全满意度与达孜县、当雄县、堆龙德庆县、林周县、墨竹工卡县、尼木县和曲水县七县进行交叉列联表分析。

表 4.2.11　区县与生活安全满意度列联表分析

			安全满意与否				总计
			比较不满意	一般	比较满意	非常满意	
区县	堆龙德庆县	计数（户）	0	5	37	88	130
		占安全满意与否的百分比（%）	0	3.85	28.46	67.69	100
		占区县的百分比（%）	0	15.62	14.02	19.64	17.43
		占总计的百分比（%）	0	0.67	4.96	11.80	17.43
	墨竹工卡县	计数（户）	0	4	41	73	118
		占安全满意与否的百分比（%）	0	3.39	34.75	61.86	100
		占区县的百分比（%）	0	12.50	15.53	16.29	15.82
		占总计的百分比（%）	0	0.54	5.50	9.79	15.82

			安全满意与否				总计
			比较不满意	一般	比较满意	非常满意	
	尼木县	计数（户）	0	2	24	56	82
		占安全满意与否的百分比（%）	0	2.44	29.27	68.29	100
		占区县的百分比（%）	0	6.25	9.09	12.5	10.99
		占总计的百分比（%）	0	0.27	3.22	7.51	10.99
	当雄县	计数（户）	2	12	43	60	117
		占安全满意与否的百分比（%）	1.71	10.26	36.75	51.28	100
		占区县的百分比（%）	100	37.50	16.29	13.39	15.68
		占总计的百分比（%）	0.27	1.61	5.76	8.04	15.68
	曲水县	计数（户）	0	1	39	43	83
		占安全满意与否的百分比（%）	0	1.20	46.99	51.81	100
		占区县的百分比（%）	0	3.12	14.77	9.6	11.13
		占总计的百分比（%）	0	0.13	5.23	5.76	11.13
	林周县	计数（户）	0	4	57	83	144
		占安全满意与否的百分比（%）	0	2.78	39.58	57.64	100
		占区县的百分比（%）	0	12.50	21.59	18.53	19.3
		占总计的百分比（%）	0	0.54	7.64	11.13	19.3
	达孜县	计数（户）	0	4	23	45	72
		占安全满意与否的百分比（%）	0	5.56	31.94	62.5	100
		占区县的百分比（%）	0	12.5	8.71	10.04	9.65
		占总计的百分比（%）	0	0.54	3.08	6.03	9.65
总计		计数（户）	2	32	264	448	746
		占总计的百分比（%）	0.27	4.29	35.39	60.05	100
卡方检验							
		值	自由度			P 值	
皮尔逊卡方		36.00	18			0.007	

从卡方检验表 4.2.11 得知，卡方统计量的 P < 0.01，表明在 1% 的显著性水平下，安全满意度与各县域行政区划有显著的相关关系。不同区县的人们对于安全满意度有着不同的感受。

小结：拉萨市农牧区居民对生活安全满意度感到非常满意、比较满意和一般的占绝大多数，没有受访家庭表示生活安全感受为非常不满意。

安全满意度与村中是否发生过自然灾害对人们的生活安全满意度存在一定的相关关系；与村中是否发生过治安安全事故之间有密切的相关关系；与村中是否发生过人传染病之间有较为显著的相关关系；安全满意度与各区县有密切的关系，不同区县的人们对于安全满意度有着不同的感受。

4.2.6　四个指标间的交叉分析

本节将四个满意度指标进行交叉列联表分析，两两交叉分析的过程中，其中考察样本将忽略回答"不清楚"的观测值。

（1）收入与居住

表 4.2.12　收入与居住满意度列联表分析

			居住满意与否					总计
			非常满意	比较满意	一般	比较不满意	非常不满意	
收入满意与否	非常满意	计数（户）	52	32	16	8	2	110
		占居住满意与否的百分比（％）	47.27	29.09	14.55	7.27	1.82	100
		占收入满意与否的百分比（％）	32.50	12.12	8.70	7.21	12.50	14.97
		占总计的百分比（％）	7.07	4.35	2.18	1.09	0.27	14.97
	比较满意	计数（户）	52	103	55	22	1	233
		占居住满意与否的百分比（％）	22.32	44.21	23.61	9.44	0.43	100
		占收入满意与否的百分比（％）	32.50	39.02	29.89	19.82	6.25	31.70
		占总计的百分比（％）	7.07	14.01	7.48	2.99	0.14	31.70
	一般	计数（户）	45	87	81	41	4	258
		占居住满意与否的百分比（％）	17.44	33.72	31.40	15.89	1.55	100
		占收入满意与否的百分比（％）	28.12	32.95	44.02	36.94	25	35.10
		占总计的百分比（％）	6.12	11.84	11.02	5.58	0.54	35.10
	比较不满意	计数（户）	8	35	28	35	5	111
		占居住满意与否的百分比（％）	7.21	31.53	25.23	31.53	4.5	100
		占收入满意与否的百分比（％）	5	13.26	15.22	31.53	31.25	15.10
		占总计的百分比（％）	1.09	4.76	3.81	4.76	0.68	15.10

			居住满意与否					总计
			非常满意	比较满意	一般	比较不满意	非常不满意	
非常不满意		计数（户）	3	7	4	5	4	23
		占居住满意与否的百分比（%）	13.04	30.43	17.39	21.74	17.39	100
		占收入满意与否的百分比（%）	1.88	2.65	2.17	4.50	25	3.13
		占总计的百分比（%）	0.41	0.95	0.54	0.68	0.54	3.13
总计		计数（户）	160	264	184	111	16	735
		占总计的百分比（%）	21.77	35.92	25.03	15.10	2.18	100
卡方检验								
	值			自由度			P 值	
皮尔逊卡方	124.53			16			0.000	

横向观察表 4.2.12，在对收入满意度高的人群，其居住满意度也相对较高。

西藏农牧区居民的住房一般都是在村中集体用地上的自建住房，由于人口密度极低，因此住房用地是极为充裕的状况，并不存在相互竞争用地的状况。显然，多年以来，自治区政府都会对农牧区居民自建住房给予数额不小的一笔建房补贴，但是各县、乡和村的补贴力度有差别，同时补贴的金额也不可能完全满足建房需求，尤其是家庭成员较多的家庭。因此，收入条件较好的家庭的自建住房会比较大、比较新，居住满意度较高。而收入状况不佳的家庭，居住环境相对来说会比较差，居住满意度低。

从卡方检验表 4.2.12 也得到数据支持，卡方统计量的 P < 0.01，表明在 1% 的显著性水平下，收入满意度与居住是否够满意之间存在显著的相关关系。对居住不满意的人群更可能对收入感到不满意。

（2）安全与收入

表 4.2.13　收入与生活安全满意度列联表分析

			生活安全满意与否				总计
			比较不满意	一般	比较满意	非常满意	
收入满意与否	非常不满意	计数（户）	0	6	9	8	23
		占生活安全满意与否的百分比（%）	0	26.09	39.13	34.78	100
		占收入满意与否的百分比（%）	0	18.75	3.45	1.82	3.13
		占总计的百分比（%）	0	0.82	1.22	1.09	3.13
	比较不满意	计数（户）	2	7	42	60	111
		占生活安全满意与否的百分比（%）	1.80	6.31	37.84	54.05	100
		占收入满意与否的百分比（%）	100	21.88	16.09	13.64	15.10
		占总计的百分比（%）	0.27	0.95	5.71	8.16	15.10
	一般	计数（户）	0	12	93	153	258
		占生活安全满意与否的百分比（%）	0	4.65	36.05	59.30	100
		占收入满意与否的百分比（%）	0	37.50	35.63	34.77	35.10
		占总计的百分比（%）	0	1.63	12.65	20.82	35.10
	比较满意	计数（户）	0	7	101	125	233
		占生活安全满意与否的百分比（%）	0	3	43.35	53.65	100
		占收入满意与否的百分比（%）	0	21.88	38.70	28.41	31.70
		占总计的百分比（%）	0	0.95	13.74	17.01	31.70
	非常满意	计数（户）	0	0	16	94	110
		占生活安全满意与否的百分比（%）	0	0	14.55	85.45	100
		占收入满意与否的百分比（%）	0	0	6.13	21.36	14.97
		占总计的百分比（%）	0	0	2.18	12.79	14.97
总计		计数（户）	2	32	261	440	735
		占总计的百分比（%）	0.27	4.35	35.51	59.86	100

卡方检验			
	值	自由度	P 值
皮尔逊卡方	77.50	12	0.000

由于生活安全满意度整体都很高，对生活安全不满意的样本几乎没有，因此表 4.2.13 中关键是比较生活安全满意度"比较满意"与"非常满意"的两类受访家庭的收入满意度差异。显然，对收入状况感觉"非常满意"的受访者更大比例的是对生活安全感觉"非常满意"的群体。

从卡方检验表 4.2.13 得知，卡方统计量的 P < 0.01，表明在 1% 的显著性水平下，安全满意度与收入满意度之间存在较为显著的相关关系。

（3）收入与健康

图 4.2.10 将收入满意度与健康状况均简化为三个类别档，然后展示这两个变量之间的相关关系。

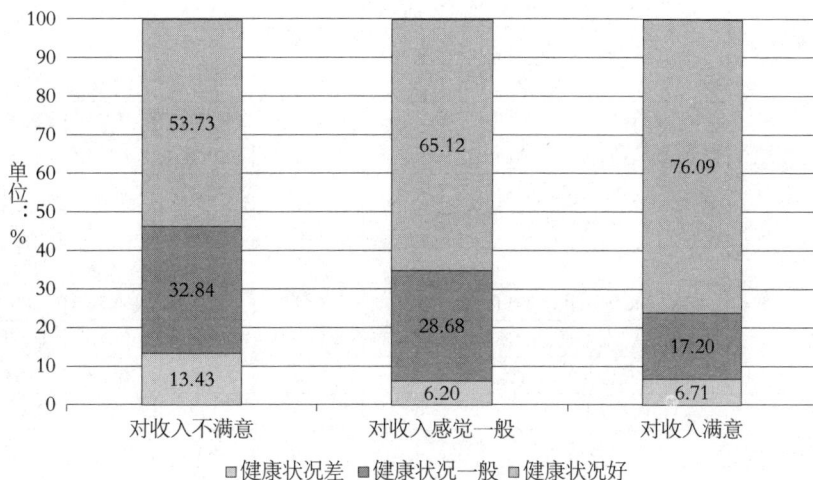

图 4.2.10　健康满意度与收入满意度

从图 4.2.10 中可以很直观地观察到，随着收入满意度的样本组由"不满意"变化到"满意"，相应组内的健康度占比中"健康状况好"的比例也相应显著升高。事实上，收入的满意与否同健康度的好坏之间存在一定的内生性关联度，健康度好的家庭更可能获得较高的劳动收入与农业收成，反过来，收入较好的家庭，其营养摄入与生活质量较高，更可能有较好的健康度。

表 4.2.14　健康满意度与收入满意度列联表分析

			健康状况			总计
			差	一般	好	
收入满意度	非常不满意	计数（户）	6	8	9	23
		占健康状况的百分比（%）	26.09	34.78	39.13	100
		占收入满意的百分比（%）	10.53	4.52	1.80	3.13
		占总计的百分比（%）	0.82	1.09	1.22	3.13
	比较不满意	计数（户）	12	36	63	111
		占健康状况的百分比（%）	10.81	32.43	56.76	100
		占收入满意的百分比（%）	21.05	20.34	12.57	15.1
		占总计的百分比（%）	1.63	4.90	8.57	15.1
	一般	计数（户）	16	74	168	258
		占健康状况的百分比（%）	6.20	28.68	65.12	100
		占收入满意的百分比（%）	28.07	41.81	33.53	35.10
		占总计的百分比（%）	2.18	10.07	22.86	35.10
	比较满意	计数（户）	18	45	170	233
		占健康状况的百分比（%）	7.73	19.31	72.96	100
		占收入满意的百分比（%）	31.58	25.42	33.93	31.70
		占总计的百分比（%）	2.45	6.12	23.13	31.70
	非常满意	计数（户）	5	14	91	110
		占健康状况的百分比（%）	4.55	12.73	82.73	100
		占收入满意的百分比（%）	8.77	7.91	18.16	14.97
		占总计的百分比（%）	0.68	1.90	12.38	14.97
总计		计数（户）	57	177	501	735
		占总计的百分比（%）	7.76	24.08	68.16	100

卡方检验			
	值	自由度	P 值
皮尔逊卡方	37.76	8	0.000

表 4.2.14 中，纵向观察，在对健康状况差的人群中，40.35%对收入感到满意（"非常满意"与"比较满意"之和，下同），28.07%的感觉收入满意度一般，还有 31.58%对收入感到不满意（"非常不满意"与"比较不满意"之和，下同）。在自我感觉健康一般的人群中，33.33%对收入感到满

意，41.81%的情况是一般，还有24.86%对收入感到不满意。在对健康方面感觉好的人群中，52.09%对收入感到满意，33.53%的情况是一般，还有14.37%对收入感到不满意。这与图4.2.10中观测到的现象是一致的结论。

从卡方检验表4.2.14得知，卡方统计量的P＜0.01，表明在1%的显著性水平下对健康好坏的感觉与收入是否满意之间存在较为显著的相关关系。对收入满意的人群更可能对健康感觉好，对健康感觉好的人群更可能对收入感到满意。

（4）居住与生活安全

表4.2.15　居住满意度与生活安全满意度列联表分析

			生活安全满意与否				总计
			比较不满意	一般	比较满意	非常满意	
居住满意度	非常不满意	计数（户）	0	3	5	8	16
		占生活安全满意与否的百分比（%）	0	18.75	31.25	50	100
		占居住满意与否的百分比（%）	0	9.38	1.89	1.79	2.14
		占总计的百分比（%）	0	0.40	0.67	1.07	2.14
	比较不满意	计数（户）	0	5	44	64	113
		占生活安全满意与否的百分比（%）	0	4.42	38.94	56.64	100
		占居住满意与否的百分比（%）	0	15.62	16.67	14.29	15.15
		占总计的百分比（%）	0	0.67	5.90	8.58	15.15
	一般	计数（户）	1	9	69	110	189
		占生活安全满意与否的百分比（%）	0.53	4.76	36.51	58.2	100
		占居住满意与否的百分比（%）	50	28.12	26.14	24.55	25.34
		占总计的百分比（%）	0.13	1.21	9.25	14.75	25.34
	比较满意	计数（户）	0	13	114	139	266
		占生活安全满意与否的百分比（%）	0	4.89	42.86	52.26	100
		占居住满意与否的百分比（%）	0	40.62	43.18	31.03	35.66
		占总计的百分比（%）	0	1.74	15.28	18.63	35.66
	非常满意	计数（户）	1	2	32	127	162
		占生活安全满意与否的百分比（%）	0.62	1.23	19.75	78.40	100
		占居住满意与否的百分比（%）	50	6.25	12.12	28.35	21.72
		占总计的百分比（%）	0.13	0.27	4.29	17.02	21.72

续表

		生活安全满意与否				总计
		比较不满意	一般	比较满意	非常满意	
总计	计数（户）	2	32	264	448	746
	占总计的百分比（%）	0.27	4.29	35.39	60.05	100
卡方检验						
	值		自由度		P 值	
皮尔逊卡方	42.22		12		0.000	

表 4.2.15 中，比较居住满意度"比较满意"与"非常满意"两个样本组与生活安全满意度"比较满意"以及"非常满意"两个样本组的交互，可以较为清晰地看到，更高居住满意度的样本组对应着更高生活安全满意度。

从卡方检验表 4.2.15 得知，卡方统计量的 P 值接近 0，表明生活安全满意度与居住满意度之间存在较为显著的相关关系。

（5）居住与健康

将居住满意度与健康状况均简化为三个类别档，首先通过图 4.2.11

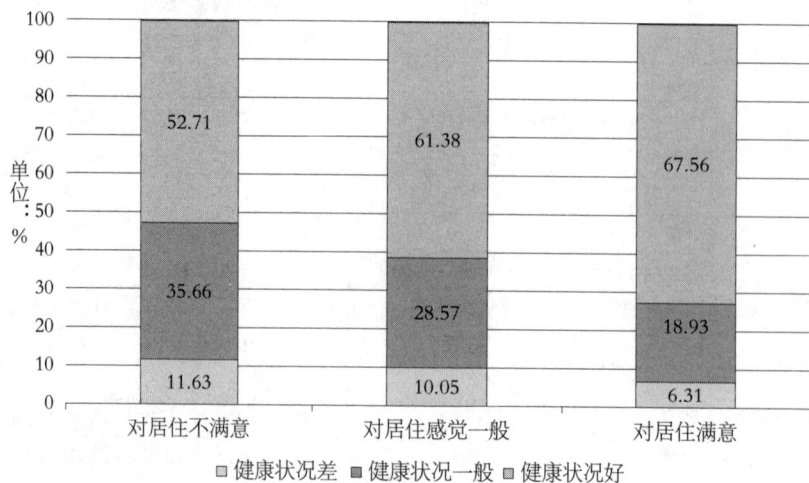

图 4.2.11 健康满意度与居住满意度

来直观检验二者之间的交互关系。

图 4.2.11 显示，随着居住满意度的提升，以居住满意度分组的受访家庭组内健康状况好的比例上升，而健康状况一般以及健康状况差的比例下降，因而居住满意度与健康状况之间呈现较为显著的正相关关系。更为细致的分组以及组间和组内的两因素交互关系见表 4.2.16。

表 4.2.16　居住满意度与健康状况列联表分析

| | | | 健康状况 | | | | | 总计 |
			非常差	比较差	一般	比较好	非常好	
居住满意度	非常不满意	计数（户）	1	1	5	7	2	16
		占健康状况的百分比（%）	6.25	6.25	31.25	43.75	12.50	100
		占居住满意与否的百分比（%）	11.11	1.92	2.76	1.88	1.52	2.14
		占总计的百分比（%）	0.13	0.13	0.67	0.94	0.27	2.14
	比较不满意	计数（户）	2	11	41	51	8	113
		占健康状况的百分比（%）	1.77	9.73	36.28	45.13	7.08	100
		占居住满意与否的百分比（%）	22.22	21.15	22.65	13.71	6.06	15.15
		占总计的百分比（%）	0.27	1.47	5.50	6.84	1.07	15.15
	一般	计数（户）	4	15	54	91	25	189
		占健康状况的百分比（%）	2.12	7.94	28.57	48.15	13.23	100
		占居住满意与否的百分比（%）	44.44	28.85	29.83	24.46	18.94	25.34
		占总计的百分比（%）	0.54	2.01	7.24	12.20	3.35	25.34
	比较满意	计数（户）	1	18	55	154	38	266
		占健康状况的百分比（%）	0.38	6.77	20.68	57.89	14.29	100
		占居住满意与否的百分比（%）	11.11	34.62	30.39	41.40	28.79	35.66
		占总计的百分比（%）	0.13	2.41	7.37	20.64	5.09	35.66
	非常满意	计数（户）	1	7	26	69	59	162
		占健康状况的百分比（%）	0.62	4.32	16.05	42.59	36.42	100
		占居住满意与否的百分比（%）	11.11	13.46	14.36	18.55	44.70	21.72
		占总计的百分比（%）	0.13	0.94	3.49	9.25	7.91	21.72

续表

		健康状况					总计
		非常差	比较差	一般	比较好	非常好	
总计	计数（户）	9	52	181	372	132	746
	占总计的百分比（%）	1.21	6.97	24.26	49.87	17.69	100
卡方检验							
	值		自由度		P 值		
皮尔逊卡方	73.83		16		0.000		

从卡方检验表 4.2.16 得知，卡方统计量的 P < 0.01，表明在 1%的显著性水平下，对健康好坏的感觉与居住是否满意之间存在显著的相关关系。对居住满意的人群更可能对健康感觉好，对健康感觉好的人群更可能对居住感到满意。

（6）健康与生活安全

健康状况简化为三个组别档，生活安全满意度分为四个组别，但是由于生活安全满意度比较差的样本占比极小，因此图 4.2.12 中几乎只能辨别出三种生活安全满意度状态。

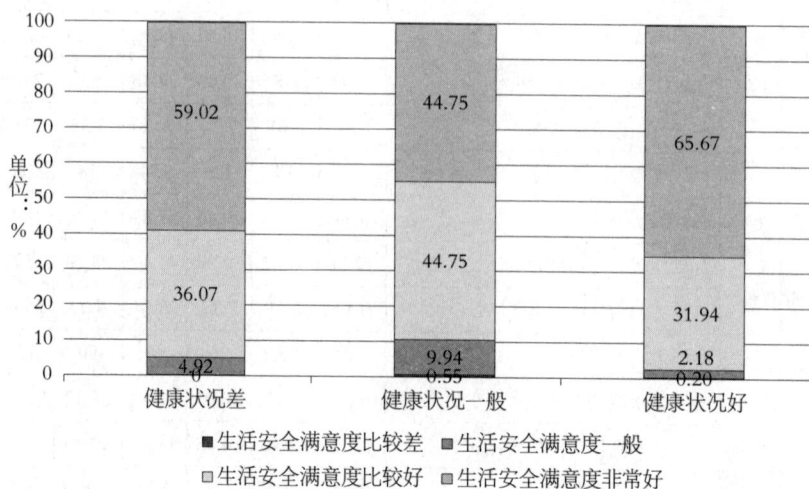

图 4.2.12 健康满意度与安全满意度

如图 4.2.12 所示，健康状况好的组别内其生活安全满意度非常好的样本占比也最高，而健康状况一般的样本组别内生活安全满意度比较好与非常好的两类样本占比一样多。总体来说，两个因素的同变化趋势的相关关系不明显。

表 4.2.17　健康状况与生活安全满意度列联表分析

| | | | 生活安全满意度 | | | | |
			比较不满意	一般	比较满意	比较不满意	总计
健康状况	非常差	计数（户）	0	1	3	5	9
		占生活安全满意度的百分比（%）	0	11.11	33.33	55.56	100
		占健康状况的百分比（%）	0	3.12	1.14	1.12	1.21
		占总计的百分比（%）	0	0.13	0.40	0.67	1.21
	比较差	计数（户）	0	2	19	31	52
		占生活安全满意度的百分比（%）	0	3.85	36.54	59.62	100
		占健康状况的百分比（%）	0	6.25	7.20	6.92	6.97
		占总计的百分比（%）	0	0.27	2.55	4.16	6.97
	一般	计数（户）	1	18	81	81	181
		占生活安全满意度的百分比（%）	0.55	9.94	44.75	44.75	100
		占健康状况的百分比（%）	50	56.25	30.68	18.08	24.26
		占总计的百分比（%）	0.13	2.41	10.86	10.86	24.26
	比较好	计数（户）	1	10	138	223	372
		占生活安全满意度的百分比（%）	0.27	2.69	37.10	59.95	100
		占健康状况的百分比（%）	50	31.25	52.27	49.78	49.87
		占总计的百分比（%）	0.13	1.34	18.50	29.89	49.87
	非常好	计数（户）	0	1	23	108	132
		占生活安全满意度的百分比（%）	0	0.76	17.42	81.82	100
		占健康状况的百分比（%）	0	3.12	8.71	24.11	17.69
		占总计的百分比（%）	0	0.13	3.08	14.48	17.69
总计		计数（户）	2	32	264	448	746
		占总计的百分比（%）	0.27	4.29	35.39	60.05	100
卡方检验							
		值		自由度		P 值	
皮尔逊卡方		55.98		12		0.000	

观察表 4.2.17，总体而言，纵向比较可以看出，在各生活安全满意度组别内，健康状况上升的时候，不同健康状况受访样本的占比也上升，大致在"比较好"的状态达到最高。

从卡方检验表 4.2.17 得知，卡方统计量的 P < 0.01，表明在 1% 的显著性水平下，健康状况与生活安全满意度之间在统计上存在显著的相关关系。

综上所述，收入满意度、居住满意度、生活安全满意度、健康状况四个基本生活状态满意度指标两两之间均呈现统计上较为显著的相关关系。这说明各生活基本状态的优劣变化相互影响并呈现整体变化的趋势。

4.2.7 小结

西藏拉萨农牧区整体对健康、居住、生活安全三个基本生活方面都较为满意，而收入方面则次之，满意度一般。具体来看，对于生活安全的满意度最高，健康和居住次之，收入满意度最低。其中，收入和居住的满意度差异性最大，生活安全的满意度差异性最小。

收入满意度与收入增减变化情况有密切的关系；与总消费增减变化情况没有明显的相互关系，总消费变化不会影响到人们对收入的满意度；与货币支出的变化情况有密切的关系，货币支出增加的情况下，人们越不容易对收入感到不满意；与各区县有密切的关系，各区县间在收入满意度上存在着差异，不同区县的人们对于收入满意度有着不同的感受。

主要饮用水来源与健康状况在 10% 的显著性水平下，存在一定的相关关系。通过直接调研问卷数据，我们发现饮用未经加工的天然地表水的样本家庭健康度要略优于饮用公共自来水厂经过处理的安全供水。这间接地论证了西藏自治区长期以来的环境保护政策是具有前瞻性的，环境保护的成效也是令人满意的。事实上，通过对每一户受访家庭现场采集的饮用水样进行严格的无机检测也证实了受访地区的天然地表水与公共自来水的水质相当，具有直接饮用的水准。地区与健康状况之间有密切的关系，虽健康状况不同的人群中各区县的比例变化比较接近，但不同地区居民的健康度在统计上具有较为显著的差异（在"第六章 健康与饮用水安全专题"中对此有更为详细的描述与分析）。

居住满意度与居住空间之间有密切的关系，居住空间够住的家庭更不容易对居住感到不满意。

拉萨市农牧区居民对生活安全满意度感到非常满意、比较满意和一般的占绝大多数，没有受访家庭表示生活安全感受为非常不满意。安全满意度与村中是否发生过自然灾害对人们的生活安全满意度存在一定的相关关系；与村中是否发生过治安安全事故之间有密切的相关关系；与村中是否发生过人传染病之间有较为显著的相关关系；安全满意度与各区县有密切的关系，不同区县的人们对于安全满意度有着不同的感受。

在四个指标交叉列联表分析中，收入满意度、居住满意度、生活安全满意度、健康状况四个基本生活状态满意度指标两两之间均呈现统计上较为显著的相关关系。这说明各生活基本状态的优劣变化是相互影响并呈现整体变化的趋势。

4.3 社会化关联层面满意度分析

教育、医疗、社会保障与道路状况一直是民生问题关注的焦点，这四个方面与农牧区居民的收入（生产）、消费和居住等最大的不同在于，必须依托较为完善的社会化公共产品与公共服务体系才能获得，因而我们将其归于社会化关联类别。为全面了解拉萨市七县农牧区居民对公共产品与公共服务供给状况的满意度评价，我们将针对这四个方面从多个维度做人群差异分析，以期能够找出这四个方面不同满意度的人群特质。

4.3.1 社会化关联层面整体满意度分析

本节对教育、医疗、社会保障与道路状况四类指标整体上进行描述性统计分析，在数据处理上，对各项指标分别删除选择了"不清楚"的观测样本。各满意度档次计算结果四舍五入分为五档后转换为指标得分：0分为"非常不满意"，25分为"比较不满意"，50分为"一般"，75分为"比较满意"，100分为"非常满意"。五大类指标得分的描述性统计分析统计见表4.3.1。

表4.3.1 对四类指标的描述性统计分析表

		教育	医疗	社保保障	交通状况
个案数	有效	711	716	650	744
	无效	35	30	96	2
平均值		91.42	74.16	88.58	73.32
中位数		100	75	100	75
众数		100	100、75	100	100
标准差		15.078	24.438	18.653	30.84

各项满意度总体情况如下：

（1）教育满意度

调查结果显示，教育满意度的平均值约等于91.42，受访者整体对于目前政府提供的义务教育非常满意；众数为100，即非常满意，对于政府提供目前的义务教育感觉非常满意的受访者占比最大。

（2）村镇医疗满意度

调查结果显示，村镇医疗满意度的平均值约等于74.16，受访者整体对于卫生所或医院提供医疗服务比较满意；众数为100和75，即非常满意和比较满意，对于卫生所或医院目前提供医疗服务感觉非常满意和比较满意的受访者占比最多。

（3）社会养老保障满意度

调查结果显示，社会养老保障满意度的平均值约等于 88.58，受访者整体对于目前政府提供的社会养老保障非常满意；众数为 100，即非常满意，对于政府目前提供的社会养老保障感觉非常满意的受访者占比最多。

（4）道路状况满意度

调查结果显示，道路状况满意度的平均值约为 73.32，受访者整体对于目前所在地的道路状况比较满意；众数为 100，即非常满意，对于所在地的道路状况感觉非常满意的受访者占比最多。

4.3.2　教育满意度

（1）总体概况

调查数据显示，绝大多数受访者对政府目前提供的义务教育感到满意，合计占比高达 95.08%；极个别受访者感到比较不满意，仅占 0.98%；没有受访者感到非常不满意。

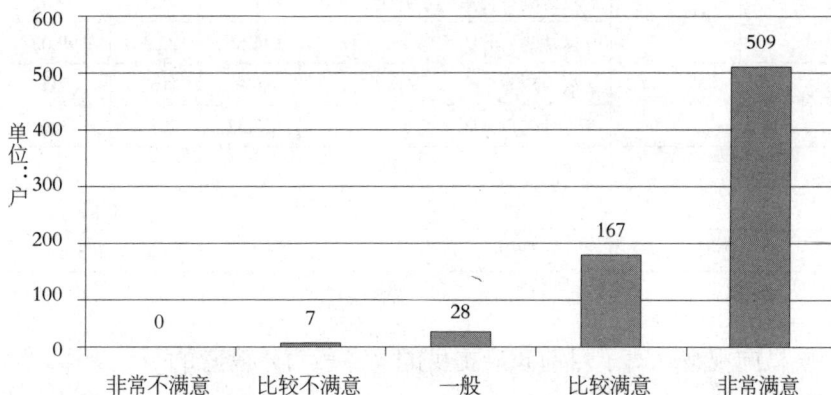

图 4.3.1　教育满意度指标直方图

（2）分题项

本节分别对教育满意度与其他相关指标进行交叉列联表分析。教育满意与否总共分为两档：原五档中的1、2、3表示对政府提供的义务教育"没有不满意"，4、5表示"不满意"。在满意度的计算过程中，删去了选择"不清楚"的观测样本。

①教育满意度与家中是否有受教育者

家中是否有人在学校接受正规教育指标的选项有"是"与"否"两个，教育满意与否与家中是否有受教育者两指标交叉表见表4.3.2。

表4.3.2　教育满意度与家中是否有受教育者情况列联表分析

			家中是否有人在学校接受正规教育		总计
			是	否	
教育满意与否	不满意	计数（户）	4	3	7
		占教育参与情况的百分比（%）	57.14	42.86	100
		占教育满意与否的百分比（%）	0.73	1.85	0.98
		占总计的百分比（%）	0.56	0.42	0.98
	没有不满意	计数（户）	545	159	704
		占教育参与情况的百分比（%）	77.41	22.59	100
		占教育满意与否的百分比（%）	99.27	98.15	99.02
		占总计的百分比（%）	76.65	22.36	99.02
总计		计数（户）	549	162	711
		占总计的百分比（%）	77.22	22.78	100
卡方检验					
		值	自由度		P值
皮尔逊卡方		1.619	1		0.203

横向观察，对于目前政府提供的义务教育不满意的受访者中，有57.14%的受访者家中有人在学校接受正规教育，42.86%家中没有人在学校接受正规义务教育；但不满意的受访者仅有7人，占样本总量的0.98%，不能判断家中是否有人在学校接受正规教育会对教育满意度有影响。

纵向观察，家中有人接受正规教育的受访者中，仅有 0.73% 对政府目前提供的义务教育感到不满意；在家中没有人接受正规教育的受访者中，仅有 1.85% 对政府目前提供的义务教育感到不满意，总体教育满意度高。

卡方统计量的 P > 0.1，表明即使在 10% 的显著性水平下也不能拒绝原假设，即家中是否有人在学校接受正规教育与教育满意度没有明显的关系。

②不同农牧业形式区域的教育满意度

农牧业形式指标的选项可以构建并判断受访户的家庭生产层面有"半农半牧或纯农""纯牧"和"非农非牧"三种类别，教育满意与否与受访者所在地农业形式两指标交叉表见表 4.3.3。

表 4.3.3　教育满意度与农业形式列联表分析

			农业形式			总计
			半农半牧或纯农	纯牧	非农非牧	
教育满意与否	不满意	计数（户）	5	1	1	7
		占农牧业形式的百分比（%）	71.43	14.29	14.29	100
		占教育满意与否的百分比（%）	0.94	0.67	3.45	0.98
		占总计的百分比（%）	0.70	0.14	0.14	0.98
	没有不满意	计数（户）	527	149	28	704
		占农牧业形式的百分比（%）	74.86	21.16	3.98	100
		占教育满意与否的百分比（%）	99.06	99.33	96.55	99.02
		占总计的百分比（%）	74.12	20.96	3.94	99.02
总计		计数（户）	532	150	29	711
		占总计的百分比（%）	74.82	21.10	4.08	100
卡方检验						
		值	自由度		P 值	
皮尔逊卡方		1.9721	2		0.373	

横向观察，对于目前政府提供的义务教育不满意的受访者中，有 71.43% 的受访者所在地的农牧业形式为半农半牧或纯农，14.29% 的受

访者所在地的农牧业形式为纯牧业，14.29%的受访者所在地的农牧业形式为非农非牧。表示不满意的受访者合计仅有 7 人，仅占 0.98%，不能判断所在地农牧业形式对教育满意度有影响。

纵向观察，所在地农牧业形式为半农半牧或纯农的人中，仅有 0.94%对政府目前提供的义务教育感到不满意；所在地农牧业形式为纯牧业的人中，仅有 0.67%对政府目前提供的义务教育感到不满意；所在地农牧业形式为非农非牧的人中，仅有 3.45%对政府目前提供的义务教育感到不满意。

卡方统计量的 P > 0.1，表明即使在 10%的显著性水平下也不能拒绝原假设，即所在地农牧业形式与教育满意度没有明显的关系。

③不同县域的教育满意度

教育满意与否与受访者所在县指标的交叉列联表见表 4.3.4。

表 4.3.4　教育满意与否与不同县域情况列联表分析

			教育满意与否		总计
			没有不满意	不满意	
区县	堆龙德庆县	计数（户）	124	0	124
		占区县的百分比（%）	100	0	100
		占教育满意与否的百分比（%）	17.61	0	17.44
		占总计的百分比（%）	17.44	0	17.44
	墨竹工卡县	计数（户）	112	0	112
		占区县的百分比（%）	100	0	100
		占教育满意与否的百分比（%）	15.91	0	15.75
		占总计的百分比（%）	15.75	0	15.75
	尼木县	计数（户）	79	0	79
		占区县的百分比（%）	100	0	100
		占教育满意与否的百分比（%）	11.22	0	11.11
		占总计的百分比（%）	11.11	0	11.11

续表

			教育满意与否		总计
			没有不满意	不满意	
	当雄县	计数（户）	104	4	108
		占区县的百分比（%）	96.30	3.70	100
		占教育满意与否的百分比（%）	14.77	57.14	15.19
		占总计的百分比（%）	14.63	0.56	15.19
	曲水县	计数（户）	76	3	79
		占区县的百分比（%）	96.20	3.80	100
		占教育满意与否的百分比（%）	10.80	42.86	11.11
		占总计的百分比（%）	10.69	0.42	11.11
	林周县	计数（户）	141	0	141
		占区县的百分比（%）	100	0	100
		占教育满意与否的百分比（%）	20.03	0	19.83
		占总计的百分比（%）	19.83	0	19.83
	达孜县	计数（户）	68	0	68
		占区县的百分比（%）	100	0.	100
		占教育满意与否的百分比（%）	9.66	0	9.56
		占总计的百分比（%）	9.56	0	9.56
总计		计数（户）	704	7	711
		占总计的百分比（%）	99.02	0.98	100
卡方检验					
		值	自由度		P 值
皮尔逊卡方		19.81	6		0.003

纵向观察，对于目前政府提供的义务教育不满意的 7 个受访者中，有 4 个来自当雄县，有 3 个来自曲水县，其他县没有不满意的受访者。

卡方统计量的 P < 0.01，即在 1% 的显著水平下，拒绝原假设，即

教育满意度与县域有明显相互关系。

4.3.3 村镇医疗满意度

（1）总体概况

调查数据显示，绝大多数人对村镇医疗卫生服务感到满意，占受访人群的 70.67%；对村镇医疗卫生不满意的受访者较少，占 7.96%，其中仅 1.40% 感到非常不满意。

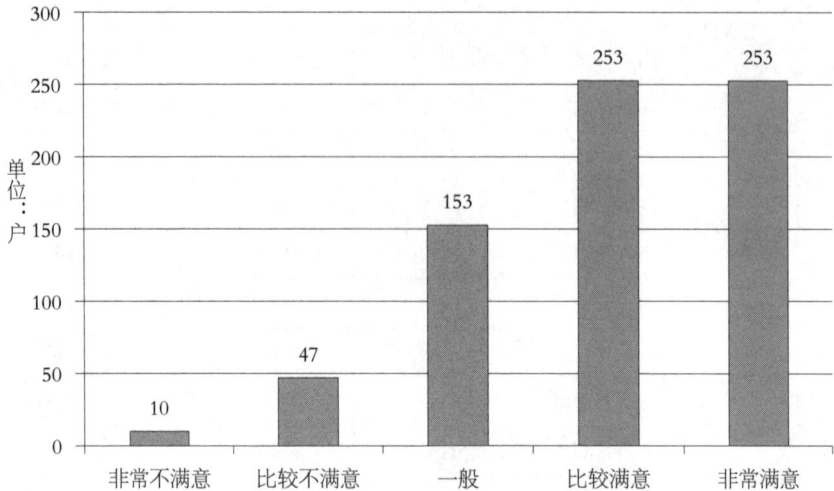

图 4.3.2　村镇医疗满意度指标直方图

（2）交叉效应分析

本节分别对村镇医疗满意度与其他相关指标进行交叉列联表分析。村镇医疗满意与否分为两档：原五档中的 1、2、3 表示对目前本村／乡镇卫生所或医院提供医疗服务感觉"没有不满意"，4、5 表示"不满意"。在满意度的计算过程中，删去了选择"不清楚"的观测样本。

①村镇医疗满意度与是否到村镇医疗机构看病

家中是否有人到村镇医疗机构看病指标的选项有"是"与"否"两个，村镇医疗满意与否与家中是否有人到村镇医疗机构看病两指标交叉表见表 4.3.5。

表 4.3.5　村镇医疗满意与否与是否到村镇医疗机构看病列联表分析

| | | | 家中是否有人到村镇医疗机构看病 | | 总计 |
			是	否	
村镇医疗满意与否	不满意	计数（户）	45	12	57
		占村镇医疗看病情况的百分比（%）	78.95	21.05	100
		占村镇医疗满意与否的百分比（%）	8.02	7.79	7.96
		占总计的百分比（%）	6.29	1.68	7.96
	没有不满意	计数（户）	516	142	659
		占村镇医疗看病情况的百分比（%）	78.42	21.58	100
		占村镇医疗满意与否的百分比（%）	91.98	92.21	92.04
		占总计的百分比（%）	72.17	19.86	92.04
总计		计数（户）	561	154	716
		占总计的百分比（%）	78.46	21.54	100
卡方检验					
	值		自由度		P 值
皮尔逊卡方	0.0087		1		0.926

横向比较，对村镇医疗卫生服务不满意的受访者中，有 78.95% 在村镇医疗机构看过病，有 21.05% 没有在村镇医疗机构看过病；多数不满意者均在村镇医疗机构看过病，少数不满意者没有就医需求或选择到其他医疗机构看病。

纵向比较，到村镇医疗机构看病的受访者中，有 8.02% 对村镇医疗卫生服务不满意；没有到村镇医疗机构看病的受访者中，有 7.79% 对村镇医疗卫生服务不满意。

卡方统计量 P > 0.1，表明即使在 10% 的显著性水平下，也不能拒绝原假设，即是否到村镇医疗机构就医与村镇医疗满意度没有明显相互关系。

②不同农牧业形式区域的村镇医疗满意度

家庭农业生产形式有"半农半牧或纯农""纯牧"和"非农非牧"三种类别，村镇医疗满意与否与受访家庭的农业生产形式两指标交叉表见表4.3.6。

表4.3.6　村镇医疗满意度与农业生产形式列联表分析

			农业生产形式			总计
			半农半牧或纯农	纯牧	非农非牧	
村镇医疗满意与否	不满意	计数（户）	33	22	2	57
		占农业形式的百分比（%）	57.89	38.60	3.51	100
		占村镇医疗满意与否的百分比（%）	6.20	14.29	6.67	7.96
		占总计的百分比（%）	4.61	3.07	0.28	7.96
	没有不满意	计数（户）	499	132	28	659
		占农业形式的百分比（%）	75.72	20.03	4.25	100
		占村镇医疗满意与否的百分比（%）	93.80	85.71	93.33	92.04
		占总计的百分比（%）	69.69	18.44	3.91	92.04
总计		计数（户）	532	154	30	716
		占总计的百分比（%）	74.30	21.51	4.19	100
卡方检验						
		值		自由度		P 值
皮尔逊卡方		10.72		2		0.005

横向观察，对于村镇医疗服务不满意的受访者中，有57.89%的受访者所在地的农业形式为半农半牧或纯农，38.60%的受访者所在地的农业形式为纯牧业，仅有3.51%的受访者所在地的农业形式为非农非牧。表示不满意的受访者合计有57人，仅占7.96%。

纵向观察，所在地农业形式为半农半牧或纯农的人中，仅有6.20%对村镇医疗服务感到不满意；所在地农业形式为纯牧业的人中，有14.29%对村镇医疗服务感到不满意；所在地农业形式为非农非牧的人中，仅有6.67%对村镇医疗服务感到不满意。

卡方统计量的 P ＜ 0.01，表明在 1% 的显著性水平下拒绝原假设，所在地农业形式与村镇医疗服务满意度有显著关系。

③不同县域的村镇医疗满意度

村镇医疗满意与否与受访者所在县指标的交叉表见表4.3.7。

表4.3.7 村镇医疗满意与否与不同县域列联表分析

			村镇医疗满意与否		总计
			没有不满意	不满意	
区县	堆龙德庆县	计数（户）	120	7	127
		占区县的百分比（%）	94.49	5.51	100
		占村镇医疗满意与否的百分比（%）	18.21	12.28	17.74
		占总计的百分比（%）	16.76	0.98	17.74
	墨竹工卡县	计数（户）	111	6	117
		占区县的百分比（%）	94.87	5.13	100
		占村镇医疗满意与否的百分比（%）	16.84	10.53	16.34
		占总计的百分比（%）	15.50	0.84	16.34
	尼木县	计数（户）	79	2	81
		占区县的百分比（%）	97.53	2.47	100
		占村镇医疗满意与否的百分比（%）	11.99	3.51	11.31
		占总计的百分比（%）	11.03	0.28	11.31
	当雄县	计数（户）	89	21	110
		占区县的百分比（%）	80.91	19.09	100
		占村镇医疗满意与否的百分比（%）	13.51	36.84	15.36
		占总计的百分比（%）	12.43	2.93	15.36
	曲水县	计数（户）	67	7	74
		占区县的百分比（%）	90.54	9.46	100
		占村镇医疗满意与否的百分比（%）	10.17	12.28	10.34
		占总计的百分比（%）	9.36	0.98	10.34
	林周县	计数（户）	124	11	135
		占区县的百分比（%）	91.85	8.15	100
		占村镇医疗满意与否的百分比（%）	18.82	19.30	18.85
		占总计的百分比（%）	17.32	1.54	18.85
	达孜县	计数（户）	69	3	72
		占区县的百分比（%）	95.83	4.17	100
		占村镇医疗满意与否的百分比（%）	10.47	5.26	10.06
		占总计的百分比（%）	9.64	0.42	10.06

续表

		村镇医疗满意与否		总计
		没有不满意	不满意	
总计	计数（户）	659	57	716
	占总计的百分比（%）	92.04	7.96	100
卡方检验				
	值	自由度	P 值	
皮尔逊卡方	25.9	6	0.000	

对村镇医疗不满意的 57 人中，有 21 人在当雄县，占不满意人群的 36.84%；有 11 人在林周县，占不满意人群的 19.3%；其余各县的不满意受访者均在 10 人以下，各县都有对村镇医疗不满意的受访者。

卡方统计量 P＜0.01，即在 1% 的显著水平下拒绝原假设，村镇医疗满意度与不同县域有明显相互关系。

4.3.4　社会保障满意度

（1）总体概况

调查数据显示，绝大多数人社会保障感到满意，占受访人群的

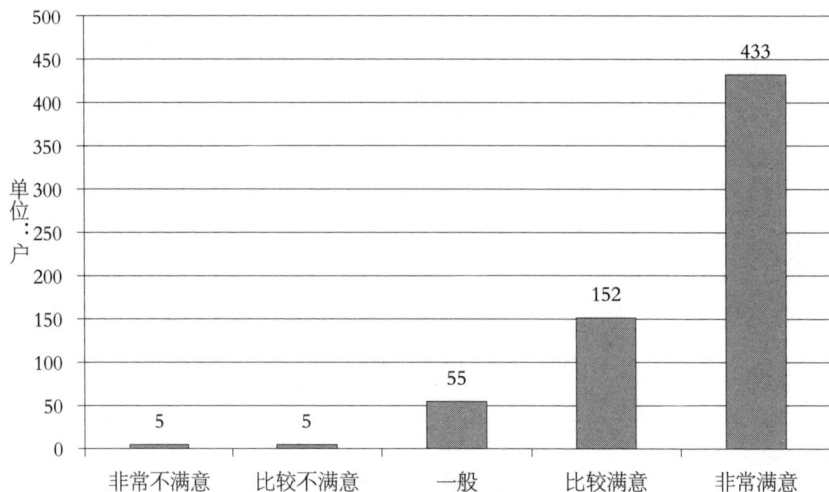

图 4.3.3　社会保障满意度指标直方图

90%；对社会保障不满意的受访者较少，占 1.54%，其中仅 0.77% 感到非常不满意。如图 4.3.3 所示。

（2）交叉效应分析

本节分别对社会保障满意度与其他相关指标进行交叉列联表分析。社会保障满意与否分为两档：原五档中的 1、2、3 表示对目前政府提供的社会养老保障感觉"没有不满意"，4、5 表示"不满意"。在满意度的计算过程中，删去了选择"不清楚"的观测样本。

①社会保障满意度与家中是否有老人领取社保

家中是否有老人领取社保养老金指标的选项有"是"与"否"两个，社会保障满意与否与家中是否有老人领取社保养老金两指标交叉表见表 4.3.8。

表 4.3.8　社会保障满意与否与家中是否有老人领取社保列联表分析

			家中是否有老人领取社保养老金		总计
			是	否	
社会保障满意与否	不满意	计数（户）	6	4	10
		占领取养老金情况的百分比（%）	60	40	100
		占社会保障满意与否的百分比（%）	2.06	1.11	1.54
		占总计的百分比（%）	0.92	0.62	1.54
	没有不满意	计数（户）	285	355	640
		占领取养老金情况的百分比（%）	44.53	55.47	100
		占社会保障满意与否的百分比（%）	97.94	98.89	98.46
		占总计的百分比（%）	43.85	54.62	98.46
总计		计数（户）	291	359	650
		占总计的百分比（%）	44.77	55.23	100
卡方检验					
		值	自由度		P 值
皮尔逊卡方		0.9528	1		0.329

横向比较，对社会保障不满意的受访者中，有 6 人家中有老人领取社保金，有 4 人家中没有人领取社保金。纵向比较，家中有老人领取社保的受访者中，有 2.06% 对社会保障不满意；家中没有老人领取社保的受访者中，有 1.11% 对社会保障不满意。所有受访者中，合计只有 10 人对社会保障表示不满意，仅占 1.54%。

卡方统计量的 P > 0.1，表明即使在 10% 的显著性水平下也不能拒绝原假设，即家中是否有老人领取社保金与社会保障满意度没有显著相互关系。

②不同农业形式区域的社会保障满意度

家庭农业生产形式分为"半农半牧或纯农""纯牧"和"非农非牧"三类，社会保障满意与否与受访家庭所属的农业生产形式两指标交叉表如下：

表 4.3.9　社会保障满意度与农业生产形式列联表分析

			农业生产形式			总计
			半农半牧或纯农	纯牧	非农非牧	
社会保障满意与否	不满意	计数（户）	6	4	0	10
		占农业形式的百分比（%）	60	40	0	100
		占社会保障满意与否的百分比（%）	1.22	2.90	0.00	1.54
		占总计的百分比（%）	0.92	0.62	0.00	1.54
	没有不满意	计数（户）	484	134	22	640
		占农业形式的百分比（%）	75.63	20.94	3.44	100
		占社会保障满意与否的百分比（%）	98.78	97.10	100.00	98.46
		占总计的百分比（%）	74.46	20.62	3.38	98.46
总计		计数（户）	490	138	22	650
		占总计的百分比（%）	75.38	21.23	3.38	100
卡方检验						
			值	自由度		P 值
皮尔逊卡方			2.35	2		0.309

横向观察，对于社会保障不满意的受访者中，有60%的受访者所在地的农业形式为半农半牧或纯农，40%的受访者所在地的农业形式为纯牧业。表示不满意的受访者合计仅有10人，仅占1.54%。

纵向观察，所在地农业形式为半农半牧或纯农的受访者中，仅有1.22%对社会保障感到不满意；所在地农业形式为纯牧业的受访者中，有2.90%对社会保障感到不满意。

卡方统计量的 P > 0.1，表明在10%的显著性水平下也不能拒绝原假设，所在地农业形式与社会保障满意度未表现出显著关系。

③不同县域的社会保障满意度

社会保障满意与否与受访者所在县指标的交叉表见表4.3.10。

表4.3.10　社会保障满意与否与不同县域列联表分析

			社保满意与否		总计
			没有不满意	不满意	
区县	堆龙德庆县	计数（户）	110	1	111
		占区县的百分比（%）	99.10	0.90	100
		占社保满意与否的百分比（%）	17.19	10	17.08
		占总计的百分比（%）	16.92	0.15	17.08
	墨竹工卡县	计数（户）	102	1	103
		占区县的百分比（%）	99.03	0.97	100
		占社保满意与否的百分比（%）	15.94	10	15.85
		占总计的百分比（%）	15.69	0.15	15.85
	尼木县	计数（户）	75	1	76
		占区县的百分比（%）	98.68	1.32	100
		占社保满意与否的百分比（%）	11.72	10	11.69
		占总计的百分比（%）	11.54	0.15	11.69
	当雄县	计数（户）	95	2	97
		占区县的百分比（%）	97.94	2.06	100
		占社保满意与否的百分比（%）	14.84	20	14.92
		占总计的百分比（%）	14.62	0.31	14.92

续表

| | | | 社保满意与否 | | 总计 |
			没有不满意	不满意	
曲水县		计数（户）	74	1	75
		占区县的百分比（%）	98.67	1.33	100
		占社保满意与否的百分比（%）	11.56	10	11.54
		占总计的百分比（%）	11.38	0.15	11.54
林周县		计数（户）	121	4	125
		占区县的百分比（%）	96.80	3.20	100
		占社保满意与否的百分比（%）	18.91	40.00	19.23
		占总计的百分比（%）	18.62	0.62	19.23
达孜县		计数（户）	63	0	63
		占区县的百分比（%）	100	0	100
		占社保满意与否的百分比（%）	9.84	0	9.69
		占总计的百分比（%）	9.69	0	9.69
总计		计数（户）	640	10	650
		占总计的百分比（%）	98.46	1.54	100
卡方检验					
	值		自由度		P 值
皮尔逊卡方	4		2		0.677

对社会保障不满意的受访者中，有 4 人分布在林周县，2 人分布在当雄县，占不满意群体的 60%，其余县均仅有 1 人或没有人对社保不满意。

卡方统计量不显著，社保满意度与不同县域未表现出显著相互关系。

4.3.5 道路满意度

（1）总体概况

调查数据显示，大多数人对道路交通感到满意，占受访人群的 71.37%；对道路交通不满意的受访者较少，占 16.40%，其中 6.05% 感到非常不满意，如图 4.3.4 所示。

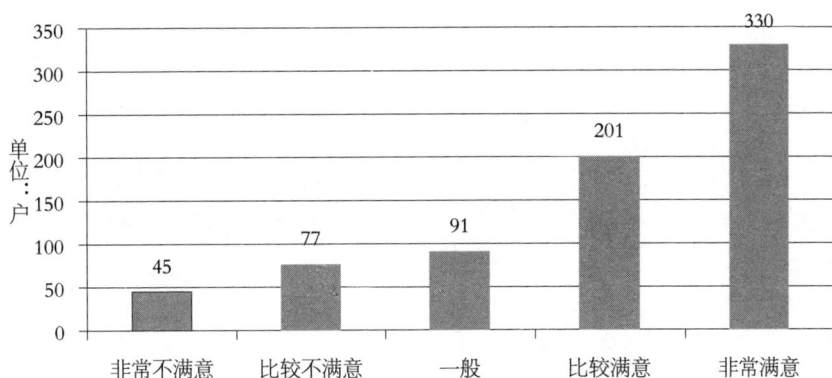

图 4.3.4 道路状况满意度指标直方图

（2）交叉效应分析

本节分别对道路状况满意度与其他相关指标进行交叉列联表分析。道路状况满意与否分为两档：原五档中的1、2、3表示对目前本村／乡镇的道路状况感觉"没有不满意"，4、5表示"不满意"。在满意度的计算过程中，删去了选择"不清楚"的观测样本。

①不同农业形式区域的道路满意度

家庭农牧业生产形式分别有"半农半牧或纯农""纯牧"和"非农非牧"三类，道路状况满意度与受访者所在地农牧业形式两指标交叉表见表4.3.11。

表 4.3.11 道路状况满意度与农牧业生产形式列联表分析

			农牧业生产形式			总计
			半农半牧或纯农	纯牧	非农非牧	
道路状况满意与否	不满意	计数（户）	80	37	5	122
		占农业形式的百分比（%）	65.57	30.33	4.10	100
		占道路状况满意与否的百分比（%）	14.49	23.27	15.15	16.40
		占总计的百分比（%）	10.75	4.97	0.67	16.40
	没有不满意	计数（户）	472	122	28	622
		占农业形式的百分比（%）	75.88	19.61	4.50	100
		占道路状况满意与否的百分比（%）	85.51	76.73	84.85	83.60
		占总计的百分比（%）	63.44	16.40	3.76	83.60

		农牧业生产形式			总计
		半农半牧或纯农	纯牧	非农非牧	
总计	计数（户）	552	159	33	744
	占总计的百分比（%）	74.19	21.37	4.44	100
卡方检验					
	值	自由度		P值	
皮尔逊卡方	6.98	2		0.031	

横向观察，对于道路状况不满意的受访者中，有 65.57% 的受访者所在地的农牧业形式为半农半牧或纯农，30.33% 的受访者所在地的农牧业形式为纯牧业，仅有 4.10% 的受访者所在地的农牧业形式为非农非牧。表示不满意的受访者合计有 122 人，占 16.40%。

纵向观察，所在地农牧业形式为半农半牧或农业的受访者中，有 14.49% 对道路状况感到不满意；所在地农牧业形式为纯牧业的受访者中，有 23.27% 对道路状况感到不满意；所在地农牧业形式为非农非牧的受访者中，仅有 15.15% 对道路状况感到不满意。

卡方统计量的 P < 0.05，表明在 5% 的显著性水平下拒绝原假设，所在地农牧业形式与道路状况满意度存在显著关系。

②不同县域的道路满意度

道路状况满意与否与受访者所在县指标的交叉表见表 4.3.12。

表 4.3.12 道路满意与否与县域列联表分析

			道路状况满意与否		总计
			没有不满意	不满意	
区县	堆龙德庆县	计数（户）	115	15	130
		占区县的百分比（%）	88.46	11.54	100
		占道路状况满意与否的百分比（%）	18.49	12.30	17.47
		占总计的百分比（%）	15.46	2.02	17.47

续表

			道路状况满意与否		总计
			没有不满意	不满意	
	墨竹工卡县	计数（户）	93	25	118
		占区县的百分比（%）	78.81	21.19	100
		占道路状况满意与否的百分比（%）	14.95	20.49	15.86
		占总计的百分比（%）	12.50	3.36	15.86
	尼木县	计数（户）	71	11	82
		占区县的百分比（%）	86.59	13.41	100
		占道路状况满意与否的百分比（%）	11.41	9.02	11.02
		占总计的百分比（%）	9.54	1.48	11.02
	当雄县	计数（户）	91	24	115
		占区县的百分比（%）	79.13	20.87	100
		占道路状况满意与否的百分比（%）	14.63	19.67	15.46
		占总计的百分比（%）	12.23	3.23	15.46
	曲水县	计数（户）	73	10	83
		占区县的百分比（%）	87.95	12.05	100
		占社保满意与否的百分比（%）	11.74	8.20	11.16
		占总计的百分比（%）	9.81	1.34	11.16
	林周县	计数（户）	112	32	144
		占区县的百分比（%）	77.78	22.22	100
		占道路状况满意与否的百分比（%）	18.01	26.23	19.35
		占总计的百分比（%）	15.05	4.30	19.35
	达孜县	计数（户）	67	5	72
		占区县的百分比（%）	93.06	6.94	100
		占道路状况满意与否的百分比（%）	10.77	4.10	9.68
		占总计的百分比（%）	9.01	0.67	9.68
总计		计数（户）	622	122	744
		占总计的百分比（%）	83.60	16.40	100

卡方检验			
	值	自由度	P 值
皮尔逊卡方	15.82	6	0.015

对道路交通不满意的受访者中有 **32** 人分布在林周县，**25** 人分布在墨竹工卡县，**24** 人分布在当雄县，总计占不满意人群的 **68.85%**。

卡方统计量 P < 0.05，在 5% 的显著水平下拒绝原假设，即道路状况满意度与不同县域有明显相互关系。

4.3.6 各项满意度之间的交叉关系

分析各项满意度指标两两之间的相互关系，根据数据情况，仅展示各项满意度指标之间呈现出显著相互关系的交叉表，并进行卡方检验。每个指标取值分别为"没有不满意"和"不满意"，前者包括在调查问卷相应题目选项的"非常满意""比较满意"和"一般"三项，后者包括"比较不满意"和"非常不满意"两项。

（1）教育满意度与道路状况满意度

本小节将教育满意度指标与道路状况满意度指标进行交叉列联表分析，经处理后的两指标交叉表见表 4.3.13。

表 4.3.13 教育满意与否与道路状况满意与否列联表分析

			道路状况满意与否		总计
			没有不满意	不满意	
教育满意与否	没有不满意	计数（户）	588	114	702
		占道路状况满意与否的百分比（%）	83.76	16.24	100
		占教育满意与否的百分比（%）	99.32	97.44	99.01
		占总计的百分比（%）	82.93	16.08	99.01
	不满意	计数（户）	4	3	7
		占道路状况满意与否的百分比（%）	57.14	42.86	100
		占教育满意与否的百分比（%）	0.68	2.56	0.99
		占总计的百分比（%）	0.56	0.42	0.99
总计		计数（户）	592	117	709
		占总计的百分比（%）	83.50	16.50	100
卡方检验					
	值		自由度		P 值
皮尔逊卡方	3.56		1		0.059

横向观察，在对教育不满意的受访者中，42.86% 对道路状况也不满意，有 57.14% 对道路状况没有不满意。在对教育没有不满意的受访

者中，83.76%对道路状况也没有不满意，有 16.24%的人对道路状况不满意。纵向观察，在对道路状况不满意的受访者中，2.56%对教育也不满意，有 97.44%对教育没有不满意。在对道路状况没有不满意的受访者中，99.32%对教育也没有不满意，有 0.68%的人对教育不满意。

从卡方检验表 4.3.13 得知，卡方统计量的 P 值＜0.1，表明在 10%的显著性水平，教育满意情况与道路状况满意情况之间有一定的相关关系，对教育没有不满意的人更可能对道路状况感到没有不满意。

（2）村镇医疗满意度与社会保障满意度

本小节将村镇医疗满意度指标与社会保障满意度指标进行交叉列联表分析，经处理后的两指标交叉表见表 4.3.14。

表 4.3.14　村镇医疗满意与否与社会保障满意与否列联表分析

| | | | 社会保障满意与否 | | 总计 |
			没有不满意	不满意	
村镇医疗满意与否	没有不满意	计数（户）	571	5	576
		占社会保障满意与否的百分比（%）	99.13	0.87	100
		占村镇医疗满意与否的百分比（%）	93.00	50	92.31
		占总计的百分比（%）	91.51	0.80	92.31
	不满意	计数（户）	43	5	48
		占社会保障满意与否的百分比（%）	89.58	10.42	100
		占村镇医疗满意与否的百分比（%）	7	50	7.69
		占总计的百分比（%）	6.89	0.80	7.69
总计		计数（户）	614	10	624
		占总计的百分比（%）	98.40	1.60	100
卡方检验					
		值	自由度	P 值	
皮尔逊卡方		25.62	1	0.000	

横向观察，在对村镇医疗不满意的受访者中，10.42%对社会保障也不满意，有 89.58%对社会保障没有不满意。在对村镇医疗没有不满意的受访者，99.13%对社会保障也没有不满意，有 0.87%的人对社会保障不满意。纵向观察，在对社会保障不满意的受访者中，50%对村镇医

疗不满意，有 50% 对村镇医疗没有不满意。在对社会保障没有不满意的受访者中，93% 对村镇医疗也没有不满意，有 7% 的人对村镇医疗不满意。

从卡方检验表 4.3.14 得知，卡方统计量的 P 值＜0.01，表明在 1% 的显著性水平，村镇医疗满意情况与社会保障满意情况之间存在显著相关关系，对村镇医疗没有不满意的人更可能对社会保障感到没有不满意。

（3）村镇医疗满意度与道路状况满意度

本小节将村镇医疗满意度指标与道路状况满意度指标进行交叉列联表分析，经处理后的两指标交叉表见表 4.3.15。

表 4.3.15　村镇医疗满意与否与道路状况满意与否列联表分析

			道路状况满意与否		总计
			没有不满意	不满意	
村镇医疗满意与否	没有不满意	计数（户）	557	100	657
		占道路状况满意与否的百分比（%）	84.78	15.22	100
		占村镇医疗满意与否的百分比（%）	92.83	87.72	92.02
		占总计的百分比（%）	78.01	14.01	92.02
	不满意	计数（户）	43	14	57
		占道路状况满意与否的百分比（%）	75.44	24.56	100
		占村镇医疗满意与否的百分比（%）	7.17	12.28	7.98
		占总计的百分比（%）	6.02	1.96	7.98
总计		计数（户）	600	114	714
		占总计的百分比（%）	84.03	15.97	100
卡方检验					
	值		自由度		P 值
皮尔逊卡方	3.41		1		0.065

横向观察，在对村镇医疗不满意的受访者中，24.56% 对道路状况也不满意，有 75.44% 对道路状况没有不满意。在对村镇医疗没有不满意的受访者中，84.78% 对道路状况也没有不满意，有 15.22% 的人对道路状况不满意。纵向观察，在对道路状况不满意的受访者中，12.28% 对村镇医疗也不满意，有 87.72% 对村镇医疗没有不满意。在对道路状况没有不满意的受访者中，92.83% 对村镇医疗也没有不满意，有 7.17%

的人对村镇医疗不满意。

从卡方检验表 4.3.15 得知，卡方统计量的 P 值 < 0.1，表明在 10% 的显著性水平下，村镇医疗满意情况与道路状况满意情况之间存在一定的相关关系，对村镇医疗没有不满意的人更可能对道路状况感到没有不满意。

4.3.7　小结

本节就拉萨市农牧民对教育、村镇医疗、社会保障、道路状况的满意度及其与相关变量之间的关系进行了分析。结果显示：首先，拉萨市农牧民对政府提供的义务教育、社会养老保障总体表示非常满意，对所在村镇的医疗服务、道路状况总体表示比较满意。也就是说，拉萨市农牧民对于这四个方面公共服务总体表现出较高的满意程度。其次，对村镇医疗没有不满意的人更可能对道路状况和社会保障感到没有不满意，对教育没有不满意的人更可能对道路状况感到没有不满意。此外，不同农牧业形式、不同县域的农牧民对教育、村镇医疗、道路状况的满意度表现出显著差异。一是不同县域的农牧民对教育的满意程度不同，仅有的几位对教育表示不满意的农牧民分布在当雄县和曲水县，其他县域农牧民一致表示对教育没有不满意。二是不同农业形式的农牧民对村镇医疗服务满意程度不同，农业形式为纯牧业者对村镇医疗服务没有不满意的比例略低于其他农业形式的受访者。三是不同县域的农牧民对村镇医疗服务的满意程度不同，当雄县受访者中表示对村镇医疗服务没有不满意的比例为 80.91%，其他各县均在 90% 以上。四是不同农牧业形式的农牧民对道路状况的满意程度不同，农业形式为纯牧业者对道路状况不满意的比例为 23.27%，其他农业形式者表示不满意者的比例都低于 16%。五是不同县域的农牧民对道路状况的满意程度不同，墨竹工卡县、当雄县、林周县受访者中表示对道路状况不满意的比例高于 20%，略高于其他各县。总之，拉萨市农牧民对教育、村镇医疗、社会保障、道路状况各类公共服务的满意程度总体较高，但县域之间、不同农牧业形式的农牧民对各类公共服务满意度的差异也需予以关注。

4.4 现代化生活层面满意度分析

对拉萨市农牧民现代生活满意度，本节将主要从生态文明和现代生活要素两个方面来分析。生态文明是民生满意度指标体系的一个二级指标维度，包括"垃圾处理""水质达标"以及"农村环境"三个方面；而现代生活要素，我们将主要从受访家庭日常生活中涉及的现代生活设施与工具的使用状况来分析，包括日常能源选择、家庭卫生设施、通讯工具使用、金融工具使用等方面来展开分析。

4.4.1 生态文明

（1）生态文明概况分析

"生态文明"是民生满意度指标体系中的一个二级指标，其由垃圾处理、水质达标以及农村环境三个方面的三级指标构成，三个指标的权重分别为30%、40%、30%。表4.4.1给出生态文明以及三个构成指标描述性统计的详细信息。

表 4.4.1　生态文明及其三级指标描述性统计

		生态文明	垃圾处理	水质达标	农村环境
样本数	有效	746	746	746	746
	缺失	0	0	0	0
平均值		85.51	87.16	86.90	82.00
中位数		90	100	100	75
众数		100	100	100	100
标准差		15.49	21.01	22.88	20.12

如表4.4.1所示，民生满意度二级指标"生态文明"的有效样本为746个，全体样本的均值达到了85.51分，属于"比较满意"评分范围

较高的水准，其中位数为 90 分，众数是 100 分（100 分样本达到了 254 户，占比 34.05%），因而有超过一半受访样本的生态文明满意度评分超过 90 分，达到"非常满意"的水准。

三个三级指标的均值在 82—87.16 之间，均属于"比较满意"的评分较高值。值得注意的是，"垃圾处理"和"水质达标"两个指标的众数和众位数都是 100，这说明受访家庭在这两个民生满意度方面，表示"非常满意"的占比最大，且均过半。

二级满意度综合指标"生态文明"的样本评分方差要小于三个三级指标，这说明三级指标所刻画的不同维度之间的差异性并未叠加，而是相互交错。

（2）生态文明满意度

①样本概况介绍

为了更好地理解生态文明满意度的分布状态，我们依旧将生态文明的得分按照标准化的五档分布原则，将满意度归纳为"非常满意""比较满意""一般""比较不满意""非常不满意"五个类别，各档次评分区间与前文一致，具体分布状态见图 4.4.1。

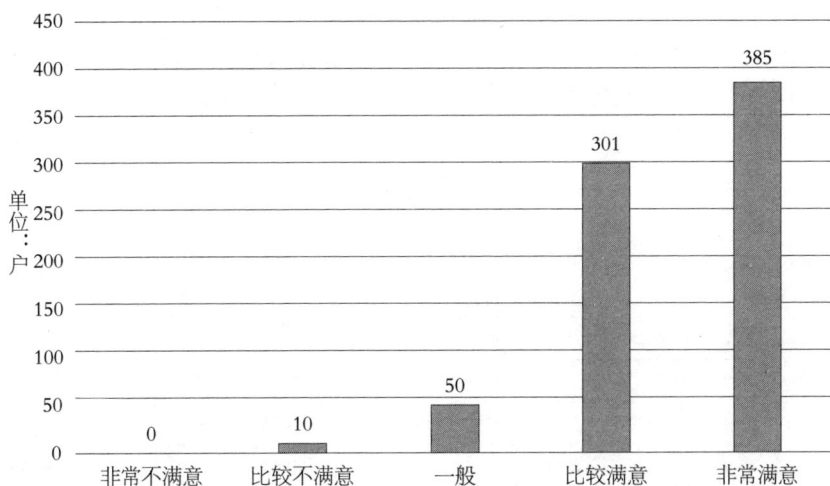

图 4.4.1 生态文明满意度

从图 4.4.1 中可知，对于"生态文明"二级指标表示"非常满意"的样本量占全样本量的大多数（51.61%），而表示满意的（"非常满意"加"比较满意"）受访对象更是占比达到 91.96%。另外，没有"非常不满意"的样本。因此可以认为，在"生态文明"方面，受访对象的满意度是非常高的。

②交叉效应分析

"生态文明"满意度所包含的内容主要是与受访家庭日常生活环境与生活习惯相关，而环境因素既来源于地理因素，又直接决定了农牧区居民的生产方式选择，因此接下来我们将分析生态文明满意度与受访家庭的生产方式以及所归属的县域行政区划之间的联系。

a. 农牧业生产方式

首先我们考虑生态文明满意度与农业生产方式之间的交叉效应，列联表分析见表 4.4.2。

表 4.4.2 生态文明满意度与农业生产方式列联表分析

			农业生产方式			总计
			纯农或半农半牧	纯牧	非农非牧	
生态文明满意度	比较不满意	计数（户）	6	4	0	10
		占农业生产方式的百分比（%）	60	40	0	100
		占生态文明满意度的百分比（%）	1.08	2.50	0	1.34
		占总计的百分比（%）	0.80	0.54	0	1.34
	一般	计数（户）	27	20	3	50
		占农业生产方式的百分比（%）	54	40	6	100
		占生态文明满意度的百分比（%）	4.88	12.5	9.09	6.70
		占总计的百分比（%）	3.62	2.68	0.40	6.70
	比较满意	计数（户）	225	60	16	301
		占农业生产方式的百分比（%）	74.75	19.93	5.32	100
		占生态文明满意度的百分比（%）	40.69	37.50	48.48	40.35
		占总计的百分比（%）	30.16	8.04	2.14	40.35

续表

			纯农或半农半牧	纯牧	非农非牧	总计
			农业生产方式			总计
	非常满意	计数（户）	295	76	14	385
		占农业生产方式的百分比（%）	76.62	19.74	3.64	100
		占生态文明满意度的百分比（%）	53.35	47.50	42.42	51.61
		占总计的百分比（%）	39.54	10.19	1.88	51.61
总计		计数（户）	553	160	33	746
		占总计的百分比（%）	74.13	21.45	4.42	100
卡方检验						
	值		自由度		P 值	
皮尔逊卡方	15.62		6		0.016	

横向比较，显然纯牧生产方式的受访对象满意度评分是要显著地小于涉农生产方式（纯农或半农半牧）的受访对象，同时由于非农非牧的样本量相对占比很少，此类可以忽略。在评分相对较低的"一般"与"比较不满意"的两档分值中，纯牧生产方式的样本占比要高于该类生产方式的平均占比，而在评分较高的"比较满意"与"非常满意"两档分值中，纯牧生产方式的样本占比要低于该类平均占比；涉农生产方式与纯牧的正好相反。

纵向比较，各类生产方式在不同满意度类别中的分布都比较一致，评分高的类别占比更大。

两类指标之间的整体相关度皮尔逊卡方检验，$0.01 < P < 0.05$，这说明在5%的显著水平下，生产方式与生态文明之间存在较显著的相关关系。

直观地看，纯牧生产所基于的自然环境条件要更恶劣，导致这一类家庭所生活的环境文明度要更低，相对而言在生态文明方面的满意度也相对较低。

b. 县域

接下来我们检验和分析生态文明满意度与受访家庭所处的县域行政

区划之间的相关联系。生态文明满意度指标中包含"垃圾处理"以及"水质达标"等信息，这些方面在很大程度上要依赖政府提供的基础设施与公共服务来提升现代化文明程度，不同县域的政府在这些方面的行政能力与行政绩效可能存在差异，因此下面我们将检验生态文明满意度与县域行政区划之间的关系。

表4.4.3　生态文明满意度与县域列联表分析

			生态文明满意度				总计
			比较不满意	一般	比较满意	非常满意	
县域	堆龙德庆县	计数（户）	0	5	50	75	130
		占生态文明满意度的百分比（%）	0	3.85	38.46	57.69	100
		占区县的百分比（%）	0	10	16.61	19.48	17.43
		占总计的百分比（%）	0	0.67	6.70	10.05	17.43
	墨竹工卡县	计数（户）	3	11	43	61	118
		占生态文明满意度的百分比（%）	2.54	9.32	36.44	51.69	100
		占区县的百分比（%）	30	22	14.29	15.84	15.82
		占总计的百分比（%）	0.40	1.47	5.76	8.18	15.82
	尼木县	计数（户）	3	5	32	42	82
		占生态文明满意度的百分比（%）	3.66	6.10	39.02	51.22	100
		占区县的百分比（%）	30	10	10.63	10.91	10.99
		占总计的百分比（%）	0.40	0.67	4.29	5.63	10.99
	当雄县	计数（户）	1	15	47	54	117
		占生态文明满意度的百分比（%）	0.85	12.82	40.17	46.15	100
		占区县的百分比（%）	10	30	15.61	14.03	15.68
		占总计的百分比（%）	0.13	2.01	6.30	7.24	15.68
	曲水县	计数（户）	0	2	37	44	83
		占生态文明满意度的百分比（%）	0	2.41	44.58	53.01	100
		占区县的百分比（%）	0	4	12.29	11.43	11.13
		占总计的百分比（%）	0	0.27	4.96	5.90	11.13
	林周县	计数（户）	2	9	68	65	144
		占生态文明满意度的百分比（%）	1.39	6.25	47.22	45.14	100
		占区县的百分比（%）	20	18	22.59	16.88	19.30
		占总计的百分比（%）	0.27	1.21	9.12	8.71	19.30

			生态文明满意度				总计
			比较不满意	一般	比较满意	非常满意	
	达孜县	计数（户）	1	3	24	44	72
		占生态文明满意度的百分比（%）	1.39	4.17	33.33	61.11	100
		占区县的百分比（%）	10	6	7.97	11.43	9.65
		占总计的百分比（%）	0.13	0.4	3.22	5.9	9.65
总计		计数（户）	10	50	301	385	746
		占总计的百分比（%）	1.34	6.7	40.35	51.61	100
卡方检验							
		值		自由度		P 值	
皮尔逊卡方		27.61		18		0.068	

表 4.4.3 是生态文明满意度与受访样本所属县域行政区划之间的列联表分析。

由于不存在"非常不满意"类别的样本，我们先来分析评分较低的"比较不满意"与"一般"两类，墨竹工卡县与尼木县在评分较低的"比较不满意"类别中样本占比要高于其县样本在总体样本中的平均占比，而当雄县在满意度"一般"的类别中占比要远高于其县样本在总体样本中的平均占比，这说明以上三个县的生态文明满意度相对其他县来说是表现出更低的评分水平；其次来看堆龙德庆县与曲水县，这两个县则是在满意度评分较低的两类中样本占比远低于其平均占比，说明整体上堆龙德庆县和曲水县的受访户对其生活环境的生态文明满意度是比较高的。

再来看卡方检验，0.05 < P < 0.1，因此生态文明满意度的县域关联度在 10% 的显著度水平下可以认为存在一定的相关关系，从另一个角度来说，生态文明满意度的县域差异性并不十分突出。

接下来将分别针对生态文明指标下的三个三级指标展开逐一讨论。

（3）垃圾处理满意度

人均生活垃圾的产生量随着社会现代化程度的提高而日益增加，尤其是日常生活消费品中大量的非降解工业产品的加入，其对生活环境造成的污染压力也使得垃圾处理成为人类现代社会生活的一个难点。对于人口密度较高的现代城市来说，垃圾集中处理是比较常见的社会公共服务项目之一。由于长时间以来西藏人口密度过低，同时生产与消费的现代化介入较晚，因此，西藏农牧区的传统生活方式中，生活垃圾的日常处理模式大多数是各家直接丢弃。随着西藏居民生活水平的逐步提升，家庭生活垃圾的日常产生量也日益增加，对周边环境的污染压力逐渐增大。显然垃圾处理的方式选择取决于两个方面，一是政府的垃圾集中处理公共服务是否到位，二是居民的环保意识是否跟上了时代发展变化。

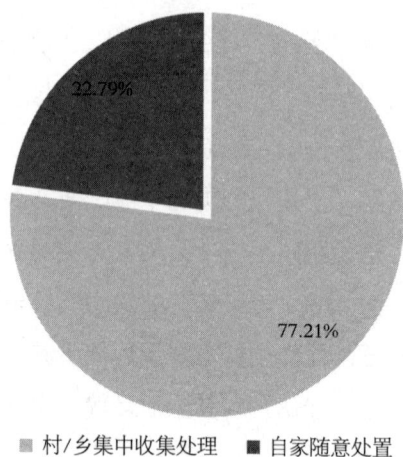

22.79%

77.21%

■ 村/乡集中收集处理　■ 自家随意处置

图 4.4.2　生活垃圾处理途径

如图 4.4.2 所示，在全部的 746 户受访家庭中，约 3/4 的居民是通过垃圾集中收集处理来处理日常生活垃圾的，而另外 1/4 则还是延续传统的随意丢弃的方式。而受访户对于目前所采取的垃圾处理途径满意度来说，如图 4.4.3 所示，以非常满意的占比最大（64.30%），其次是表

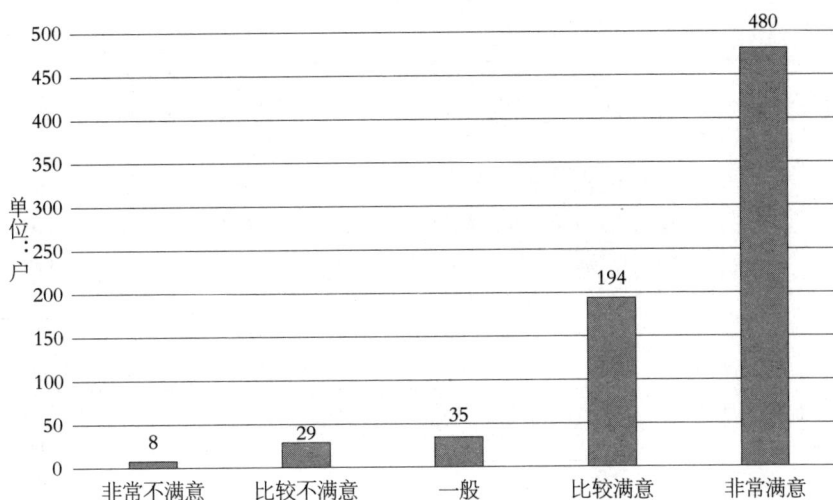

图 4.4.3　垃圾处理满意度直方图

示比较满意的，二者相加的满意占比为 **90.35%**。因此，绝大多数受访家庭对垃圾处理的方式表示满意。

　　前文曾经分析过，垃圾处理途径的选择取决于两方面的因素，其中一个是政府是否提供了垃圾集中处理的公共服务，如果受访家庭在垃圾处理方面已经具备了应有的环保意识，政府的公共服务没有跟上，那自然会带来这一方面民生满意度的下降。表 4.4.4 中，我们对垃圾处理满意度与垃圾处理途径二者进行了列联表分析。

表 4.4.4　垃圾处理满意度与垃圾处理途径列联表分析

			垃圾处理途径		总计
			村／乡集中处理	自家随意丢弃	
垃圾处理满意度	非常不满意	计数（户）	3	5	8
		占垃圾处理途径的百分比（%）	37.50	62.50	100
		占垃圾处理满意度的百分比（%）	0.52	2.94	1.07
		占总计的百分比（%）	0.40	0.67	1.07

续表

			垃圾处理途径		总计
			村 / 乡集中处理	自家随意丢弃	
比较不满意		计数（户）	5	24	29
		占垃圾处理途径的百分比（%）	17.24	82.76	100
		占垃圾处理满意度的百分比（%）	0.87	14.12	3.89
		占总计的百分比（%）	0.67	3.22	3.89
一般		计数（户）	17	18	35
		占垃圾处理途径的百分比（%）	48.57	51.43	100
		占垃圾处理满意度的百分比（%）	2.95	10.59	4.69
		占总计的百分比（%）	2.28	2.41	4.69
比较满意		计数（户）	128	66	194
		占垃圾处理途径的百分比（%）	65.98	34.02	100
		占垃圾处理满意度的百分比（%）	22.22	38.82	26.01
		占总计的百分比（%）	17.16	8.85	26.01
非常满意		计数（户）	423	57	480
		占垃圾处理途径的百分比（%）	88.12	11.88	100
		占垃圾处理满意度的百分比（%）	73.44	33.53	64.34
		占总计的百分比（%）	56.70	7.64	64.34
总计		计数（户）	576	170	746
		占总计的百分比（%）	77.21	22.79	100
卡方检验					
	值		自由度	P 值	
皮尔逊卡方	129.16		4	0.000	

从表 4.4.4 中可知：

①在"非常不满意""比较不满意"以及"一般"三个满意度类别中，垃圾自家随意丢弃的居民占本类别的比例要远高于这个类别在全样本中的总占比的，这间接说明自家随意丢弃生活垃圾的居民并不满意这种垃圾处理方式，极可能是垃圾集中处理的政府公共服务未能有效提供所致。

②对目前垃圾处理方式表示"非常满意"的受访居民中，以自家随意丢弃方式来处理垃圾的居民比例（33.53%）比这个满意度类别在

全样本中的所占比例（64.34%）要低很多，因此绝大多数表示"非常满意"的居民都是通过村/乡集中收集与处理方式来处理自家生活垃圾的。

③即使是政府集中处理，仍然有部分居民（共计25户）并未表示满意。这其中的原因，我们猜测主要是对政府集中处理的方式不满意。因为通过我们的实地入户调研，我们发现政府集中收集处理垃圾的方式并不单一，同样存在几种不同的处理方式，主要包括：集中填埋、集中焚烧、集中收集并运送到垃圾处理站等。这一小部分（3.40%）居民很可能是对目前集中处理的具体方式不够满意。

④卡方检验的结果，P值接近于0，因此从统计上来看，垃圾处理方式与垃圾处理满意度之间存在很强的相关关系。

⑤考虑到受访居民中仍有约1/4的居民是采取传统的自家随意丢弃的方式来处理生活垃圾，各乡村政府在这个方面的公共服务供给还有待进一步完善。

为了进一步考察政府公共服务在垃圾处理层面是否存在县域差距，我们通过表4.4.5对垃圾处理满意度与县域之间进行了列联表分析。

表4.4.5 垃圾处理满意度与县域列联表分析

			垃圾处理满意度					总计
			非常不满意	比较不满意	一般	比较满意	非常满意	
区县	堆龙德庆县	计数（户）	1	2	6	34	87	130
		占垃圾处理的百分比（%）	0.77	1.54	4.62	26.15	66.92	100
		占区县的百分比（%）	12.50	6.90	17.14	17.53	18.12	17.43
		占总计的百分比（%）	0.13	0.27	0.80	4.56	11.66	17.43
	墨竹工卡县	计数（户）	0	3	5	30	80	118
		占垃圾处理的百分比（%）	0	2.54	4.24	25.42	67.8	100
		占区县的百分比（%）	0	10.34	14.29	15.46	16.67	15.82
		占总计的百分比（%）	0	0.40	0.67	4.02	10.72	15.82

续表

			非常 不满意	比较 不满意	一般	比较 满意	非常 满意	总计
					垃圾处理满意度			总计
	尼木县	计数（户）	1	5	2	18	56	82
		占垃圾处理的百分比（%）	1.22	6.10	2.44	21.95	68.29	100
		占区县的百分比（%）	12.50	17.24	5.71	9.28	11.67	10.99
		占总计的百分比（%）	0.13	0.67	0.27	2.41	7.51	10.99
	当雄县	计数（户）	2	3	10	19	83	117
		占垃圾处理的百分比（%）	1.71	2.56	8.55	16.24	70.94	100
		占区县的百分比（%）	25	10.34	28.57	9.79	17.29	15.68
		占总计的百分比（%）	0.27	0.40	1.34	2.55	11.13	15.68
	曲水县	计数（户）	1	6	4	26	46	83
		占垃圾处理的百分比（%）	1.20	7.23	4.82	31.33	55.42	100
		占区县的百分比（%）	12.50	20.69	11.43	13.4	9.58	11.13
		占总计的百分比（%）	0.13	0.80	0.54	3.49	6.17	11.13
	林周县	计数（户）	1	7	8	52	76	144
		占垃圾处理的百分比（%）	0.69	4.86	5.56	36.11	52.78	100
		占区县的百分比（%）	12.50	24.14	22.86	26.80	15.83	19.30
		占总计的百分比（%）	0.13	0.94	1.07	6.97	10.19	19.30
	达孜县	计数（户）	2	3	0	15	52	72
		占垃圾处理的百分比（%）	2.78	4.17	0	20.83	72.22	100
		占区县的百分比（%）	25	10.34	0	7.73	10.83	9.65
		占总计的百分比（%）	0.27	0.40	0	2.01	6.97	9.65
总计		计数（户）	8	29	35	194	480	746
		占总计的百分比（%）	1.07	3.89	4.69	26.01	64.34	100

卡方检验			
	值	自由度	P 值
皮尔逊卡方	37.14	24	0.042

观察表 4.4.5，在不满意的类别中（"非常不满意"与"比较不满意"），当雄县、尼木县以及曲水县的样本占比要显著地高于这三个县在全样本中的平均占比，这意味着这三个县的居民中不满意的比例是相对较高的；墨竹工卡县的不满意类别占比相对较小。

整体相关度的卡方检验，0.01 ＜ P ＜ 0.05，说明在 5% 的显著度水平下，垃圾处理满意度与县域行政区划之间存在较为显著的相关关系。这个满意度的相关性检验从一个侧面显示，政府垃圾处理的公共服务供给方面各县存在较为显著的差异。

（4）水质达标满意度

本次拉萨市七县农牧区入户调查的一个特色之处是采集了每一户样本的饮用水样，并对水样进行了严格的无机分析。对于饮用水质与健康的研究，后续有专门的章节进行专题分析。本部分仅就民生满意度三级指标中的水质达标满意度来进行简单分析。将家庭饮用水质与健康状态相联系是比较自然的，同时我们也发现另一个比较重要的现象，所有受访家庭中的绝大部分（81%）的日常饮用水都是直接取自自然地表水，因此居民对于自然水资源或水环境的状况是非常敏感的，因而将这一满意度评估项归于指标体系的生态环境部分而非健康部分，我们认为是更为合适的。

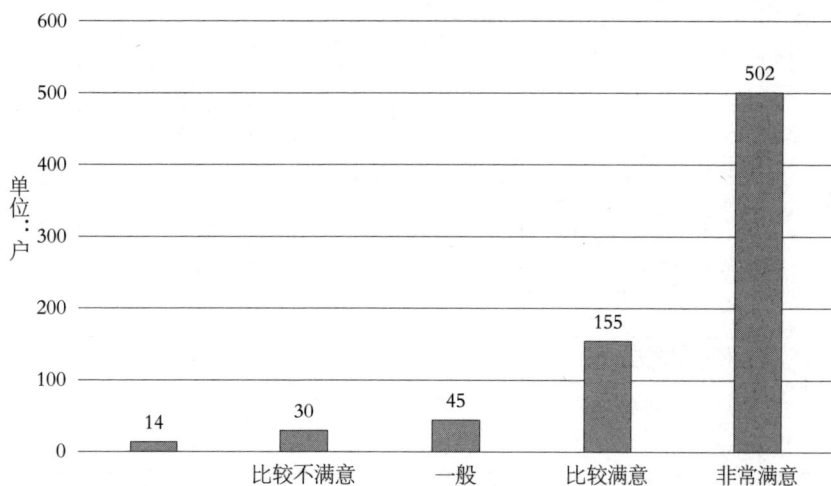

图4.4.4　水质达标满意度直方图

图4.4.4中展现了水质达标满意度的基本情况，表示"非常满意"的受访家庭比例相当高（67.30%），结合"比较满意"的加总满意比例

为 88.10%，因此满意比例是极高的。事实上，通过我们对饮用水样的化学分析也支持了居民的这一满意度感受状态是真实客观的，拉萨市七县农牧区的饮用水质达标率是极高的。

表 4.4.6　水质满意度与主要饮用水来源情况列联表分析

			饮用水源					总计
			地表水蓄水设施集中供水的自来水	自然地表水（溪水或河流）	村里/乡镇的公共水井	自家的水井	公共自来水厂集中供水的自来水	
水质满意度	非常不满意	计数（户）	6	5	2	1	0	14
		占饮用水来源的百分比（%）	42.86	35.71	14.29	7.14	0	100
		占水质满意度的百分比（%）	1.51	2.44	4	1.96	0	1.90
		占总计的百分比（%）	0.81	0.68	0.27	0.14	0	1.90
	比较不满意	计数（户）	11	16	0	2	1	30
		占饮用水来源的百分比（%）	36.67	53.33	0	6.67	3.33	100
		占水质满意度的百分比（%）	2.77	7.80	0	3.92	2.86	4.07
		占总计的百分比（%）	1.49	2.17	0	0.27	0.14	4.07
	一般	计数（户）	13	23	4	2	3	45
		占饮用水来源的百分比（%）	28.89	51.11	8.89	4.44	6.67	100
		占水质满意度的百分比（%）	3.27	11.22	8	3.92	8.57	6.1
		占总计的百分比（%）	1.76	3.12	0.54	0.27	0.41	6.1
	比较满意	计数（户）	88	35	6	13	11	153
		占饮用水来源的百分比（%）	57.52	22.88	3.92	8.50	7.19	100
		占水质满意度的百分比（%）	22.17	17.07	12	25.49	31.43	20.73
		占总计的百分比（%）	11.92	4.74	0.81	1.76	1.49	20.73
	非常满意	计数（户）	279	126	38	33	20	496
		占饮用水来源的百分比（%）	56.25	25.40	7.66	6.65	4.03	100
		占水质满意度的百分比（%）	70.28	61.46	76	64.71	57.14	67.21
		占总计的百分比（%）	37.80	17.07	5.15	4.47	2.71	67.21

续表

		饮用水源					
		地表水蓄水设施集中供水的自来水	自然地表水（溪水或河流）	村里/乡镇的公共水井	自家的水井	公共自来水厂集中供水的自来水	总计
总计	计数（户）	397	205	50	51	35	738
	占总计的百分比（%）	53.79	27.78	6.78	6.91	4.74	100

卡方检验			
	值	自由度	P 值
皮尔逊卡方	37.12	16	0.002

表 4.4.6 中给出了水质达标满意度与饮用水源的列联表分析，我们发现对于水质的满意度表达中很可能受访居民家庭包含了对用水方式的满意度态度。饮用水源中"地表水蓄水池集中供水"与"自然地表水（溪水或河水）"这两类的水质检达标测差异度是极小的，但是居民的满意度差异却比较明显，集中供水的类别在满意程度上要高于自然地表水的类别，二者的主要差异来自于是否有入户的供水设施系统。结合整体相关性卡方检验，$0 < P < 0.01$，在 1% 的显著度水平上，饮用水源与饮用水质的满意度之间存在很强的相关关系。

（5）农村环境满意度

民生满意度指标体系中三级指标包含关于农村环境满意度的提问。西藏农牧区社会发展进步带来的生产与生活的现代化，使得在传统西藏社会中所不存在的环境质量问题以及对环境质量的关注日益显现。环境质量的变化，生活在其中的居民是最为敏感的。图 4.4.5 将受访居民对于自身所居住环境的满意程度进行了图形展示。

如图 4.4.5 所示，在调查得到的 746 个样本中，2016 年拉萨市农牧区有 45.80% 的家庭对家周边环境状况感到非常满意，另有 40.30% 的家

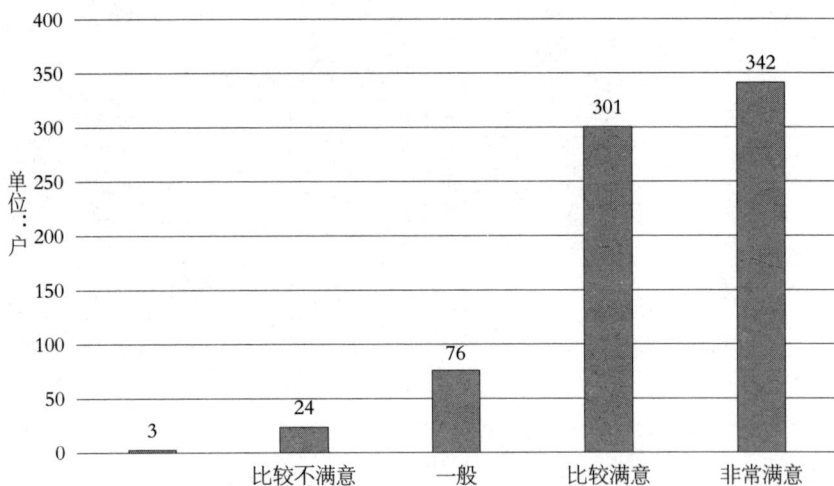

图 4.4.5　农村环境状况满意度直方图

庭对家周边环境状况感到比较满意，这两类总和可以看作是受访居民表示满意的类别，达到 86.10%，为绝大多数。相对地，明确表示不满意的占比只有 3.60%，另有 10.20% 的受访者表示满意度"一般"。可以判断，所有居民对于生活环境的满意度是相当高的。

西藏农牧区的生态环境在不同地理特征地区，环境压力来源不同：农区人口密度相对较大，居民活动范围较小，生活垃圾产生密度更高，污染压力较大；牧区人口密度相对较小，居民互动范围较大，但是由于牧区生态承受能力更为脆弱，更容易被较小的生态负冲击所影响。下面我们将通过检验本次入户样本与其生产方式之间的相关性来验证不同的生产方式的区域是否存在显著的农村环境满意度的差异。

表 4.4.7 农村环境满意度与生产方式列联表分析

			生产方式			总计
			纯农或 半农半牧	纯牧	非农 非牧	
农村 环境 满意 度	非常 不满意	计数（户）	1	1	1	3
		占农业生产方式的百分比（%）	33.33	33.33	33.33	100
		占农村环境满意度的百分比（%）	0.18	0.62	3.03	0.4
		占总计的百分比（%）	0.13	0.13	0.13	0.4
	比较 不满意	计数（户）	16	6	2	24
		占农业生产方式的百分比（%）	66.67	25	8.33	100
		占农村环境满意度的百分比（%）	2.89	3.75	6.06	3.22
		占总计的百分比（%）	2.14	0.80	0.27	3.22
	一般	计数（户）	50	23	3	76
		占农业生产方式的百分比（%）	65.79	30.26	3.95	100
		占农村环境满意度的百分比（%）	9.04	14.37	9.09	10.19
		占总计的百分比（%）	6.70	3.08	0.40	10.19
	比较 满意	计数（户）	229	63	9	301
		占农业生产方式的百分比（%）	76.08	20.93	2.99	100
		占农村环境满意度的百分比（%）	41.41	39.38	27.27	40.35
		占总计的百分比（%）	30.70	8.45	1.21	40.35
	非常 满意	计数（户）	257	67	18	342
		占农业生产方式的百分比（%）	75.15	19.59	5.26	100
		占农村环境满意度的百分比（%）	46.47	41.88	54.55	45.84
		占总计的百分比（%）	34.45	8.98	2.41	45.84
总计		计数（户）	553	160	33	746
		占总计的百分比（%）	74.13	21.45	4.42	100

卡方检验			
	值	自由度	P 值
皮尔逊卡方	13.93	8	0.084

通过观察表 4.4.7，我们发现：在表示满意的类别中，纯牧生产方式的受访者比例稍多，而在不满意的类别中，纯农或半农半牧生产方式的受访家庭稍多，但是上述两类的差异度都不大。联系到卡方检验，$0.05 < P < 0.1$，整体上看在 10%的显著度水平下，农村环境满意与生

产方式二者之间存在一定的相关系，或者说二者之间存在较弱的相关关系。

（6）各满意度之间的交叉分析

生态文明二级民生满意度指标包括三个维度的三级民生满意度分量，这三个分量分别代表了生态文明的三个主要不同方向，但是通过分析我们知道，生态系统本身是一个综合体系，各个生态维度之间也存在交互影响的机制。下面我们就三个三级指标之间的联系与交互关系进行检验和分析。

①垃圾处理与水质达标

首先观察垃圾处理满意度与水质达标满意度之间的互动相关性。直观地来看，村镇垃圾处理的方式与环保度可能影响到本地或下游地区的水质，但是水质的好坏并不直接对当地垃圾处理的效果产生影响。

表 4.4.8　垃圾处理满意度与水质达标满意度列联表分析

			水质达标满意度					总计
			非常不满意	比较不满意	一般	比较满意	非常满意	
垃圾处理满意度	非常不满意	计数（户）	0	1	1	2	4	8
		占水质达标满意度百分比（%）	0	12.50	12.50	25	50	100
		占垃圾处理满意度百分比（%）	0	3.33	2.22	1.29	0.80	1.07
		占总计的百分比（%）	0	0.13	0.13	0.27	0.54	1.07
	比较不满意	计数（户）	0	5	6	4	14	29
		占水质达标满意度百分比（%）	0	17.24	20.69	13.79	48.28	100
		占垃圾处理满意度百分比（%）	0	16.67	13.33	2.58	2.79	3.89
		占总计的百分比（%）	0	0.67	0.80	0.54	1.88	3.89
	一般	计数（户）	1	2	4	11	17	35
		占水质达标满意度百分比（%）	2.86	5.71	11.43	31.43	48.57	100
		占垃圾处理满意度百分比（%）	7.14	6.67	8.89	7.10	3.39	4.69
		占总计的百分比（%）	0.13	0.27	0.54	1.47	2.28	4.69

			水质达标满意度					总计
			非常不满意	比较不满意	一般	比较满意	非常满意	
比较满意		计数（户）	2	8	13	86	85	194
		占水质达标满意度百分比（%）	1.03	4.12	6.70	44.33	43.81	100
		占垃圾处理满意度百分比（%）	14.29	26.67	28.89	55.48	16.93	26.01
		占总计的百分比（%）	0.27	1.07	1.74	11.53	11.39	26.01
非常满意		计数（户）	11	14	21	52	382	480
		占水质达标满意度百分比（%）	2.29	2.92	4.38	10.83	79.58	100
		占垃圾处理满意度百分比（%）	78.57	46.67	46.67	33.55	76.1	64.34
		占总计的百分比（%）	1.47	1.88	2.82	6.97	51.21	64.34
总计		计数（户）	14	30	45	155	502	746
		占总计的百分比（%）	1.88	4.02	6.03	20.78	67.29	100

卡方检验			
	值	自由度	P 值
皮尔逊卡方	140.4	16	0.000

由于对水质达标表示"非常不满意"的样本太少，其显示性效果不具有统计分析价值。我们先观察表 4.4.8 中第二列（水质达标满意度为"比较不满意"的类别）与第三列（水质达标满意度为"一般"的类别），这两列分别对比第五列（各垃圾处理满意程度类别在总体样本中的比例，可以理解为边缘分布），我们发现随着垃圾处理满意度的上升，这两类非满意的受访样本的占比相对下降（相对第五列而言），这意味着对水质达标非满意的受访样本在垃圾处理满意度较低的组别中占比相对高，在垃圾处理满意度较高的组别中占比相对低。这一现象在表 4.4.8 中第 4 列（水质达标满意度为"比较满意"的类别）与第 3 列（水质达标满意度为"非常满意"的类别）中也得到了相应相反的效应检验。

再看卡方检验的结果，P值接近于0，说明垃圾处理满意度与水质达标满意度之间存在极为显著的相关关系，从我们的分析还可以看出，是正相关关系。

②垃圾处理与农村环境

垃圾处理与农村环境的相关度应该是有较为直接的联系，垃圾处理不当的村镇其生活环境也将极大地受到影响。接下来我们将检验垃圾处理满意度与农村环境满意度之间的相关性。

表 4.4.9　垃圾处理满意度与农村环境满意度列联表分析

			农村环境满意度					总计
			非常不满意	比较不满意	一般	比较满意	非常满意	
垃圾处理满意度	非常不满意	计数（户）	0	1	3	4	0	8
		占农村环境满意度百分比（%）	0	12.50	37.50	50	0	100
		占垃圾处理满意度百分比（%）	0	4.17	3.95	1.33	0	1.07
		占总计的百分比（%）	0	0.13	0.40	0.54	0	1.07
	比较不满意	计数（户）	1	6	3	8	11	29
		占农村环境满意度百分比（%）	3.45	20.69	10.34	27.59	37.93	100
		占垃圾处理满意度百分比（%）	33.33	25	3.95	2.66	3.22	3.89
		占总计的百分比（%）	0.13	0.80	0.40	1.07	1.47	3.89
	一般	计数（户）	1	1	11	14	8	35
		占农村环境满意度百分比（%）	2.86	2.86	31.43	40	22.86	100
		占垃圾处理满意度百分比（%）	33.33	4.17	14.47	4.65	2.34	4.69
		占总计的百分比（%）	0.13	0.13	1.47	1.88	1.07	4.69
	比较满意	计数（户）	1	5	21	135	32	194
		占农村环境满意度百分比（%）	0.52	2.58	10.82	69.59	16.49	100
		占垃圾处理满意度百分比（%）	33.33	20.83	27.63	44.85	9.36	26.01
		占总计的百分比（%）	0.13	0.67	2.82	18.10	4.29	26.01

续表

			农村环境满意度					总计
			非常 不满意	比较 不满意	一般	比较 满意	非常 满意	
	非常 满意	计数（户）	0	11	38	140	291	480
		占农村环境满意度百分比（%）	0	2.29	7.92	29.17	60.62	100
		占垃圾处理满意度百分比（%）	0	45.83	50	46.51	85.09	64.34
		占总计的百分比（%）	0	1.47	5.09	18.77	39.01	64.34
总计		计数（户）	3	24	76	301	342	746
		占总计的百分比（%）	0.40	3.22	10.19	40.35	45.84	100

卡方检验			
	值	自由度	P 值
皮尔逊卡方	193.78	16	0.000

显然，垃圾处理方式的妥当与否直接影响到农村环境的质量。如表4.4.9所示，由于垃圾处理满意度与农村环境满意度中"非常不满意"的样本都非常少，可以将第一行和第一列忽略。从数据显示的信息来看，随着垃圾处理方式满意度的上升，对农村环境满意度较高的受访对象的占比相对上升，这说明现实情况符合我们的预期逻辑。

再看卡方检验的结果，P值同样几乎为0，说明从统计上可以看到垃圾处理满意度与农村环境满意度之间存在很显著的相关关系。

③水质达标与农村环境

最后来看水质达标满意度与农村环境满意度之间的关联度。显然，环境较差的乡村其水质达标的满意度也很可能不尽如人意，因为目前我们调研的村以地表水为直接饮用水源的占大多数。

表 4.4.10　水质达标满意度与农村环境满意度列联表分析

			农村环境满意度					
			非常不满意	比较不满意	一般	比较满意	非常满意	总计
水质达标满意度	非常不满意	计数（户）	0	0	0	8	6	14
		占农村环境满意度百分比（%）	0	0	0	57.14	42.86	100
		占水质达标满意度百分比（%）	0	0	0	2.66	1.75	1.88
		占总计的百分比（%）	0	0	0	1.07	0.80	1.88
	比较不满意	计数（户）	2	6	6	9	7	30
		占农村环境满意度百分比（%）	6.67	20	20	30	23.33	100
		占水质达标满意度百分比（%）	66.67	25	7.89	2.99	2.05	4.02
		占总计的百分比（%）	0.27	0.80	0.80	1.21	0.94	4.02
	一般	计数（户）	1	6	11	12	15	45
		占农村环境满意度百分比（%）	2.22	13.33	24.44	26.67	33.33	100
		占水质达标满意度百分比（%）	33.33	25	14.47	3.99	4.39	6.03
		占总计的百分比（%）	0.13	0.80	1.47	1.61	2.01	6.03
	比较满意	计数（户）	0	2	17	107	29	155
		占农村环境满意度百分比（%）	0	1.29	10.97	69.03	18.71	100
		占水质达标满意度百分比（%）	0	8.33	22.37	35.55	8.48	20.78
		占总计的百分比（%）	0	0.27	2.28	14.34	3.89	20.78
	非常满意	计数（户）	0	10	42	165	285	502
		占农村环境满意度百分比（%）	0	1.99	8.37	32.87	56.77	100
		占水质达标满意度百分比（%）	0	41.67	55.26	54.82	83.33	67.29
		占总计的百分比（%）	0	1.34	5.63	22.12	38.20	67.29
总计		计数（户）	3	24	76	301	342	746
		占总计的百分比（%）	0.40	3.22	10.19	40.35	45.84	100
卡方检验								
		值		自由度		P 值		
皮尔逊卡方		181.09		16		0.000		

　　如表 4.3.10 所示，农村环境满意度与水质达标满意度也呈现较为明显的正相关关系，即农村环境满意度较高的受访家庭对其饮用水质达标满意度也较高。而卡方检验从统计的角度证实了这一现象，P 值趋近于 0，说明二者之间存在很强的相关关系。

（7）小结

"生态文明"二级指标的平均得分为 85.5，处于"比较满意"评分段较高的水平，其中表示满意（"比较满意"与"非常满意"）的受访户占比达到约 92%，且没有受访对象表示"非常不满意"，因此我们可以认为整体上拉萨市七县农牧区居民的生态文明满意度是非常高的。通过检验分析，我们发现生态文明与农牧业生产方式之间存在较为显著的相关关系，纯农或半农半牧生产方式的受访居民生态文明满意度相对较高，而纯牧生产方式的居民生态文明满意度相对较低。

三级民生满意度指标"垃圾处理""水质达标"和"农村环境"满意度均处于"比较满意"的评分范围。全体受访对象中有约 23% 的家庭生活垃圾处理方式是自家随意丢弃，而且垃圾处理方式与垃圾处理满意度之间存在极为显著的相关关系。经分析发现这样的相关性在一定程度上与政府的垃圾集中收集与处理公共服务在局部地区并未有效提供有关，导致居民被迫随意处理生活垃圾而表示不够满意，因此这一方面政府公共服务供给还有待进一步完善。三个生态文明下属的三个三级民生满意度指标之间存在较为显著的相关关系，因此我们认为生态文明是一个具有内在关联度的体系。

4.4.2　现代生活要素

在本次入户调研访谈的问卷中，我们有针对性地采集了拉萨农牧区日常生活中几类生活必需要素以及家庭生活设施的普及状况和满意度评价。不可否认，当前西藏农牧区社会的发展状态与内地相比存在一定的差距，但是随着西藏社会城市化进程的逐步推进，这样的差距在日益缩小，显然生产生活模式由传统向现代转型的过程是逐渐深入，也是逐步覆盖的。需要注意的一点是，向现代社会模式的转型并不是以内地为蓝本将西藏农牧区变成同样的社会形态，因为千百年来藏区社会为了适应高原生活而积累的生活经验与生活模式在很多方面是非常宝贵而需要保持和传承的。但是现代科技进步在生产生活中的应用，以及现代生活观念意识的普及，这些因素将会给西藏农牧区居民的民生发展带来巨大的提升。为了记录并研究这一渐进过程对农牧区居民产生的影响，我们选取了一组与现代社会化生活相关度较为紧密的因素为变量来刻画农牧区居民生产生活的转型，包括日常能源方式选取、家庭卫生设施、现代通信工具以及现代金融支付工具等方面，下面将逐一给予分析。

（1）日常能源选择

西藏绝大多数地区都处于高寒高海拔地区，长期以来，日常生活中取暖与做饭的能源消费是最重要的两个能源消费需求[1]。现代清洁生活能源方式给生活带来极大的便捷与效率，电能与化石能源[2] 是内地居民日常生活中选取的最主要的能源消费种类。青藏高原传统的生活能源来源最主要是牛粪，其次是木材，这与西藏的传统能源资源相关。图4.4.6 中给出了本次 746 户受访家庭的日常生活能源的使用状况，由于

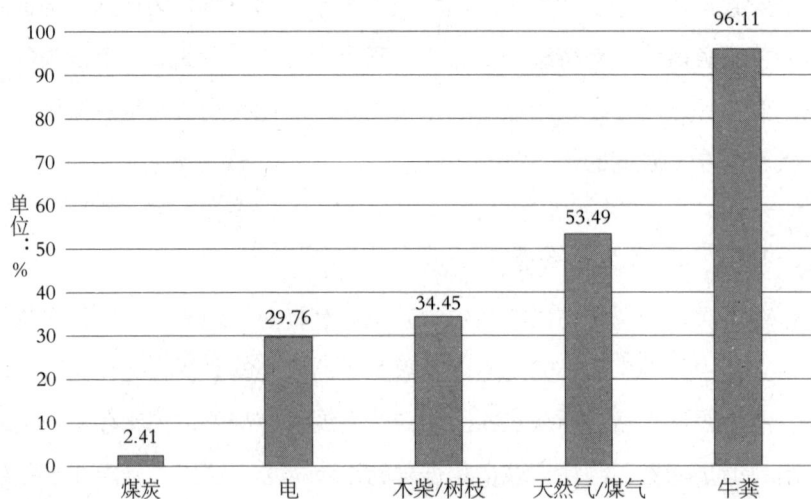

图 4.4.6　日常生活能源方式选择

---

①　比如海拔 4000 米以上的地区，日最低气温常年都在 10 摄氏度以下，因此居民家中常年都有取暖的需求。

②　化石能源主要指煤炭、石油以及天然气。

是多选题，因此各项占比总和并不为 1。

显然，牛粪的使用是最为普及的，占比达到 96.11％，或者说全体受访家庭中完全不烧牛粪的寥寥无几（另有 29 户）。关于牛粪作为生活能源的优缺点，我们前文已有叙述分析，在此不再赘述。图 4.4.6 还显示，天然气的使用率也超过了一半，再次是木柴与电，而使用煤炭的居民家庭极少。总的来看，平均每家受访对象常用的生活能源方式为两种，大致是以牛粪搭配另外一种。可以说，目前西藏农牧区居民家庭主流的生活能源选择方式是传统与现代相结合。

图 4.4.7 显示了受访对象对于目前家庭使用的能源消费方式满意度的基本状况。

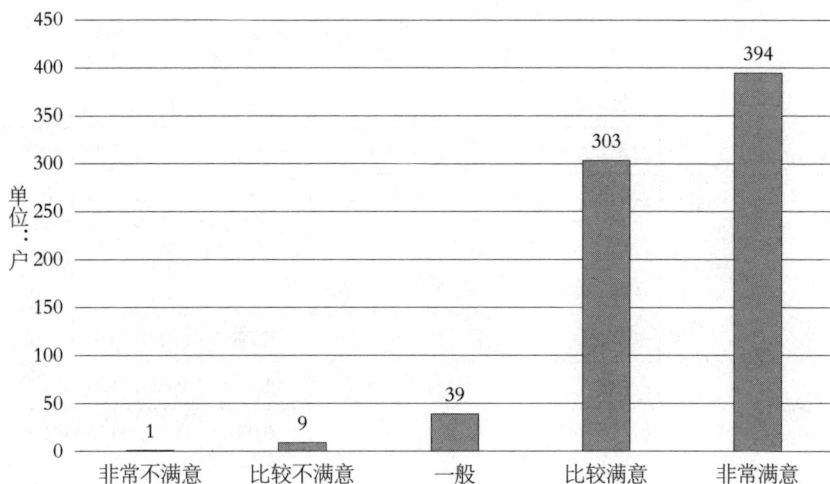

图 4.4.7 主要能源方式满意度直方图

从图 4.4.7 中可知，在调查得到的 746 个样本中，有 52.8％的家庭对目前使用的能源方式感觉非常满意，另有 40.60％的家庭对目前主要使用的能源方式感觉比较满意，表示满意的受访户比例已经超过 90％，占据对大多数。另有 5.20％的家庭对目前主要使用的能源方式感觉一般，1.20％的家庭对目前主要使用的能源方式感觉比较不满意。有 1 户家庭表示非常不满意，只占总样本的 0.10%。

综合图 4.4.6 与图 4.4.7 的信息，我们可以体会到西藏农牧区居民的日常生活对牛的依赖程度。生活能源消费属于生活必需品层面，传统西藏经济社会由于交通的困难以及本地能源资源的匮乏，形成对牛粪的依赖比较好理解，但是在当前经济社会现代化程度得到极大提升的时代，牛粪依然是主要的能源消费方式选择，这其中的原因仅仅用其他能源手段无法获取来解释已经很难说得通。表 4.4.11 中我们进一步考察能源方式满意度与家庭生产方式之间的相关关系。

表 4.4.11 能源方式满意度与农业生产方式列联表分析

			农业生产方式			总计
			纯农或半农半牧	纯牧	非农非牧	
目前主要使用的能源方式感觉	非常不满意	计数（户）	0	0	1	1
		占农业生产方式的百分比（%）	0	0	100	100
		占能源方式满意度的百分比（%）	0	0	3.03	0.13
		占总计的百分比（%）	0	0	0.13	0.13
	比较不满意	计数（户）	7	1	1	9
		占农业生产方式的百分比（%）	77.78	11.11	11.11	100
		占能源方式满意度的百分比（%）	1.27	0.62	3.03	1.21
		占总计的百分比（%）	0.94	0.13	0.13	1.21
	一般	计数（户）	31	6	2	39
		占农业生产方式的百分比（%）	79.49	15.38	5.13	100
		占能源方式满意度的百分比（%）	5.61	3.75	6.06	5.23
		占总计的百分比（%）	4.16	0.80	0.27	5.23
	比较满意	计数（户）	233	58	12	303
		占农业生产方式的百分比（%）	76.90	19.14	3.96	100
		占能源方式满意度的百分比（%）	42.13	36.25	36.36	40.62
		占总计的百分比（%）	31.23	7.77	1.61	40.62

续表

			农业生产方式			总计
			纯农或半农半牧	纯牧	非农非牧	
非常满意		计数（户）	282	95	17	394
		占农业生产方式的百分比（%）	71.57	24.11	4.31	100
		占能源方式满意度的百分比（%）	50.99	59.38	51.52	52.82
		占总计的百分比（%）	37.80	12.73	2.28	52.82
总计		计数（户）	553	160	33	746
		占总计的百分比（%）	74.13	21.45	4.42	100
卡方检验						
	值		自由度		P 值	
皮尔逊卡方	26.72		8		0.001	

表 4.4.11 显示，"非常不满意"的类别样本只有一个，忽略不计。主要观察"纯农或半农半牧"以及"纯牧"两个类别，纯牧生产方式的受访家庭随着满意度的提高，其占比相对于该类别的平均占比来说是提升的，而纯农或半农半牧家庭的占比相对有细微的降低。总的来看，非农非牧生产方式的家庭相对不满意的比例要更高。在习惯或必须依赖牛粪作为生活能源的情况下，获取牛粪的难易程度对能源方式的选择有较大的影响。

再看卡方检验的结果，P < 0.01，因此在 1% 的显著度水平上，能源消费方式满意度与生产方式存在显著的统计相关关系。

另一种现代生活极其普遍的能源是电，对于拉萨七县农牧区来说，日常生活用电的普及度达到 100%，同时电网供电的覆盖率也极其高，图 4.4.8 中我们将各受访户的电能获取来源进行了展示。

国家电网供电是占据压倒性比例的，达到 98.7%。这一点与我们从全区农牧区调研的情况来比较，拉萨市七县的电网覆盖率是要领先于西藏自治区其他地市的。但是另外一个现象是，得到电网覆盖的地区在电

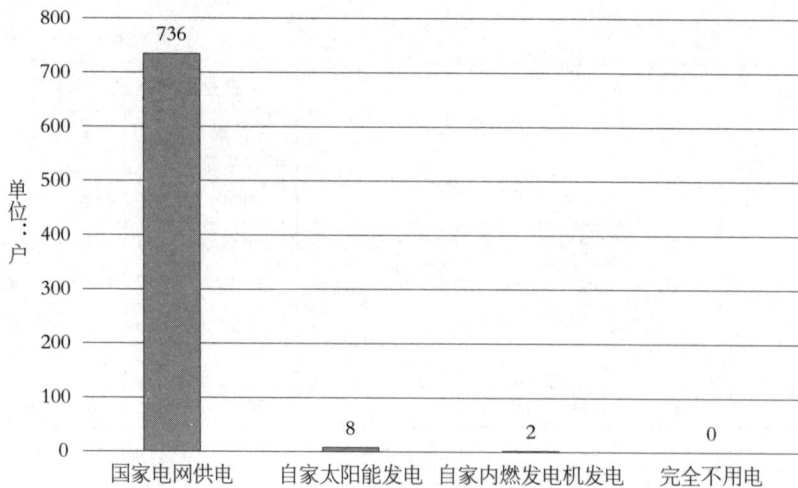

图 4.4.8　用电来源

网的供电稳定性层面并不完全一致，是否能够获得稳定的电能供给成为许多农牧区居民较为关心的问题。图 4.4.9 中，我们将本次入户调研中询问到的关于电网供电稳定性的满意度进行了展现。

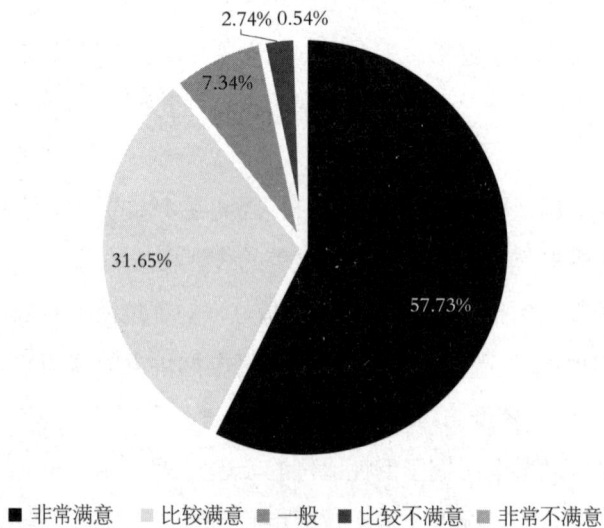

■ 非常满意　　比较满意　　一般　　■ 比较不满意　　非常不满意

图 4.4.9　对电网用电稳定性满意度

如图 4.4.9 所示，在得到国家电网覆盖的 736 个样本中，有 57.74% 的家庭对电网的用电稳定性感觉非常满意，另有 31.66% 的家庭对电网的用电稳定性感觉比较满意，综合二者占比，对电网用电稳定性表示满意的受访家庭达到 89.40%。另有 7.34% 的家庭对电网的用电稳定性感觉一般，2.74% 的家庭对电网的用电稳定性感觉比较不满意。有 4 户家庭表示非常不满意，占到总样本的 0.54%。应该说能够在拉萨农牧地区使得国家电网覆盖率达到 98.70%，且电网覆盖居民用户的用电稳定性满意度接近 90%，这一成绩是国家和政府为切实改善藏区居民的民生而付出巨大的努力而获得的（考虑到西藏农牧区的人口密度和高寒高海拔地区基础设施建设的难度与维护成本，对西藏农牧民以如此高的覆盖率进行国家电网供电，政府是需要进行巨额补贴的）。

对于电网供电稳定性是否存在地域性差异，我们通过表 4.4.12 的用电稳定性与县域列联表分析来进一步探讨。

表 4.4.12　电网的用电稳定性满意度与县域列联表分析

| | | | 电网稳定性满意度 | | | | | 总计 |
			非常满意	比较满意	一般	比较不满意	非常不满意	
区县	堆龙德庆县	计数（户）	55	58	15	1	1	130
		占电网稳定性满意度的百分比（%）	42.31	44.62	11.54	0.77	0.77	100
		占区县的百分比（%）	12.94	24.89	27.78	5	25	17.66
		占总计的百分比（%）	7.47	7.88	2.04	0.14	0.14	17.66
	墨竹工卡县	计数（户）	84	26	6	1	1	118
		占电网稳定性满意度的百分比（%）	71.19	22.03	5.08	0.85	0.85	100
		占区县的百分比（%）	19.76	11.16	11.11	5	25	16.03
		占总计的百分比（%）	11.41	3.53	0.82	0.14	0.14	16.03
	尼木县	计数（户）	43	28	4	3	1	79
		占电网稳定性满意度的百分比（%）	54.43	35.44	5.06	3.80	1.27	100
		占区县的百分比（%）	10.12	12.02	7.41	15	25	10.73
		占总计的百分比（%）	5.84	3.80	0.54	0.41	0.14	10.73

续表

			电网稳定性满意度					总计
			非常满意	比较满意	一般	比较不满意	非常不满意	
当雄县		计数（户）	56	38	10	5	1	110
		占电网稳定性满意度的百分比（%）	50.91	34.55	9.09	4.55	0.91	100
		占区县的百分比（%）	13.18	16.31	18.52	25	25	14.95
		占总计的百分比（%）	7.61	5.16	1.36	0.68	0.14	14.95
曲水县		计数（户）	62	17	2	2	0	83
		占电网稳定性满意度的百分比（%）	74.70	20.48	2.41	2.41	0	100
		占区县的百分比（%）	14.59	7.30	3.70	10	0	11.28
		占总计的百分比（%）	8.42	2.31	0.27	0.27	0	11.28
林周县		计数（户）	93	46	4	1	0	144
		占电网稳定性满意度的百分比（%）	64.58	31.94	2.78	0.69	0	100
		占区县的百分比（%）	21.88	19.74	7.41	5	0	19.57
		占总计的百分比（%）	12.64	6.25	0.54	0.14	0	19.57
达孜县		计数（户）	32	20	13	7	0	72
		占电网稳定性满意度的百分比（%）	44.44	27.78	18.06	9.72	0	100
		占区县的百分比（%）	7.53	8.58	24.07	35	0	9.78
		占总计的百分比（%）	4.35	2.72	1.77	0.95	0	9.78
总计		计数（户）	425	233	54	20	4	736
		占总计的百分比（%）	57.74	31.66	7.34	2.72	0.54	100

卡方检验			
	值	自由度	P 值
皮尔逊卡方	78.49	24	0.000

分析表 4.4.12，尼木县、当雄县和达孜县受访居民的用电稳定性满意度偏低，而林周县、曲水县和墨竹工卡县则相对比较高。通过卡方检验，我们发现 P 值接近于 0，说明在超过 1% 的显著度水平下，用电稳定性满意度在拉萨市七县之间存在很显著的差异性。

（2）家庭卫生设施

家庭卫生设施，我们主要从生活污水排放模式与家庭厕所模式两个方面来进行考察。随着藏区农牧民定居比例的提升以及聚居模式的扩展

（城镇化），人口活动区域的人口密度会显著升高，随之而来的现代社会公共卫生的需求将会变得日益迫切。传统藏区农牧民的生活中，公共卫生意识薄弱是有其客观根源的：人口密度极小、高寒缺氧地区流行病概率低、高原地区缺水较为普遍等原因。随着近年来西藏社会经济的发展，无论是本地人口的增长还是移民人口的涌入，都较为显著地改变着西藏局部地区的社会状况。

为了记录和分析西藏地区农牧民家庭在公共卫生层面的状态和变化，本次调研特意关注了家庭生活污水排放模式与家庭厕所模式两个卫生方面。

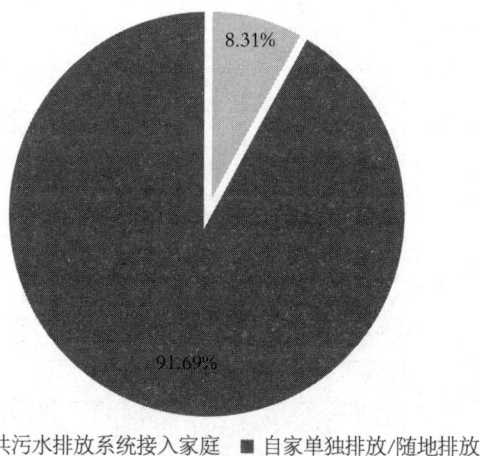

8.31%

91.69%

■ 有公共污水排放系统接入家庭　■ 自家单独排放/随地排放

图 4.4.10　生活污水排放模式占比

如图 4.4.10 所示，拉萨市七县农牧区的受访家庭中，具有公共污水排放系统接入家庭的比例不到 10%，而绝大多数家庭的生活污水都还是延续自家单独排放或随地排放的传统模式。显然，高比例的自行随意排放生活污水，随着时间的推移和积累，将可能给人口聚居的局部地区带来日益严重的环境污染压力。公共排污系统有赖于政府集中规划和建设，将是政府公共服务的一个重要内容。

表 4.4.13 污水排放模式与县域列联表分析

			生活污水排放模式		总计
			有公共污水排放系统接入家庭	自家单独排放/随地排放	
区县	堆龙德庆县	计数（户）	24	106	130
		占污水排放模式的百分比（%）	18.46	81.54	100
		占区县的百分比（%）	38.71	15.52	17.45
		占总计的百分比（%）	3.22	14.23	17.45
	墨竹工卡县	计数（户）	13	105	118
		占污水排放模式的百分比（%）	11.02	88.98	100
		占区县的百分比（%）	20.97	15.37	15.84
		占总计的百分比（%）	1.74	14.09	15.84
	尼木县	计数（户）	6	76	82
		占污水排放模式的百分比（%）	7.32	92.68	100
		占区县的百分比（%）	9.68	11.13	11.01
		占总计的百分比（%）	0.81	10.20	11.01
	当雄县	计数（户）	0	116	116
		占污水排放模式的百分比（%）	0	100	100
		占区县的百分比（%）	0	16.98	15.57
		占总计的百分比（%）	0	15.57	15.57
	曲水县	计数（户）	7	76	83
		占污水排放模式的百分比（%）	8.43	91.57	100
		占区县的百分比（%）	11.29	11.13	11.14
		占总计的百分比（%）	0.94	10.2	11.14
	林周县	计数（户）	5	139	144
		占污水排放模式的百分比（%）	3.47	96.53	100
		占区县的百分比（%）	8.06	20.35	19.33
		占总计的百分比（%）	0.67	18.66	19.33
	达孜县	计数（户）	7	65	72
		占污水排放模式的百分比（%）	9.72	90.28	100
		占区县的百分比（%）	11.29	9.52	9.66
		占总计的百分比（%）	0.94	8.72	9.66

续表

		生活污水排放模式		总计
		有公共污水排放系统接入家庭	自家单独排放/随地排放	
总计	计数（户）	62	683	745
	占总计的百分比（%）	8.32	91.68	100
卡方检验				
	值	自由度	P 值	
皮尔逊卡方	33.9	6	0.000	

为了检验目前拉萨市七县农牧区居民居住环境中公共污水排放系统的差异，表 4.4.13 给出了公共排污设施与县域之间的列联表分析。很明显，当雄县和林周县在公共排污体系设施建设上显著地落后于其他县，而达孜县和墨竹工卡县的排污设施建设水平相对较高，但也还存在巨大的提升空间。

从整体的卡方检验来看，P 值接近于 0，说明家庭污水排放模式与县域之间存在很显著的相关关系，各县之间在公共排污设施的建设方面

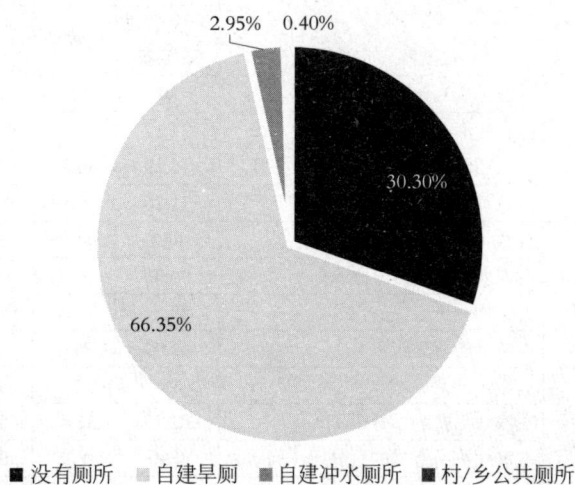

图 4.4.11　家用厕所方式占比

存在显著的差异。

　　对于家庭卫生设施另一个考察方面是家用厕所的建设现状。图4.4.11 展示了不同家用厕所类型家庭的样本占比。比例最高的是自己建有旱厕（66.35%），其次是家中根本没有厕所（30.30%）的受访户，这里两类加和已经涵盖了 96.64% 的样本量，而拥有冲水厕所设施的家庭占比只有 2.95%。厕所的出现同样是人口密度达到一定程度后基于公共卫生需求而产生的现代社会文明设施，由于青藏高原长期处于地广人稀的社会状态，加上牧民的游牧生活习惯而居无定所，因此藏区农牧民家中过去很少有厕所的概念。随着社会进步与发展，目前农牧民家庭的厕所设施建设已经得到了巨大的改善，只是还有待于进一步提升。

　　我们知道，对于牧民家庭常年逐水草而居的生活常态，不可能配备有厕所。而农区居民的定居生活则会存在厕所的需求。为此我们在表 4.4.14 中对家用厕所方式与家庭农牧业生产形式进行了列联表相关性分析。

表 4.4.14　家用厕所方式与农牧业生产形式列联表分析

			农牧业生产形式			总计
			半农半牧或纯农	纯牧业	非农非牧	
家用厕所方式	没有厕所	计数（户）	84	138	4	226
		占农业形式的百分比（%）	37.17	61.06	1.77	100
		占家用厕所方式的百分比（%）	15.19	86.25	12.12	30.30
		占总的百分比（%）	11.26	18.50	0.54	30.29
	自家修建的旱厕	计数（户）	462	15	18	495
		占农业形式的百分比（%）	93.33	3.03	3.64	100
		占家用厕所方式的百分比（%）	83.54	9.38	54.55	66.35
		占总的百分比（%）	61.93	2.01	2.41	66.35
	自家修建的冲水厕所	计数（户）	5	7	10	22
		占农业形式的百分比（%）	22.73	31.82	45.45	100
		占家用厕所方式的百分比（%）	0.90	4.38	30.30	2.95
		占总的百分比（%）	0.67	0.94	1.34	2.95

续表

			农牧业生产形式			总计
			半农半牧或纯农	纯牧业	非农非牧	
村/乡公共厕所		计数（户）	2	0	1	3
		占农业形式的百分比（%）	66.67	0	33.33	100
		占家用厕所方式的百分比（%）	0.36	0	3.03	0.40
		占总计的百分比（%）	0.27	0	0.13	0.40
总计		计数（户）	553	160	33	746
		占总计的百分比（%）	74.13	21.45	4.42	100
卡方检验						
	值		自由度		P值	
皮尔逊卡方	413.2195		6		0.000	

表 4.4.14 中的数据证实了我们的猜测，纯农或半农半牧家庭大多数修建有家用厕所，而牧民家庭绝大多数都没有厕所，冲水厕所则主要出现在非农非牧家庭。卡方检验，P 值接近于 0，从统计上证实了家庭厕所设施状况与生产形式存在极为显著的相关关系。

（3）通信工具使用

通信工具，尤其是移动通信工具的普及使用是现代社会科技发展的结果。在藏区地广人稀的条件下，移动通信设备的使用将极大地提高民生幸福度，而移动通信网络的建设相比于传统的有线通信网又具有更大的灵活性与覆盖率，因此本次拉萨市七县农牧区调研有针对性地将受访居民的通信工具普及状况进行了调研。需要指出的一点是，手机的普及使用需要有先决条件，供电和基础移动网络的覆盖是人们能否选择使用手机的先决条件。

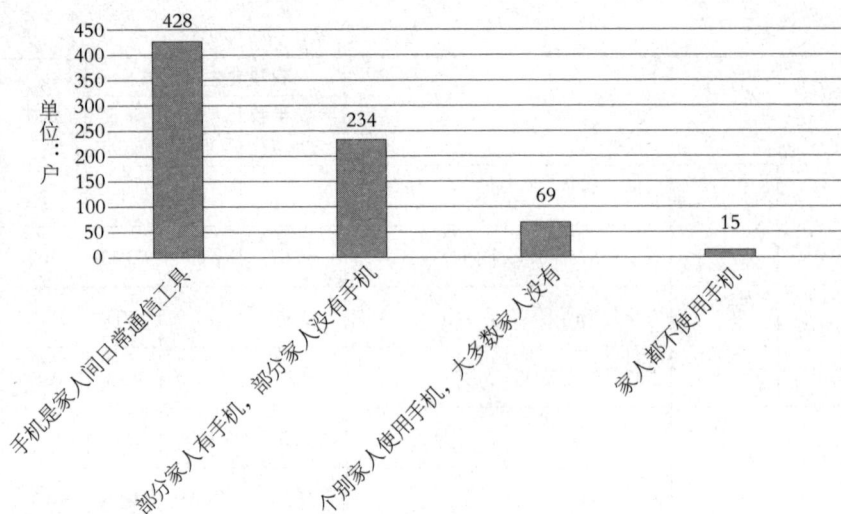

图 4.4.12　手机普及使用情况

手机普及状况。图 4.4.12 显示了全体 746 个受访家庭的日常手机使用情况。57.40% 的家庭将手机作为日常通信工具，31.40% 的家庭有部分家庭成员经常使用，9.20% 的家庭只有个别家人使用手机，还有 2% 的家庭完全不使用手机。家人是否将手机作为日常通信工具取决于多方面的因素，一个最重要的方面是家人日常活动区域是否有移动通信信号覆盖，其次才是手机的使用成本是否过于高昂，可能还有诸如是否知道如何操作手机设备等方面的因素。调研所得到的关于拉萨农牧区居民在移动通信设备的使用普及方面的数据显示，在这一方面农牧区居民落后于西藏城镇居民。在入户调研过程中，我们调研队员实地感受到过受访村落没有移动通信信号覆盖的尴尬。因此我们认为手机普及使用状况更可能反映的是移动通信网络覆盖率方面的现实。

由于手机的使用受到移动通信基础网络覆盖的影响，表 4.4.15 中我们进一步分析手机普及使用与县域之间的相关关系。

表 4.4.15　手机普及使用与县域列联表分析

<table>
<tr><td colspan="3"></td><td colspan="4">手机普及使用状况</td><td rowspan="2">总计</td></tr>
<tr><td colspan="3"></td><td>手机是家人之间日常通信工具</td><td>一部分家人有手机，一部分没有</td><td>只有个别家人使用手机，大部分没有手机</td><td>家人都不使用手机</td></tr>
<tr><td rowspan="28">区县</td><td rowspan="4">堆龙德庆县</td><td>计数（户）</td><td>86</td><td>35</td><td>8</td><td>1</td><td>130</td></tr>
<tr><td>占手机普及使用状况的百分比（%）</td><td>66.15</td><td>26.92</td><td>6.15</td><td>0.77</td><td>100</td></tr>
<tr><td>占区县的百分比（%）</td><td>20.09</td><td>14.96</td><td>11.59</td><td>6.67</td><td>17.43</td></tr>
<tr><td>占总计的百分比（%）</td><td>11.53</td><td>4.69</td><td>1.07</td><td>0.13</td><td>17.43</td></tr>
<tr><td rowspan="4">墨竹工卡县</td><td>计数（户）</td><td>58</td><td>44</td><td>14</td><td>2</td><td>118</td></tr>
<tr><td>占手机普及使用状况的百分比（%）</td><td>49.15</td><td>37.29</td><td>11.86</td><td>1.69</td><td>100</td></tr>
<tr><td>占区县的百分比（%）</td><td>13.55</td><td>18.8</td><td>20.29</td><td>13.33</td><td>15.82</td></tr>
<tr><td>占总计的百分比（%）</td><td>7.77</td><td>5.90</td><td>1.88</td><td>0.27</td><td>15.82</td></tr>
<tr><td rowspan="4">尼木县</td><td>计数（户）</td><td>41</td><td>29</td><td>8</td><td>4</td><td>82</td></tr>
<tr><td>占手机普及使用状况的百分比（%）</td><td>50</td><td>35.37</td><td>9.76</td><td>4.88</td><td>100</td></tr>
<tr><td>占区县的百分比（%）</td><td>9.58</td><td>12.39</td><td>11.59</td><td>26.67</td><td>10.99</td></tr>
<tr><td>占总计的百分比（%）</td><td>5.50</td><td>3.89</td><td>1.07</td><td>0.54</td><td>10.99</td></tr>
<tr><td rowspan="4">当雄县</td><td>计数（户）</td><td>52</td><td>41</td><td>19</td><td>5</td><td>117</td></tr>
<tr><td>占手机普及使用状况的百分比（%）</td><td>44.44</td><td>35.04</td><td>16.24</td><td>4.27</td><td>100</td></tr>
<tr><td>占区县的百分比（%）</td><td>12.15</td><td>17.52</td><td>27.54</td><td>33.33</td><td>15.68</td></tr>
<tr><td>占总计的百分比（%）</td><td>6.97</td><td>5.50</td><td>2.55</td><td>0.67</td><td>15.68</td></tr>
<tr><td rowspan="4">曲水县</td><td>计数（户）</td><td>55</td><td>23</td><td>3</td><td>2</td><td>83</td></tr>
<tr><td>占手机普及使用状况的百分比（%）</td><td>66.27</td><td>27.71</td><td>3.61</td><td>2.41</td><td>100</td></tr>
<tr><td>占区县的百分比（%）</td><td>12.85</td><td>9.83</td><td>4.35</td><td>13.33</td><td>11.13</td></tr>
<tr><td>占总计的百分比（%）</td><td>7.37</td><td>3.08</td><td>0.40</td><td>0.27</td><td>11.13</td></tr>
<tr><td rowspan="4">林周县</td><td>计数（户）</td><td>87</td><td>42</td><td>15</td><td>0</td><td>144</td></tr>
<tr><td>占手机普及使用状况的百分比（%）</td><td>60.42</td><td>29.17</td><td>10.42</td><td>0</td><td>100</td></tr>
<tr><td>占区县的百分比（%）</td><td>20.33</td><td>17.95</td><td>21.74</td><td>0</td><td>19.30</td></tr>
<tr><td>占总计的百分比（%）</td><td>11.66</td><td>5.63</td><td>2.01</td><td>0</td><td>19.30</td></tr>
<tr><td rowspan="4">达孜县</td><td>计数（户）</td><td>49</td><td>20</td><td>2</td><td>1</td><td>72</td></tr>
<tr><td>占手机普及使用状况的百分比（%）</td><td>68.06</td><td>27.78</td><td>2.78</td><td>1.39</td><td>100</td></tr>
<tr><td>占区县的百分比（%）</td><td>11.45</td><td>8.55</td><td>2.90</td><td>6.67</td><td>9.65</td></tr>
<tr><td>占总计的百分比（%）</td><td>6.57</td><td>2.68</td><td>0.27</td><td>0.13</td><td>9.65</td></tr>
</table>

续表

		手机普及使用状况				总计
		手机是家人之间日常通信工具	一部分家人有手机，一部分没有	只有个别家人使用手机，大部分没有手机	家人都不使用手机	
总计	计数（户）	428	234	69	15	746
	占总计的百分比（%）	57.37	31.37	9.25	2.01	100
卡方检验						
	值		自由度		P 值	
皮尔逊卡方	39.29		18		0.003	

如表 4.4.15 所示，尼木县、当雄县和墨竹工卡县的受访家庭在手机使用上要显著地比其他县相对较低，而堆龙德庆县和达孜县则相对普及率更高。整体相关度卡方检验，P < 0.01，这说明从统计上看在 1% 的显著度水平上，手机使用普及度与县域之间存在很显著的相关关系。

本次调研还对另一个通信手段的普及状况进行了询问，即微信普及状况。为什么选择微信呢？首先，微信在全国的普及度是有目共睹的，便捷且方式多样，大有完全替代传统直接打电话的趋势；其次，我们前期调研的时候发现微信的留言功能特别受农牧区居民的欢迎，无须文本输入就能语音留言，一则方便了识字率不高的西藏农牧区居民无法操作文本输入的困难，二则给西藏移动通信网络覆盖率不高的的地区带来使用变通性。微信的使用与传统的手机功能使用有极大的不同，微信依托移动网络，可以带来更多的互联网资讯与信息，较之手机普通的通话与短信功能在信息获取量与面上有本质的提升。

如图 4.4.13 所示，全体 746 户受访对象中家庭成员日常使用微信的占 10.46%，部分家人使用的占 31.64%，只有个别家人使用的占 27.61%，完全不使用的占比达到 30.29%。应该说，微信的使用与普及同样也面临是否有基础通信网络铺设覆盖的支持问题，其次

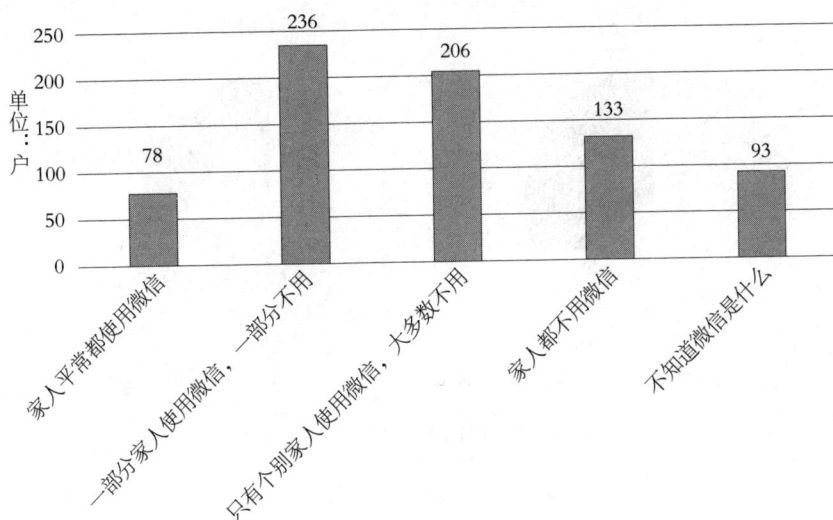

图 4.4.13　微信普及状况

是居民的受教育程度。调研的数据说明，有三成受访家庭完全不使用微信，而经常使用的家庭只有一成。这一比例也显著地比内地的平均普及使用率要低很多，可以看出网络的普及使用在西藏农牧区还比较低。

由于微信的使用主要是基于手机与移动通信网络，因此我们还检验了微信的使用普及度与手机的使用普及度之间的相关关系，结果与意料的一致，二者之间存在显著的相关关系；同样检验微信的使用普及度与县域之间的关系，结果和手机普及度与县域之间的相关关系一致。

（4）金融支付工具接受度

本次调研中有一个问题模块是关于金融支付工具、金融知识以及民间借贷的信息。银行卡作为便捷和安全的支付手段，在内地地区得到广泛的使用。西藏地区的金融机构以及金融支付工具的发展要较为落后，我们选取银行卡这个代理变量来衡量金融与居民日常生活的关系。

图 4.4.14 中显示两组比例关系，其中 a 图是关于受访对象的金融支

a.是否了解银行卡功能

b.是否使用银行卡

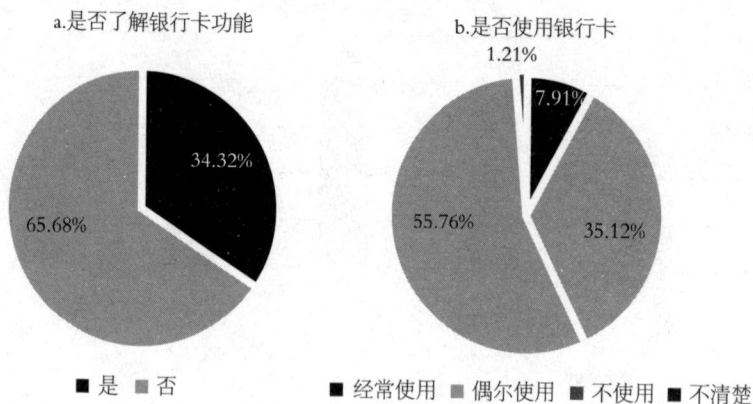

图 4.4.14　银行卡的普及使用状况

付工具常识的提问，b 图是关于家庭日常金融支付工具的使用频率。首先，由图中数据可知，受访对象中 65.68% 的人不了解银行卡的具体功能，这说明超过一半的受访对象本人是不曾使用银行卡的；其次，只有 7.91% 的家庭经常使用银行卡，35.12% 的家庭偶尔使用，而有约 55.76% 的家庭完全不用银行卡。银行卡的使用与金融机构在西藏地区的分支机构的多寡相关，同时也与家庭收入支出货币的频率，或者说家庭生活参与市场的程度相关。从图 4.4.14 所显示的信息来看，拉萨市七县农牧区居民的金融支付工具的使用普及度相比于内地居民来说是比较低的。

为了分析银行卡使用的普及度较低的原因，我们从两个维度来分析，一是银行卡使用与县域之间的相关关系，二是银行卡使用与家庭贫困等级之间的关系。由于拉萨市七县地理位置的相对分布，某些县是位于旅游人口较多的国道沿线，而另一些县则没有，显然国道沿线的地区其银行分支机构的数量要更多。而检验银行卡使用与家庭贫困等级的关系则是考虑到银行卡的使用依赖于相应银行账户的资金余额的，贫困家庭对银行卡的需求都要显著低于富裕家庭。

表 4.4.16 家庭日常银行卡使用状况与县域列联表分析

			家庭日常银行卡使用状况			
			经常使用	偶尔使用	不使用	总计
区县	堆龙德庆县	计数（户）	8	40	80	128
		占银行卡日常使用状况的百分比（%）	6.25	31.25	62.50	100
		占区县的百分比（%）	13.56	15.27	19.23	17.37
		占总计的百分比（%）	1.09	5.43	10.85	17.37
	墨竹工卡县	计数（户）	12	44	62	118
		占银行卡日常使用状况的百分比（%）	10.17	37.29	52.54	100
		占区县的百分比（%）	20.34	16.79	14.90	16.01
		占总计的百分比（%）	1.63	5.97	8.41	16.01
	尼木县	计数（户）	7	21	52	80
		占银行卡日常使用状况的百分比（%）	8.75	26.25	65	100
		占区县的百分比（%）	11.86	8.02	12.5	10.85
		占总计的百分比（%）	0.95	2.85	7.06	10.85
	当雄县	计数（户）	3	41	72	116
		占银行卡日常使用状况的百分比（%）	2.59	35.34	62.07	100
		占区县的百分比（%）	5.08	15.65	17.31	15.74
		占总计的百分比（%）	0.41	5.56	9.77	15.74
	曲水县	计数（户）	13	33	36	82
		占银行卡日常使用状况的百分比（%）	15.85	40.24	43.90	100
		占区县的百分比（%）	22.03	12.60	8.65	11.13
		占总计的百分比（%）	1.76	4.48	4.88	11.13
	林周县	计数（户）	8	50	83	141
		占银行卡日常使用状况的百分比（%）	5.67	35.46	58.87	100
		占区县的百分比（%）	13.56	19.08	19.95	19.13
		占总计的百分比（%）	1.09	6.78	11.26	19.13
	达孜县	计数（户）	8	33	31	72
		占银行卡日常使用状况的百分比（%）	11.11	45.83	43.06	100
		占区县的百分比（%）	13.56	12.60	7.45	9.77
		占总计的百分比（%）	1.09	4.48	4.21	9.77
总计		计数（户）	59	262	416	737
		占总计的百分比（%）	8.01	35.55	56.45	100

卡方检验			
	值	自由度	P 值
皮尔逊卡方	26.55	12	0.009

如表 4.4.16 所示，我们发现墨竹工卡县、达孜县和曲水县的银行卡普及使用状况相对要好于其他县，而当雄县和林周县相对要差一些。这样的地理分布相关度大致印证了我们的猜测，在国道附近的，尤其是319 国道附近的县，银行卡的使用普及状况要更好。而整体相关度卡方检验，P < 0.01，从统计上支持银行卡的使用普及度与县域之间存在很显著的相关关系。

表 4.4.17　家庭日常银行卡使用状况与贫困状况列联表分析

			家庭日常银行卡使用状况			总计
			经常使用	偶尔使用	完全不用	
贫困状况	非贫困户	计数（户）	50	206	325	581
		占银行卡使用状况的百分比（%）	8.61	35.46	55.94	100
		占贫困状况的百分比（%）	84.75	78.63	78.31	78.94
		占总计的百分比（%）	6.79	27.99	44.16	78.94
	一般贫困户	计数（户）	4	25	42	71
		占银行卡使用状况的百分比（%）	5.63	35.21	59.15	100
		占贫困状况的百分比（%）	6.78	9.54	10.12	9.65
		占总计的百分比（%）	0.54	3.40	5.71	9.65
	低保户	计数（户）	5	31	48	84
		占银行卡使用状况的百分比（%）	5.95	36.90	57.14	100
		占贫困状况的百分比（%）	8.47	11.83	11.57	11.41
		占总计的百分比（%）	0.68	4.21	6.52	11.41
总计		计数（户）	59	262	415	736
		占总计的百分比（%）	8.02	35.60	56.39	100

卡方检验			
	值	自由度	P 值
皮尔逊卡方	1.37	4	0.849

表 4.4.17 展示了家庭银行卡使用频率与家庭贫困等级之间的列联表分析结果。数据分析并未显现二者之间有较为明显的相关关系，而卡方检验，P = 0.849，表明统计上不能支持二者之间存在相关关系。

结合表 4.4.16 与表 4.4.17 的分析结论，我们认为，目前西藏农牧民家庭较少使用银行卡的主要原因是金融机构的分支机构服务便捷度无法有力支撑农牧民对银行卡的使用，而不是农牧民的贫富差距或收入太少所带来的。

（5）小结

本小节中，我们通过农牧区居民的能源方式选择、家庭卫生设施、现代通讯工具普及度以及现代金融支付工具普及度四个方面来衡量现代生活要素对居民生活的影响。研究发现：

①牛粪仍然是藏区农牧民家庭普及率最高的日常做饭与取暖的能源选择（96.10%的覆盖率），其次是天然气 / 煤气（53.50%），以及木柴（34.50%）和电（29.80%）。受访家庭对于目前能源方式的满意度较高，且目前能源方式满意度与农业生产方式之间存在很显著的相关关系。

②国家电网覆盖率在拉萨市七县区域达到98.70%的受访家庭，对电网用电稳定性感到满意的也接近90%，但供电稳定性满意度在各县之间存在显著的差异。

③约92%的家庭生活污水是自家单独排放，且公共排污设施在各县之间存在显著差异，当雄县和林周县相对落后。

④约30%的受访家庭没有厕所，其中主要是牧民家庭；家庭厕所设施状况与受访家庭的农业生产形式存在显著的相关关系，农区家庭基本使用旱厕，牧区家庭大都没有厕所。

⑤57.40%的家庭将手机作为日常通信工具，而手机使用的普及率与县域之间存在显著相关性，因此我们认为手机的普及程度与移动通信基础设施的建设相关；微信的使用普及程度要低于手机，多数或部分家庭成员使用微信的家庭占比41.10%，而完全不使用微信的家庭也达到30.30%。

⑥银行卡作为金融支付工具的普及度不高，7.90%的家庭经常使用，35.10%的家庭偶尔使用，而55.80%的几乎完全不用；银行卡的普及程

度在各县之间存在明显差异但与受访家庭的贫困等级无关，临近国道的县使用率高，这说明银行卡的使用普及度主要与金融机构的服务分支设施的分布有关。

4.4.3 结论

拉萨市七县农牧区居民在"生态文明"方面的满意度整体处于"比较满意"评分较高的水平，农区居民的满意度要高于牧区居民。23%的居民家庭生活垃圾还处于随意丢弃的状态，这一现象与政府集中收集处理垃圾的公共服务供给有关。

我们发现牛粪依然是整个农牧区普及率最高的日常生活能源选择，电网的覆盖率在拉萨市七县农牧区已经非常高（98.70%）；生活污水的排放状况则不尽如人意，92%的家庭采取自家单独／随意排放，公共排污设施的建设在各县之间存在显著的差异；家庭厕所的普及使用在不同农业生产地区存在显著差异，农区家庭一般均使用旱厕，而牧区家庭大多数没有厕所。

超过一半的受访家庭将手机作为日常通信工具，而微信的普及程度要比手机的普及程度低，现代通信工具和手段的普及度在各县之间存在显著差异，与通信基础设施的覆盖有关。银行卡的普及使用程度不高，超过一半的受访家庭不用银行卡，现代金融支付工具的普及度与金融服务机构的设施建设有关。

第五章

隔离度与生活满意度专题

　　西藏位于我国西南边陲，平均海拔 4000 米以上，地域面积广大，约占国土面积的八分之一，人口分布分散，地区间经济发展不平衡。如经济发展速度较快、市场化程度较高的拉萨市，其人口比较集中，而在阿里等海拔相对较高的地区，其经济发展速度和市场化程度远不如拉萨，且其人口分布分散。甚至在同一地区，各县之间由于海拔高度、自然资源的差异，其经济发展水平也是不一样的，居民的生活条件和生活习惯也存在一定的差异。基于这种差异的存在，我们入户拉萨市周边不同县区村落居民进行面对面问卷调查，构建一个相对客观的用以衡量居民生活状态的指标——隔离度指标。隔离度指标我们从两个维度进行刻画，一个维度主要描述由于外部客观条件造成的客观隔离度，另一个维度主要是描述居民本身心理层面愿意与社会接触程度的主观隔离度指标。通过两个客观与主观维度刻画居民生活的相对状态，有助于我们分析拉萨市周边居民生活特征、生产方式、生活满意度及其经济行为特征。

5.1 隔离度基本描述

隔离度指标分为客观隔离度指标和主观隔离度指标，客观隔离度指标是由居民无法改变的外部条件决定的，如政府层面的公共设施提供程度，这些是居民只能被动接受的客观条件；主观隔离度指标主要是从居民日常生活中参与社会交往的意愿来衡量。

5.1.1 隔离度指标的选取

根据此次问卷题目设定，以居民生活的客观条件为出发点，选取了六个维度分量指标来构建客观隔离度，包括村委会到公路的距离、家庭到村委会的道路条件、公共交通的通达性、移动通讯网的可得性、电网可达性、公共供水系统的可获得性；主观隔离度指标主要是从居民日常生活中参与社会交往的意愿出发去衡量，根据问卷选项的设定选取了五个维度分量指标来构建主观隔离度，包括受访者受教育程度、消费的市场参与度、银行卡的使用频率、家庭手机使用率、微信的使用度。客观隔离度和主观隔离度的分量指标描述如表 5.1.1 所示。

表 5.1.1　隔离度指标描述

一级指标	二级分量指标
客观隔离度指标	村委会到公路的距离
	家庭到村委会的道路条件
	公共交通的通达性
	电网可达性
	移动通讯网的可得性
	公共供水系统的可获得性

续表

一级指标	二级分量指标
主观隔离度指标	受访者受教育程度
	消费的市场参与度
	银行卡的使用频率
	家庭手机使用率
	微信的使用度

5.1.2　客观隔离度分量指标基本描述

（1）村委会到公路的距离

村落到公路距离在一定程度上反映了该村落是否偏僻以及与外界社会交往的难易程度。对于那些离公路很远的村落来说，其与社会外界的隔离度相对是较高的，而这种隔离的状态不可能通过当地居民的能力进行改变，只有在政府财政支持下，为各个村落建设基本的公路才可能打破这种隔离状态。因此，村委会到公路的距离在一定程度上反映了居民

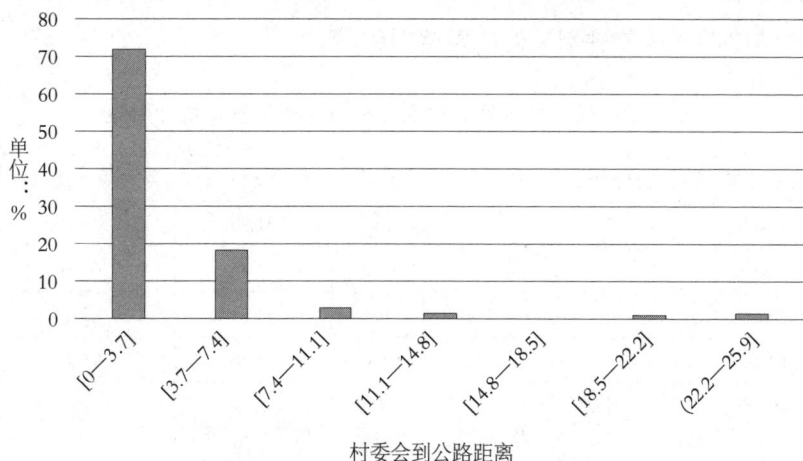

图 5.1.1　村委会到公路距离分布

被动与社会外界隔离的状态。

从图 5.1.1 村委会到公路距离柱状图可见，此次入户调研的村落村委会离公路主要集中在 0 千米至 7.4 千米之间，非常小部分的村落村委会离公路距离在 7.4 千米至 14.8 千米之间和 18.5 千米至 25.9 千米之间。由于此次调研主要是拉萨市周边的县区，其道路条件相对其他地区周边县区的道路条件优越，因此绝大多数受访村落村委会到公路距离比较近也是在情理之中，但是我们也观察到有个别的村落其村委会到公路距离相对比较远，说明即便是在拉萨市这个市场化程度较高的城市，其周边县区村落的道路状况还是存在差异的。对于那些距离公路远的村落，其居民与外界接触的机会显然是要低于那些距离公路近的村落的。

（2）家庭到村委会的道路条件

从西藏人口分布的实际出发，即便村委会到公路的距离比较近，当地居民与外界社会交往的可能性较高，也并不意味着村落中每一户居民都具有相同的外界接触水平。因为，即便是同一个村落，有些居民家庭所在位置比较偏僻或者地理条件比较恶劣的情况下，其家庭到村委会的道路条件要差于其他居民家庭。因此，家庭到村委会的道路条件是刻画居民与外界社会交往可能性的重要指标。

表 5.1.2　受访户家庭到村委会的道路条件基本统计描述

是否有铺装路面的村级公路通达村委会	频数	百分比（%）	累计百分比（%）
全程都有	238	31.90	31.90
大部分有	272	36.46	68.36
小部分有	105	14.08	82.44
基本上没有	84	11.26	93.70
完全没有	47	6.30	100
合计	746	100	

由表 5.1.2 可见，272 户受访家庭大部分有铺装路面到村委会，所占比例为总受访户的 36.46%，238 户受访家庭到村委会全程都有铺装路面，所占比例为 31.90%，共有 84 户受访家庭基本上没有和 47 户受访家庭完全没有铺装路面到村委会，所占的比例为 11.26% 和 6.30%。由此说明，此次调研所到村落其道路条件相对优越，但也有不少居民其道路条件比较恶劣，对于那些道路条件恶劣的受访户来说，他们比道路条件好的受访户市场参与度相对来说应该更低。接下来我们需要分析比较优越的道路条件下，居民的出行所需要的公共交通工具是否得到满足，以进一步分析居民客观隔离度。

（3）公共交通的通达性

公共交通的投入是政府为乡镇居民生活提供的公共设施配置，公共交通方便的村落在一定程度上提高了居民与社会外界接触交往的可能性，反之则由于出行的不便而导致居民被动与社会隔离，而这些公共交通的投入是不可能以居民个人主观意愿或个人能力实现的。因此公共交通的通达性从出行便利性的角度刻画了居民与外界社会交往的可能性程度，这种状态是由外在客观因素决定的，比如政府的公共配套设施的投入力度。

表 5.1.3　居民可使用公共汽车的方便程度基本统计描述

可使用公共汽车的方便程度感觉	频数	百分比（%）	累计百分比（%）
非常满意	167	22.39	22.39
比较满意	133	17.83	40.21
一般	47	6.30	46.51
比较不满意	27	3.62	50.13
非常不满意	8	1.07	51.21
不清楚	11	1.47	52.68
本村没有公共汽车	353	47.32	100
合计	746	100	

由表 5.1.3 可见，高达 353 户受访户表示本村没有公共汽车，所占

比例为总受访户的 **47.32%**。只有 **22.39%** 和 **17.83%** 的受访者表示对目前出行可选择的公共汽车的方便程度非常满意和比较满意。拉萨市周边县区大部分村落的公路距离相对较近，但配套的公共设施仍然是不够健全的，746 户受访户中接近一半的受访户表示本村没有公共汽车。公共汽车基础配置的缺失在一定程度上加深了居民与外界的隔离程度，不利于增进居民与外界接触。

表 5.1.4 "没有公共汽车"村落的县区分布

县区	频数	百分比（%）
堆龙德庆县	58	16.43
墨竹工卡县	55	15.58
尼木县	57	16.15
当雄县	67	18.98
曲水县	25	7.08
林周县	64	18.13
达孜县	27	7.65
合计	353	100

如果我们把受访者表示本村没有公共汽车的县区提出来进行进一步分析，见表 5.1.4。由此可见，353 户受访户表示本村没有公共汽车，基本均匀分布在五个县区，包括堆龙德庆县 58 户、墨竹工卡县 55 户、尼木县 57 户、当雄县 67 户、林周县 64 户，曲水县和达孜县分别有 25 户和 27 户，相对其他五个县区所占比例较低。由此说明，拉萨周边县区的公共设备建设还有待进一步加强，从而从客观上引导居民走出来参与社会交往。由受访户到村委会的道路状况可见，拉萨周边各县区村落已基本具备公共交通工具投入所需的道路条件，因此，加大公共交通工具的投入是可能实现的。

（4）电网可达性

电网可达性指标代表居民使用电力的可能性，如果居民家庭实现电力覆盖，那么居民获取信息的可能性将提高，提高了居民与外界社会接触的机会，降低居民与社会隔离的程度。因此，将电网可达性作为客观隔离度的分量指标。

表 5.1.5　电网可达性基本统计描述

用电来源	频数	百分比（%）
国家电网供电	736	98.66
自家太阳能电池供电	8	1.07
自行发电	2	0.27
合计	746	100

表 5.1.5 中，98.66% 的电力由国家电网供电，自家太阳能电池供电只占到 1.07%，而自行发电比例则更低，只有 0.27%。由此可见，拉萨市周边县区村落的电力覆盖程度非常高，基本实现家家户户通电的基本目标，从一定程度上会促进居民的社会交往意愿，因为电力的供应会促使居民使用更多的电器，而电器的购买需要居民参与市场交易，获取外界信息。因此，电力的全面覆盖有助于降低居民的客观隔离度。

（5）移动通信网的可得性

除了电力供给，现代社会交往最常用的手段是手机，移动通信网络的覆盖为居民使用手机提供可能，从而增进居民社会交往，降低居民与社会隔离程度。从问卷调查结果看，此次调研所到地区已实现移动网络的全覆盖。

（6）公共供水系统的可获得性

居民饮用水来源在一定程度上反映了居民的居住状态，使用集中供水系统的受访户一般情况下是定居状态或聚居状态，而通过自然地表水的受访户以游牧状态为主，因此，饮用水来源反映居民居住状态，而居民的居住状态又在一定程度上反映了居民的社会交往状态即隔离程度。

表 5.1.6　居民饮用水来源统计描述

饮用水来源	频数	百分比（%）
公共自来水厂集中供水的自来水	35	4.69
地表水蓄水设施集中供水的自来水	397	53.22
自家的水井	51	6.84
村里/乡镇的公共水井	50	6.70
自然地表水	205	27.48
其他	8	1.07
合计	746	100

从表 5.1.6 可以看出，受访户中有 397 户目前主要饮用水源是地表水蓄水设施集中供水的自来水，所占比例高达 53.22%，205 户受访户目前主要饮水源是自然地表水（溪水或河流），占 27.48%的比例，村里/乡镇的公共水井和自家的水井分别占到 6.70%和 6.84%，而公共自来水厂集中供水的自来水只占到 4.69%。从居民饮用水来源来看居民生活状态，大部分居民仍处于生活不便利的聚居状况，而主要依赖地表水作为饮用水来源的游牧状态比例不低，由此可见，从饮用水来源的角度看，拉萨市周边居民的生活状态与现代社会还是相对隔绝的，同步性相对较低。

5.1.3　主观隔离度分量指标基本描述

（1）受访者的受教育程度

受教育程度的高低在一定程度上反映了人们对社会的认知能力和适应能力，受教育程度越高其对社会的认知能力和适应能力越强，其与社会交往的意愿则更高。因此，受教育程度的高低反映了人们社会交往主观能动性，在一定程度上反映了人们的主动隔离状态。

表 5.1.7　受访者受教育程度统计描述

受教育程度	频数	百分比（%）
没上过学，也未在寺庙正规学习过	338	45.31
没上过学，曾经在寺庙正规学习过	8	1.07
小学	328	43.97
初中	57	7.64
高中	3	0.40
中专/职高	3	0.40
大专/高职	2	0.27
大学本科	3	0.40
硕士研究生	0	0
博士研究生	0	0
其他	4	0.54
合计	746	100

　　由表 5.1.7 可见，746 名受访者中，45.31% 未接受过教育，43.97%教育水平为小学，初中以上学历受访者仅占非常小的一部分。这说明在拉萨市周边乡镇居民受教育水平普遍较低，远远低于我国内地教育的平均水平。

（2）消费的市场参与度

　　从西藏当地生活习惯来看，在不参与市场交易的情况下人们也能满足基本生活所需，因此从西藏居民日常消费食品来源可以看出当地居民参与市场的意愿，从而在一定程度上反映居民的主动隔离状态。

表 5.1.8　居民日常消费食品来源统计描述

日常消费食品来源	频数	百分比（%）
主要是自家种植/养殖	171	22.92
主要是从市场上购买	294	39.41
主要是亲戚朋友赠送	2	0.27
自家种植/养殖与市场上购买约各一半	269	36.05

续表

日常消费食品来源	频数	百分比（%）
自家种植／养殖与亲戚朋友赠送约各一半	4	0.54
市场上购买与亲戚朋友赠送约各一半	2	0.27
其他	4	0.54
合计	746	100

从表 5.1.8 可以看出，39.41%的受访者表示日常消费的食品来源主要是从市场上购买，36.06%的受访者是自家种植／养殖与市场上购买约占一半，22.92%的受访者表示日常消费的食品是依靠自家种植／养殖，其余来源所占比例非常低。从日常消费食品来源数据来看，拉萨市周边乡镇居民市场参与度还是比较高的。

（3）银行卡的使用频率

银行卡是现代市场交易的主要手段，银行卡的使用情况能够反映出人们参与市场交易的主观意愿，从而在一定程度上代表了人们主观隔离状态。

表 5.1.9　受访户家庭成员银行卡使用情况统计描述

家庭成员银行卡使用情况	频数	百分比（%）
经常使用	59	7.91
偶尔使用	262	35.12
不使用	416	55.76
不清楚	9	1.21
合计	746	100

由表 5.1.9 可见，746 个受访户中只有 59 户家里经常使用银行卡，所占比例仅为 7.91%，偶尔使用银行卡的受访户有 262 户，比例为 35.12%，而不使用银行卡的受访户高达 416 户，所占比例为 55.76%。银行卡作为现代金融支付的重要手段，是内地居民日常生活中经常使

用的支付手段。但是，相比内地的金融开放水平，西藏地区居民对银行卡的使用程度如此低是出乎意料的，说明西藏地区乡镇金融深化水平较低。

（4）家庭手机的使用率

此次调研所到乡镇已全部实现移动通信网络全覆盖，在这种情况下，人们是否通过使用手机来与家人、外界沟通很大程度上取决于个人意愿。因此，手机的使用状况从信息交流沟通的意愿上反映了人们的主观隔离状态。

表 5.1.10　家庭手机使用情况统计描述

家庭成员银行卡使用情况	频数	百分比（%）
手机是家人之间日常的通信工具	428	57.37
一部分家人有手机，还有一部分没有手机	234	31.37
只有个别家人使用手机，大多数没有手机	69	9.25
家人都不用手机	15	2.01
合计	746	100

从表 5.1.10 可以看出，有 428 户受访户表示手机是家人之间日常的通信工具，所占比例为 57.37%，而家人都不用手机的比例只有 2.01%。说明拉萨市周边乡镇居民手机普及度比较高，与外界交流接触的主观能动性也比较强。

（5）微信的使用度

从受访户手机使用情况看，占很大比例的受访户都通过手机与家人、社会沟通，手机普及性比较高，与社会交往接触的主观能动性较高。除了手机的使用，我们希望通过调查受访户的社交网络交流应用软件的使用情况来进一步挖掘人们社会交往主观能动性的深度，以此来刻画人们的主观隔离状态。

表 5.1.11　家庭成员微信使用情况统计描述

家庭成员微信使用情况	频数	百分比（%）
家人平常都使用微信	78	10.46
一部分家人使用微信，还有一部分没有使用	236	31.64
只有个别家人使用微信，大多数没有微信	206	27.61
家人都不用微信	133	17.83
不知道微信是什么	93	12.46
合计	746	100

从表 5.1.11 可以看出，只有 78 户受访者表示家人平常都使用微信，所占比例仅为 10.46%，而家人都不用微信甚至不知道微信是什么的比例分别为 17.83% 和 12.47%。由此说明，虽然手机已成为拉萨市周边居民普通通信设备，但手机社交应用软件的使用比例还是比较低的，手机可能仍用于基本的通话功能，这可能与受访者普遍受教育程度不高及其不懂汉语有关系。

5.1.4　小结

本部分从客观条件和主观意愿出发，选定六个维度的客观隔离度分量指标和五个维度的主观隔离度分量指标。从基本的数据描述统计看，这些分量指标都从不同的角度去刻画人们的隔离状态，其分布状态存在一定的差异，具有一定的代表性和合理性。

5.2　隔离度指标体系的构建

客观（主观）隔离度指标体系的构建是将客观（主观）隔离度下属指标的选项问题按照附表 1 和附表 2 程序标准化后等权加总得到居民客观（主观）隔离度指标。客观隔离度指标数值越大说明居民由于客观地域环境或生活条件而产生的隔离程度越高。主观隔离度指标反映居民主观上与社会接触交往的意愿和能力低，从而导致与外界隔离的生活状态。主观隔离度指标数值越大其居民的主观隔离程度越高，与社会交往的意愿越低。综合隔离度指标是将客观隔离度和主观隔离度等权相加得到的指标，用以衡量居民的总隔离程度。与客观（主观）隔离度指标相同，综合隔离度指标数值越大反映居民隔离程度越高，在一定程度上反映客观生活条件与主观意愿市场程度较低，生活相对闭塞，经济发展程度低，生活自给自足倾向较高。

5.2.1 隔离度分量指标的相关关系

隔离度分量指标相关系数分析主要目的是考察变量之间的相关程度，如果相关程度较高有可能不同变量是从同一维度去刻画一个问题，相关程度低说明变量有可能是从不同的维度刻画同一个问题。

（1）客观隔离度分量指标相关关系

由表 5.2.1 可见，各分量之间的相关系数较低，如公共交通的通达性和电网可达性的相关系数只有 0.027，相关系数较高的是家庭到村委会道路条件和公共供水系统的可获得性的相关系数为 0.297。由此可见客观隔离度指标是相对独立的，从不同的维度去描述人们被动隔离的状态。

表 5.2.1 客观隔离度分量指标相关系数

	村委会到公路距离	家庭到村委会道路条件	公共交通的通达性	电网可达性	公共供水系统的可获得性
村委会到公路距离	1.000				
家庭到村委会道路条件	0.121	1.000			
公共交通的通达性	0.084	0.142	1.000		
电网可达性	0.205	0.173	0.027	1.000	
公共供水系统的可获得性	0.061	0.297	0.097	0.104	1.000

（2）主观隔离度分量指标相关关系

由表 5.2.2 可见，同客观隔离度分量指标类似，各分量指标间相关系数较低，相关程度较高的是家庭手机使用率和微信使用度其相关系数为0.343，其次是银行卡使用频率和微信使用度相关系数为0.291。由于在标准化过程中，对消费者市场参与度按隔离程度进行调整，即市场参与度高则隔离程度赋值低。因此，受访者受教育程度与消费者市场参与度之间的负相关关系表示受访者受教育程度越高，其隔离程度则越低，市场参与度高。

表5.2.2　隔离度分量指标相关系数

	受访者受教育程度	消费者市场参与度	银行卡使用频率	家庭手机使用率	微信使用度
受访者受教育程度	1.000				
消费者市场参与度	−0.025	1.000			
银行卡使用频率	0.138	0.033	1.000		
家庭手机使用率	0.086	0.009	0.119	1.000	
微信使用度	0.164	0.046	0.291	0.343	1.000

5.2.2　隔离度指标体系构建方式选择

为了客观合理地构建隔离度指标，本部分选用两种常用的降维方法，分别是主成分分析法和因子分析法，由于隔离度各分量指标的相对独立性，主成分分析法和因子分析法都不能很好地构建主动和客观隔离度，最后我们使用等权加总的方法构建主观和客观隔离度。

（1）主成分分析方法

主成分分析方法按照变量之间的方差贡献率在不改变变量大部分信息的情况下，通过降维的方式从多个变量中提取主要成分作为这些变量的代理变量。根据这种思路，我们尝试应用主成分分析方法将客观隔离度六个分量和主观隔离度五个分量进行降维提取主要成分。

表 5.2.3　客观隔离度分量主成分分析结果

成分	特征值	离差	占比	累积占比
Comp1	1.544	0.492	0.309	0.309
Comp2	1.052	0.104	0.212	0.519
Comp3	0.948	0.180	0.190	0.709
Comp4	0.768	0.080	0.154	0.863
Comp5	0.688	—	0.138	1.000

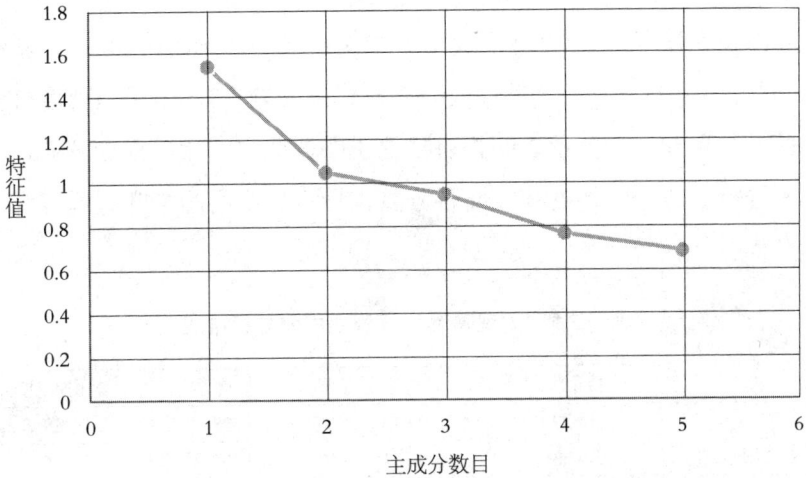

图 5.2.1　客观隔离度分量主成分分析碎石图

由表 5.2.3 可知，只有两个主成分的特征值大于 1，而这两个主成分只解释了客观隔离度六个分量组合方差贡献率的 51.90%，远没有达到基本的组合方差贡献率 85% 的要求。且从图 5.2.1 中可知，我们无法从中识别出主成分。进一步我们通过 Kaiser Meyer Olkin（KMO）检验考察客观隔离度分量是否适合做主成分分析。检验结果如表 5.2.4 所示。

表 5.2.4 客观隔离度 Kaiser Meyer Olkin 检验结果

客观隔离度分量	KMO 统计量
村委会到公路距离	0.584
家庭到村委会道路条件	0.577
公共交通的通达性	0.627
电网可达性	0.586
公共供水系统的可获得性	0.584
总体	0.585

注：移动通信网的可得性由于调研对象实现网络全覆盖状态，在标准化过程中赋值为"0"，
其方差贡献率为"0"，在做主成分分析时自动删除。

由表 5.2.4 可见，客观隔离度分量指标 Kaiser Meyer Olkin 检验统计量值在 0.585，不适合做主成分分析，结合表 5.2.1 客观隔离度分量相关系数可知，各分量之间相对独立说明彼此之间相关程度较低，不需要进行主成分降维处理，而各分量指标都从不同的维度刻画客观隔离度状态。

表 5.2.5 主观隔离度分量主成分分析结果

成分	特征值	离差	占比	累积占比
Comp1	1.639	0.616	0.328	0.328
Comp2	1.0239	0.121	0.205	0.533
Comp3	0.902	0.047	0.180	0.713
Comp4	0.855	0.275	0.171	0.884
Comp5	0.580	—	0.116	1.000

由表 5.2.5 可知，只有两个主成分的特征值大于 1，而这两个主成分只解释了主观隔离度五个分量组合方差贡献率的 53.30%，远没有达到基本的组合方差贡献率 85% 的要求。且从图 5.2.2 中可知，我们无法从中识别出主成分。进一步我们通过 Kaiser Meyer Olkin 检验考察主观隔离度分量是否适合做主成分分析。检验结果如表 5.2.6 所示。

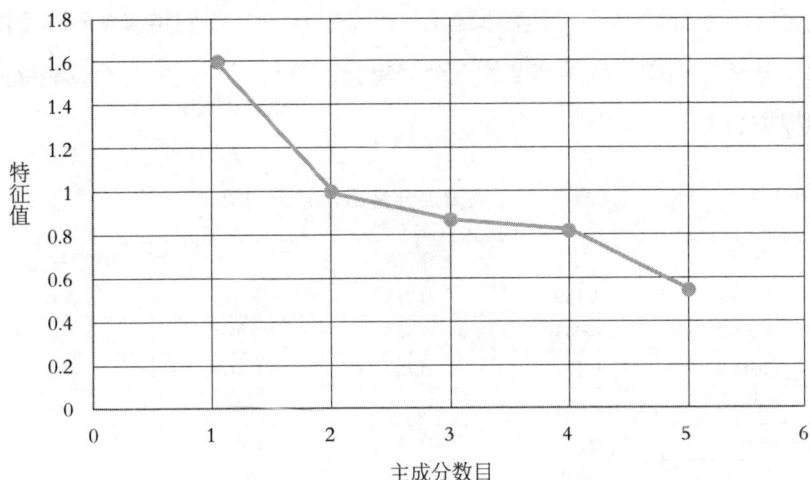

图 5.2.2　主观隔离度分量主成分分析碎石图

表 5.2.6　主观隔离度 Kaiser Meyer Olkin 检验结果

主观隔离度分量	KMO 统计量
受访者受教育程度	0.707
消费者市场参与度	0.353
银行卡使用频率	0.616
家庭手机使用率	0.572
微信使用度	0.559
总体	0.584

由表 5.2.6 可见，主观隔离度分量指标 Kaiser Meyer Olkin 检验统计量值在 0.584，不适合做主成分分析，结合表 5.2.2 可知，各分量之间相对独立，彼此之间相关程度较低，不需要进行主成分降维处理，而各分量指标都从不同的维度刻画主观隔离度状态。

（2）因子分析方法

因子分析方法是从研究变量内部相关的依赖关系出发，把一些具有错综复杂关系的变量归结为少数几个综合因子的一种多变量统计分析方法。它的基本思想是将观测变量进行分类，将相关性较高，即联系比较紧密的分在同一类中，而不同类变量之间的相关性则较低，那么每一类变量实际上就代表了一个基本结构，即公共因子。我们将客观隔离度的六个分量指标和主观隔离度的五个分量指标进行因子分析，希望能够从中提取公共因子来刻画隔离度。

表 5.2.7　隔离度分量因子分析结果

因子	特征值	离差	占比	累积占比
Factor1	1.159	0.716	1.046	1.046
Factor2	0.443	0.265	0.399	1.450
Factor3	0.178	0.103	0.160	1.606
Factor4	0.074	0.036	0.067	1.673
Factor5	0.039	0.063	0.035	1.708
Factor6	−0.024	0.064	−0.022	1.687
Factor7	−0.088	0.093	−0.079	1.608
Factor8	−0.181	0.056	−0.163	1.444
Factor9	−0.237	0.019	−0.214	1.231
Factor10	−0.256	—	−0.231	1

注：移动通信网的可得性由于调研对象实现网络全覆盖状态，在标准化过程中赋值为"0"，其方差贡献率为"0"，在做因子分析时自动删除。

由表 5.2.7 可知，只有一个因子的特征值大于 1，从统计结果看并不满意。因此我们考虑这 10 个隔离度分量指标是否适合做因子分析，通过 KMO 检验进行验证，其检验结果如表 5.2.8 所示。

表 5.2.8　隔离度 KMO 检验结果

隔离度分量	KMO 统计量
村委会到公路距离	0.584
家庭到村委会道路条件	0.689
公共交通的通达性	0.691
电网可达性	0.563
公共供水系统的可获得性	0.679
受访者受教育程度	0.652
消费者市场参与度	0.614
银行卡使用频率	0.651
家庭手机使用率	0.660

隔离度分量	KMO 统计量
微信使用度	0.618
总体	0.643

注：移动通信网的可得性由于调研对象实现网络全覆盖状态，在标准化过程中赋值为"0"，其方差贡献率为"0"，在做因子分析时剔除该分量指标。

由表 5.2.8 可见，隔离度 10 个分量指标 KMO 检验统计量值在 0.643，不适合做因子分析，结合表 5.2.1 和表 5.2.2 可知，各分量之间相对独立说明彼此之间相关程度较低，不能通过进行因子分析降维处理，而各分量指标都从不同的维度刻画客观隔离度和主观隔离度状态。

（3）等权加总方法

由以上两种指标变量提取的方法主成分分析和因子分析结果可见，我们所选取的隔离度分量指标的相对独立性较强，分别从不同的维度刻画人们的隔离状态，任何一个分量的作用都是不能忽视的。因此，我们将客观隔离度的六个分量指标和主观隔离度的五个分量指标分别等权加总以得到客观隔离度指标和主观隔离度指标，最后将客观隔离度和主观隔离度等权加总得到综合隔离度指标。表 5.2.9 是隔离度指标基本统计描述。由表 5.2.9 可见，客观隔离度均值为 1.423，标准差为 0.769，最小值为 0，最大值为 3.915。主观隔离度均值为 2.395，标准差为 0.694，最小值为 0.66，最大值为 5。

表 5.2.9　隔离度指标统计描述

指标	样本数	均值	标准差	最小值	最大值
客观隔离度	744	1.423	0.769	0	3.915
主观隔离度	738	2.395	0.694	0.66	5
综合隔离度	736	3.820	1.107	0.88	7.235

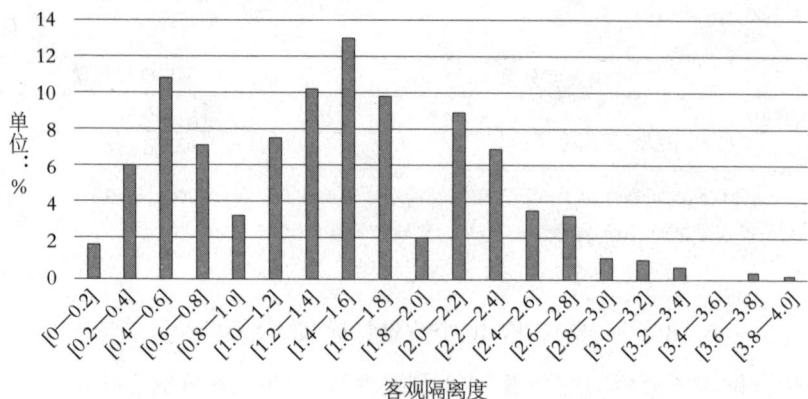

图 5.2.3 客观隔离度分布

图 5.2.3 由标准化后等权加总得到的客观隔离度范围在 0—3.915 之间，其中我们从图 5.2.3 中发现 1—2 之间的样本数最多达 369 个样本，占总观测样本的 49.60%，其次是范围在 0—1 之间样本数为 221，占总观测样本的 29.70%。客观隔离度为 3.5 以上的样本只有 7 个，占总样本数的 0.94%。说明拉萨市周边居民被动隔离程度差异是存在的，与当地客观条件如道路情况、海拔有关。

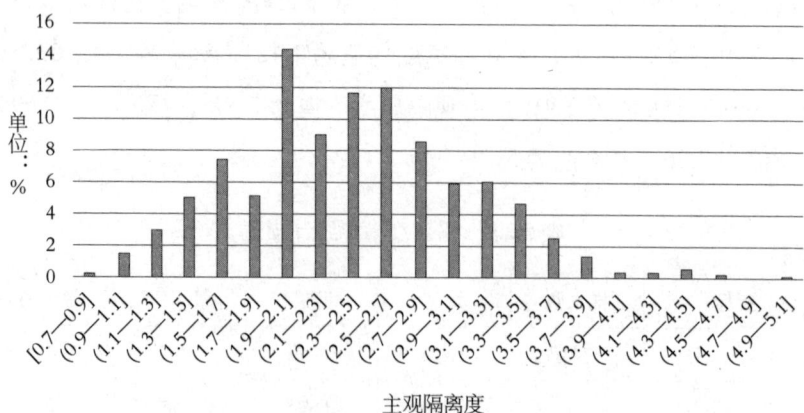

图 5.2.4 主观隔离度分布

图 5.2.4 由标准化后等权加总得到的主观隔离度范围 0.66—5 之间，

其中 690 个样本集中在 1—3.5 的范围内，占总样本的 93.50%。两端值样本分布是极少的，说明居民主观隔离度分布比较集中，居民间主观隔离度差异较小，也就是说，拉萨周边各县区乡镇居民在主观上拒绝与外界接触的程度差距不大。

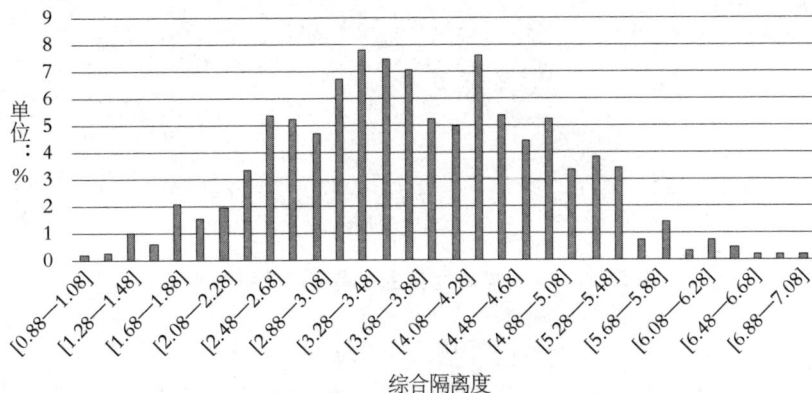

图 5.2.5　综合隔离度分布

由图 5.2.5 可见，综合隔离度分布呈钟形，主要分布在 2—6 之间。

5.2.3　隔离度指标体系间相关性分析

（1）客观隔离度与主观隔离度相关性分析

从理论上讨论客观隔离度与主观隔离度关系，我们认为客观条件的变化在一定程度上影响主观意愿的改变，也就是说，在考察客观隔离度与主观隔离度相关关系时，客观条件如道路状况的改善、居民生活环境改善所带来的客观隔离度的降低会引起主观隔离度在一定程度上也减少。因为，客观条件的改善让人们有机会加入到西藏经济高速发展的进程并共享经济发展成果，从而有可能提高居民参与到市场中的主观意愿。

然而，图 5.2.6 中似乎没有发现客观隔离度与主观隔离度之间存

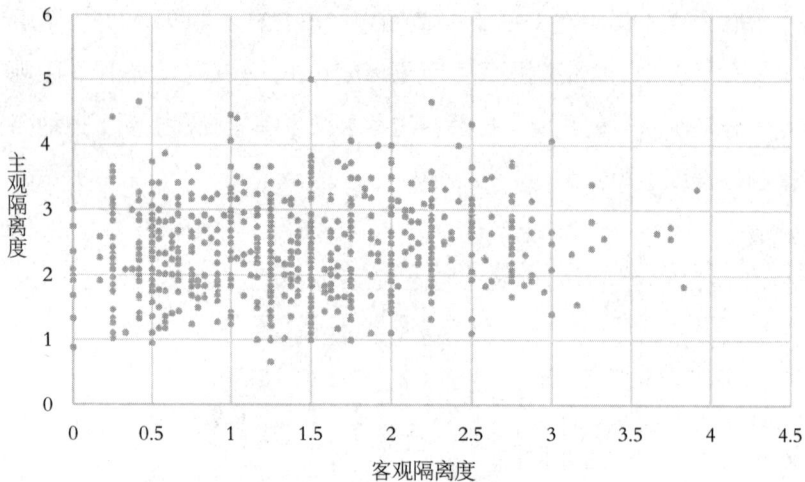

图 5.2.6　客观隔离度与主观隔离度关系散点图

在明显的线性相关关系，没有验证以上的理论假设。这可能是因为分别构建客观隔离度与主观隔离度的分量指标之间的相对独立性是比较高的，这些分量指标虽然在一定程度上反映客观隔离度或主观隔离度，但是，由于这些指标只是在某一特征上刻画客观隔离度或主观隔离度，它们之间的相对独立性导致了客观隔离度与主观隔离度之间也相互较独立。同时，由于人们的生活观念的形成是长时间累积而成的，主观隔离度主要反映的是居民的社会交往主观意愿，而这种意愿的变化往往滞后于客观生活条件的变化，也就滞后于客观隔离度的变化。因此，在某个时间段内，主观隔离度不会随着客观隔离度的变化而变化，而保持在一个相对不变的水平。

（2）客观隔离度分量指标与主观隔离度相关性

①家庭到村委会道路状况与主观隔离度

a. 家庭到村委会道路状况与主观隔离度关系基本描述

表 5.2.10　家庭到村委会道路状况与主观隔离度统计描述

道路状况	主观隔离度		
	均值	标准差	样本数
全程都有	2.253	0.721	233
大部分有	2.431	0.658	269
小部分有	2.430	0.730	105
基本上没有	2.494	0.657	84
完全没有	2.630	0.637	47
合计	2.395	0.694	738

　　由表 5.2.10 可见，随着家庭到村委会道路状况的改善，居民的主观隔离度水平是逐渐降低的。说明外在客观条件的变化是影响主观隔离度水平的一个重要因素。如果从道路等基础设施出发改善人们与外界交流沟通的途径，在一定程度上能提高人们参与社会交往的主观意愿。下面通过方差分析，希望从统计意义上验证家庭到村委会道路状况对主观隔离度水平存在显著影响。

　　b. 家庭到村委会道路状况与主观隔离度方差分析

表 5.2.11　方差分析

来源	方差和	自由度	均方差	F 统计量	Prob>F
组间	8.609	4	2.152	4.55	0.001
组内	346.609	733	0.473		
合计	355.218	737	0.482		

Bartlett 方差齐性检验：chi2（2）=3.691　Prob>chi2=0.449。

　　从表 5.2.11 方差分析结果 Prob>F=0.001，在显著性水平 1% 下拒绝原假设，说明道路条件对主观隔离度有显著影响。基本验证了前面的统计描述结果。由表 5.2.12 的 Scheffe 多重比较检验结果发现，全程都有和基本上没有、全程都有和完全没有铺装路面到村委会的家庭主观隔离度均值存在显著差异。

表 5.2.12　Scheffe 多重比较检验

行均值 – 列均值	全程都有	大部分有	小部分有	基本上没有
大部分有	0.178			
	0.079			
小部分有	0.177	−0.001		
	0.311	1.000		
基本上没有	0.241	0.063	0.065	
	0.108	0.970	0.982	
完全没有	0.377	0.199	0.200	0.136
	0.020	0.502	0.600	0.882

②公共交通的通达性与主观隔离度

a. 公共交通的通达性与主观隔离度关系基本描述

表 5.2.13　公共交通的通达性与主观隔离度统计描述

公共交通的通达性	主观隔离度		
	均值	标准差	样本数
非常满意	2.343	0.727	163
比较满意	2.344	0.678	133
一般	2.329	0.702	47
比较不满意	2.317	0.747	27
非常不满意	2.276	0.932	8
本村没有公共汽车	2.446	0.674	349
合计	2.390	0.694	727

注：将有关选项公共交通的通达性回答"不清楚"的问卷视为无效问卷，11 个样本被剔除。

　　由表 5.2.13 可见，回答本村没有公共汽车的家庭主观隔离度均值为 2.446，高于对本村公共交通状况非常满意的家庭的主观隔离度均值 2.343。我们假设，公共交通的通达性应该是与人们主观隔离度呈负相关关系的，即公共交通通达性好则人们主观隔离度水平相对较低。

b. 公共交通的通达性与主观隔离度方差分析

表 5.2.14 方差分析

来源	方差和	自由度	均方差	F 统计量	Prob>F
组间	2.172	5	0.434	0.9	0.480
组内	347.815	721	0.482		
合计	349.987	726	0.482		

Bartlett 方差齐性检验：chi2（2）=3.204 Prob>chi2=0.669。

表 5.2.15 Scheffe 多重比较检验

行均值 – 列均值	非常满意	比较满意	一般	比较不满意	非常不满意
比较满意	0.001				
	1.000				
一般	−0.014	−0.015			
	1.000	1.000			
比较不满意	−0.026	−0.028	−0.012		
	1.000	1.000	1.000		
非常不满意	−0.067	−0.068	−0.053	−0.040	
	1.000	1.000	1.000	1.000	
本村没有公共汽车	0.103	0.102	0.117	0.130	0.170
	0.782	0.837	0.946	0.972	0.993

从表 5.2.14 和表 5.2.15 中可发现，从统计意义上说，公共交通的通达性与主观隔离度关系不显著。

③公共供水系统的可获得性与主观隔离度

a. 公共供水系统的可获得性与主观隔离度关系基本描述

表 5.2.16 公共供水系统的可获得性与主观隔离度统计描述

公共供水系统的可获得性	主观隔离度		
	均值	标准差	样本数
公共自来水厂集中供水的自来水	1.920	0.579	34
其他	2.405	0.719	393
地表水蓄水设施集中供水的自来水	2.344	0.615	51

续表

公共供水系统的可获得性	主观隔离度		
	均值	标准差	样本数
村里/乡镇的公共水井	2.499	0.753	50
自家的水井	2.440	0.647	202
自然地表水（溪水或河流）	2.405	0.545	8
合计	2.395	0.694	738

表 5.2.16 可见，饮用水来源为公共自来水厂集中供水的受访户的主观隔离度水平最低为 1.920，主观隔离度水平最高的受访户的饮用水来源为村里/乡镇的公共水井。从统计数据看，不同饮用水来源之间主观隔离度水平是存在一定差异的。

b. 公共供水系统的可获得性与主观隔离度方差分析

表 5.2.17　方差分析

来源	方差和	自由度	均方差	F 统计量	Prob>F
组间	8.806	5	1.761	3.720	0.003
组内	346.413	732	0.473		
合计	355.218	737	0.482		

Bartlett 方差齐性检验：chi2 (2) = 7.272　Prob>chi2 = 0.201。

表 5.2.18　Scheffe 多重比较检验

行均值-列均值	公共自来水厂集中供水的自来水	地表水蓄水设施集中供水的自来水	自家的水井	村里/乡镇的公共水井	自然地表水
地表水蓄水设施集中供水的自来水	0.485				
	0.009				
自家的水井	0.424	−0.061			
	0.171	0.996			
村里/乡镇的公共水井	0.579	0.094	0.155		
	0.014	0.975	0.937		

行均值－列均值	公共自来水厂集中供水的自来水	地表水蓄水设施集中供水的自来水	自家的水井	村里／乡镇的公共水井	自然地表水
自然地表水	0.520	0.035	0.096	−0.059	
	0.006	0.997	0.977	0.998	
其他	0.485	−0.000	0.061	−0.094	−0.035
	0.666	1.000	1.000	1.000	1.000

通过表 5.2.17，从统计意义上验证了不同饮用水来源的居民主观隔离度水平存在差异，Prob ＞ F=0.003。表 5.2.18 说明，公共自来水厂集中供水的自来水和地表水蓄水设施集中供水的自来水、公共自来水厂集中供水的自来水和自然地表水的居民主观隔离度水平在统计意义上存在差异。从现代社会经济的发展角度来看，公共自来水厂进行集中供水能较为方便地为居民提供便捷的日常用水，且能够较好地控制居民日常饮用水的安全，是现代文明与城市化发展的必然结果。在西藏地区，能够形成有效的自来水厂集中供水的地区一般都处于城市或距离城市非常近的周边地区，这一类区域内的居民主观隔离度显著地比其他偏远的农牧区居民低是很容易理解的。

（3）主观隔离度分量指标与客观隔离度相关性分析

①受访者受教育程度与客观隔离度

a. 受访者受教育程度与客观隔离度基本描述

表 5.2.19　受访者受教育程度与客观隔离度统计描述

受访者受教育程度	客观隔离度		
	均值	标准差	样本数
没有上过学，也未在寺庙正规学习过	1.534	0.804	337
没上过学，曾在寺庙正规学习过	1.302	0.703	8

续表

受访者受教育程度	客观隔离度		
	均值	标准差	样本数
小学	1.322	0.718	328
初中	1.434	0.765	57
高中	1.637	1.460	3
中专/职高	1.376	0.178	2
大专/高职	1.438	0.265	2
大学本科	1.000	0.433	3
合计	1.427	0.767	740

从理论上看，受访者受教育程度与客观隔离度水平应该是负相关的，因为，接受较高水平教育的人其生活居住地应该是处于比较便利的地点，其道路环境或交通状况应该是比较好的，因此，其客观隔离度水平应该较低。表5.2.19基本验证了这个理论假设，没上过学也未在寺庙正规学习过的受访户其客观隔离度均值为1.534，而大学本科学历的受访户其客观隔离度均值为1.000，是所有组别中最低的。只是接受过高中教育的受访户其客观隔离度均值为1.637为所有组别中最高的是意料之外的，还需进一步进行分析。

b.受访者受教育程度与客观隔离度方差分析

表5.2.20 方差分析

来源	方差和	自由度	均方差	F统计量	Prob>F
组间	8.245	7	1.178	2.02	0.050
组内	426.988	732	0.583		
合计	435.233	739	0.589		

Bartlett 方差齐性检验：chi2（7）=9.713 Prob>chi2=0.205。

表 5.2.21　Scheffe 多重比较检验

行均值－列均值	没上过学，也未在寺庙正规学习过	没上过学，曾经在寺庙正规学习过	小学	初中	高中	中专/高职	大专/高职
没上过学，曾经在寺庙正规学习过	−0.231						
	0.998						
小学	−0.212	0.020					
	0.080	1.000					
初中	−0.100	0.131	0.111				
	0.997	1.000	0.994				
高中	0.103	0.334	0.315	0.203			
	1.000	1.000	0.999	1.000			
中专/职高	−0.158	0.073	0.053	−0.058	−0.261		
	1.000	1.000	1.000	1.000	1.000		
大专/高职	−0.096	0.135	0.115	0.004	−0.199	0.062	
	1.000	1.000	1.000	1.000	1.000	1.000	
大学本科	−0.533	−0.302	−0.322	−0.433	−0.636	−0.375	−0.437
	0.984	1.000	0.999	0.996	0.994	1.000	1.000

　　结合表 5.2.20 和表 5.2.21 可以发现，受访者接受教育水平与客观隔离度均值在统计意义上是有关的，没上过学也未在寺庙正规学习过和教育水平为小学的受访户之间的客观隔离度均值在统计意义上存在差异，受访者受教育水平与客观隔离度呈负相关。

　　②消费者的市场参与度与客观隔离度

　　a. 消费者的市场参与度与客观隔离度基本描述

表 5.2.22　消费者的市场参与度与客观隔离度统计描述

消费者的市场参与度	客观隔离度		
	均值	标准差	样本数
主要是自家种植／养殖	1.168	0.657	170
主要是从市场上购买	1.469	0.785	294
主要是亲戚朋友赠送	1.042	0.059	2
自家种植／养殖与市场上购买约各一半	1.524	0.785	268
自家种植／养殖与亲戚朋友赠送约各一半	1.834	0.799	4
市场上购买与亲戚朋友赠送约各一半	1.896	1.385	2
合计	1.422	0.770	740

由表 5.2.22 可见，市场购买与亲戚朋友赠送约各一半的受访户其客观隔离度均值最高为 1.896，而主要是亲戚朋友赠送的受访户其客观隔离度均值最低为 1.042。直观上看，受访户日常消费食品来源与客观隔离度是存在一定关系的。下面我们通过方差分析进行进一步检验。

b. 消费者的市场参与度与客观隔离度方差分析

表 5.2.23　方差分析

来源	方差和	自由度	均方差	F 统计量	Prob>F
组间	15.788	5	3.158	5.5	0.0001
组内	421.740	734	0.575		
合计	437.528	739	0.592		

Bartlett 方差齐性检验: chi2（5）=11.232　Prob>chi2=0.047。

表 5.2.24　Scheffe 多重比较检验

行均值 - 列均值	主要是自家种植／养殖	主要是从市场上购买	主要是亲戚朋友赠送	自家种植／养殖与市场上购买约各一半	自家种植／养殖与亲戚朋友赠送约各一半
主要是从市场上购买	0.301				
	0.005				

续表

行均值 – 列均值	主要是自家种植 / 养殖	主要是从市场上购买	主要是亲戚朋友赠送	自家种植 / 养殖与市场上购买约各一半	自家种植 / 养殖与亲戚朋友赠送约各一半
主要是亲戚朋友赠送	−0.126	−0.427			
	1.000	0.987			
自家种植 / 养殖与市场上购买约各一半	0.356	0.055	0.482		
	0.000	0.981	0.977		
自家种植 / 养殖与亲戚朋友赠送约各一半	0.666	0.365	0.792	0.310	
	0.698	0.969	0.918	0.985	
市场上购买与亲戚朋友赠送约各一半	0.728	0.427	0.854	0.372	0.062
	0.873	0.986	0.938	0.993	1.000

从表 5.2.23 可见，组间的客观隔离度均值在统计意义上存在差异，由表 5.2.24 可发现，日常消费食品主要来源的客观隔离度均值差异主要来源于主要是自家种植 / 养殖与主要是从市场上购买、主要是自家种植 / 养殖与自家种植 / 养殖与市场上购买约各一半。

③银行卡的使用频率与客观隔离度

银行卡是现代市场交易的主要手段，如果居民使用银行卡的次数频繁，说明其社会交往程度较高，其居住状况条件较好，客观隔离度程度低。

a. 银行卡的使用频率与客观隔离度基本描述

表 5.2.25 银行卡使用频率与客观隔离度统计描述

银行卡使用频率	客观隔离度		
	均值	标准差	样本数
经常使用	1.193	0.7951	59
偶尔使用	1.354	0.743	262
不使用	1.496	0.771	414

续表

银行卡使用频率	客观隔离度		
	均值	标准差	样本数
不清楚	1.546	0.892	9
合计	1.423	0.769	744

由表 5.2.25 可见，不使用银行卡的受访户的客观隔离度均值最高为 1.496，而经常使用和偶尔使用银行卡的受访户，其客观隔离度较低，分别为 1.193 和 1.354。符合基本理论假设。

b. 银行卡的使用频率与客观隔离度方差分析

表 5.2.26 方差分析

来源	方差和	自由度	均方差	F 统计量	Prob>F
组间	6.714	3	2.238	3.83	0.010
组内	432.666	740	0.585		
合计	439.380	743	0.591		

Bartlett 方差齐性检验：chi2（3）=1.048　Prob>chi2=0.790。

表 5.2.27 Scheffe 多重比较检验

行均值 – 列均值	经常使用	偶尔使用	不使用
偶尔使用	0.161		
	0.545		
不使用	0.303	0.142	
	0.044	0.138	
不清楚	0.353	0.192	0.050
	0.644	0.908	0.998

从表 5.2.26 中可见，组间的客观隔离度均值在统计意义上存在差异，由表 5.2.27 中发现，不使用银行卡的受访户的客观隔离度均值大于经常使用银行卡的受访户的客观隔离度均值，且这种差异在统计意义上是显著的。

④手机使用率与客观隔离度

手机是现代社会交往沟通的主要通信设备，居民的手机使用率高，说明其社会交往程度较高，其居住状况条件较好，客观隔离度程度低。

a.手机使用率与客观隔离度基本描述

表 5.2.28　手机使用率与客观隔离度统计描述

手机使用率	客观隔离度		
	均值	标准差	样本数
手机是家人之间日常的通信工具	1.255	0.725	428
一部分家人有手机，还有一部分没有手机	1.609	0.740	232
只有个别家人使用手机，大多数没有手机	1.822	0.859	69
家人都不用手机	1.492	0.725	15
合计	1.423	0.769	744

由表 5.2.28 可见，手机是家人之间日常通信工具的受访户的客观隔离度水平最低为 1.255，而只有个别家人使用手机大多数没有手机的受访户的客观隔离度水平最高为 1.822。

b.手机使用率与客观隔离度方差分析

表 5.2.29　方差分析

来源	方差和	自由度	均方差	F 统计量	Prob>F
组间	31.135	3	10.378	18.81	0
组内	408.245	740	0.552		
合计	439.380	743	0.591		

Bartlett 方差齐性检验：chi2（3）=3.697　Prob>chi2=0.296。

表 5.2.30 Scheffe 多重比较检验

行均值-列均值	手机是家人之间日常的通信工具	一部分家人有手机，还有一部分没有手机	只有个别家人使用手机，大多数没有手机
一部分家人有手机，还有一部分没有手机	0.354		
	0.000		
只有个别家人使用手机，大多数没有手机	0.567	0.213	
	0.000	0.223	
家人都不用手机	0.237	−0.117	−0.330
	0.688	0.951	0.488

从表 5.2.29 中可见，组间的客观隔离度均值在统计意义上存在差异，由表 5.2.30 中发现，手机使用率不同的受访户的客观隔离度均值差异主要来源于"手机是家人之间日常的通信工具"与"一部分家人有手机，还有一部分没有手机"的组别、"家人之间日常的通信工具"与"只有个别家人使用手机，大多数没有手机"的组别，其客观隔离度均值大于"手机是家人之间日常的通信工具"的受访户，从统计意义上这种差异是显著的。

⑤微信的使用度与客观隔离度

a. 微信使用度与客观隔离度基本描述

表 5.2.31 微信使用度与客观隔离度统计描述

微信使用度	客观隔离度		
	均值	标准差	样本数
家人平常都使用微信	1.308	0.782	77
一部分家人使用微信，还有一部分没有使用	1.249	0.685	236
只有个别家人使用微信，大多数没有微信	1.493	0.781	205
家人都不用微信	1.582	0.816	133

续表

微信使用度	客观隔离度		
	均值	标准差	样本数
不知道微信是什么	1.577	0.778	93
合计	1.423	0.769	744

由表 5.2.31 可见,"一部分家人使用微信,还有一部分没有使用"的受访户的客观隔离度水平最低为 1.249,"家人都不用微信"的受访户的客观隔离度水平最高为 1.582,"不知道微信是什么"的受访户的客观隔离度水平次之为 1.577。

b. 微信使用度与客观隔离度方差分析

表 5.2.32 方差分析

来源	方差和	自由度	均方差	F 统计量	Prob>F
组间	14.737	4	3.684	6.41	0
组内	424.643	739	0.575		
合计	439.380	743	0.591		

Bartlett 方差齐性检验: chi2 (3) =6.657 Prob>chi2=0.155。

表 5.2.33 Scheffe 多重比较检验

行均值 – 列均值	家人平常都使用微信	一部分家人使用微信,还有一部分没有使用	只有个别家人使用微信,大多数没有微信	家人都不用微信
一部分家人使用微信,还有一部分没有使用	−0.059			
	0.986			
只有个别家人使用微信,大多数没有微信	0.185	0.244		
	0.505	0.023		
家人都不用微信	0.274	0.333	0.089	
	0.176	0.003	0.893	
不知道微信是什么	0.269	0.328	0.084	−0.005
	0.260	0.015	0.940	1.000

从表 5.2.32 中可见，组间的客观隔离度均值在统计意义上存在差异，由表 5.2.33 中发现，微信使用不同的受访户的客观隔离度均值差异主要来源于"手机是一部分家人使用微信，还有一部分没有使用"与"只有个别家人使用微信，大多数没有微信"、"一部分家人使用微信，还有一部分没有使用"与"家人都不用微信"、"一部分家人使用微信，还有一部分没有使用"与"不知道微信是什么"，且只有"个别家人使用微信大多数没有微信""家人都不用微信""不知道微信是什么"的受访户客观隔离度均值大于"一部分家人使用微信，还有一部分没有使用"的受访户客观隔离度均值，从统计意义上这种差异是显著的。

5.2.4 隔离度指标有效性验证

应用构造的隔离度指标进行深度研究分析的前提是我们所构造的隔离度指标是有效的，并在一定维度上能反映出受访对象的某些特定特征。因此我们从客观隔离度对物价的影响的角度去验证我们构造的隔离度的有效性问题。基于物价水平的维度是村级维度，因此在上文居民隔离度构建的基础上，将各分量指标以村为单位求出均值，并以该均值作为该分量指标的值。

（1）村级客观隔离度的基本描述

村级客观隔离度指标的分量指标是村委会到公路的距离、移动通信网的可达性、电网可达性、公共水系统的可获得性、公共交通的通达性。各指标描述如表 5.2.34 所示。在构建村级客观隔离度指标前，先按照上文客观隔离度指标分量指标标准化程序执行变量标准化，然后分别计算每个村分量指标的均值作为该村某分量指标值，最后对每个村级分量指标赋予相等的权重相加得到村级客观隔离度指标。所构造的村级客观隔离度指标柱状图如图 5.2.7 所示。

表 5.2.34　村级客观隔离度指标

一级指标	二级分量指标
村级客观隔离度指标	村委会到公路的距离
	移动通信网的可达性
	电网可达性
	公共水系统的可获得性
	公共交通的通达性

备注:

(1) 分量指标按照上文客观隔离度指标构建进行标准化。

(2) 移动通信网的可达性指标由于样本村落移动通信网络全部覆盖,其标准化值为"0"。

(3) 村委会到公路的距离 A02 指标有 2 个缺失值。

(4) 公共水系统的可获得性调研原始样本数据有 5 个缺失值,标准化过程另增加 2 个无效项做缺失值处理。

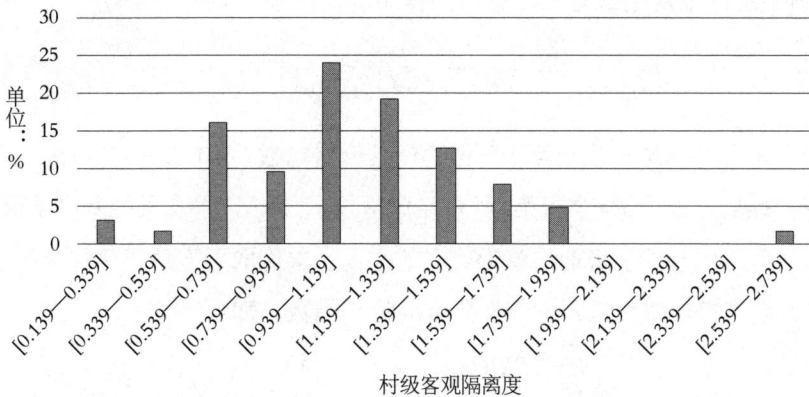

图 5.2.7　村级客观隔离度分布图

从图 5.2.7 中发现,村级客观隔离度指标分布比较集中,主要分布在 0.48—1.8 之间,样本数有 59 个,占总样本比例为 93.65%。

（2）食品价格指数的计算

根据当地情况,我们问卷调查设计价格指数是以罐装红牛单价、罐装拉萨啤酒单价、罐装可口可乐单价、桶装方便面单价、北京牌袋装方便面单价、伊利盒装纯牛奶单价、550ml 瓶装农夫山泉单价等商品价格进行指数测算，如表 5.2.35 所示。

表 5.2.35　食品价格指标描述

一级指标	二级分量指标（单位：元）
食品价格指数	罐装红牛单价
	罐装拉萨啤酒单价
	罐装可口可乐单价
	桶装方便面单价
	北京牌袋装方便面单价
	伊利盒装纯牛奶单价
	550ml 瓶装农夫山泉单价

食品价格指标的计算使用两种方式，以客观隔离度最小的村的食品价格为基准，第一种方式是将食品单价减去基准食品单价取绝对值后将 7 种食品的绝对值数等权加总得到食品价格指数，即：

$$PRICE_i = \sum_{j}^{7} |x_{ij} - x_{1j}|$$

其中，$PRICE_i$ 表示第 i 个村的食品价格指数，$j=1, 2, \cdots, 7$ 分别表示 7 种食品，x_{ij} 表示第 i 个村第 j 种食品单价，x_{1j} 表示第 j 种食品的基准单价。

第二种方式是将食品单价减去基准食品单价取平方后将 7 种食品的平方值等权加总后求开方值得到食品价格指数，即：

$$PRICE_i = \sqrt{\sum_{j=1}^{7} (x_{ij} - x_{1j})^2}$$

其中，$PRICE_i$ 表示第 i 个村的食品价格指数，$j=1, 2, \cdots, 7$ 分别表示 7 种食品，x_{ij} 表示第 i 个村第 j 种食品单价，x_{1j} 表示第 j 种食品的基准单价。

（3）村级客观隔离度与食品价格指数关系

①村级客观隔离度与第一种计算方式的食品价格指数关系

按照两种方式计算得到的食品价格指数样本量为 55 个，缺失样本为 8 个，主要是基于 7 种食品单价的累计缺失样本造成的。第一种方式计算得到的食品价格指数中有 1 个样本值为 25，远大于其他样本值，为了使散点图能清晰地反映村级客观隔离度与食品价格指数之间的关系，剔除异常值得到样本数为 54 个，基于方式一计算得到基准食品价格指数。图 5.2.8 为计算得到的村级客观隔离度与食品价格散点图。

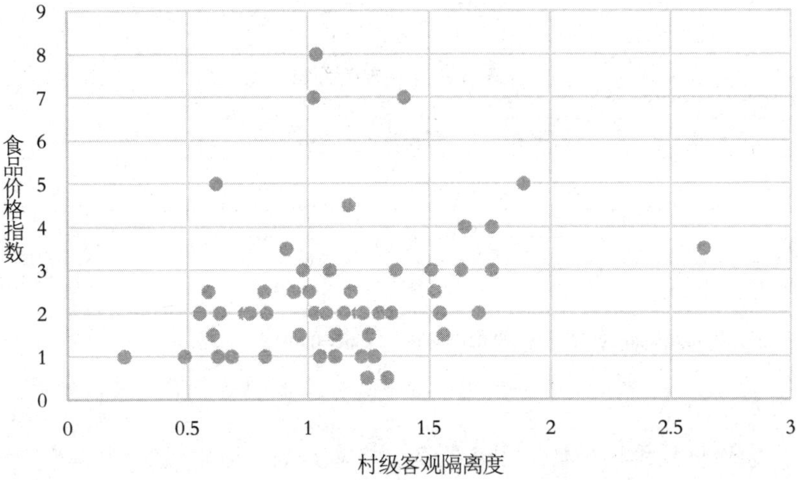

图 5.2.28　村级客观隔离度与食品价格散点图

从图 5.2.8 中可以看出，54 个样本点未能非常明显地观测到村级客观隔离度与食品价格指数之间存在明显的正相关关系。下面我们以村级客观隔离度值为 1 作为临界点，剔除村级客观隔离度值大于 6 的 3 个异常样本，得到 51 个样本分为两组，第一组村级客观隔离度值大于 0 而小于等于 1 的样本数为 20 个，第二组村级客观隔离度值大于 1 的样本数为 31，通过方差分析检验不同村级客观隔离度组别间食品价格指数是否存在差异。方差分析结果如表 5.2.36、表 5.2.37 所示。由分析结果可见 Prob>F=0.3278 不能拒绝原假设，也就是说在统计意义上两组村级客观隔离度间食品价格指数不存在差异。

表 5.2.36 村级客观隔离度与食品价格指数基本统计描述

村级客观隔离度	第一类食品价格指数		
	均值	标准差	频数
0＜村级客观隔离度≤ 1	1.975	1.094	20
1＜村级客观隔离度	2.290	1.124	31
合计	2.167	1.112	51

表 5.2.37 方差分析

来源	方差和	自由度	均方差	F 统计量	Prob>F
组间	1.209	1	1.209	0.980	0.328
组内	60.625	49	1.2379		
合计	61.833	50	1.237		

Bartlett 方差齐性检验：chi2（2）= 0.0164 Prob>chi2=0.898。

剔除食品价格指数大于 4 的 7 个样本点后，以村级客观隔离度为 1 的点作为临界点，将样本分为两个子样本组，我们发现这两个子样本组中，村级客观隔离度与食品价格指数存在较明显的正相关关系。因此，为了验证我们所观察的假设结论，我们通过 t 检验方法来检验每个子样本内不同村级客观隔离度的食品价格指数是否存在差异。

现在以第一种方式计算得到的村级客观隔离度进行分组，我们把村级客观隔离度小于或等于 1 的子样本组（样本数为 19），按 0.75 作为临界值，村级客观隔离度小于或等于 0.75 的样本分为一组，样本数为 9；村级客观隔离度大于 0.75 的样本分为一组，样本数为 10。用 t 检验方法来检验该子样本中不同村级客观隔离程度的食品价格指数是否存在差异。检验结果见表 5.2.38。检验结果表明，不同村级客观隔离程度与食品价格指数是无差异的原假设在统计意义上不能被拒绝，说明在村级客观隔离度值为 1 的水平下，食品价格指数不存在差异。

表 5.2.38　第一个子样本 t 检验结果

组	样本量	Mean	Std.Err	Std.Dev	[95% Conf. Interval]	
1	9	1.556	0.1944	0.583	1.107	2.004
2	10	2.05	0.320	1.012	1.326	2.774
合并	19	1.816	1.958	0.853	1.405	2.227
diff		−0.494	0.385		−1.307	0.318
Diff=mean（1）-mean（2）　t=−1.284						
H0: diff=0　degrees of freedom = 17						
Ha: diff < 0　Hz: diff!=0　Ha: diff>0						
Pr（T < t）=0.108　Pr（|T|>|t|）=0.217　Pr（T>t）=0.892						

现在我们将村级客观隔离度大于 1 的子样本组（样本数 29）按 1.35 作为临界值，村级客观隔离度小于或等于 1.35 的样本分为一组，样本数为 18；村级客观隔离度大于 1.35 的样本分为一组，样本数为 11。用 t 检验方法来检验该子样本中不同村级客观隔离程度的食品价格指数是否存在差异。检验结果见表 5.2.39。检验结果表明，不同村级客观隔离度程度与食品价格指数是无差异的原假设在显著性水平为 0.01 的情况下被拒绝，P 值为 0.0003。且从单边检验中，原假设不同村级客观隔离程度与食品价格指数无差异，被选假设村级客观隔离度程度低的食品价格指数低于村级客观隔离程度高的食品价格指数，P 值为 0.0001 拒绝原假设，即验证了在子样本中食品价格指数随着村级客观隔离度的增加而增加，食品价格指数与村级客观隔离度呈正相关关系。

表 5.2.39　子样本 t 检验结果

组	样本量	Mean	Std.Err	Std.Dev	[95% Conf. Interval]	
1	18	1.667	0.167	0.707	1.315	2.018
2	11	2.864	.2439347	0.809	2.320	3.407

续表

组	样本量	Mean	Std.Err	Std.Dev	[95% Conf. Interval]	
合并	29	2.121	0.175	0.942	1.763	2.479
diff		–1.197	0.286		–1.783	–0.611
Diff=mean（1）-mean（2） t = –4.1898						
H0: diff=0 degrees of freedom=27						
Ha: diff＜0 Hz: diff!=0 Ha: diff>0						
Pr（T＜t）=0.0001 Pr（|T|>|t|）=0.0003 Pr（T>t）=0.9999						

②村级客观隔离度与第二种计算方式的食品价格指数关系

第二种方式计算得到的食品价格指数中有 1 个样本值大于 10，远大于其他样本值为基准食品价格指数，为了使散点图能清晰地反映村级客观隔离度与食品价格指数之间的关系，剔除基于第一种计算得到基准食品价格指数，得到图 5.2.9。

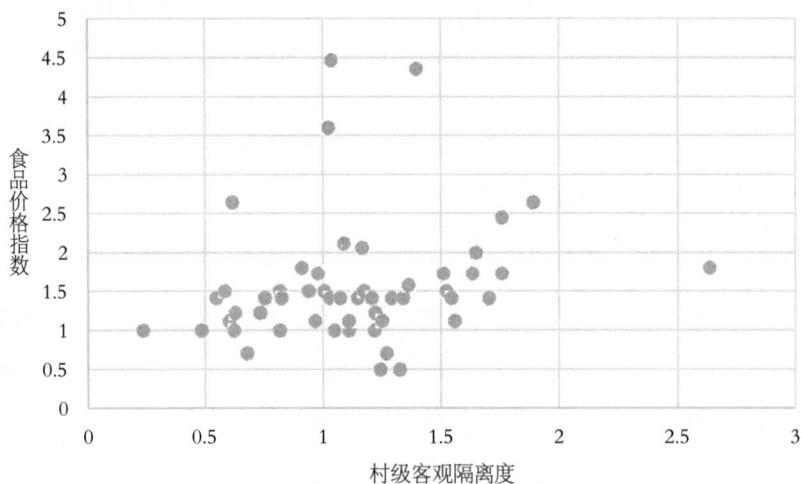

图 5.2.9　村级客观隔离度与食品价格散点图

从图 5.2.9 中可以看出，54 个样本点未能非常明显地观测到村级客观隔离度与食品价格指数之间存在明显的正相关关系。为了防止异常值

对检验结果的影响，剔除村食品价格指数大于3的3个样本点，剩下
51个样本，以村级客观隔离度值1为临界点，村级客观隔离度小于或
等于1的为第一组（样本数20），村级客观隔离度大于1的为第二组（样
本数31）进行方差分析，其结果如表5.2.40和表5.2.41所示。由分析
结果可见 Prob>F=0.2711 不能拒绝原假设，也就是说在统计意义上两组
村级客观隔离度间食品价格指数不存在差异。

表 5.2.40　村级客观隔离度与食品价格指数基本统计描述

村级客观隔离度	第二类食品价格指数		
	均值	标准差	频数
0＜村级客观隔离度≤1	1.291	0.509	20
1＜村级客观隔离度	1.450	0.493	31
合计	1.388	0.501	51

表 5.2.41　方差分析

来源	方差和	自由度	均方差	F 统计量	Prob>F
组间	0.309	1	0.309	1.24	0.2711
组内	12.227	49	0.250		
合计	12.536	50	0.251		

Bartlett 方差齐性检验：chi2（2）=0.0232　Prob>chi2=0.879。

　　以村级客观隔离度为1的点作为临界点，将样本分为两个子样本
组，我们发现这两个子样本组中，村级客观隔离度与食品价格指数存在
较明显的正相关关系。因此，为了验证我们所观察的假设结论，我们通
过 t 检验方法来检验每个子样本内不同村级客观隔离程度的食品价格指
数是否存在差异。

　　现在以第一种方式计算得到的村级客观隔离度进行分组，我们把村
级客观隔离度小于或等于1的子样本组（样本数为20），按0.75作为
临界值，村级客观隔离度小于或等于0.75的样本分为一组，样本数为
10；村级客观隔离度大于0.75的样本分为一组，样本数为10。用 t 检

验方法来检验该子样本中不同村级客观隔离程度的食品价格指数是否存在差异。检验结果见表 5.2.42。检验结果表明，不同村级客观隔离程度与食品价格指数是无差异的原假设在统计意义上无法被拒绝，即说明以村级客观隔离度 1 为临界点分成的不同村级客观隔离度的食品价格指数不存在差异。

表 5.2.42　第一个子样本 t 检验结果

组	样本量	Mean	Std.Err	Std.Dev	[95% Conf. Interval]	
1	10	1.283	0.168	0.530	0.904	1.663
2	10	1.298	0.163	0.516	0.929	1.667
合并	20	1.291	0.114	0.509	1.053	1.529
diff		−0.015	0.234		−.506	0.477
Diff=mean（1）-mean（2）t=−0.0627						
H0: diff=0　degrees of freedom=18						
Ha: diff＜0　Hz: diff!=0　Ha: diff>0						
Pr（T＜t）=0.4753　Pr（|T|>|t|）=0.9507　Pr（T>t）=0.5247						

现在我们将村级客观隔离度大于 1 的子样本组（样本数 31）按 1.35 作为临界值，村级客观隔离度小于或等于 1.35 的样本分为一组，样本数为 19；村级客观隔离度大于 1.35 的样本分为一组，样本数为 12。用 t 检验方法来检验该子样本中不同村级客观隔离程度的食品价格指数是否存在差异。检验结果见表 5.2.43。检验结果表明，不同村级客观隔离度程度与食品价格指数是无差异的原假设的 P 值为 0.0036，显著性水平为 0.01 的情况下拒绝原假设，认为不同村级客观隔离度与食品价格指数存在差异。且从单边检验中，原假设不同村级客观隔离度程度与食品价格指数无差异，被选假设村级客观隔离程度低的食品价格指数低于村级客观隔离程度高的食品价格指数，P 值为 0.0018，在显著性水平为 0.01 的情况下拒绝原假设，即验证了在子样本中食品价格指数随着村级客观隔离度的增加而增加，食品价格指数与村级客观隔离度呈显著正相关关系。

表 5.2.43　第二个子样本 t 检验结果

组	样本量	Mean	Std.Err	Std.Dev	[95% Conf. Interval]	
1	19	1.255	0.099	0.431	1.047	1.462
2	12	1.760	0.125	0.434	1.484	2.036
合并	31	1.450	0.089	0.493	1.269	1.631
diff		−0.506	0.159		−0.832	−0.180
Diff=mean（1）-ean（2） t=−3.1720						
H0: diff=0　degrees of freedom=29						
Ha: diff＜0　Hz: diff!=0　Ha: diff>0						
Pr（T＜t）=0.0018　Pr（|T|>|t|）=0.0036　Pr（T>t）=0.9982						

5.2.5　小结

本部分分别通过六个客观分量指标和五个主观分量指标构建了客观隔离度指标和主观隔离度指标，通过将各分量指标按照一定程序标准化后，等权加总得到客观隔离度指标和主观隔离度指标，最后将客观隔离度指标和主观隔离度指标等权加总得到综合隔离度指标。客观隔离度指标主要衡量居民因客观条件而产生的与社会隔离的状态，客观隔离度指标数值越大，则居民因客观条件而产生的社会隔离程度越高。主观隔离度指标主要衡量居民主观上与社会交往的意愿与能力，主观隔离度指标数值越大，则说明居民与社会交往的主观意愿越低。综合隔离度则是同时从客观和主观上衡量居民总体的社会隔离程度。从对客观隔离度指标数值与主观隔离度指标数值的基本描述看，此次调研的拉萨市周边七个县区 63 个村落的客观隔离度存在一定差异，但其主观隔离度则分布比较集中，差异不大，说明人们长期形成的生活观念在一定程度上在各县区乡镇是比较一致的。

所构建的客观隔离度与主观隔离度相关关系不易被发现，但从客观隔离度分量指标与主观隔离度关系分析发现，家庭到村委会道路状况不同的受访户的主观隔离度均值以及日常饮用水来源的不同的受访户主观隔离度均值从统计意义上存在差异。从主观隔离度分量指标与客观隔离度关系分析发现，从统计意义上讲，主观隔离度各分量指标受访者受教育程度、消费者的市场参与度、银行卡的使用频率、家庭手机使用率和微信使用度与客观隔离度有关。

村级客观隔离度与食品价格指数从总样本出发没能在统计意义上验证村级客观隔离度与食品价格指数之间的相关关系。当将总样本分为两个子样本后，村级客观隔离度小于或等于 1 水平的情况下，食品价格指数在统计意义上仍然不存在差异。然而，在较高村级客观隔离度水平下，食品价格指数在统计意义上存在差异，且发现村级客观隔离度与食品价格指数是存在正相关关系的，即随着村级客观隔离程度的增大该村食品价格指数也会增加。

5.3 隔离度与受访对象特征分析

本节我们将通过调查受访对象所处环境特征、生产方式及家庭特征的角度探讨主观、客观或综合隔离度差异产生的可能原因及其来源。

5.3.1 海拔高度与客观隔离度关系

（1）海拔高度与客观隔离度关系基本描述

表 5.3.1 不同海拔高度的客观隔离度统计描述

海拔高度（米）	客观隔离度		
	均值	标准差	样本数
3450 ≤海拔＜ 4100	1.166	0.644	518
4100 ≤海拔＜ 4500	1.810	0.661	144
4500 ≤海拔＜ 5000	2.366	0.645	82
合计	1.423	0.769	744

结合表 5.3.1 和图 5.3.1 我们发现，客观隔离度有随着海拔上升而增加的趋势，海拔高度在 3500—4100 米之间客观隔离度散点图比较集中，

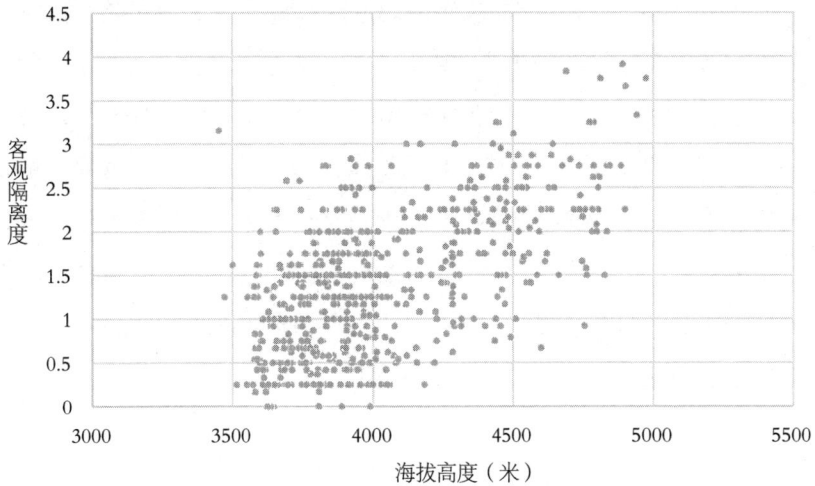

图 5.3.1　海拔高度与客观隔离度

且主要分布在 0—2 之间，海拔高度在 4100—4500 米之间客观隔离度散点图较分散，主要分布在 0.4—3 之间，海拔高度在 4500—5000 米之间客观隔离度主要分布在 1.5—3 之间。

（2）海拔高度与客观隔离度方差分析

表 5.3.2　方差分析

来源	方差和	自由度	均方差	F 统计量	Prob>F
组间	128.853	2	64.426	153.74	0
组内	310.527	741	0.419		
合计	439.380	743	0.591		

Bartlett 方差齐性检验：chi2（2）=0.156　Prob>chi2=0.925。

表 5.3.3　Scheffe 多重比较检验

行均值 - 列均值	3450 ≤ altitude < 4100	4100 ≤ altitude < 4500
4100 ≤海拔＜ 4500	0.644	
	0.00	
4500 ≤海拔＜ 5000	1.201	0.557
	0.000	0.000

图 5.3.1 表明海拔高度与客观隔离度之间存在正相关关系，且被隔离度随着海拔高度的上升其分布由紧密变化为分散，因此我们将海拔高度分为三组，分别为海拔高度在 3450—4100 米为一组；4100—4500 米为一组；4500—5000 米为一组，以检验客观隔离度在不同海拔高度的均值是否存在差异。从表 5.3.2 可知，Prob>F=0.000，拒绝同均值的原假设，且表 5.3.3 也表明不同海拔高度的客观隔离度是存在差异的，其海拔高度与客观隔离度呈正相关关系，即生活在较高海拔地区的居民其客观隔离度较高。

5.3.2 不同县区与客观隔离度关系

（1）不同县区与客观隔离度关系基本描述

表 5.3.4 不同县区客观隔离度统计描述

地区	客观隔离度		
	均值	标准差	样本数
堆龙德庆县	1.153	0.710	130
墨竹工卡县	1.316	0.641	117
尼木县	1.802	0.811	82
当雄县	2.130	0.673	117
曲水县	0.959	0.591	82
林周县	1.450	0.656	144
达孜县	0.976	0.502	72
合计	1.423	0.769	744

由表 5.3.4 可知拉萨市周边七个县区的客观隔离度均值，其中当雄县客观隔离度均值为 2.130，是七个县区客观隔离度最高的，其次是尼木县客观隔离度均值为 1.802，而曲水县的客观隔离度均值是七个县区中最低的，为 0.959。

（2）不同县区与客观隔离度方差分析

根据表 5.3.5 所示，由 Prob>F=0.0000 可知，原假设在统计意义上被拒绝，也就是说，不同县区间客观隔离度是存在差异的。为了进一步探究七个县区间客观隔离度差异，我们进行了 Scheffe 多重比较检验，检验结果如表 5.3.6 所示。七个县区进行两两客观隔离度均值是否相等的检验发现，堆龙德庆县与尼木县、堆龙德庆县与当雄县、堆龙德庆县与林周县、墨竹工卡县与尼木县、墨竹工卡县与当雄县、墨竹工卡县与曲水县、墨竹工卡县与达孜县、尼木县与当雄县、尼木县与曲水县、尼木县与林周县、尼木县与达孜县、当雄县与曲水县、当雄县与林周县、当雄县与达孜县、曲水县与林周县以及林周县与达孜县的 P 值均小于 0.1，统计意义上拒绝地区间客观隔离度相等的原假设，说明这些县与县之间的客观隔离度存在差异。而堆龙德庆县与墨竹工卡县、堆龙德庆县与曲水县、堆龙德庆县与达孜县、墨竹工卡县与林周县以及曲水县与达孜县的 P 值均大于 0.1，在统计意义上不能拒绝地区间客观隔离度相等的原假设，说明这些县与县之间的客观隔离度没有差异。

表 5.3.5　方差分析

来源	方差和	自由度	均方差	F 统计量	Prob>F
组间	113.211	6	18.869	42.63	0
组内	326.169	737	0.443		
合计	439.380	743	0.591		

Bartlett 方差齐性检验：chi2（2）=20.234　Prob>chi2=0.003。

表 5.3.6　Scheffe 多重比较检验

行均值－列均值	堆龙德庆县	墨竹工卡县	尼木县	当雄县	曲水县	林周县
墨竹工卡县	0.163					
	0.716					

续表

行均值－列均值	堆龙德庆县	墨竹工卡县	尼木县	当雄县	曲水县	林周县
尼木县	0.649	0.486				
	0.000	0.000				
当雄县	0.977	0.814	0.328			
	0.000	0.000	0.070			
曲水县	−0.194	−0.358	−0.844	−1.1708		
	0.638	0.032	0.000	0.000		
林周县	0.297	0.1341	−0.352	−0.680	0.491	
	0.035	0.856	0.024	0.000	0.000	
达孜县	−0.177	−0.340	−0.826	−1.154	0.017	−0.474
	0.773	0.072	0.000	0.000	1.000	0.001

5.3.3 生产方式与隔离度分析

（1）生产方式与客观隔离度关系

①生产方式与客观隔离度关系基本描述

表 5.3.7 不同生产方式的客观隔离度统计描述

生产方式	客观隔离度		
	均值	标准差	样本数
养殖户	2.100	0.673	160
既种植也养殖	1.288	0.667	510
种植户	0.993	0.644	41
非种植户非养殖户	0.758	0.788	33
合计	1.423	0.769	744

由表 5.3.7 可发现，养殖户的客观隔离度均值最大为 2.100，其次既种植也养殖的生产方式客观隔离度均值为 1.288，种植户客观隔离度均值为 0.993，非种植户非养殖户客观隔离度均值最小为 0.758。由此可见，不同生产方式的客观隔离度存在明显的差异，但是我们需要用方差分析方法从统计意义上检验不同生产方式的客观隔离度是否存在差异。

②生产方式与客观隔离度方差分析

表 5.3.8　方差分析

来源	方差和	自由度	均方差	F 统计量	Prob>F
组间	104.745	3	34.915	77.21	0
组内	334.635	740	0.452		
合计	439.380	743	0.592		

Bartlett 方差齐性检验：chi2（3）=1.995　Prob>chi2=0.573。

表 5.3.9　Scheffe 多重比较检验

行均值－列均值	养殖户	既种植也养殖	种植户
既种植也养殖	−0.812		
	0.000		
种植户	−1.106	−0.295	
	0.000	0.064	
非种植户非养殖户	−1.342	−0.530	−0.235
	0.000	0.000	0.524

从表 5.3.8 中可知，Prob>F=0.000 拒绝不同生产方式下客观隔离度同均值的原假设，从统计意义上认为不同生产方式下的客观隔离度是存在差异的。用 Scheffe 多重比较检验（表 5.3.9）进一步查找客观隔离度差异来源发现，养殖户与既种植也养殖、养殖户与种植户、养殖户与非种植户非养殖户、既种植也养殖与种植户以及既种植也养殖与非种植户非养殖户在统计意义上显著，而非种植户非养殖户和种植户客观隔离度差异为 −0.235，P 值为 0.524，从统计意义上不显著，即非种植户非养殖户和种植户的客观隔离度不存在差异。原因可能在于种植户在农产品种植过程中所需要的水源和肥料要求农户选择交通运输条件较好、水源更丰富的地区生活，而这种地区的生活条件相对较好也是非种植户非养殖户生活居住地的最佳选择。

（2）生产方式与主观隔离度关系

生产方式与主观隔离度关系基本描述如下：

表 5.3.10 不同生产方式的主观隔离度统计描述

生产方式	主观隔离度		
	均值	标准差	样本数
养殖户	2.389	0.641	160
既种植也养殖	2.444	0.682	504
种植户	2.288	0.817	42
非种植户非养殖户	1.783	0.688	32
合计	2.395	0.694	738

如表 5.3.10 所示，非种植户非养殖户的主观隔离度均值最小为 1.783，养殖户、既种植也养殖和种植户的主观隔离度均值相差不大，分别为 2.389、2.444 和 2.288。养殖户、既种植也养殖和种植户的主观隔离度均值差异不大，而非种植户非养殖户的主观隔离度均值较其他生产方式的主观隔离度均值存在较大差异。我们采用方差分析通过统计检验的手段验证以上直观的分析。

表 5.3.11 方差分析

来源	方差和	自由度	均方差	F 统计量	Prob>F
组间	13.696	3	4.565	9.81	0
组内	341.522	734	0.465		
合计	355.218	737	0.482		

Bartlett 方差齐性检验：chi2（3）=4.138 Prob>chi2=0.247。

表 5.3.12 Scheffe 多重比较检验

行均值 - 列均值	养殖户	既种植也养殖	种植户
既种植也养殖	0.055		
	0.849		
种植户	−0.101	−0.157	
	0.865	0.563	
非种植户非养殖户	−0.606	−0.661	−0.505
	0.000	0.000	0.020

结合表 5.3.11 和表 5.3.12 可知，组间主观隔离度均值的 Prob>F=

0.000，统计意义上拒绝不同生产方式的主观隔离度相等的原假设，也就是说，不同生产方式的主观隔离度是存在差异的，但是否组与组之间都存在差异？我们需要进行进一步检验，表 5.3.12 显示，养殖户和既种植也养殖、养殖户和种植户、既种植也养殖和种植户的组间主观隔离度差异是不显著的，而非种植户非养殖户与养殖户、既种植也养殖与种植户之间的主观隔离度存在显著差异，且非种植户非养殖户的主观隔离度要低于其他生产方式的家庭。

5.3.4　是否担任行政职务与主观隔离度

（1）是否担任行政职务问卷数据基本描述

由表 5.3.13 可见，746 家受访户中有 616 家受访户没有家庭成员担任行政职务，只有 12 家受访户有家庭成员同时在乡镇或更高行政单位以及村中担任干部，75 家受访户有家庭成员目前在村中担任干部，43 家受访户有家庭成员在乡／镇或更高行政单位担任干部。

表 5.3.13　是否担任行政职务问卷数据基本描述

是否有家人在乡／镇或更高行政单位担任干部	是否有家人目前在村中担任干部		合计
	是	否	
是	12	43	55
否	75	616	691
合计	87	659	

（2）是否担任行政职务与主观隔离度检验

我们将受访户分为两组，第一组是受访户中没有家庭成员具有行政职务，第二组是受访户中有家人具有行政职务。一般认为若家庭成员有担任行政职务的受访户要比没有家庭成员担任行政职务的受访户的主观隔离度要低。因为能胜任行政职务从某个角度说明其具有相当的教育水平，且其与社会接触的可能性要比没有担任行政职务的受访户高，其与社会沟通的意愿要强烈。我们用 t 检验来验证这一假设，其检验结果如

表 5.3.14 所示。

表 5.3.14 是否担任行政职务与主观隔离度 t 检验结果

组	样本量	Mean	Std.Err	Std.Dev	[95% Conf. Interval]	
没有家人担任行政职务	608	2.437	0.028	0.695	2.382	2.492
有家人担任行政职务	130	2.198	0.058	0.660	2.083	2.312
合并	738	2.395	0.026	0.694	2.345	2.445
diff		0.239	0.067		0.109	0.370
Diff=mean（1）-mean（2） t=3.595						
H0: diff=0 degrees of freedom=736						
Ha: diff < 0 Hz: diff!=0 Ha: diff>0						
Pr（T＜t）=0.999 Pr（|T|>|t|）=0.0003 Pr（T>t）=0.0002						

由表 5.3.14 可见，在 0.01 的显著性水平下拒绝是否担任行政职务与主观隔离度无关的原假设，其 P 值为 0.0003。也就是说受访户中是否有家庭成员担任行政职务与主观隔离度是有关的。从单侧检验发现，没有家庭成员担任行政职务的受访户其主观隔离度均值要高于有家庭成员担任行政职务的受访户。

5.3.5 小结

本部分从受访对象所处环境、生产方式和家庭特征出发分析隔离度差异产生来源发现，海拔高度与客观隔离度水平呈正相关关系，即生活在高海拔的居民与生活在低海拔的居民相比其客观隔离水平较高；七个县区之间的客观隔离度水平差异较大；不同生产方式的居民客观隔离度和主观隔离度水平都存在差异；最后有家庭成员担任行政职务的受访户其主观隔离度要低于普通居民的主观隔离度。

5.4 隔离度与居民生活满意度

本节内容主要考察隔离度水平对受访居民生活满意度的影响，分别从以下四个维度进行分析：居民居住状况满意度、居民收入状况满意度、居民对公共治安满意度和行政办事效率满意度。

5.4.1 隔离度与居民居住状况满意度

（1）居民居住状况满意度基本描述

从表 5.4.1 中可知，162 名受访者表示对目前所居住的房子非常满意，所占比例约为 21.72%，266 名受访者表示对目前所居住的房子比较满意，所占比例约为 35.66%，189 名受访者表示对目前所居住的房子的满意程度一般，所占比例约为 25.34%，113 名受访者表示对目前所居住的房子比较不满意，所占比例约为 15.15%。由此可见，拉萨市周边县区居民对目前居住状况满意度比较高，但仍有不低比例的居民对目前居住状况不满意。

表 5.4.1　居民居住状况满意度基本统计描述

	频数	百分比（%）	累计百分比（%）
非常满意	162	21.72	21.72
比较满意	266	35.66	57.37
一般	189	25.34	82.71
比较不满意	113	15.15	97.86
非常不满意	16	2.14	100
合计	746	100	

（2）客观隔离度与居民居住状况满意度

根据上文所构建的客观隔离度指标，我们需要通过统计检验的方法检验客观隔离度与居民居住状况满意度是否有关。根据图 5.2.3 客观隔离度的分布特征，我们尝试将客观隔离度分为三组，将 0 ≤ 客观隔离度 < 1 的组别设为客观隔离度低的组，1 ≤ 客观隔离度 < 2 的组别设为客观隔离度中等的组，客观隔离度 ≥ 2 的组别设为客观隔离度高的组。

表 5.4.2　客观隔离度与居民居住状况满意度分布频数

	低	中等	高	合计
	0≤客观隔离度＜1	1≤客观隔离度＜2	客观隔离度≥2	
一般	87	43	59	189
	46.03	22.75	31.22	100
	27.02	19.46	29.06	25.34
比较不满意	50	29	34	113
	44.25	25.66	30.09	100
	15.53	13.12	16.75	15.15
比较满意	106	94	66	266
	39.85	35.34	24.81	100
	32.92	42.53	32.51	35.66
非常不满意	4	4	8	16
	25	25	50	100
	1.24	1.81	3.94	2.14
非常满意	75	51	36	162
	46.30	31.48	22.22	100
	23.29	23.08	17.73	21.72
合计	322	221	203	746
	43.16	29.62	27.21	100
	100	100	100	100

基于表 5.4.2 通过卡方检验得到 Pearson 卡方（8）=16.063，P 值为 0.041，在显著性水平为 0.05 的情况下拒绝不同客观隔离度居民居住状况满意度相同的原假设，说明居民居住状况满意度与客观隔离度有关。我们通过方差分析来进行下一步检验，看不同客观隔离度下居民居住状况满意度的差异来源。

表 5.4.3　不同客观隔离度的居民居住状况满意度统计描述

客观隔离度	居民居住状况满意度		
	均值	标准差	样本数
低（0≤客观隔离度＜1）	65.373	26.114	322
中等（1≤客观隔离度＜2）	67.986	25.484	221
高（客观隔离度≥2）	60.837	27.128	203
合计	64.913	26.317	746

注：将居民居住状况满意度按以下规则进行打分标准化：非常满意为100，比较满意为75，一般为50，比较不满意为25，非常不满意为0。

由表 5.4.3 可见，客观隔离度低时，居民居住状况满意度均值最高，为 65.373，客观隔离度为中等时，居民居住状况满意度均值为 67.986，客观隔离度高时，居民居住状况满意度均值最低，为 60.837。从基本的数据描述结果看，居民居住状况满意度随着客观隔离度的增大而降低，呈负相关关系。

表 5.4.4　方差分析

来源	方差和	自由度	均方差	F 统计量	Prob>F
组间	5527.462	2	2763.731	4.02	0.018
组内	510441.9	743	687.001		
合计	515969.3	745	692.576		

Bartlett 方差齐性检验：chi2（3）=0.838　Prob>chi2=0.658。

表 5.4.5　Scheffe 多重比较检验

行均值 – 列均值	中等（1≤客观隔离度＜2）	低（0≤客观隔离度＜1）
低（0≤客观隔离度＜1）	2.614	
	0.522	
高（客观隔离度≥2）	−4.535	−7.149
	0.156	0.02

从表 5.4.4 方中可知，Prob>F=0.018，在显著性水平为 0.05 的情况下拒绝不同隔离度的居民居住状况满意度相同的原假设，表明不同隔离

度的居民居住状况满意度是存在差异的。通过 Scheffe 多重比较检验结果如表 5.4.5 所示，只有客观隔离度低（0≤客观隔离度＜1）的组和客观隔离度高（客观隔离度≥2）的组 P 值为 0.02，在显著性水平为 0.05 的情况下拒绝原假设，认为客观隔离度低（0≤客观隔离度＜1）的组和客观隔离度高（客观隔离度≥2）的组的居民居住状况满意度存在差异。其余组别之间的比较在统计意义上没能拒绝原假设。

（3）综合隔离度与居民居住状况满意度

根据前两节客观隔离度和主观隔离度分组，我们将综合隔离度由低到高分为三组，将 0≤综合隔离度＜3 的组别设为综合隔离程度低的组，3≤综合隔离度＜5 的组别设为综合隔离度中等的组，综合隔离度≥5 的组别设为综合隔离度高的组。

表 5.4.6　综合隔离度与居民居住状况满意度分布频数

	低	中等	高	合计
	0≤综合隔离度＜3	3≤综合隔离度＜5	综合隔离度≥5	
一般	31	127	31	189
	16.40	67.20	16.40	100
	17.82	28.16	25.62	25.34
比较不满意	22	69	22	113
	19.47	61.06	19.47	100
	12.64	15.30	18.18	15.15
比较满意	77	153	36	266
	28.95	57.52	13.53	100
	44.25	33.92	29.75	35.66
非常不满意	1	7	8	16
	6.25	43.75	50	100
	0.57	1.55	6.61	2.14
非常满意	43	95	24	162
	26.54	58.64	14.81	100
	24.71	21.06	19.83	21.72

续表

	低	中等	高	合计
	0 ≤综合隔离度< 3	3 ≤综合隔离度< 5	综合隔离度≥ 5	
合计	174	451	121	746
	23.32	60.46	16.22	100
	100	100	100	100

基于表 5.4.6 通过卡方检验得到 Pearson 卡方（8）=26.938，P 值为 0.001，在显著性水平为 0.05 的情况下拒绝不同综合隔离度居民居住状况满意度相同的原假设，说明在统计意义上居民居住状况满意度与综合隔离度有关。

表 5.4.7　不同综合隔离度的居民居住状况满意度统计描述

综合隔离度	居民居住状况满意度		
	均值	标准差	样本数
低（0 ≤综合隔离度< 3）	69.971	24.338	174
中等（3 ≤综合隔离度< 5）	64.412	25.823	451
高（综合隔离度≥ 5）	59.504	29.625	121
合计	64.913	26.317	746

由表 5.4.7 可见，随着综合隔离度的提高，人们居住状况满意度下降，即综合隔离度与居民居住状况满意度呈负相关关系。

表 5.4.8　方差分析

来源	方差和	自由度	均方差	F 统计量	Prob>F
组间	8104.942	2	4052.471	5.93	0.003
组内	507864.4	743	683.532		
合计	515969.3	745	692.576		

Bartlett 方差齐性检验：chi2（3）=5.897　Prob>chi2=0.052。

表 5.4.9　Scheffe 多重比较检验

行均值 – 列均值	低（0 ≤综合隔离度＜ 3）	中等（3 ≤综合隔离度＜ 5）
中等（3 ≤综合隔离度＜ 5）	−5.559	
	0.059	
高（综合隔离度≥ 5）	−10.467	−4.908
	0.003	0.187

从表 5.4.8 中可知，Prob>F=0.003，在显著性水平为 0.05 的情况下拒绝不同隔离度的居民居住状况满意度相同的原假设，表明不同隔离度的居民居住状况满意度是存在差异的。然而，这种差异是否在两两组别进行比较时依然存在？通过 Scheffe 多重比较检验结果如表 5.4.9 所示，综合隔离度低（0 ≤综合隔离度＜ 3）的组和综合隔离度中等（3 ≤综合隔离度＜ 5）的组 P 值为 0.059，在显著性水平为 0.1 的情况下拒绝原假设，认为综合隔离度低的组和综合隔离度中等的组的居民居住状况满意度存在差异，且综合隔离度低的组和综合隔离度高的组之间的居民居住状况在统计意义上显著，说明这两组的居民居住状况存在差异。

5.4.2　隔离度与居民收入状况满意度

（1）居民收入状况满意度基本描述

从表 5.4.10 中可见，110 户受访居民表示对目前收入状况非常满意，所占比例为 14.75%，对目前收入状况比较满意的受访户为 233 户，比例为 31.23%，111 户受访户表示对目前收入状况比较不满意，还有 23 户受访户表示对目前收入状况非常不满意。由此说明，此次调研对象中对目前家庭收入状况水平的评价存在一定的差异，受访户所生活的客观条件以及个人主观因素也可能影响评价结果。进行检验之前，我们对于选项回答为"不清楚"的样本设定为无效样本，不作为检验样本。

表 5.4.10　居民收入状况满意度统计描述

	频数	百分比（%）	累计百分比（%）
非常满意	110	14.75	14.75
比较满意	233	31.23	45.98
一般	258	34.58	80.56
比较不满意	111	14.88	95.44
非常不满意	23	3.08	98.53
不清楚	11	1.47	100
合计	746	100	

（2）客观隔离度与居民收入状况满意度

延续上一节的思路，我们将客观隔离度分为三组，将 0 ≤ 客观隔离度 < 1 的组别设为客观隔离程度低的组，1 ≤ 客观隔离度 < 2 的组别设为客观隔离度中等的组，客观隔离度 ≥ 2 的组别设为客观隔离度高的组。

表 5.4.11　客观隔离度与居民收入状况满意度分布频数

	低 0 ≤ 客观隔离度 < 1	中等 1 ≤ 客观隔离度 < 2	高 客观隔离度 ≥ 2	合计
非常满意	28	57	25	110
	25.45	51.82	22.73	100
	12.96	17.87	12.50	14.97
比较满意	78	99	56	233
	33.48	42.49	24.03	100
	36.11	31.03	28	31.7
一般	78	109	71	258
	30.23	42.25	27.52	100
	36.11	34.17	35.50	35.1
比较不满意	26	41	44	111
	23.42	36.94	39.64	100
	12.04	12.85	22	15.1
非常不满意	6	13	4	23
	26.09	56.52	17.39	100
	2.78	4.08	2	3.13

	低	中等	高	合计
	0≤客观隔离度＜1	1≤客观隔离度＜2	客观隔离度≥2	
合计	216	319	200	735
	29.39	43.40	27.21	100
	100	100	100	100

基于表5.4.11通过卡方检验得到 Pearson 卡方（8）=16.098，P 值为 0.041，小于 0.1 的显著性水平，在统计意义上拒绝不同客观隔离度居民收入状况满意度相同的原假设，说明居民收入状况满意度与客观隔离度相关。

（3）主观隔离度与居民收入状况满意度

延续客观隔离度的分组思路，我们将主观隔离度分为三组，将 0≤主观隔离度＜2 的组别设为主观隔离程度低的组，2≤主观隔离度＜3 的组别设为主观隔离度中等的组，主观隔离度≥3 的组别设为主观隔离度高的组。

表 5.4.12　主观隔离度与居民收入状况满意度分布频数

	低	中等	高	合计
	0≤主观隔离度＜2	2≤主观隔离度＜3	主观隔离度≥3	
一般	64	132	62	258
	24.81	51.16	24.03	100
	29.09	34.74	42.47	34.58
比较不满意	32	55	24	111
	28.83	49.55	21.62	100
	14.55	14.47	16.44	14.88
比较满意	81	123	29	233
	34.76	52.79	12.45	100
	36.82	32.37	19.86	31.23
非常不满意	7	9	7	23
	30.43	39.13	30.43	100
	3.18	2.37	4.79	3.08

续表

	低	中等	高	合计
	0 ≤ 主观隔离度 < 2	2 ≤ 主观隔离度 < 3	主观隔离度 ≥ 3	
非常满意	34	56	20	110
	30.91	50.91	18.18	100
	15.45	14.74	13.70	14.75
合计	220	380	146	746
	29.49	50.94	19.57	100
	100	100	100	100

基于表 5.4.12 通过卡方检验得到 Pearson 卡方（8）=17.573，P 值为 0.063，在显著性水平为 0.1 的情况下拒绝不同主观隔离度居民收入状况满意度相同的原假设，说明在统计意义上居民收入状况满意度与主观隔离度有关。

表 5.4.13　不同主观隔离度的居民收入状况满意度统计描述

主观隔离度	居民收入状况满意度		
	均值	标准差	样本数
低（0 ≤ 主观隔离度 < 2）	61.812	25.645	218
中等（2 ≤ 主观隔离度 < 3）	60.800	24.800	375
高（主观隔离度 ≥ 3）	55.458	26.147	142
合计	60.068	25.385	735

由表 5.4.13 可见，随着主观隔离度的提高，人们收入状况满意度下降，即主观隔离度与居民收入状况满意度呈负相关关系。

表 5.4.14　方差分析

来源	方差和	自由度	均方差	F 统计量	Prob>F
组间	3882.063	2	1941.032	3.03	0.049
组内	469114.5	732	640.867		
合计	472996.6	734	644.410		

Bartlett 方差齐性检验：chi2（3）=0.686　Prob>chi2=0.710。

表 5.4.15　Scheffe 多重比较检验

行均值－列均值	低（0≤主观隔离度＜2）	中等（2≤主观隔离度＜3）
中等（2≤主观隔离度＜3）	−1.012	
	0.896	
高（主观隔离度≥3）	−6.354	−5.342
	0.067	0.102

从表 5.4.14 中可知，Prob>F=0.049，在显著性水平为 0.05 的情况下拒绝不同主观隔离度的居民收入状况满意度相同的原假设，认为不同主观隔离度的居民收入状况满意度是存在差异的。通过 Scheffe 多重比较检验结果如表 5.4.15 所示，主观隔离度低（0≤主观隔离度＜2）的组和主观隔离度高（主观隔离度≥3）的组 P 值为 0.035 以及主观隔离度中等的组和主观隔离度高的组 P 值为 0.067，统计意义上拒绝原假设，表明这两组居民收入状况满意度存在差异，且主观隔离度低的组居民收入状况满意度要高于主观隔离度高的组，主观隔离度中等的组居民收入状况满意度要高于主观隔离度高的组。

（4）综合隔离度与居民收入状况满意度

根据前两节客观隔离度和主观隔离度分组，我们将综合隔离度由低到高分为三组，将 0≤综合隔离度＜3 的组别设为综合隔离度低的组，3≤综合隔离度＜5 的组别设为综合隔离度中等的组，综合隔离度≥5 的组别设为综合隔离度高的组。

表 5.4.16　综合隔离度与居民收入状况满意度分布频数

	低	中等	高	合计
	0≤综合隔离度＜3	3≤综合隔离度＜5	综合隔离度≥5	
一般	51	161	46	258
	19.77	62.4	17.83	100
	29.31	35.7	38.02	34.58

续表

	低	中等	高	合计
	0 ≤综合隔离度＜3	3 ≤综合隔离度＜5	综合隔离度≥5	
比较不满意	23	61	27	111
	20.72	54.95	24.32	100
	13.22	13.53	22.31	14.88
比较满意	67	144	22	233
	28.76	61.80	9.44	100
	38.51	31.93	18.18	31.23
非常不满意	5	11	7	23
	21.74	47.83	30.43	100
	2.87	2.44	5.79	3.08
非常满意	25	70	15	110
	22.73	63.64	13.64	100
	14.37	15.52	12.40	14.75
合计	174	451	121	746
	23.32	60.46	16.22	100
	100	100	100	100

基于表 5.4.16 通过卡方检验得到 Pearson 卡方（8）=24.994，P 值为 0.005，小于 0.05 的显著性水平，在统计意义上拒绝不同综合隔离度居民收入状况满意度相同的原假设，说明居民收入状况满意度与综合隔离度显著相关。

表 5.4.17 不同综合隔离度的居民收入状况满意度统计描述

综合隔离度	居民收入状况满意度		
	均值	标准差	样本数
低（0 ≤综合隔离度＜3）	62.281	24.907	171
中等（3 ≤综合隔离度＜5）	61.242	24.792	447
高（综合隔离度≥5）	52.350	27.066	117
合计	60.068	25.385	735

由表 5.4.17 可见，随着综合隔离度的提高，人们收入状况满意度下降，即综合隔离度与居民收入状况满意度呈负相关关系。

表 5.4.18　方差分析

来源	方差和	自由度	均方差	F 统计量	Prob>F
组间	8421.534	2	4210.767	6.63	0.001
组内	464575.1	732	634.665		
合计	472996.6	734	644.410		

Bartlett 方差齐性检验：chi2（3）=1.519　Prob>chi2=0.468。

表 5.4.19　Scheffe 多重比较检验

行均值 – 列均值	低（0 ≤综合隔离度＜ 3）	中等（3 ≤综合隔离度＜ 5）
中等（3 ≤综合隔离度＜ 5）	−1.040	
	0.900	
高（主观隔离度≥ 5）	−9.930	−8.891
	0.005	0.003

　　从表 5.4.18 中可知，Prob>F=0.001，在显著性水平为 0.05 的情况下拒绝不同综合隔离度的居民收入状况满意度相同的原假设，认为不同综合隔离度的居民收入状况满意度是存在差异的。通过 Scheffe 多重比较检验结果如表 5.4.19 所示，综合隔离度低的组和综合隔离度高的组 P 值为 0.005 以及综合隔离度中等的组和综合隔离度高的组 P 值为 0.003，统计意义上拒绝原假设，认为这两组居民收入状况满意度存在显著差异，且综合隔离度低的组居民收入状况满意度要高于综合隔离度高的组，综合隔离度中等的组居民收入状况满意度要高于综合隔离度高的组。

5.4.3　隔离度与居民对社会公共治安状况满意度

（1）居民对社会公共治安状况满意度基本描述

　　由表 5.4.20 可见，694 户受访户表示对本村 / 乡镇目前社会公共治安状况非常满意或比较满意，所占比重高达 93.03%，只有极少的 15 户受访户表示对本村 / 乡镇目前社会公共治安状况表示比较不满意或非常不满意。

表 5.4.20 居民社会公共治安状况满意度统计描述

	频数	百分比（%）	累计百分比（%）
非常满意	461	61.80	61.80
比较满意	233	31.23	93.03
一般	37	4.96	97.99
比较不满意	11	1.47	99.46
非常不满意	4	0.54	100
合计	746	100	

（2）综合隔离度与居民对社会公共治安状况满意度

根据前两节客观隔离度和主观隔离度分组，我们将综合隔离度由低到高分为三组，将 0 ≤综合隔离度＜ 3 的组别设为综合隔离度低的组，3 ≤综合隔离度＜ 5 的组别设为综合隔离度中等的组，综合隔离度≥ 5 的组别设为综合隔离度高的组。

表 5.4.21 综合隔离度与居民社会公共治安状况满意度分布频数

	低	中等	高	合计
	0 ≤综合隔离度＜ 3	3 ≤综合隔离度＜ 5	综合隔离度≥ 5	
非常满意	102	294	65	461
	22.13	63.77	14.10	100
	58.62	65.19	53.72	61.8
比较满意	61	131	41	233
	26.18	56.22	17.60	100
	35.06	29.05	33.88	31.23
一般	6	20	11	37
	16.22	54.05	29.73	100
	3.45	4.43	9.09	4.96
比较不满意	2	6	3	11
	18.18	54.55	27.27	100
	1.15	1.33	2.48	1.47
非常不满意	3	0	1	4
	75	0	25	100
	1.72	0	0.83	0.54

续表

	低	中等	高	合计
	0 ≤综合隔离度< 3	3 ≤综合隔离度< 5	综合隔离度≥ 5	
合计	174	451	121	746
	23.32	60.46	16.22	100
	100	100	100	100

基于表 5.4.21 通过卡方检验得到 Pearson 卡方（8）=17.599，P 值为 0.024，小于 0.05 的显著性水平，在统计意义上拒绝不同综合隔离度居民社会公共治安状况满意度相同的原假设，说明居民社会公共治安状况满意度与综合隔离度显著相关。

表 5.4.22　不同综合隔离度的居民对社会公共治安状况满意度统计描述

综合隔离度	居民社会公共治安状况满意度		
	均值	标准差	样本数
低（0 ≤综合隔离度< 3）	86.925	19.328	174
中等（3 ≤综合隔离度< 5）	89.523	16.063	451
高（综合隔离度≥ 5）	84.298	20.446	121
合计	88.070	17.716	746

由表 5.4.22 可见，随着综合隔离度的提高，人们社会公共治安状况满意度是下降的，即综合隔离度与居民社会公共治安状况满意度呈负相关关系。

表 5.4.23　方差分析

来源	方差和	自由度	均方差	F 统计量	Prob>F
组间	2902.552	2	1451.276	4.67	0.010
组内	230917.8	743	310.791		
合计	233820.4	745	313.853		

Bartlett 方差齐性检验：chi2（3）=16.233　Prob>chi2=0.000。

表 5.4.24　Scheffe 多重比较检验

行均值 − 列均值	低（0 ≤综合隔离度＜ 3）	中等（3 ≤综合隔离度＜ 5）
中等（3 ≤综合隔离度＜ 5）	2.598	
	0.256	
高（主观隔离度≥ 5）	−2.628	−5.226
	0.453	0.015

从表 5.4.23 中可知，Prob>F=0.010，在显著性水平为 0.05 的情况下拒绝不同综合隔离度的居民社会公共治安状况满意度相同的原假设，认为不同综合隔离度的居民社会公共治安状况满意度是存在差异的。通过 Scheffe 多重比较检验结果如表 5.4.24 所示，综合隔离度中等的组和综合隔离度高的组 P 值为 0.015，统计意义上拒绝原假设，认为这组居民社会公共治安状况满意度存在差异，且综合隔离度中等的组居民公共社会治安状况满意度要高于综合隔离度高的组。

5.4.4　隔离度与居民对行政办事效率满意度

（1）居民对行政办事效率满意度基本描述

由表 5.4.25 可见，338 户受访户对行政单位办事效率非常满意，所占比例为 45.31%，246 户受访户对行政单位办事效率比较满意，所占比例为 32.98%，由此可见居民对行政单位办事效率还是比较认可的，但是，也要看到有 54 户受访户对行政单位办事效率表示比较不满意或非常不满意。

表 5.4.25　居民对行政办事效率满意度统计描述

	频数	百分比（%）	累计百分比（%）
非常满意	338	45.31	45.31
比较满意	246	32.98	78.28
一般	108	14.48	92.76
比较不满意	40	5.36	98.12

续表

	频数	百分比（%）	累计百分比（%）
非常不满意	14	1.88	100
合计	746	100	

（2）客观隔离度与居民对行政办事效率满意度

我们将客观隔离度分为三组，将 0 ≤ 客观隔离度 < 1 的组别设为被动隔离程度低的组，1 ≤ 客观隔离度 < 2 的组别设为客观隔离度中等的组，客观隔离度 ≥ 2 的组别设为客观隔离度高的组。

表 5.4.26　客观隔离度与居民对行政办事效率满意度分布频数

	低 0 ≤ 客观隔离度 < 1	中等 1 ≤ 客观隔离度 < 2	高 客观隔离度 ≥ 2	合计
非常满意	106	149	83	338
	31.36	44.08	24.56	100
	47.96	46.27	40.89	45.31
比较满意	77	112	57	246
	31.30	45.53	23.17	100
	34.84	34.78	28.08	32.98
一般	29	43	36	108
	26.85	39.81	33.33	100
	13.12	13.35	17.73	14.48
比较不满意	5	15	20	40
	12.50	37.50	50	100
	2.26	4.66	9.85	5.36
非常不满意	4	3	7	14
	28.57	21.43	50	100
	1.81	0.93	3.45	1.88
合计	221	322	203	746
	29.62	43.16	27.21	100
	100	100	100	100

基于表 5.4.26 通过卡方检验得到 Pearson 卡方（8）=21.462，P 值为 0.006，小于 0.1 的显著性水平，在统计意义上拒绝不同客观隔离度

居民对行政办事效率满意度相同的原假设，说明居民行政办事效率满意度与客观隔离度有关。

表 5.4.27　不同客观隔离度的居民对行政办事效率满意度统计描述

客观隔离度	居民对行政办事效率满意度		
	均值	标准差	样本数
低（0≤客观隔离度＜1）	81.222	22.444	221
中等（1≤客观隔离度＜2）	80.202	22.717	322
高（客观隔离度≥2）	73.276	28.419	203
合计	78.619	24.515	746

由表 5.4.27 可见，客观隔离度与居民对行政办事效率满意度呈负相关关系，即客观隔离度越高，居民对行政办事效率满意程度越低。

表 5.4.28　方差分析

来源	方差和	自由度	均方差	F 统计量	Prob>F
组间	8099.316	2	4049.658	6.84	0.001
组内	439628.6	743	591.694		
合计	447727.9	745	600.977		

Bartlett 方差齐性检验：chi2（3）=16.416　Prob>chi2=0.000。

表 5.4.29　Scheffe 多重比较检验

行均值 – 列均值	低（0≤客观隔离度＜1）	中等（1≤客观隔离度＜2）
中等（1≤客观隔离度＜2）	−1.020	
	0.891	
高（客观隔离度≥2）	−7.946	−6.926
	0.004	0.007

从表 5.4.28 中可知，Prob>F=0.001，在显著性水平为 0.01 的情况下拒绝不同客观隔离度的居民对行政办事效率满意度相同的原假设，认为不同客观隔离度的居民行政办事效率满意度是存在差异的。通过 Scheffe 多重比较检验结果如表 5.4.29 所示，客观隔离度低和客观隔离

度高的组别以及客观隔离度中等与客观隔离度高的组别的居民对行政办事效率满意度均值在统计意义上存在差异，且客观隔离度高的居民对行政办事效率满意度低。

（3）综合隔离度与居民对行政办事效率满意度

根据前两节客观隔离度和主观隔离度分组，我们将综合隔离度由低到高分为三组，将 0 ≤综合隔离度< 3 的组别设为综合隔离度低的组，3 ≤综合隔离度< 5 的组别设为综合隔离度中等的组，综合隔离度≥ 5 的组别设为综合隔离度高的组。

表 5.4.30　综合隔离度与居民对行政办事效率满意度分布频数

	低	中等	高	合计
	0 ≤综合隔离度< 3	3 ≤综合隔离度< 5	综合隔离度≥ 5	
非常满意	75	209	54	338
	22.19	61.83	15.98	100
	43.10	46.34	44.63	45.31
比较满意	59	154	33	246
	23.98	62.60	13.41	100
	33.91	34.15	27.27	32.98
一般	30	62	16	108
	27.78	57.41	14.81	100
	17.24	13.75	13.22	14.48
比较不满意	6	22	12	40
	15	55	30	100
	3.45	4.88	9.92	5.36
非常不满意	4	4	6	14
	28.57	28.57	42.86	100
	2.30	0.89	4.96	1.88
合计	174	451	121	746
	23.32	60.46	16.22	100
	100	100	100	100

基于表 5.4.30 通过卡方检验得到 Pearson 卡方（8）=17.660，P 值为 0.024，小于 0.05 的显著性水平，在统计意义上拒绝不同综合隔离度

居民对行政办事效率满意度相同的原假设，说明居民对行政办事效率满意度与综合隔离度有关。

表 5.4.31　不同综合隔离度的居民对行政办事效率满意度统计描述

综合隔离度	居民对行政办事效率满意度		
	均值	标准差	样本数
低（0≤综合隔离度＜3）	78.017	24.227	174
中等（3≤综合隔离度＜5）	80.044	22.872	451
高（综合隔离度≥5）	74.174	29.919	121
合计	78.619	24.515	746

如表 5.4.31 所示，综合隔离度低和综合隔离度高的居民对当地行政办事效率满意度评分较低，分别为 78.017 和 74.174。综合隔离度中等的居民对当地行政办事效率满意度评分较高，为 80.044。原因可能在于综合隔离度高的地区其信息比较闭塞，导致行政效率低效，而综合隔离度低的地区由于外界交往能力较高同时居民诉求也高于其他地区，对于这种诉求当地行政单位没有及时处理也可能导致居民对当地行政办事效率评价较低。

表 5.4.32　方差分析

来源	方差和	自由度	均方差	F 统计量	Prob>F
组间	3370.465	2	1685.233	2.82	0.060
组内	444357.4	743	598.058		
合计	447727.9	745	600.977		

Bartlett 方差齐性检验：chi2（3）=15.067　Prob>chi2=0.001。

表 5.4.33　Scheffe 多重比较检验

行均值 – 列均值	低（0≤综合隔离度＜3）	中等（3≤综合隔离度＜5）
中等（3≤综合隔离度＜5）	2.027	
	0.65	
高（综合隔离度≥5）	−3.844	−5.871
	0.415	0.065

从表 5.4.32 中可知，Prob>F=0.060，在显著性水平为 0.1 的情况下拒绝不同综合隔离度的居民对行政办事效率满意度相同的原假设，认为不同综合隔离度的居民行政办事效率满意度是存在差异的。通过 Scheffe 多重比较检验结果如表 5.4.33 所示，综合隔离度中等和综合隔离度高的组别的居民对行政办事效率满意度均值在统计意义上存在差异，且综合隔离度高的居民对行政办事效率满意度低。

5.4.5 小结

本部分从客观隔离度、主观隔离度和综合隔离度三个层面分析居民四个方面的生活满意度，分别是居民居住状况满意度、居民收入状况满意度、居民对社会公共治安状况满意度以及居民对行政办事效率满意度。从基本数据统计描述可见，此次受访对象对目前生活状态评价普遍较高，对生活满意度评价非常满意以及比较满意所占比例都非常高。然而，通过一些统计方法如卡方检验和方差分析，以隔离度水平出发去考察居民生活满意度差异时，仍然发现不同隔离度水平下居民生活满意度均值存在差异。一般情况下，隔离度水平越高，居民生活满意度均值越低，隔离度与居民生活满意度呈负相关关系。

5.5 结论

根据问卷问题设计，从客观条件和主观意愿出发，选定村委会到公路的距离、家庭到村委会的道路条件、公共交通的通达性、电网可达性、移动通信网的可得性、公共供水系统的可获得性 6 个维度的分量指标来构造客观隔离度指标，受访者受教育程度、消费者的市场参与度、银行卡的使用频率、家庭手机使用率、微信的使用度等 5 个维度的分量指标来构造主观隔离度。各分量之间相关系数较低，说明这些分量指标相对独立，所涵盖的内容重复性不高，因此用来刻画此次入户调研家庭的隔离度水平。

我们采用客观隔离度和主观隔离度来刻画受访村落居民客观和主观隔离程度，并通过综合隔离度指标来衡量居民整体隔离水平。此次调研的拉萨周边 7 个县区 63 个村落由于基础设施、自然环境的差异造成各受访居民客观隔离度比较分散，对于自然条件比较恶劣、基础设施比较落后的村落，其客观隔离度相对较高。尽管如此，从心理层面上，此次受访居民的主观隔离度水平差异不明显。

从客观隔离度分量与主观隔离度相关关系分析可见，不同的家庭到村委会道路状况的受访户其主观隔离度均值在统计意义上存在显著差异，且家庭到村委会道路状况较好的受访户，其主观隔离度水平相对较低；不同的日常饮用水来源的受访户，其主观隔离度均值在统计意义上存在显著差异，公共自来水厂集中供水的受访户其主观隔离度水平在统计意义上要低于其他饮水来源的受访户。从主观隔离度分量与客观隔离度相关关系分析可见，受访者受教育程度越高、消费的市场参与度越多、银行卡的使用频率越频繁、家庭手机使用率越高和微信使用度越多，则该受访者的客观隔离度水平越低。

虽然村客观隔离度与食品价格指数从总样本出发没能在统计意义上验证村客观隔离度与食品价格指数之间的相关关系。当村客观隔离度水平较高的情况下，食品价格指数在统计意义上存在显著差异，且客观隔离度越高，当地的食品价格指数则越高。

从海拔高度差异分析隔离度特征发现，生活在海拔高的居民与生活在海拔低的居民其客观隔离水平较高。不同县区由于自然环境、基础设施的差异，其客观隔离度水平存在较大的差异。同时，我们考察了行政职务是否影响受访者的主观隔离度水平，通过统计检验发现，家庭成员里有人担任行政职务的受访户，其主观隔离度水平要低于普通居民。

我们从 4 个角度即居民居住状况满意度、居民收入状况满意度、居民对社会公共治安状况满意以及居民对行政办事效率满意度来考察受访户的生活满意程度。从基本统计描述来看，此次入户调研的受访户对目前的生活状态认可度比较高。不同的隔离度水平在一定程度上使得受访户对生活满意度的评价存在一定的差异。通常情况下，对生活满意度评价比较低的受访户往往来源于隔离度水平比较高的县区。

第六章

健康与饮用水安全专题

健康既影响生活质量也影响生命长度，因此任何关于社会与民生发展的研究都不可避免地要将健康放在重要的位置。家庭成员的健康度的确真实地影响到了整个家庭的生活幸福度，尤其是家庭成员出现健康问题的时候。

在本专题部分，我们将详细地对本次研究的样本家庭以及覆盖的所有家庭成员的健康状况、健康影响因素以及健康与民生满意度的关系进行分析。尤其值得注意的是，基于本次调研所采集的每一户样本家庭的饮用水样，我们还进行了饮用水水安全的检测及其对健康的影响，具有较高的政策建议价值。

6.1 样本状况

下面我们将从个人以及家庭的角度对本次调研的全体样本进行基本状况与分布的介绍，包括年龄分布与性别分布。显示地区人口整体健康状态的一个较为常用指标是人口预期寿命，而人口预期寿命实际上是人口年龄结构分布所决定的；同样地，人口的性别分布结构也包含有重要的整体人群健康信息；另外，根据西藏独特地理环境和人文条件，我们还将从人口家庭规模以及家庭居所海拔等方面来考察样本的分布状况。

6.1.1 人口抽样状况

在本次拉萨市农牧区人户调研的问卷中，有一个比较特殊的问题部分，其主要目标是为了采集受访户家庭人口的健康基本状况以及饮用水的生活使用习惯，从而为研究西藏农牧区居民的健康状况提供真实细致的一手信息。这个部分的特殊之处主要体现在问卷采集了每一位家庭成员的基本个人信息以及健康信息（包括年龄、性别、健康度等），而本次问卷的其他部分实际上所采集的都是以家庭为单位的信息。结合整套问卷体系所收集的样本家庭在生产、生活、自然地理环境、人文社会环境以及饮用水质等多个维度的信息，本研究将探究拉萨农牧区居民的整体健康状态特征以及可能产生的原因①。

表 6.1.1　抽样与人口普查的户籍比例以及人口比例

地区	六普常住人口数	六普户籍人口数	县常住人口占七县常住人口比（%）	县户籍人口占七县户籍人口比（%）	入样户数	县入样户数占总抽样户比（%）	入样人口数	县入样人口占总抽样人口比（%）
林周县	50246	62762	17.92	19.72	144	19.30	549	19.38
当雄县	46463	51148	16.57	16.06	117	15.68	492	17.37
尼木县	28149	34608	10.04	10.87	82	10.99	358	12.64
曲水县	31860	36108	11.36	11.34	83	11.13	276	9.74
堆龙德庆县	52249	51424	18.64	16.15	130	17.43	458	16.17
达孜县	26708	29841	9.53	9.37	72	9.65	237	8.37
墨竹工卡县	44674	52495	15.94	16.49	118	15.82	463	16.34
合计	280349	318386	100	100	746	100	2833	100

---

① 从 2010 年第六次人口普查信息中可知，西藏自治区居民的人均预期寿命排在全国最低（68.17 岁），比全国平均水平低 6.66 年，比最高的北京和上海地区低了约 12 岁。

本轮入户调研总有效家庭样本为 746 户，涉及的人口总数为 2833
人。有必要在此再次重申本研究中关于家庭样本的选取以及家庭成员的
界定：第一，全部有效家庭样本都是通过两阶段随机抽样获取的，第一
阶段按拉萨市各县人口比重随机抽取样本村（如表 6.1.1 所示），第二阶
段再从已抽取的样本村全体户籍列表中以户主为对象随机抽取样本家
庭；第二，家庭成员的界定是以经济关系为判断依据（注意，不是以户
籍家庭成员为判断依据），所有与户主本人构成共同家庭经济关系①的
个人均被看作是同一个家庭内的成员，无论其户籍与随机抽取的户主是
否在同一个家庭户籍内。从抽样设计的角度来看，研究所选取的样本对
总体人群的代表性是可以得到肯定的，以 2010 年西藏自治区人口普查
中拉萨市常住人口为总体样本信息，本次拉萨市农牧区入户调研的有效
抽样人口占总人口的 1.01%，与国家统计局非普查年的"小普查"②抽
样比例相同。

6.1.2　人口统计学基本特征

总体受访人群③性别比例为女性 52.31%，男性 47.69%（见图
6.1.1 中 a 部分），同期全国总人口的性别比例为女性 48.79%，男性
占 51.21%（见图 6.1.1 中 b 部分），二者的差别是较为明显的。然而从
2010 年西藏自治区人口普查的常住人口数据来看，全自治区和拉萨市
的人口性别构成均为男性 51.38%，女性 48.62%，这个结构与 2016 年
全国总人口的性别构成则很相近。农牧区人口性别的特征我们在后面还

---

①　共同家庭经济关系可以理解为共收入、共消费、共担风险的家庭经济关系。

②　国务院 2010 年颁布的《全国人口普查条例》明确规定，人口普查每 10 年进行一次，
尾数逢 0 的年份为普查年度。我国作为世界上人口最多的国家，经济发展速度快，社会流动
规模大，经过 10 年的发展，人口结构必然会发生很大的变化，所以又建立了在两次全国人口
普查之间的 1%人口抽样调查制度，又称为"小普查"，最近的一次小普查是在 2015 年。

③　总体受访人群是指包括所有有效样本家庭的全部家庭成员。

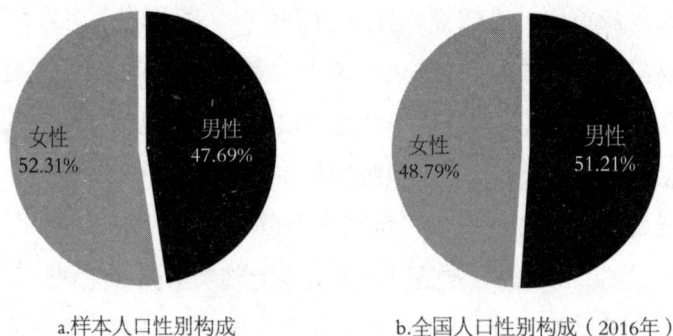

a.样本人口性别构成   b.全国人口性别构成（2016年）

图 6.1.1　抽样人口与全国人口性别构成比较

将更进一步地给予分析说明。

　　抽样人群的平均年龄为 35.38 岁，呈现较为明显的非均衡结构。如图 6.1.2 所示，我们以五年作为一个年龄分段步长来看人口分布密度，人口最多的年龄段出现在 30—34 岁（8.80%）、50—54 岁（8.50%）以及 5—9 岁（8.40%）三个年龄段。应该说在西藏农牧区不存在国家或地区人口政策发生重大调整的情况下，我们猜测这样的人口结构状况很可能与地区收入上升、卫生健康条件改善以及城镇化进程中人口迁移三者相关。

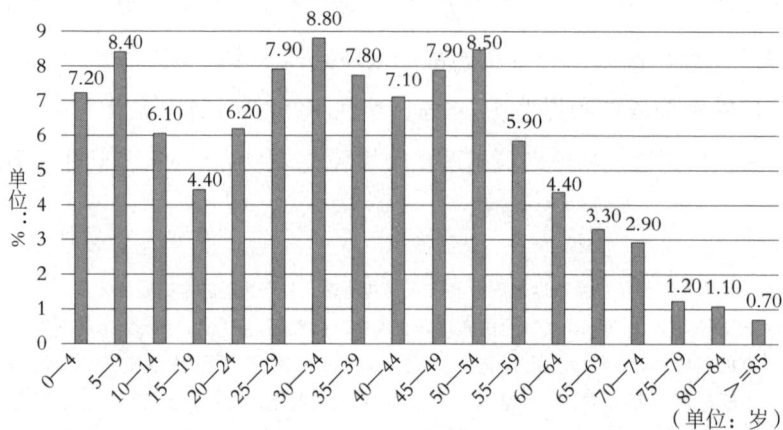

图 6.1.2　受访样本人口年龄结构

　　结合年龄分布与性别结构两个因素，我们将受访样本人口各年龄段的男女性别比进行了分析，如图 6.1.3 所示。依然以五年作为年龄段步长来分组，以同一年龄段的男性人口比上女性人口（比值乘以 100）构成该年龄段性别结构数值，图 6.1.3 中显示了抽样样本与 2010 年第六次人口普查中拉萨市除城关区外七县地区常住人口各年龄段的性别比。很显然，本次抽样入户调研所覆盖的样本人群在不同年龄段的人口性别结构与六年前的全国人口普查中同一地区常住人口各年龄段人口性别结构存在较大的差异。最为显著的是，本次入户调研的样本人口中女性占比要显著地高于 2010 年普查时女性人口比例。入户样本除了 5—19 岁这个年龄段外，其他的年龄段人口均为女性比男性多，这是一种较为异常的性别结构状态。

　　从生命科学的角度来看，从刚出生的人口开始，大多数年龄段男性与女性的比例大致应该在 102—106∶100 的水准。随着年龄的上升，在接近于人群预期寿命的年龄段，由于男女性的死亡率的细微差别所累积的作用，导致在这之后的年龄段女性人口比例上升超过男性。相比于样本人口，2010 年人口普查中拉萨市除城关区之外的七县人口年龄性别

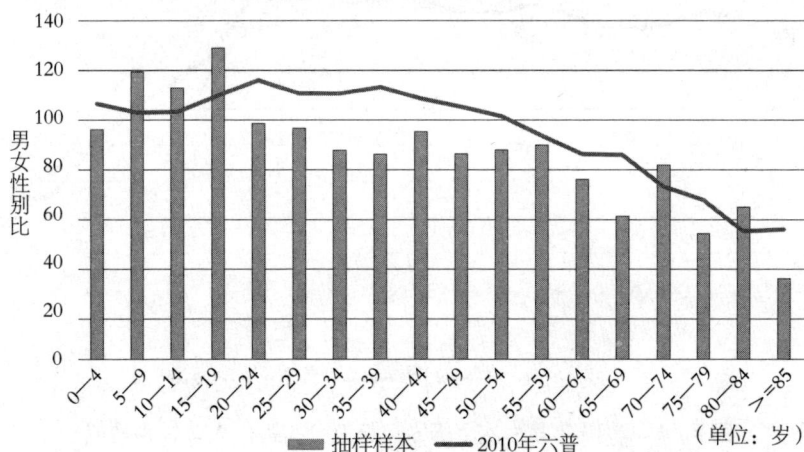

图 6.1.3　样本与普查各年龄段性别比

结构在 50 岁以前的年龄段都还是较为符合常规的性别结构，但在之后的年龄段男性人口的比例快速下滑。

如何理解这样的性别结构状态？有两点特征需要关注：第一，抽样人群的男女性别与常规结构倒挂；第二，抽样人群各年龄段性别构成与 2010 年第六次人口普查之间的差异性。人口年龄性别结构的差异和变化主要来自两个渠道：一是非均衡性别的人口随时间在不同地区迁移流动；二是人口性别健康度差异而导致的区域内男女死亡率差异。而这两方面与我们本部分希望讨论的目标问题都有直接或间接的关联。

为了将样本人口年龄性别结构的失常特征更为清晰地展现，我们在图 6.1.4 中给出了 2010 年第六次全国人口普查中，全国、西藏自治区、拉萨市以及拉萨市城关区四个范围的全人口年龄性别结构作为对比分析。从图中可以看出，西藏自治区全区与拉萨市的人口年龄性别结构二者比较相近，而全国和城关区则各自具有其特征。

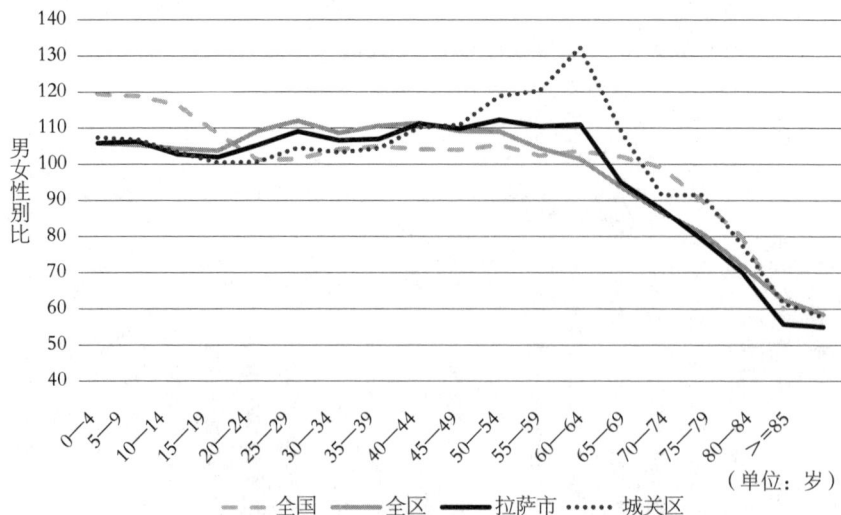

图 6.1.4　2010 年第六次全国人口普查分年龄段人口性别构成

图 6.1.4 中，西藏自治区与拉萨市第六次人口普查中的年龄性别结构的共同特点是：(1) 男女性别比都是在 60—64 岁年龄段由大于 100 转变成小于 100，这意味着在 60—64 岁年龄段以前，男性人口数是要高于女性的；(2) 从 60—64 岁年龄段开始，往上各年龄段中男性人口的数量相对于女性人口快速下降，至 85 岁年龄段时两性人口比值已经低于 0.6，这意味着高龄人口中有近三分之二的为女性。较为显著的差异存在于 50—64 岁这个年龄区域，其中拉萨市的人口中在此年龄段内的男性比例较全自治区来说要高不少。总体来看两个地区的人群在各年龄段的性别结构相差不大。

图 6.1.4 中拉萨市城关区的人口普查数据无论是与全区、拉萨市还是全国曲线来比较都是很有差异的，主要是体现在 50—69 岁年龄段有显著的男性人口比例较高的现象，尤其是在 60—64 岁年龄段，男女性别比值达到了 1.32。结合图 6.1.3 中拉萨市除城关区外的七县人口男性比例在 50—54 岁之后的年龄段开始快速下降这一现象，较为合理的解释是其中存在较为明显的居民由农牧区向城市迁移的情况发生。

下面将试图给出这样的现象发生比较可能的原因猜想：

(1) 由图 6.1.3 可知，始自 20—24 岁年龄段就出现的男性比例偏低的现象，应该很可能与劳动力的流动与迁移有较大关系。由于我们本次调研的目标地区是传统的西藏农牧区，且靠近西藏自治区最现代化的城市（拉萨城关区），因此农业劳动力人口流动或迁移到城市是比较常见的，而农业劳动力流动的最初模式一般都是家庭中的男性劳动力离开农村进入城市。

(2) 青藏高原地区属于自然地理环境条件最为恶劣的地区（又称"地球第三极"），在这样的环境下，男性与女性的社会分工以及身体健康承受能力并不一定是均衡的，例如农牧生产本质上需要高强度的体力投入，男性自然成为主要承担者，而高原高寒缺氧条件下进行高强度的体力劳作对身体的损伤是比较大的，因此男性成年后在各个年龄段的死亡率均高于女性，导致我们看到的 20—24 岁以后男性人口占比偏低。

（3）2010—2016 年是西藏自治区，同时也是拉萨市的高速发展建设时期，城市化的快速推进使得拉萨市城关区周边县的农牧区居民以各种方式涌入城市，有年轻人为了获得更好的工作机会而迁移到城市打工的，有年纪大的农牧区居民通过投靠已经迁移定居城市的儿女以便享有更好的医疗社保服务的，有为了儿女获取更佳的城市教育资源而迁移到城市的年轻父母等，在各种各样的动机激励下迁移城市的过程中，男性迁移的比例高于女性，因而带来原农牧地区人口的性别非均衡化。

（4）针对拉萨市城关区的常住居民的性别比例中男性比例显著高于拉萨市七县农牧区常住居民的比例这一现象，还有一个因素也不可忽略。拉萨市是全藏区（五省藏区）藏族居民都比较向往定居的城市，因此有大量的非拉萨市户籍居民迁移到拉萨，同时还有大量的汉族与其他民族的居民选择来拉萨定居就业的（包括中央政府鼓励的援藏就业等），这类人群中男性占大多数。

6.1.3 家庭基本特征

一个社会的家庭人口规模是与传统生产内容、生产方式、宗教信仰以及自然环境条件等多方面因素相适应的，同时还与社会养老保障与医疗保障模式等制度相关联。在一个快速发展转型的社会，传统地区的家庭规模还可能受到受教育程度、受教育渠道以及人口迁移等方面因素的冲击。注意，在本部分基于此轮入户调研数据所形成的研究中，家庭的概念遵循我们以经济关系为纽带的界定。

对于调研有效样本 746 户家庭来说，平均的家庭规模为 3.8 人。从图 6.1.5 中可以看出，以人口规模排序，平均家庭规模最小的是达孜县（3.29 人），平均家庭规模最大的是尼木县（4.37 人），二者的差距还是相当显著的。

导致地区间家庭规模差异化的最主要因素是什么？从七县排序来

各地区平均家庭人口规模

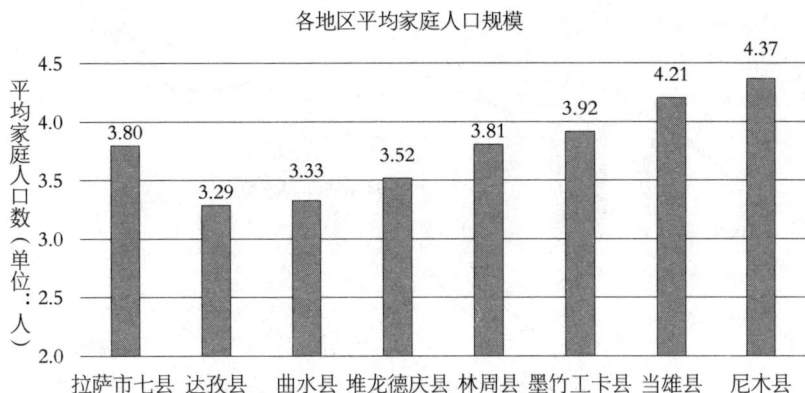

图 6.1.5　分地区样本家庭平均人口数

看，粗略的一个直觉是离城关区较近的县家庭规模小，离城关区较远的县家庭规模大。而根据拉萨市全域的地形来观察，家庭规模更可能是与家庭所处的海拔高度相关。事实上，不同海拔高度的家庭所面临的自然地理条件有较大差异，比如农区大致都在海拔相对较低的地区[①]，海拔较高的地区由于含氧量、年降雨量、年平均气温等相关因素的制约，生产方式只能选择牧业。

　　在图 6.1.6 中我们将家庭以所处海拔高度分类，给出不同海拔地区的人口比例和家庭规模均值。注意，在图 6.1.6 中柱形图和折线图的纵坐标是分别在左右两边给出，左边是人口比重刻度（单位为%），由柱状部分表示；右边的刻度为人数，由折线部分来展现。先看柱状部分（左纵轴）：（1）3600—4000 米这一海拔高度区段的样本居民数量是最密集的，占据了全体受访样本人口的近57%，且随海拔上升有人口密集度提升的趋势；（2）4000—4500 米的海拔高度区域内人口分布较为均匀，各 100 米海拔区域内的人口都在 5%左右。再看折线部分（右纵轴）：（1）很明显地存

---

　　①　此处的海拔相对较低，是指在西藏相对较低，因为拉萨地区的最低海拔也在 3500 米左右。

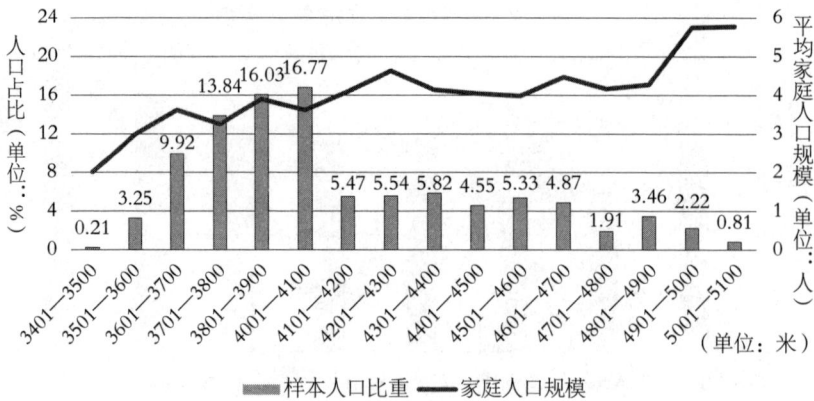

图 6.1.6　不同海拔地区人口分布与家庭规模

在随海拔升高而出现家庭平均人口规模上升的趋势；（2）在相对较低的
3501—3600 米海拔地区家庭人口规模约为 3 人①，而生活在海拔 4800 米
以上的家庭的规模平均为近 5.75 人，二者差别近一倍。

图 6.1.6 中的信息显示，人口聚集度较大的海拔范围地区（3500—
4000 米）家庭人口规模较小（平均 3.6 人），人口聚集度小的海拔范围
地区（4800 米以上）家庭规模反而较大（平均 5.75 人）。联系到居住的
海拔高度与农牧业生产的关系，我们可以看出在拉萨市七县农牧地区，
农区居民的平均家庭人口规模相对较小，而牧区居民的平均家庭人口规
模相对较大。

6.1.4　小结

通过这一部分的分析，我们发现本次入户调查所覆盖的人口具有下
面三方面的重要特征：

（1）拉萨市农牧区常住居民中女性人口比重偏高，造成这一现象的
原因可能是男性健康状况比女性要差，以及城市化过程中男性倾向于更

---

①　海拔 3500 米以下的地区人口占比太少，只有 0.21%，忽略。

早离开农牧区到城市工作或定居。

（2）拉萨市农牧区居民整体上居住在 3500—5000 米的海拔范围内，尤以 3600—4000 米的海拔区域内人口最多。

（3）随着居住地海拔的上升，农牧区居民的家庭人口规模也逐步增大。

6.2　健康状况

虽然表面上看，我们在研究健康问题的时候会觉得健康状况并不是一个很难了解、判断与获取的信息，但是仔细深究却并不尽然。一方面，现代社会中的"健康"概念本身实际上就是动态变化的概念，它一直在随科技经济社会发展变化而演进（例如随生命科学、医学科技、社会保障医疗体系、收入水平等因素的提升而对健康提出更高的需求）；另一方面，个人的身体健康包含生理健康与心理健康两个层面，其中生理健康很多时候需要通过专业的医疗手段来协助判断，而心理健康则更难以客观地予以判别。

为了在入户访谈的过程中简单易操作的对健康问题与受访者进行沟通，我们的健康调查问卷部分设计从三个主要方面来具体刻画居民的个体健康状态：一是受访家庭成员对每一个家庭成员健康状况的主观判断[1]；二是家庭成员是否患有慢性病以及所患慢性病的信息；三是家庭成员近三年患有大病的状况[2]。

我们从三个健康指标方面全面地对样本人群的健康状况做具体介绍与详细分析。

---

[1]　问卷是通过一个家庭成员为受访对象来了解所有家庭成员的信息。

[2]　大病的定义是需要通过专门的医疗机构来帮助治疗和康复的疾病，简单的判断，是否需要住院治疗，是否需要手术，但是正常的赴医院生育不属于大病的范畴。

6.2.1 主观健康度评价

关于健康状况主观判断，我们在问卷说明中具体给出的判断准则是"相对于周边同龄人来说健康状况如何？"判别标准为五档：很好、比较好、一般、比较差、很差。图 6.2.1 是全体有效样本的健康状况主观判断的分布状况。首先，整体上来看受访者对自己以及家人的健康状态评判较为满意的（很好与比较好）比例接近三分之二（64.80%），而健康状况很差的群体只占到 3.70%，同时健康状况由"很好"逐渐降低到"很差"的过程中，相应的人群占比也呈单调下降趋势；其次，样本人口的总体平均健康度为 2.19（折合成百分制计分法为 70.3 分），介于健康状况"比较好"与"一般"之间，更为靠近"比较好"。

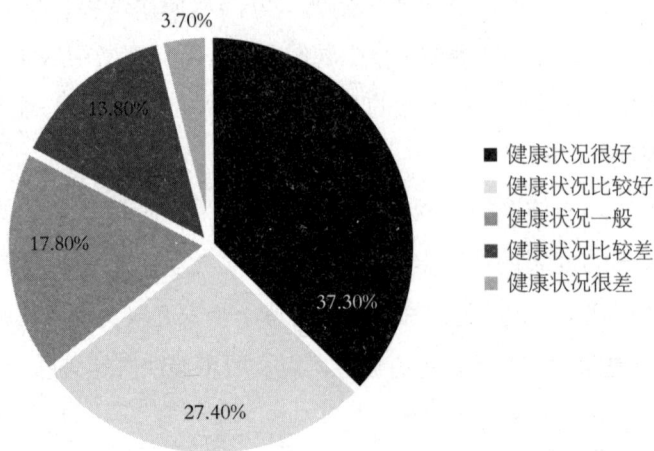

图 6.2.1 样本人口主观健康状况

6.2.2 客观健康度状况

家人目前的患病状况以及近三年的患病史，我们可以将其视为健康状态的客观描述。图 6.2.2 则给出了全体有效样本人口是否患有慢性病以及近三年内是否患有过重大疾病的人口比例。对于个人的身体健康度来说，身患慢性病或近年有过重大疾病经历这两个方面显然是具有重大影响的因素。从日常的生活经验来看，一般性的发烧感冒等常常并不构成对身体健康的重大威胁，而慢性病则较大概率地会削弱人体的整体健康度。从另外一个视角来看，由于青藏高原的生存环境极为恶劣，虽然藏族同胞在此生活了几千年，已经形成了一系列的适应高原环境的身体机能，但是西藏自治区在近几次的全国人口普查中地区人均预期寿命均在全国排名倒数第一，这其中最为重要的影响因素是什么，目前并没有很好的医学研究结果获得学界的公认。

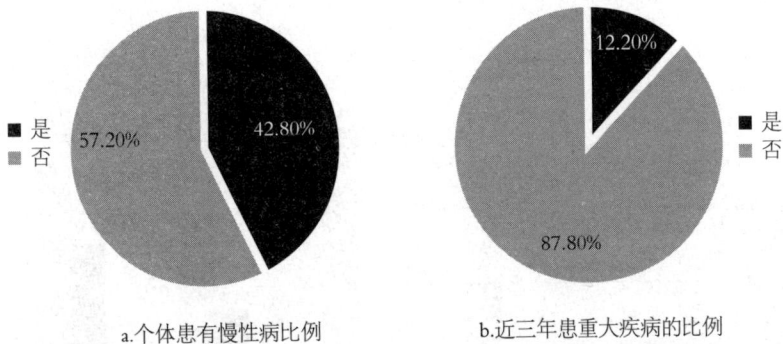

图 6.2.2　患有慢性病和近三年患过重大疾病的比例

图 6.2.2 中 a 图显示有效样本人群中有高达 42.80％的人口患有各类程度不同的慢性病，而我们已知全体受访人群的平均年龄才 35.4 岁，因此可以猜测慢性病是目前藏区农牧区较为普遍且对健康度影响较大的因素之一。b 图展示全体受访人群中有 12.20％的人口在近三年中有过重大疾病的经历。由于重大疾病的界定并不是非常标准化的一个概念，因此在此维度上的横向比较（例如与西藏自治区拉萨市之外的其他地市或周边省份的数据比较）存在困难[1]，12.20％的近三年重大疾病的患病

---

① 我们的研究规划目标是在后续多期的追踪入户调研中建立面板数据。

率比例是否比较高并不好简单判断。直觉上来看，接近八分之一的近三年有过患重大疾病经历的概率，以受访人群的平均家庭规模来看，约每两家人就有一个此类案例，应该是比较高患病率的状况。

6.2.3 健康度指标内在关系

主观健康度评价、慢性病患病率以及近三年重大疾病患病经历这三个指标均能在一定程度上反映整体人群的健康状况，那么这三个指标相互之间是否存在逻辑一致的健康度联系？图6.2.3将所有受访居民按照其主观健康度分成五类，然后来观察五个不同类别人群的近三年经历大病的比率和慢性病患病比率。

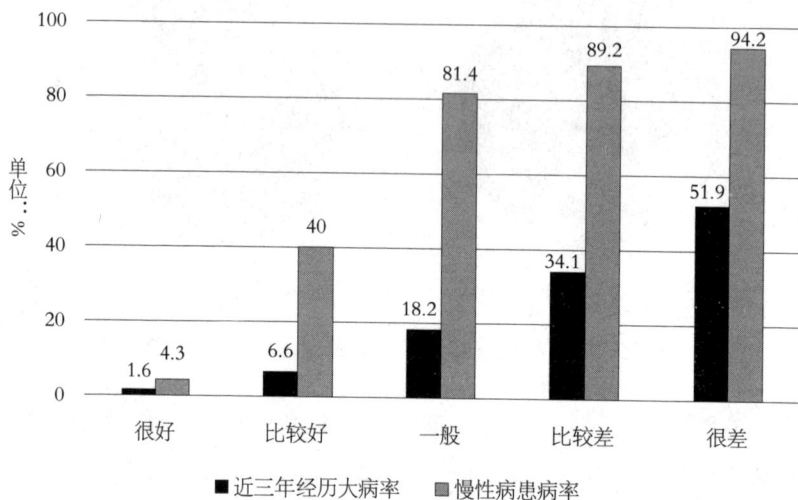

图6.2.3 不同健康度人群近三年经历大病率与慢性病患病率

显然，从图6.2.3中可以清晰地阅读到以下两点重要的信息：

第一，随着不同组的居民健康程度的降低（由很好到很差），各组中近三年经历大病的人口比率和患慢性病人口的比率都是单调上升的，可以说三个健康指标从整体上来看反映的信息内在逻辑是一致的。

第二，慢性病的患病率在健康状况"一般""比较差"和"很差"

三个组之间的差别不是很大，但在"近三年经历大病率"这个维度上升得很快。一种可能的原因是，健康度较差的原因更多地来自于大病经历，而健康度较好的原因更多地来自于未患有慢性病。

事实上，大病经历与慢性病二者在健康度层面是很可能产生重叠或交互作用的，为分析这样的作用，下面我们给出表 6.2.1。

表 6.2.1　慢性病与重大疾病对健康度评价的影响

		目前是否患有慢性病					
		是			否		
		样本量	均值	标准差	样本量	均值	标准差
近三年是否患过重大疾病	是	291	3.63	0.95	56	2.50	1.18
	否	922	2.95	0.96	1564	1.46	0.71

表 6.2.1 中给出了患有慢性病与近三年患过重大疾病两个指标的组合状态。问卷在这两个维度的问题都使用的是非二项选择，两个维度相组合形成四个不同的状态组合，如表 6.2.1 所示。下面我们将针对符合这四种状态组合条件人群进行主观健康度的简单统计分析：

（1）四种状态分别是（患有慢性病，近三年有过患大病经历）、（患有慢性病，近三年没有患大病经历）、（没有慢性病，近三年有过患大病经历）、（没有慢性病，近三年没有患大病经历），为下文分析表达的简单起见，我们将这四种状态分别简称为 YY、YN、NY、NN。

（2）符合这四种类别的人群样本数量分别为 YY 状态 291 人（占比10.3%），YN 状态 922 人（占比 32.5%），NY 状态 56 人（占比 2%），NN 状态 1564 人（占比 55.2%），显然既无慢性病且近三年也无患大病经历的人群数量最大，而无慢性病但近三年有过患大病经历的人群数量最小。

（3）四个类型的人群主观健康度指标均值是有显著差异的①，四组排序为 YY>YN>NY>NN。需要注意一点，此处我们的健康度指标采用的为五档计分法：健康状况非常好记 1 分，健康状况比较好记 2 分，健康状况一般记 3 分，健康状况比较差记 4 分，健康状况非常差记 5 分。因此健康度指标的值越小表示健康度越好，反之则越差。这说明从多样本的组间差异来看，慢性病与近期大病经历的确对健康度有显著的负面影响。

（4）健康度最高的 NN 类型人群主观健康度评价均值介于非常好与比较好之间，而最差的 YY 类型人群主观健康度评价均值介于一般与比较差之间。两种类别之间的差距超过 2，这意味着从评价意义上来说，在其他条件相当的情况下（例如性别、年龄、居住地海拔等因素），同时患有慢性病和近三年大病经历的人要比二者皆无的人健康度差两个档次以上。

（5）从边际健康影响的角度来评判，身患慢性病所带来的健康边际负面影响要高于近三年经历过大病对健康带来的边际负面影响。由于健康主观度评价指标为离散变量（取值为 1—5 的整数），因此上述健康度边际负面影响比较合理的解释是患有慢性病的(或近三年有大病经历的)相应类型人群中健康较差的人数会更多。

以上从每一个家庭成员个人的角度我们分析了健康主观评价与其自身患慢性病或近期患大病经历的关联度。事实上，健康与病痛之间的内在因果关系从健康的常规定义中就能看出来二者的联系，因此我们的上述分析主要着重于观察慢性病与近期大病经历对健康度的边际影响。

---

① 这一点用各组之间的两两 t 检验很容易检验，在此就不累赘展示。

6.2.4 小结

根据问卷所获取的健康信息，我们将个人健康状况分为主观健康度评价与客观健康病痛状态两个方面。我们发现：

居民的总体主观健康度评价介于"比较好"与"一般"之间，更靠近"比较好"；

慢性病的患病率较高，受访人群中有约43%的人口患有慢性病；

从慢性病与近三年内有大病经历这两个客观病痛状态来看，慢性病对主观健康度评价的边际负面影响更大。

6.3 健康影响因素分析

在本节中我们将尝试深入探讨影响健康度差异的主要来源。首先通过将人群以年龄、海拔、性别以及地域等方面分组等维度来观察不同特征人群的健康度差异的显著性，然后我们将运用回归分析的手段来研究影响家庭平均健康度的主要因素及其边际影响。

6.3.1 一般因素

人的健康随年龄增长而变化是客观的生命生理规律，其中一个重要的表现就是年龄大的人群患病率，尤其是重大疾病的患病率，要高于年轻人群。图6.3.1中给出了本次入户调查的全体样本人口在不同年龄段内的慢性病患病率以及相应年龄段人口的平均健康度。注意，健康度是以图中的左纵轴标识，而慢性病患病率是以图中的右纵轴标识。

显然，图6.3.1中慢性病患病率随年龄的增长而上升，同时健康度随年龄的增长而下降①，二者的同步变化趋势极为一致。后续我们还将

---

① 健康度数值越高表示健康状况越差。

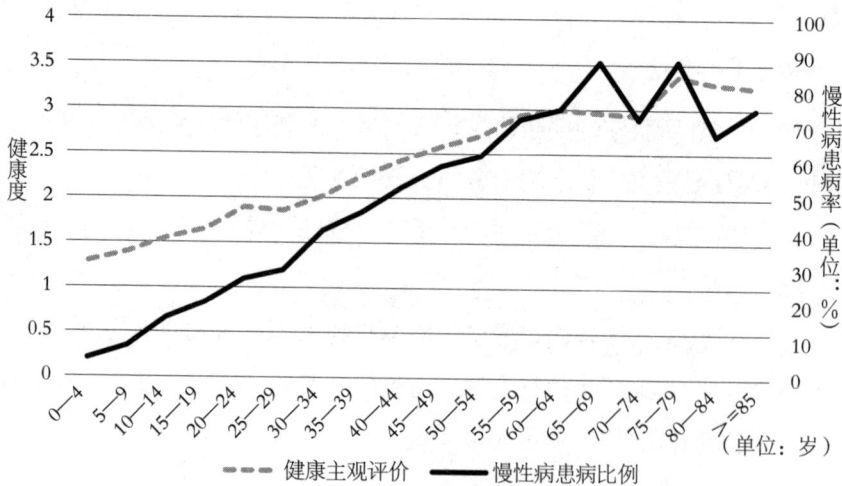

图 6.3.1　不同年龄段人口的慢性病患病率与健康度

进一步论证健康度、慢性病以及年龄的关系。

青藏高原是一个高寒高海拔地区，可以说该地区一切极端自然地理环境条件（干旱少雨、缺氧、低温、强紫外线等）均与印度洋板块冲撞至欧亚板块下所产生的青藏高原高海拔相关。在此长期生存的生命体（包括人类）虽然对于高海拔环境已经产生一定的适应性，但高寒缺氧环境对生命周期的影响仍然是巨大的（比如西藏自治区的预期人均寿命较内地低海拔地区平均要少约 7 岁，这其中有多大程度是由于高海拔造成的，目前暂时还未获得一致认同的研究结论）。

图 6.3.2 将本次抽样入户调研的所有人口按照居民的住所海拔分组，计算组内人口的平均健康度。注意，此处数值低的一端代表健康状况好。健康度与居住地海拔之间的关系呈现以下几个特征：

从图 6.3.2 中可以看到，各不同海拔高度组平均健康度的总体差异并不算大，介于身体健康度比较好与一般之间（在 2—2.8 之间波动）。

健康度随海拔提高而变化，但差异并不显著，大致分为三个海拔段，3600—4300 米之间海拔地区的居民平均健康度在 2.0—2.3 之间波动，4300—4900 米海拔之间的居民平均健康度在 2.1—2.5 之间波动，

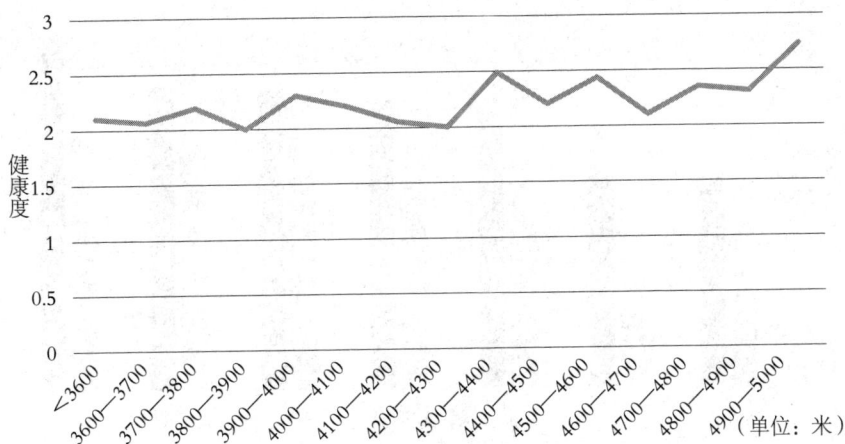

图 6.3.2　不同海拔地区人口的平均健康度

而 4900—5000 米海拔地区的居民平均健康度超过了 2.7。从三个海拔段的角度来看，存在健康度随海拔攀升而下降的趋势。

上述三个海拔段内，健康度呈现无明显差异的波动状态。

6.3.2　地域及性别差异

本次入户调研覆盖了全拉萨市除城关区外的七个县，各县在人口、海拔、交通、地理环境、生产模式等多方面都各有特点和差异。西藏农牧区居民长期以来生产活动依赖土地，因此主要是定居在世代传承的居住地，即使是以游牧为特征的牧区居民，其季节性游牧区域也基本固定。各县居民的健康度是否存在较显著的差异，或者说健康度是否存在明显的地域性差别，是我们关心的问题。下面我们将从不同的维度来探讨各县居民的健康以及与健康相关的人口特征。

图 6.3.3 中展示本次受访的七县居民分性别的平均年龄。前文中曾简单分析过本次入户抽样所覆盖的全体样本人口在年龄结构和性别结构上的特征，其中重要的一个现象就是本次受访人群的女性人口占比相比于 2010 年全国人口普查结果都要高出不少。而图 6.3.3 中则从

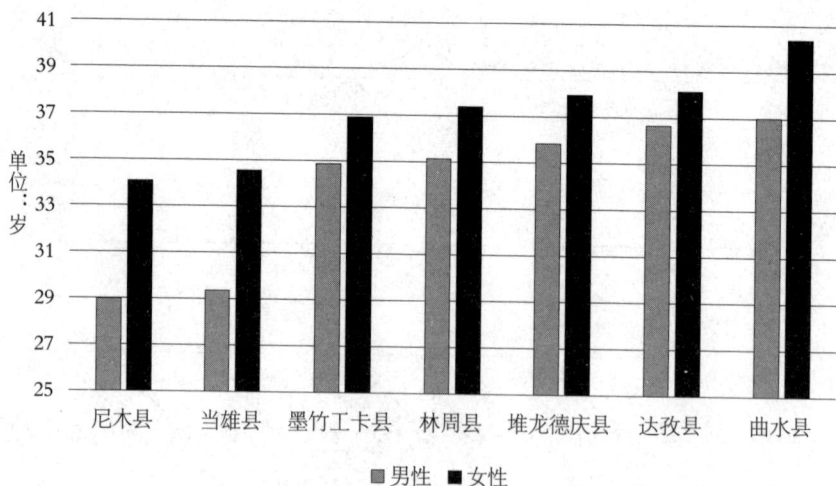

图 6.3.3　各县分性别平均年龄

地域的角度对比了各县的受访人群中男性与女性的平均年龄。首先，所有七县均是女性平均年龄高于男性，差距最大的尼木县与当雄县，两性年龄差距甚至达到了 5+ 岁（从图 6.3.6 中我们也能很直观地看出尼木县和当雄县是平均海拔最高的两个县①）；其次，对于分性别的平均年龄按县域排列结果来看，男性与女性的地域顺序是一样的，这说明地域作用在人口寿命方面在一定程度上对于男性与女性是一致的，或者从一个侧面说明地域作用对于人口寿命的影响是较为显著的②；第三，各地区之间的平均年龄差距，女性为 6.3 岁，男性达到了 8.1 岁，均为尼木县与曲水县之间产生的地域差距。

年龄结构存在性别差异的同时还存在显著的地域性差异，而且在拉萨农牧区的常住非户籍人口的数量较小的前提下，地区人口的年龄结构可以在较大程度上反映地区人口的预期寿命信息，而预期寿命又有可能与人口的健康状态有重要的关联性。为了进一步研究健康状态的地区差

① 此处的平均海拔是用的该县此轮所有受访户的平均住所海拔高度。

② 当抽样人口达到具有代表性的比例后，样本的年龄结构可以在一定程度上反映总体人群的预期寿命信息。

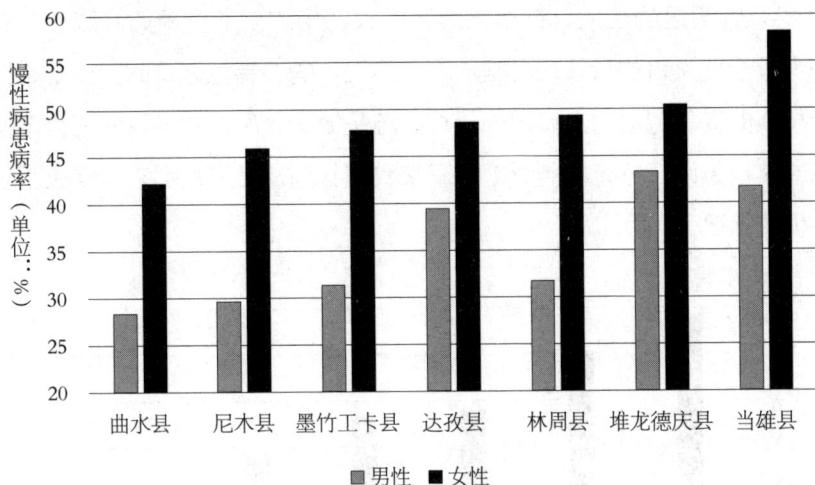

图 6.3.4　各县分性别慢性病患病率

异，我们进一步给出了各县样本人口的慢性病患病率信息。

图 6.3.4 中分地区、分性别展示了抽样人群的慢性病患病率，以女性慢性病患病率由低到高按地区排序。首先，通过比较图 6.3.3 与图 6.3.4 可以很简单地发现，人群的平均年龄与慢性病患病率的地区间排序几乎是完全不同的，唯一共通的是曲水县男性与女性的平均年龄最大，而其男性与女性的慢性病患病率也是各县最低的；其次，男性与女性的慢性病患病率在地区间也完全不同，当雄县的女性慢性病患病率最高，而堆龙德庆县的男性慢性病患病率最高，曲水县两性的患病率都最低；再次，堆龙德庆县同地区两性之间慢性病患病率差异最小，为 7.24%，林周县同地区两性间慢性病患病率差异度最大，达到 17.75%。

结合图 6.1.2 与图 6.1.3 已给出的事实，抽样人口中女性在大多数年龄段都比同年龄段男性人口占比更高，同时各地区间一致存在女性人口平均年龄较男性更大，女性人群患慢性病人口比例较男性要更高的现象。事实表明，在拉萨市所辖的七县农牧区，男性人口在多数年龄段（20—59 岁）有明显的漏出，或者反之，女性人口在多数年龄段（20—

59 岁）有明显的迁入。针对该地区农牧区生产生活资源的有限性，长期大量女性人口的持续迁入是不大可能发生的。男性人口的漏出是来自于持续的青壮劳动力人口向外迁移，还是健康状况恶化导致的死亡率偏高或其他原因，还无法判断。接下来我们将分地区和性别来看健康主观评价的状况。

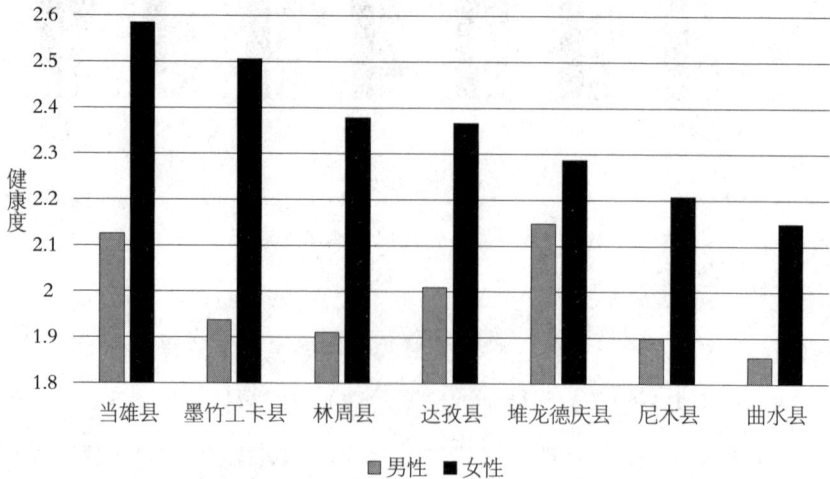

图 6.3.5　各县分性别健康度状况

图 6.3.5 以不同地区抽样人群女性的健康主观评价度降序排列，展示了各地区两性健康度的差异。注意一点，健康主观评价度数值越低表示健康度越高，因此上述地区间女性健康度降序排列实际上是健康度由较差向较好变化的排列。以下是健康度在两性与地区间差异的四个基本特征：

第一，男性健康主观评价度在地区间的差异与女性并不一致，曲水县既是女性也是男性健康最优的地区，而女性平均健康度最差的地区是当雄县，男性平均健康度最差的地区则是堆龙德庆县。

第二，两性之间健康度差异度最大的地区是墨竹工卡县，最小的是堆龙德庆县。

第三，男性健康度从整体上优于女性，也就是说在每一个地区，男性的平均健康度都要比同地区女性好，而女性健康度最优的地区（曲水县）女性的平均健康主观评价度与男性健康最差的地区（堆龙德庆县）男性的平均健康主观评价度持平，二者在数值上仅相差 0.00013，简单地说：男性最劣健康度地区的男性平均健康度 = 女性最优健康度地区的女性平均健康度。

第四，事实上，就总体而言，男性与女性的平均健康度的水准都是不错的，尤其是男性，全体受访男性共 1351 名，平均健康度为 1.99（比"健康状况比较好"还要再好一点），而全体受访女性共 1482 名，平均健康度为 2.37（介于"健康状况比较好"与"健康状况一般"之间，更靠近"比较好"）。

经过上述分性别、分地区对抽样人口健康状况的相关分析，我们总结出四个重要的基本事实：

第一，本次入户调研抽样的总样本所覆盖的人口中，女性所占比例较男性要更高，且在大多数年龄段都更多（除了 5—19 岁年龄段外），而在分地区的样本人口性别比较中，除了当雄县（男性：女性 = 247：245）大致相当外，其他县均是女性人口多于男性，见图 6.1.3。

第二，分地区人口的不同性别平均年龄差异中，所有地区的女性人口平均年龄都要大于同地区男性，最高年龄差超过 5 岁，见图 6.3.3。

第三，在所有七个县中，女性人口的慢性病患病率均要高于男性，男性慢性病患病率最高地区的男性患病率大致与女性慢性病患病率最低地区的女性患病率相当，见图 6.3.4。

第四，在所有七个县中，女性人口平均健康主观评价度都要差于男性人口平均健康主观评价度，男性最劣健康度地区的男性平均健康度与女性最优健康度地区的女性平均健康度相等。

综上四个基本事实，就会出现一个比较奇怪的人口性别结构和健康状况的悖论：健康程度较差的男性人口到哪里去了？或者说整体身体健康度较好的男性，其人口数为何会比女性少？这其中隐含有一个基本客观的生理生殖学的事实出发点：新生儿的男性比例要略高于女性，一般新生儿男女性别比约为102—106：100。西藏虽然地处高寒高海拔地区，藏族在几千年的青藏高原适应性生存所形成的传统习俗中并没有重男轻女的性别选择偏好。若新生人口的性别比是正常的话，那么产生上述奇怪现象的途径只可能是下列两个原因的作用：一是随着年龄的增加，男性人口比女性人口减少得更快；二是存在持续的外来女性人口加入到本地。基于本次抽样地区为拉萨市七县的农牧区，基本不具备长期持续的女性人口单向流入的条件，因此只可能是男性人口漏出所造成的。

男性人口的流出主要可能的方式有两个：一是作为劳动力流动要素永久地离开原居住地，迁移到城市并定居，比如迁移到拉萨城关区；二是男性青壮劳动力相对于同龄女性存在地区性异常高的死亡率，导致男性人口下降。下面我们进行简单的分析：

（1）男性与女性在生理上存在天然的差异。从全球的经验来看，女性的预期寿命高于男性是世界范围内的一个普遍现象。事实上，在各个年龄段，男性与女性的自然死亡率都存在非常细微的差异，随着年龄增长的积累，高龄男性人口的数量自然条件下的确是要少于女性的。从图6.1.4中可以看到，自65岁开始，全国以及全区（2010年第六次人口普查）都是女性人口数量占优，而在65岁之前则是男性人口相对更多。

（2）西藏农牧区的生产方式还是以传统的农业生产为主，男性与女性在生产生活层面的分工大致也还是男性偏重于体力消耗较重的生产性分工，而女性偏重于承担体力消耗较少的家庭生活劳作方面的分工。虽然全球的农业人口都是这样来安排生产生活分工的，但是在青藏高原上，尤其是某些地域到达超过海拔4000米的超高地区，重体力劳作对身体产生的负面影响可能非常大，过去西藏人均预期寿命不高的时期该效应还不太明显，但是今天西藏人均预期寿命相对于过去已经得到了巨大的提升，那么这一因素的影响将会显著地加大。

（3）随着西藏地区社会经济的日益发展，城市化进程也在逐渐推进，农牧区的农业人口迁移到城市来定居工作生活是城市化的主要表现之一。在迁移的过程中，一般来说首先是年轻人具有较大的迁移激励和能动性，其次男性比女性的迁移要更为普遍。因此青壮男性劳动力是城市化进程中最初一批由农村迁移到城市的居民，这样将给农村人口性别结构中带来男性减少的冲击。

（4）上述三种作用相结合，当然是有可能产生我们看到的农牧区居民的性别失常现象，但是具体是哪一个因素占主导，目前并没有足够的依据来得到结论。从图 6.1.4 所提供的信息来看，倾向于猜测是由于城市化带来的农业人口向城市迁移而造成的特定阶段性地区性别失常现象。

我们已经分析了不同地区分性别的健康度差异状况，下面我们将把每一个地区的人口作为一个整体来观察和探讨可能影响人口健康度的各类相关地区因素。

我们曾经阐述过，青藏高原最大的独特性就是来自于其全球无可比拟的高海拔地理条件，高寒缺氧环境下生命形态都具有其适应性的特征，也包括生活在此的人类生产生活方式以及健康状态。图 6.3.6 中给

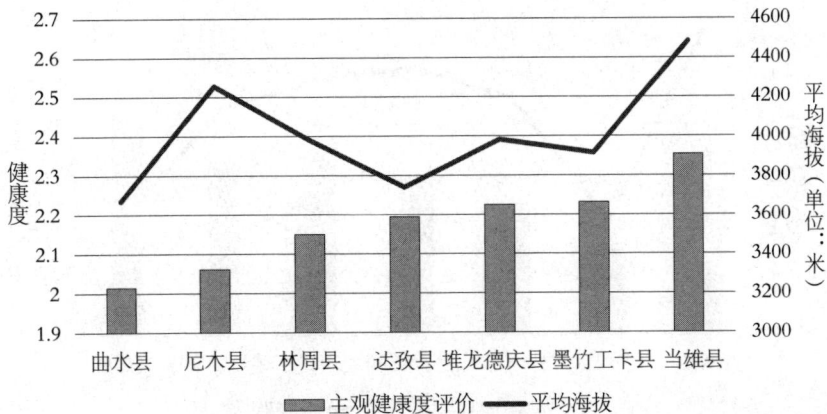

图 6.3.6　各县人口健康度与平均海拔

出了不同地区人口的平均健康度以及对应的居民居住平均海拔。图中的健康度为柱状图型（左纵轴），而海拔高度为折线图形（右纵轴）。

图6.3.6中各地区以平均健康度排序，总体健康度最好的是曲水县，最差的为当雄县。总的来看，平均健康度最好与最差的地区间的差距并不是特别大（相差0.34评价度）。而从样本家庭居所平均海拔高度来看，总体上有随健康度恶化而呈现平均海拔上升的趋势，但是并不严格。其中尼木县和林周县在海拔高度与健康度层面比较异类，两个地区的平均海拔都较高，但是健康度却并不差，且海拔更高的尼木县健康度更好。因此从地区角度看，用海拔来解释健康度差异并不完全。

接下来我们再考察各县人口的健康度与平均年龄之间的关系。图6.3.7同样是以左纵轴和柱状图来表示各县平均的健康度水平，升序排列；右纵轴和折线图表示各县受访人口的平均年龄。

事实上，年龄与健康的关系并不需要论证，这是生命周期规律，即所谓"生老病死"，平均年龄大的人群健康度会较差。但是需要注意一点，年龄与健康度的关系在较长的时间窗口才有比较确凿的成立，在青年阶段（15—40岁）之间，健康度并不随年龄的增长发生较大下滑。反观图6.3.7，健康度降序排列的七个县的平均年龄并未呈现递增的关系，而且各地区受

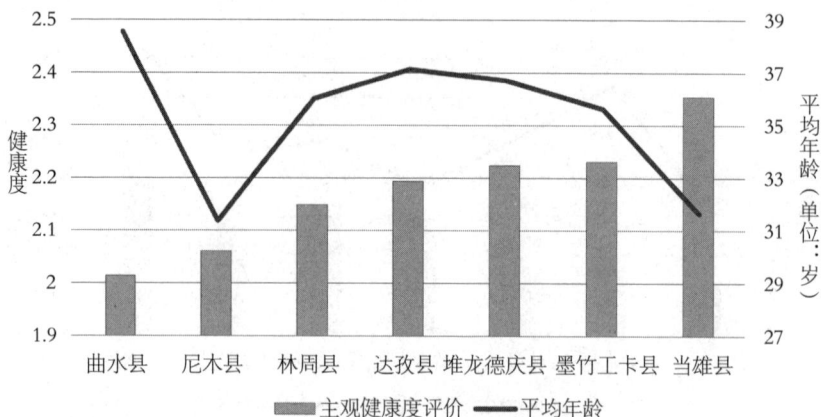

图6.3.7 各县人口健康度与平均年龄

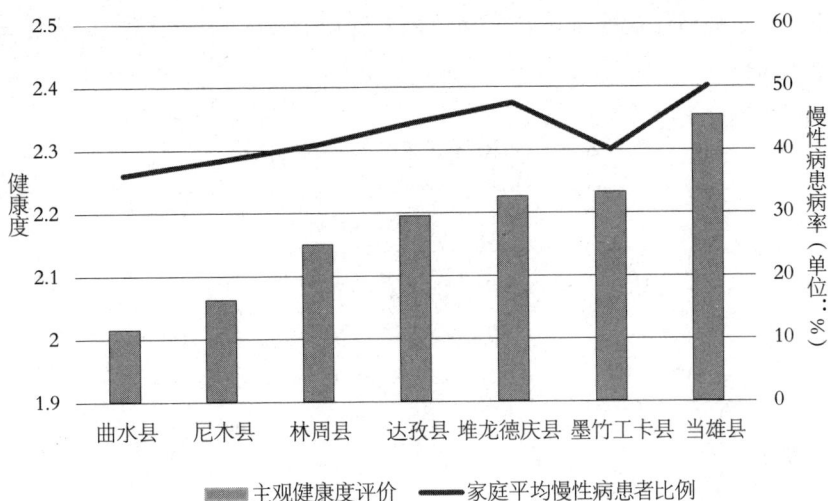

图 6.3.8　各县人口健康度与慢性病患病率

访人口的平均年龄在 31.7—38.9 岁之间，正好处于青壮年阶段。

图 6.3.8 给出了分地区的人口健康度与该地区慢性病患病率的相对趋势，以左纵轴和柱状图来表示各县平均的健康度水平，升序排列；右纵轴和折线图表示各县受访人口的慢性病患病率。

从图 6.3.8 中能够显著地看出慢性病患病率与分地区健康度之间的同趋势关系，患病率高的地区健康度也较差。虽然存在一个较为异常的样本县，平均健康度较低的墨竹工卡县其慢性病患病率却不高，但并不能改变健康度与慢性病患病率二者在地域层面上的相关性。

6.3.3　综合分析

由于个人健康度主观评价是一个离散的五档评价指标类型，就个体来说病痛的边际影响并不是很好理解，下面回到以家庭为单位的分析视角，将健康度、慢性病以及近期大病经历三个变量都以家庭均值或家庭成员比例来表示：家庭成员健康主观度评价均值、慢性病患病家庭成员比例以及近三年患大病家人成员比例。这样转换的一个好处是使得变量都可近似地看作连续变量，能够较为方便地通过回归分析来研究变量之间的相关关系。

表 6.3.1　家庭健康度与疾病的关系

自变量	因变量 HR_fmm						
	模型 1	模型 2	模型 3	模型 4	模型 5	模型 6	模型 7
CD_fmr	1.69*** （0.07）	—	1.54*** （0.07）	1.46*** （0.07）	—	1.32*** （0.08）	—
SI_fmr	—	1.44*** （0.13）	0.77*** （0.12）	—	1.18*** （0.12）	0.75*** （0.11）	—
Alttd_fm	—	—	—	0.13*** （0.07）	0.45*** （0.08）	0.15** （0.07）	0.46*** （0.085）
Num_fm	—	—	—	−0.03** （0.014）	−0.06*** （0.015）	−0.029** （0.013）	−0.066*** （0.016）
AA_fm	—	—	—	0.01*** （0.002）	0.021*** （0.002）	0.009*** （0.002）	0.024*** （0.002）
样本量	746	746	746	746	746	746	746
调整的 R^2	0.43	0.14	0.47	0.46	0.3	0.49	0.21

注：1. 因变量 HR_fmm 表示"家庭成员主观健康度均值"，自变量 CD_fmr 表示"家庭成员慢性病患者比例"，自变量 SI_fmr 表示"近三年家庭成员患过大病的比例"，Alttd_fm 表示"受访家庭住址海拔"（该变量的单位使用"千米"），Num_fm 表示"受访家庭成员数"，AA_fm 表示"受访家庭成员平均年龄"。

2. 所有七个回归模型的具体表达式如下：

模型 1：$HR\_fmm = \beta_0 + \beta_2 CD\_fmr + \varepsilon$

模型 3：$HR\_fmm = \beta_0 + \beta_2 SI\_fmr + \varepsilon$

模型 3：$HR\_fmm = \beta_0 + \beta_2 CD\_fmr + \beta_2 SI\_fmr + \varepsilon$

模型 4：$HR\_fmm = \beta_0 + \beta_2 CD\_fmr + \beta_2 Alttd\_fm + \beta_2 Num\_fm + \beta_4 AA\_fm + \varepsilon$

模型 5：$HR\_fmm = \beta_0 + \beta_2 SI\_fmr + \beta_2 Alttd\_fm + \beta_2 Num\_fm + \beta_4 AA\_fm + \varepsilon$

模型 6：$HR\_fmm = \beta_0 + \beta_2 CD\_fmr + \beta_2 SI\_fmr + \beta_2 Alttd\_fm + \beta_4 Num\_fm + \beta_5 AA\_fm + \varepsilon$

模型 7：$HR\_fmm = \beta_0 + \beta_2 Alttd\_fm + \beta_2 Num\_fm + \beta_2 AA\_fm + \varepsilon$

3. *** 表示回归系数在 99% 的水平上显著，** 表示回归系数在 95% 的水平上显著。

4. 回归系数下方括号内为系数标准差。

　　表 6.3.1 中我们给出了七个不同的解释家庭平均健康度的回归模型，其中所有模型的被解释变量（因变量）都是家庭主观健康度均值[①]，不同模型中所使用的解释变量（自变量）有差异。需要注意的一点是，这个主观健康度的数值介于 1—5 之间，数值越大表示健康度越差。模型的主要的解释变量是"家庭成员患慢性病的比例"和"近三年家庭成员患过大病的比例"，另外三个控制变量分别为家庭住址所在地海拔高度、家庭成员数量和家庭成员平均年龄。

　　主要观察模型 1、模型 3、模型 4 和模型 6，由于所有模型的被解释变量均为家庭成员平均健康度，下面我们逐个来对比分析：

　　（1）模型 1 最为简单，解释变量只有"家庭成员慢性病患者比例"一个，回归系数在 99% 的水平上显著，系数大于 0，为 1.69，这意味着 1% 的家庭成员患慢性病比例的升高将带来 1.69% 的家庭平均健康度的恶化。而这个最简单的模型的整体解释度为 0.43，这表明仅仅依靠慢性病患病率这一个因素就能将家庭平均健康度状况解释 43%。

　　（2）模型 3 是在模型 1 的基础上加入"近三年家庭成员患过大病的比例"作为第二个解释变量。两个解释变量的回归系数均在 99% 的水平上显著，且都大于 0，这意味着两个解释变量的增加都将带来家庭平均健康度的恶化。模型的整体解释度为 47%，因此模型 3 对模型 1 的改进并不大。

　　（3）模型 4 是在模型 1 的基础上增加了三个家庭状态变量（"受访家庭住址海拔""受访家庭成员数"和"受访家庭成员平均年龄"）作为控制变量。所谓控制变量是希望通过剔除一些其他可观测因素的基础上来观察非控制变量(此模型的非控制变量为"家庭成员慢性病患者比例")对被解释变量的边际影响。值得注意的是，在加入了三个控制变量后，解释变量"家庭成员慢性病患者比例"对被解释变量"家庭成员主观健

_____

　　① 平均意义上的家庭整体健康状况。

康度均值"的边际影响从模型 1 的 1.69 下降到了 1.46，变化不大，且仍然是在 99%的水平上显著。而在加入控制变量后，模型整体解释度水平并没有增加很多，46%的解释度水平只比模型 1 提高了 3%。这也从侧面验证了模型 1 的回归结论是相当稳健的。

（4）模型 6 是在模型 3 的基础上增加三个控制变量。模型 6 是解释变量最多的模型，所有的回归系数都显著，除了海拔高度变量的显著度为 95%外，其他四个均为 99%水平上显著。对于目标解释变量"家庭成员慢性病患者比例"和"近三年家庭成员患过大病的比例"，模型 6 与模型 3 的变量回归系数差别不大，稍有降低。同时，模型整体解释度相对于模型 3 也提升很小，由 47%提高到 49%。对比模型 3 与模型 6 可以得到结论，控制变量的加入对原模型 3 的整体解释度边际贡献很小。

（5）观察模型 4—模型 7 均加入了三个控制变量，而控制变量的回归系数至少都在 95%水平上显著。其中变量"受访家庭成员数"的系数均小于 0，这表明规模较大的家庭的家庭成员平均健康水平要更好（健康度随数值上升而恶化）[1]；变量"受访家庭住址海拔"和"受访家庭成员平均年龄"的回归系数均稳健地大于 0，意味着定居于高海拔的家庭整体健康度更差，家庭成员平均年龄更大的家庭整体健康度更差。虽然控制变量的回归参数都显著，但是其对模型解释度的边际贡献都较小，尤其是解释变量"家庭成员慢性病患者比例"存在的条件下（比较模型 1 和模型 4，以及模型 3 和模型 6）。[2]

小结：纵观全部模型，我们认为解释变量"家庭成员慢性病患者比

---

[1] 我们认为家庭规模与家庭平均健康度之间的相关关系可以从另一个方面来理解：从所有入户样本的整体来看，家庭规模越大的家庭平均年龄越小，而平均年龄小的家庭平均健康度要更好。

[2] 事实上，我们还将此次入户调研所采样的拉萨市七个县做地域虚拟变量纳入到控制变量的范畴内进行了回归，发现地域因素对健康度作用不明显，所以就没有在正文中赘述。

例"对被解释变量"家庭成员主观健康度均值"的影响在所有解释变量中是最关键的，也是贡献最大的，能解释约43%的家庭成员主观健康度。

6.3.4　小结

在本节中，我们较为全面地将影响家庭平均健康度的各个因素进行了详细描述与具体分析，我们发现：

（1）尼木县与当雄县的平均人口健康度最差，曲水县最优。

（2）女性的慢性病患病率更高，且平均主观健康度要低于同地区的男性。

（3）影响家庭平均主观健康度最大、最显著的因素是家庭成员的慢性病患病率，其边际影响达到1.69倍，1%的慢性病患病率的上升将伴随以1.69%的健康度下降。

（4）从回归分析的角度来看，家庭近三年患大病人口比例、家庭居所海拔、家庭人口规模以及家庭平均年龄均对家庭平均健康度有显著的影响，但是边际影响度与边际解释度贡献都比较小。

6.4　饮用水安全与居民健康

本次入户调研专门设计了一个健康与饮用水的研究模块，不但包括问卷中有关家庭成员健康状况以及饮用水习惯等方面的问题模块，同时还实地采集了受访家庭饮用水的水样并进行了科学检测[①]。由于西藏人口密度低，自然地理环境复杂，人口的自然聚居地极为分散，因此很多现代化和城市化的公共服务设施体系在供给层面上存在巨大的困难，尤

---

　　① 水样的检测研究由项目组合作的天津大学环境科学与工程学院负责，具体的水样无机检测是在中国科学院青藏高原研究所（北京）实验室完成。

其是农牧区，水电通信道路等诸多方面的基础设施并未能有效地覆盖，又以道路交通和供水系统的建设最为艰难①。

为什么本研究特别把饮用水作为健康问题的相关研究对象？公共供水系统在西藏农牧区没有普遍存在是一个基本事实，只有在城市或城市近郊才可能具备公共供水条件。没有获得集中公共供水的农牧区现在仍然只能采用相对传统的生活用水习惯，虽然西藏的环境保护非常严格，但这并不能据此判断西藏的自然地表水或地下水是完全适于饮用的。在当前西藏自然资源矿产开采的日益扩展成为潜在趋势，工业产品消费在农牧区的普遍化，包括全球环境的持续恶化以及藏区人均预期寿命的不断增加的大趋势下，饮用水安全可能存在健康隐患。

在没有直接便捷的公共供水系统支撑的条件下，饮用水安全实际上还不仅仅是水源的安全性问题，同时还涉及大量的家庭饮用水器具和饮用水习惯等诸多方面。本次研究就农牧区传统饮用水习惯的全过程都进行了有效的信息采集，包括水检测到用水习惯等多个环节，我们将逐一分析。

6.4.1 水样采集

本次拉萨市七县农牧区入户调研饮用水质研究部分由西藏大学、天津大学以及中国科学院青藏高原研究所三所科研机构共同合作完成。显然，整个研究分为水样采集、水样检测和水样分析三个主要环节，入户水样采集工作由西藏大学民生研究团队调研组承担，水样检测工作由中国科学院青藏高原研究所承担，水样分析由天津大学环境科学与工程学院完成。需要特别说明以下两点：

（1）本研究的主要目标是饮用水质的安全，在水样采集的过程中执行团队严格执行的采样规则是：仅采集受访户用来饮用和做饭的非

---

① 不但建设成本巨大，后期的维护和运转成本也过于巨大。

加工水样①，若受访户家庭不储存饮用水，就采集水源处的水样②，若受访户家庭有储存饮用水，则直接从储存容器内获取水样。因此水样采集的原则是采集受访户在加工前的饮用水样，每一份水样采集量为500毫升。

（2）水样采集完成后12小时以内完成低温保存工作。由于拉萨本地并不具备深度检测水样的实验能力，因此全部水样采集完成后通过冷链物流密封运送到北京中国科学院青藏高原研究所实验室完成检测。同时由于本次水样从采集到检测要经历相对较长时间的保存与运输过程，因此此轮水样检测的主要目标是水样中的无机成分而非有机成分③。

6.4.2　水源与健康

本次抽样调研的拉萨市七县农牧区家庭的饮用水来源是比较多样化的，主要包括以下五个类别：依托村自建蓄水池的小范围自来水供水系统(蓄水池的水来源为自然地表水)、采自天然环境的自然地表水(小溪、小河)、自家水井的浅层地下水、公共水井的地下水、公共自来水厂的集中供水。上述五个饮用水来源占到总样本的99.5%，另有极少部分样本家庭为购买桶装水等。

饮用水由公共自来水厂提供（一般都是由政府来经营管理）是现代社会发展的必然趋势。这不但是人口增长和城市发展的需求，同时也是公共卫生健康的考量。饮用水的集中供给，有利于检测和控制饮用水质达到特定的标准，比如直接饮用标准等。

图6.4.1展示了本次抽样入户调查所涉及的样本家庭饮用水来源的

---

① 非加工主要是指煮沸。

② 例如居所处的自来水龙头的供水。

③ 原始水样中的有机成分在较长时间的储存与运输过程中极易发生变化而使得检测结果受到较大干扰，而无机成分检测则较少受到此类干扰。

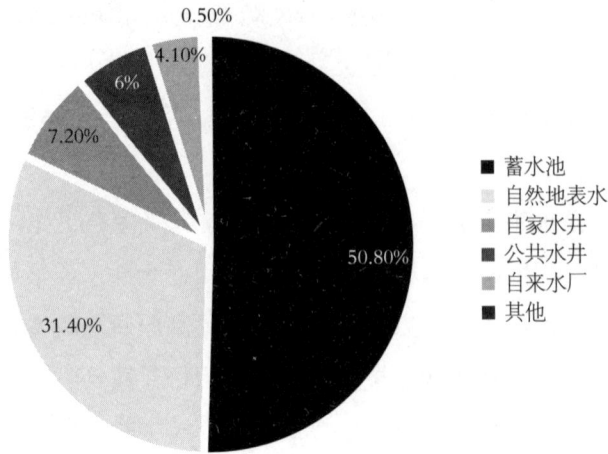

图 6.4.1　饮用水来源人口比例

多样性状况。可以清楚地看到，占一半以上的人口饮用水是依赖于由天然地表水供水的村级蓄水池，而占比第二的则是直接来自于自然地表水。另有 13.20% 的人口饮用水源为水井，其中包括 7.20% 的家庭水井，6% 的公共水井，上述两种水井水源为占比第三和第四的饮用水源方式。只有约 4.10% 的受访人口能够依靠政府自来水厂的公共集中供水作为饮

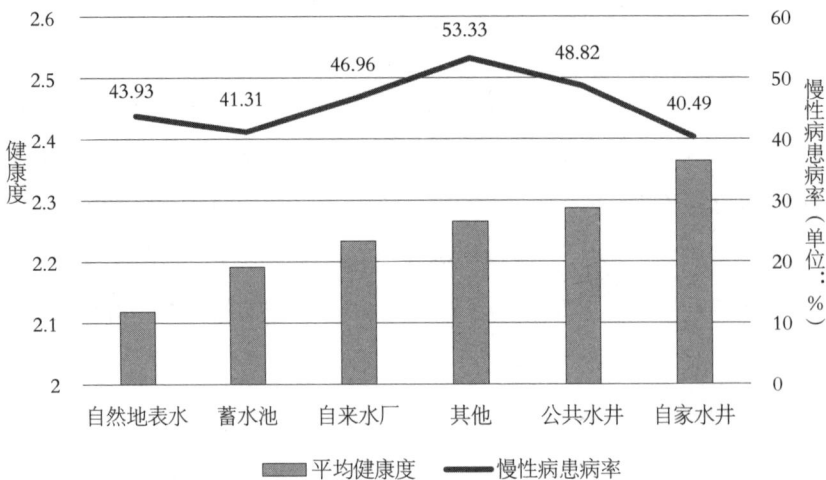

图 6.4.2　不同饮用水源居民健康状况

用水源。可以看出本次农牧区调研人口中饮用水源依赖于直接天然地表水的人口达到了 82.20%，属于绝对占优的饮用水来源方式。综合前四类地表水与井水途径，所占人口比达到 95.40%，因此传统的饮用水水源方式目前在西藏农牧区仍然占主导地位。

通过对比不同饮用水源条件下受访居民的身体健康状况，我们可以观察水质是否对健康产生显著影响。图 6.4.2 中给出了不同饮用水来源的居民群体在平均健康度与慢性病患病率两方面的状况，按健康度由好到差排序。

（1）健康度在图中是以柱形图部分（左纵轴刻度）表示，健康最好的是以"自然地表水"为饮用水源的样本组，最差的是以"自家的水井"为饮用水源的样本组，二者差距为 0.25 个健康度。虽然绝对差距不算大，但这个结果多少有点令人意外。

（2）由于按饮用水来源分组，各组样本量并不均衡，从图 6.4.1 我们已经知道，前四个饮用水来源所占样本量已经达到了总样本人口的95.40%，而图 6.4.2 中则显示平均健康度最好的两个样本组为饮用水源来自于"自然地表水"和"蓄水池"，最差的两个样本组为"公共水井"和"自家水井"。事实上"蓄水池"水源也都是地表水，不过是便于用水而增加了从蓄水池到住户的村内局部自来水管道系统，水本身并未做任何净化处理，本质上与自然地表水并没有多少差异，因而"自然地表水"与"蓄水池"大体上可以归于一类。同样的情况也适用于"自家水井"与"公共水井"两类样本，自家水井一般都是浅层地下水，而公共水井大多数情况也是浅层地下水，少部分为深层地下水。若从统计的角度来检验，"自然地表水"与"蓄水池"两组样本之间的健康度样本均值差异性 t 检验[①]并无法获取显著性通过，而同样的"自家水井"与"公共水井"两组样本健康度样本均值差异性 t 检验也无法获得显著性通过。

---

① 即为检验二组样本的均值是否相等的 t 检验。

而将相似的样本组两两合并，重新组合成"地表水"和"井水"组，那么这两组的健康度样本均值差异性 t 检验在 99% 的显著性水平上获得通过（差异为 0.16 健康度）。虽然从表面上看以水井作为饮用水源的样本组健康度要比以自然地表水作为饮用水源的样本组差，但并不能简单地判断这个差异来自于井水与自然地表水的水质差异。由于依赖井水的居民一般是在取水成本比较低的地表水不可得的条件下才会选择开凿水井，因此此类居民的居所地自然条件要较靠近地表水流经地居住的居民更差，一个显著的特征就是依赖井水的居民样本组其居所平均海拔为4200 米，而依赖地表水的居民样本组其居所平均海拔为 4033 米，二者相差 167 米，且两组的海拔均值相异性 t 检验是在 99% 的水平上显著。

（3）图 6.4.2 中折线图部分（右纵轴刻度）展示的是慢性病患病率在各组之间的分布状况，与健康度的情况有所差异。最高患病率的"其他"组由于其样本量太少且信息不全而被忽略，因此"公共水井"组48.82% 的慢性病患病率为最高样本组；而"自家水井"样本组 40.49%的慢性病患病率为最低；"自然地表水"与"蓄水池"两个样本组的患病率相近，分别为 43.93% 与 41.31% ；"自来水厂"为饮用水源的样本组在慢性病有高达 46.96% 的患病率，比较出乎意料。

（4）长期以政府运转与管理的自来水厂供给的自来水作为饮用水来源的样本人群并不是健康度最佳的组，同时也并非慢性病患病率最低的组，这个结果是比较出乎项目组意料的。

综上关于饮用水源的分析，我们发现拉萨市七县农牧区的地表水质较为安全，而井水的水质则可能存在隐患。

6.4.3　储水容器选择与健康

西藏农牧区传统的饮用水源显然主要是天然地表水，其次是较浅的人工水井。由于这两种水源在用水方面的非便捷性，因此西藏大部分家庭长期以来就有日常取水和储水的生活习惯。时至今日，由于现代化的推进，虽然西藏农牧区并未实现公共自来水厂的集中供水，但是部分村在小范围村一级建成了使用便捷的管道入户自来水系统而无需再额外储水，此类占本次抽样家庭样本的 39.30%。在预调研阶段，我们发现大量的农牧区居民家庭使用工业化工产品的包装桶[①] 作为家庭日常饮用水的取水和储水容器。饮用水在入口前，所有的环节都无疑会影响到最终的水质，因此我们特意将储水容器作为本次拉萨农牧区饮用水质研究的一个重要方面。如果储水容器在居民健康度层面有显著的影响，那么这个方面的改进并带来健康的提升将是相对比较容易的政策选择。从储水容器的角度来说，以村蓄水池为饮用水源且不在家里储水的家庭虽然没有储水行为，但是仍然可以将村级储水池看作一个远距储水容器，材质以混凝土为主。

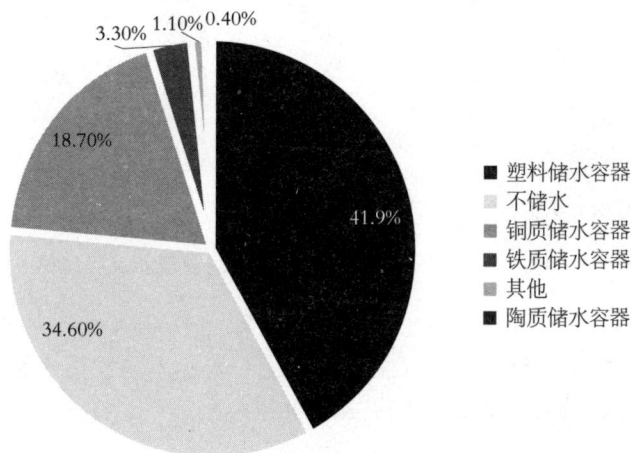

图 6.4.3　家庭饮用水储水容器选择

图 6.4.3 中显示了以覆盖人口（而非家庭）为计数的不同饮用水储水容器选择所占比例。其中选择使用塑料储水容器所涉及的样本人口最多，占到 41.9%；34.60% 的人口日常生活不储水；选择铜质和铁质储水容器的分别占到 18.70% 和 3.30%；另有 0.40% 的使用陶质储水容器。

———————

① 主要是建筑工程所涉及的涂料和工业胶水等产品的容器桶。

显然，塑料储水容器是占有压倒性优势比例的。事实上，青藏高原传统的储水容器以陶质与铜质的为主，而塑料容器是在最近20年才出现的。虽然塑料容器具有很多优点，比如轻便、耐用、成本低廉等，但是看到诸多使用工业包装桶作为储水容器的家庭，还是让项目组有一份担忧。图 6.4.4 中我们给出了饮用水容器选择与健康度的关系。

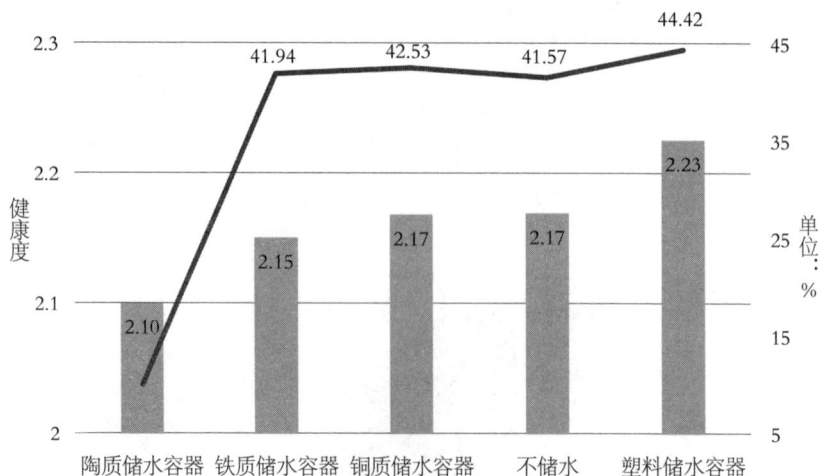

图 6.4.4　使用不同饮用水容器居民的健康状况与比例

图 6.4.4 中柱形图部分（左纵轴刻度）表示不同饮用水储水容器组居民的平均健康度，而折线图部分（右纵轴刻度）表示不同组居民的慢性病患病率。由前述部分知道使用陶质储水容器家庭只有 3 户，人口为 10 人，样本量太少而导致代表性不足，可以忽略不计。主要观察铁质容器、铜质容器、塑料容器以及不储水四个组的健康状况。

从结果上来看，四个组的健康度均值差异度相互都很小，健康度最大均值差只有约 0.08，健康度最好的是使用铁质储水容器的样本组，最差的为使用塑料储水容器的样本组。几个组之间的均值相异性也无法通过 t 检验，因此可以说，从统计的角度来看，使用不同储水容器的样本人群之间其健康度并无显著差异。另外从慢性病患病率的角度来考察，四个组的差异性也很小。

综上，关于家庭储水容器的选择，我们并没有发现塑料容器对健康有显著的影响，而陶质储水容器很可能对饮用水健康有正面的好处，但局限于本次采集的样本中使用陶质容器的样本家庭不够多，因此此结论还有待进一步论证。

6.4.4 居民用水习惯与健康

我们在调研中还询问了与家庭饮用水日常习惯相关的一个问题。对于有储水习惯的家庭来说，储水容器容量的选择与其家庭日常用水量是相关的，同时也与家庭的饮用水日常水更新习惯相联系。事实上，家庭饮用水储水容器过小或过大都不算合适。过小的容器肯定会导致频繁需要有劳动力参与取水运水，而过大的容器也会导致水储存时间过长而不够新鲜。从健康的角度来看，自然地表水短暂储存再饮用应该是有一定好处的，比如有利于杂质进行沉淀等。同样地，以村蓄水池为饮用水源的家庭其水质实质上也还是经过了一个短暂的集中储存过程。

图 6.4.5 将不同储水更新习惯的样本组人口占比以饼图方式来展示。

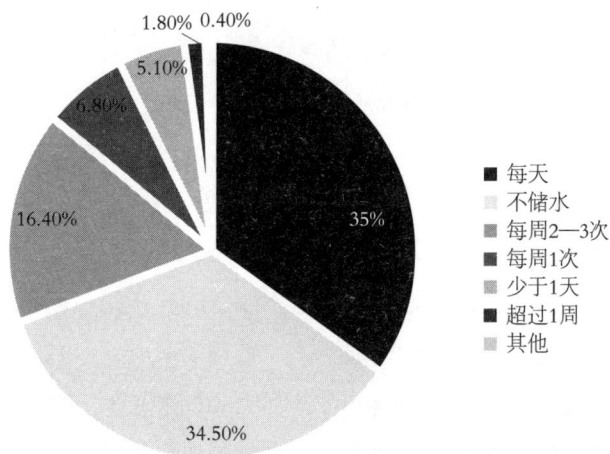

图 6.4.5 饮用水储水更新习惯

比例最大的一类是家里的蓄水设备中水每天都更新一次，占比35%；其次是家庭不储水的，占比34.50%；占比第三的是每周更新2—3次，或者说大约2—3天更新一次，为16.40%。前三类的占比之和已经达到了86%，其他的几个类型都是比较小众的状况了。注意，占比最小的其他类型（0.40%）是少数信息缺失的样本。

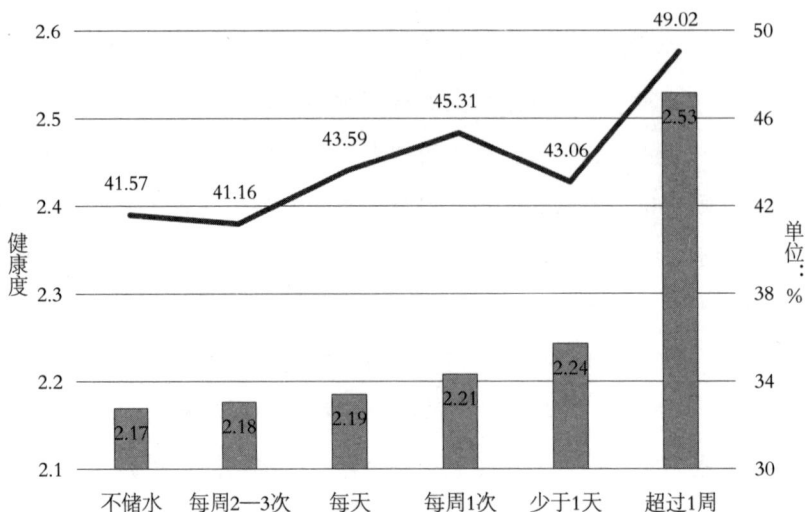

图 6.4.6　不同饮用水储水更新习惯居民的健康状况

图6.4.6将不同储水更新习惯的样本组人口平均健康度与慢性病患病率状况进行了展示。下面我们做具体分析。

首先，看柱状图部分（左纵轴刻度）的平均健康度，显著的特征是水更新习惯为"超过1周"以上更新一次的组，其健康度要比其他组差，均值为2.53，而其他五组的差距相互都很小。

其次，健康度最好的是个人家庭不储水的样本组，均值2.17，与最差组相差0.36健康度。而"不储水"、"每周2—3次"更新以及"每天"更新三组相互之间均值差异极小，均为0.01健康度，可以将这三组看作在健康度上相互无差异。健康度最差的"超过1周"更新组与健康度最好的这三组之间，都以90%的显著度通过均值相异的t检验。

再次，图 6.4.6 中慢性病患病率随平均健康度的变差趋势而大致呈现攀升的趋势。在"超过 1 周"更新饮用水的组，其慢性病患病率最高，几乎达到了一半（49.02%）。

综上，关于储水习惯的分析，我们认为储水习惯对健康有一定关系，超过一周以上才完全更新一次家里的储水容器内的水将对健康产生负面影响。

6.4.5　水质与健康

本次饮用水样的检测由中国科学院青藏高原研究所水化学实验室完成，分析报告由天津大学环境科学与工程学院承担。对每一份水样进行了 61 个无机元素的浓度检测，参照我国国家卫生健康委员会以及联合国世界卫生组织发布的饮用水安全标准来衡量检测结果。具体水样检测详细结果见附录三《拉萨市农牧区饮用水水化学测试以及健康安全风险评估报告》。下面我们将对健康与水检测结果进行分析。

从水样测试报告中我们可以知道，有 730 份水样进行全面检测的 65 个无机元素浓度中，其中 47 份水样共计 9 种元素发现超标。由于结

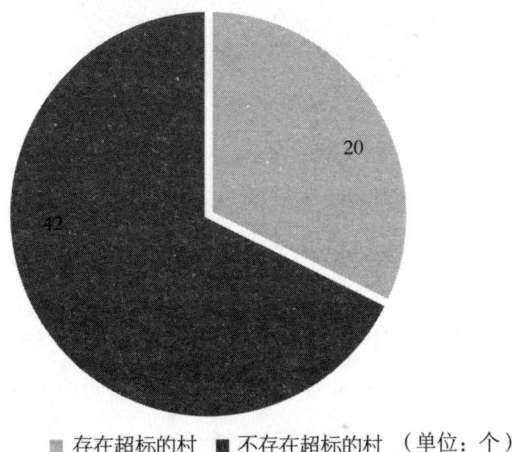

存在超标的村 ■ 不存在超标的村 （单位：个）

图 6.4.7　水质检测村级状况

合调查问卷的数据清理有部分样本无效，同时样本在运输途中产生部分损耗，676 份有效样本家庭的饮用水获得了全面检测，其中 44 份水样有至少一个元素超标。图 6.4.7 展示了此次饮用水检测存在有超标水样现象的村级比例。44 份超标水样共来自 20 个不同的村，占全部 62 个样本村的 32.30%。

从家庭和居民的角度来看，676 份有效样本饮用水样检测中，632 份无超标，38 份有一个元素超标，6 份两个元素超标。而饮用水超标所覆盖到的家庭人口状况为：2407 人日常饮用水无超标，145 人日常饮用水一个元素超标，27 人日常饮用水存在两个元素超标，具体分布关系见图 6.4.8。事实上，从家庭或人口的角度来观测水质的影响分布状态，二者结论是非常相近的。

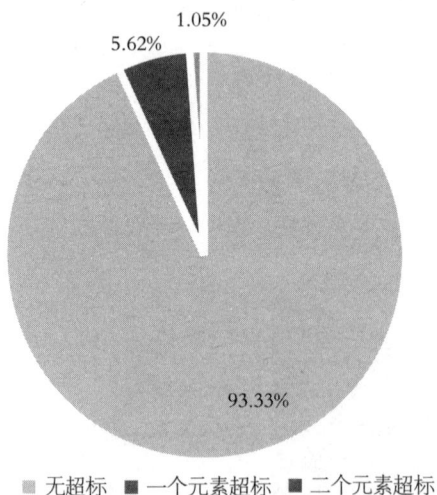

图 6.4.8　水质检测影响的人口分布

考虑到本次采集的水样绝大多数都是直接或间接来自于未经任何加工处理的自然地表水或浅层地表水，应该说，水质检测的结果从整体上来看是较为令人满意的，虽然涉及存在超标水样的村达到了 32.30%，但是大多数超标水样都是独立样本，因此使用住户家庭或人口为单位的饮用水超标分布状况要比村分布显示的状况好。后续我们还将进一步从健康的角度来检验这一判断。

接下来我们将从元素的角度来分析超标样本的四类分布状态。表6.4.1四个部分分别给出了九种超标元素的样本人口分布、县域地理分布、水源方式分布以及储水容器分布。由于本次饮用水安全检测只针对无机部分而未涉及有机部分，因此家庭饮用水的储水更新习惯与此关联度不大。除了第一部分，县域地理分布、水源方式分布和储水容器分布都是以户（样本）为单位。

表 6.4.1　超标饮用水样地域水源分布状况

元素	名称	砷	硼	氟	铀	锌	锑	锰	铝	铅
	符号	As	B	F	U	Zn	Sb	Mn	Al	Pb
样本人口分布	存在超标户的村数	9	9	1	2	2	1	1	1	1
	超标的户数	22	12	7	3	2	1	1	1	1
	超标影响到的人口数	83	52	31	11	8	5	4	3	2
县域地理分布	林周县	3	2		1					
	当雄县	5	5		3			1		1
	尼木县	5		7					1	
	曲水县	3								
	堆龙德庆县	1	4				1			
	达孜县	3	1							
	墨竹工卡县	2				1				
水源方式分布	自来水厂		3				1			
	蓄水池	13	3	4		2				
	自家水井		1		1			1		
	公共水井	1	2		2					
	自然地表水	8	3	3					1	1
储水容器分布	不储水	11	4	4			1			
	塑料	5	7	2	2	1		1	1	
	铜质	5	1							
	铁质	1			1	1				1
	陶质									
	其他			1						
注1：县域地理分布、水源方式分布、储水容器分布，三个部分的单位均为"户"。										

表 6.4.1 中第一部分详细给出了存在超标现象的 9 种元素的具体样本分布状态。其中砷、硼和氟三种元素是涉及超标样本以及影响人口最多的三种元素（样本人口分布被加黑的三列）。砷元素超标的家庭涉及 9 个不同村 22 户，影响的居民人口 83 人；硼元素超标的家庭涉及 9 个不同村 12 户，影响到居民人口 52 人；氟元素超标的家庭涉及 1 个村 7 户，影响到居民人口 31 人。这里需要特别注意的是氟元素，其超标样本的集中度最高，此类状况极可能是村水源存在超标从而影响到特定区域内依赖此水源的所有人口。

表 6.4.1 的第二部分展示的是超标元素与超标样本的县域地理位置之间的分布关系。其中标黑的两个县是当雄县与尼木县，分别涉及 15 份与 13 份累计元素超标。而如果将更细节的村级信息加入到地域分析中，我们发现尼木县的所有超标水样几乎都发生在同一个村，有效样本的超标率为 8/9[1]，全采集水样超标率 12/14，其中 As 超标的状况为有效样本超标率 5/9，全采集水样超标率 8/14，F 超标的状况为有效样本超标率 7/9，全采集水样超标率 9/14。由于该村样本的水源均为"蓄水池"或"自然地表水"，相对来说，此类状况较为可能产生饮用水健康安全问题。项目组还需要对此村及同水源周边村里做进一步的水样采集、检测和分析后，再结合涉及的居民健康状况才能判定此水源的健康安全隐患[2]。村一级超标住户密度排在第二高的涉及曲水县、达孜县和林周县各有一个村达到同一元素 3 户超标，基本情况如下：曲水县的一个村砷（As）超标 3 户，超标率为 3/12，3 户均以自然地表水为饮用水源；达孜县的一个村砷（As）超标 3 户，超标率为 3/12，3 户中 2 户为村级

---

① 此处"有效样本超标率为 8/9"意思是：总共 9 户有效饮用水检测样本，其中 8 户出现某元素超标状况。后文中的超标率均与此表述相同。

② 较为令人惊讶的是，此村存在超标元素的 8 户有效样本 32 位居民的平均健康度（1.78）和慢性病患病率（18.75%）都要优于同县（2.02，39.30%）或全体水检测覆盖样本居民水平（2.18，42.50%），且平均年龄（33.6 岁）大于全县水平（31.7 岁）。

蓄水池饮用水源，1户为公共水井饮用水源；林周县的一个村砷（As）超标3户，超标率均为3/11，3户均以村级蓄水池为饮用水源。其他超标情形均为同一元素同村一户或两户超标的状况，就不一一列举，具体可参看附录三。将注意力放在超标率较高的村是因为此类现象更可能具有公共卫生健康安全的隐患特征。

表6.4.1的第三部分展示了九种超标元素与五种饮用水源方式之间的分布状况。我们将"蓄水池"与"自然地表水"两种水源方式加黑了。显然，这两种水源方式条件下所发生的累计[①]超标样本数是最多的，分别出现22例与16例。前文中曾经分析过，这两种水源其实本质上差异不大，一种是从自然地表水流经地取水，一种是村里在自然地表水流经地的村上游位置修筑蓄水池，然后从蓄水池铺设自来水管道给各居民户供水，蓄水池的水并未进行任何加工处理。这两类水源若存在元素超标现象是较为容易影响到较多依赖同一水源的所有居民用户的。同样的公共健康卫生安全隐患在"公共水井"水源方式上也存在。考虑到两类水源所占样本比例达到了82%，而在超标发生样本中占比为75%，可以认为这个水平大致在正常水准。

表6.4.1的第四部分展示了九种超标元素与六种储水容器类型（包括不储水的类型）之间的分布状况。相比于前面的地理分布与水源分布来看，储水容器选择所导致饮用水超标的可能性是较小的，因此我们仅仅将这六种类型中"不储水"这一类加黑，这个类型中大多数都是以"蓄水池"和"自然地表水"为饮用水源。至于"塑料"容器类别，虽然所占超标样本比例与"不储水"的一样多，但由于本次检测并未就类似"塑化剂"等饮用水有机成分进行检测，因而塑料容器与元素超标之间并无直接关联性。

---

① 此处"累计"的含义是，某些样本同时出现两个元素超标的情形，因此按把同一种水源方式下分元素超标样本数加总高于实际样本数。

下面我们将进一步探讨日常饮用水存在超标的家庭和人群在健康度上的几个特征。从国家卫生健康委员会《生活饮用水卫生标准》（GB5749—2006）与世界卫生组织的《饮用水水质准则》第四版的制定初衷与细节来看，安全标准都是基于科学严谨的人体生理与医学方面的试验与研究结论，其内在机制是日常饮用水中微量元素含量超过某限度将导致的人体的相应微量元素摄入过量，进而可能对身体健康产生危害。显然依照这个逻辑，元素超标的程度（浓度）也是影响人体健康的重要因素。由于本次水检测样本中超标样本的比例较低，因此下面我们将所有涉及饮用水一个元素超标与两个元素超标的家庭和人口作为两个样本组，以此与无超标元素的组进行对比，检验组间样本的健康度是否有显著差异，结果见表 6.4.2。

表 6.4.2 饮用水元素超标与平均健康度

	无超标	一个元素超标	两个元素超标	两个元素超标1	两个元素超标2
样本户数（户）	632	38	6	4	2
样本人口数（人）	2407	145	27	17	10
人均年龄（岁）	35.10	36.80	36.70	37.10	36.10
人均健康度	2.17	2.29	2.22	1.88	2.80
慢性病患病率（%）	42.30	46.20	33.30	23.50	50
户均水质满意度	1.46	1.71	1.33	1	2

表 6.4.2 主要从"人均健康度""慢性病患病率"以及"户均水质满意度"三个维度展示了不同水检测结果组在健康和水质满意度方面的状况，同时还给出了各组的户数、人口数以及人均年龄。注意，第四、五两列是将第三列拆分成两组子样本，具体拆分方法下面将详述。

第一，无超标组的样本量是占绝对优势的，这个在前面的论述中已经展示过，说明农牧区饮用水合格率是相当高的。

第二，由左边三列来看，人均健康度在超标的两个组(第二、三列)比无超标组(第一列)稍差，但是这个差别从统计的角度检验并不显著，而且比较意外的是"两个元素超标"组（第三列）健康度比"一个元素超标"组（第二列）要更好。

第三，慢性病患病率最低的居然是"两个元素超标"组，这个也比较意外，虽然由于此组的样本比较少，但是这样的结果还是令人意外。一个元素超标组的慢性病患病率最高。

第四，关于饮用水质的主观评价，问卷中有一个问题是向受访者直接询问"对您家目前饮用水的水质感觉如何？"，以五档评价为回答选项。与所有的主观满意度问题一致，我们将分值较小的 1 作为评价最高，而分值较大的 5 作为评价最低。所有三个组的水质主观评价均介于"很好"（1）与"比较好"（2）之间，一个元素超标组的主观评分要差于无超标组，但是同样让人意外的是两个元素超标组的水质主观评价是最高的（1.33）。注意一点，表 6.4.2 之所以同时也将各组的人均年龄也给出，是为了防止年龄可能对健康度产生干扰。

第五，鉴于前面分析中"两个元素超标"组较为令人意外的健康度和水质满意度状况，我们将这个组再拆分为两个子样本组（第四、五列）："两个元素超标 1"组中的样本水样检测结果中，其中有一个元素的超标率不超过 3%；"两个元素超标 2"组样本水样检测结果中，两个超标率至少都达到了 40%以上。或者说，"两个元素超标 1"组中虽然是检测出两个超标元素，但是其中一个只是非常轻微的超标，而"两个元素超标 2"组中两个超标元素都属于较为严重的超标程度[①]。拆分以后的两个组在健康指标（人均健康度、慢性病患病率）以及水质满意度上都差别显著[②]。同时，超标严重的"两个元素超标 2"组在健康度上显著比"无超标"与"一个元素超标"组都要差，水质满意度也要更低。由此可以看出，前述的几个令人意外的现象主要是"两个元素超标 1"组

---

① 事实上"两个元素超标 1"组中的样本，轻微超标的元素均为砷（As），且组中样本均来自尼木县同一个村。

② 拆分后的两个子样本组人均健康度的差异性在 95%的显著水平上通过 t 检验。

样本所带来的，其人均健康度（1.88）最优，慢性病患病率（23.50%）最低，水质满意度为一致性的"非常满意"。为什么会有这样的现象发生，还有待进一步的信息和数据收集后再做深入研究才能判断。

下面总结一下饮用水质检测分析结果及其健康度影响分析：

（1）约93.30%的人口日常饮用水完全满足饮用水健康安全标准，这说明拉萨市七县农牧区饮用水合格率是相当高的。同时考虑到本次检测的水质状况是在大多数饮用水样都来自于未经过任何处理的天然地表水源或浅层地下水，这样的结果也说明拉萨市周边地区的环境保护是执行得相当到位的。

（2）从超标水样的地理分布来看，当雄县和尼木县超标发生率相对较高；而从超标发生村级集中度来看，最严重的是尼木县的一个村，所获取的水样大面积发生超标，其次是曲水县、达孜县和林周县各有一个村同一元素的超标样本达到三户。表明这几个村存在饮用水公共卫生健康安全隐患，有必要进一步探究其发生原因和影响范围。

（3）超标水样的水源种类分析中，"蓄水池"和"自然地表水"两种水源的超标样本发生频率最高，考虑到这两种水源方式所占全体样本比例高于其在超标样本中所占比例，这样的结果属于正常范围，并不存在重大公共卫生安全隐患。

（4）在单剔除尼木县一个饮用水超标严重且相应健康度反常的超标样本后，"未超标""一个元素超标"与"两个元素超标"三组样本的平均健康度呈恶化趋势，慢性病患患病率呈上升趋势，而水质主观评价呈下降趋势。而较为奇怪的尼木县一个村的样本为何会出现超标样本率高且较"无超标"组健康状况显著更优、慢性病患病率更低、水质评价更高的状况，还需要进一步实地采集信息进行深入研究。

6.4.6 小结

在本节中，我们将本次入户调研较为特殊的关于饮用水安全的信息与健康度相结合，主要针对水源种类、饮用水用水习惯以及饮用水质这三个方面与居民健康度之间的关系展开分析。我们发现：

（1）拉萨市农牧区居民的主要饮用水源方式为自然地表水，且水质条件在无机物方面整体上达到很高的合格率，绝大多数居民的饮用水质是安全的。

（2）存在一个村的水质在氟元素方面有普遍超标的现象，另有几个村的个别家庭水样出现超标现象。

（3）由于水质超标样本较少，从统计的角度看水质条件与健康度之间并未有直接关联度，也就是说超标水样的家庭健康度并未显著地受到影响。

（4）居民对目前的饮用水质总体上是满意的。

6.5　居民健康与民生满意度

现代社会是一个人与人相互依赖的环境，分工与合作是社会运转的基本形式，因此无论是个人健康状态的保持，还是健康问题的医治与康复，一般都离不开公共资源和公共服务的支撑和获取，例如食品与饮用水安全、医疗资源、公共卫生安全等。虽然西藏农牧区的居民相对于城市居民或内地居民来说生产生活方式或许会更传统和封闭，但是从农牧区居民的日常消费到医疗选择① 等诸多方面，都已经向现代社会生活模式发生了巨大的转变。公共服务与公共安全的诸多方面在家庭与个人的健康层面深刻地影响着农牧区居民的民生。

我们已经分析了影响家庭健康度的主要因素，接下来我们将着眼

---

① 例如，农牧民的婴幼儿用品以及儿童食品基本上都是选择在市场购买，自然也深切地关心和担忧此类商品的食品安全问题。同时，我们调研中还涉及医疗选择的提问，746 户中只有 1 户选择求助于活佛或喇嘛，20 户（占比 2.70%）首选求助于藏医，其余的全都选择去村卫生所或乡镇市医院。

于分析健康与民生的关系。众所周知，个人健康方面出现问题不但极度影响自我幸福感的评价，同时也必然影响到其他家庭成员的生活幸福度①，若出现重大疾病，那么很可能将波及整个家庭的收入支出等诸多方面。从事实上分析，家庭健康度与我们构造的以家庭为单位的民生满意度之间的关联是有多条渠道的：

第一，家庭成员的健康度下降一般都将伴随家庭整体收入的下降和家庭额外支出的增加，这样将恶化家庭原有的财政状况。尤其是农牧区生产方式主要以劳动力投入作为生产方式，无法像在企业工作的员工，在劳动法的保护下短期的健康问题可能还不至于带来对收入巨大的影响。虽然当前西藏农牧区居民已经100%的都纳入了全民医疗保障的范畴，但是医疗费用还是存在个人负担部分，以及身体康复过程中可能发生营养支出增加等。

第二，健康度较差的家庭一般在健康医疗保障等更多方面对政府提供的公共服务层面产生需求，例如密集的在各级医院的看病经历（就医过程，往返的交通选择），医疗保障的各种费用报销的申请与结算等等，都将给具体的个人和家庭对由政府提供公共服务部分产生更为真实的满意度评估素材。

第三，健康度较差的家庭显然对公共卫生安全方面更为敏感，一种可能是健康问题本身就是公共卫生安全的问题所导致的，另一种则是患病的个体在身体康复前将要比健康个体在同等的公共卫生安全问题面前承担更大的风险。由此带来的公共安全维度的民生满意度差异是我们关心的主要问题之一。

第四，农牧区居民至今生活方式都较为传统，因而生活层面对居所自然环境的依赖度较大。例如本次调研的绝大多数农牧区居民家庭饮用

---

① 俗语所言"久病床前无孝子"，说的就是个人健康影响家庭成员的生活状况乃至家庭成员关系的情况。

水都是天然地表水或浅层地下水，并没有经过任何现代化水处理过程来保障其饮用水安全。现代工业产品在居民日常消费端的日益普及，使得农牧区居民日常生活产生的非降解性生活垃圾也日益增多，对生活环境带来的压力也逐渐增大。显然，生活生存环境的恶化对健康是有直接负面影响的。

综上，我们认为家庭成员的整体健康状况差异将直接或间接对家庭民生满意度多个维度产生影响，下面我们将通过表 6.5.1 和表 6.5.2 中展示的 18 个结构相类似的回归模型来对上述疑问详细探讨。需要说明，我们分析的逻辑都是从"因为健康所以满意"来展开，也就是认为健康是影响民生满意度的重要因素，而非反之。虽然"因为满意所以健康"的反向分析逻辑并非完全不可取，毕竟健康本身也包含心理健康，但是基于我们本轮入户调研是系列追踪入户调研的第一轮，所获取的数据在时间维度上只有一期，不足以支撑针对反向逻辑的论证，因此暂不考虑这个维度的讨论。

从第二章中我们已经知道，民生满意度是一个结构化的指标体系，通过加权和的方式逐层推进，将 26 个具体的第四级指标综合成为加总的民生满意度。表 6.5.1 将家庭成员平均的主观健康度对民生满意度以及构成民生满意度的四个二级指标（居民生活、公共服务、公共安全和生态文明）的影响进行了简单回归分析。同时也一并给出了在加入三个控制变量的条件下的相关分析。表 6.5.2 则是从构成民生满意度的 16 个三级指标中筛选出与家庭健康度有较为直接联系的四个指标进行类似的两步分析。

需要注意三点：第一，民生满意度指标体系是一个基于家庭为基本单元而构建的民生指标，而健康度原始数据则是对每一个家庭成员健康状况进行描述的指标，为了二者数据相匹配，我们将个人健康度指标转换为家庭健康度指标——用家庭成员平均的主观健康度来表示；第二，由于涉及民生满意度指标体系构建的维度较多，其中某些方面的信息采集中问卷设计有"不清楚"选项①。对于这样的家庭其民生满意度指标的构建就存在不确定性的评价，我们在这个相关度分析的时候将此类样本舍弃，因此可以看到表 6.5.1 与表 6.5.2 中模型与模型之间的样本量都不同，只有少数几个模型完全覆盖到了全体有效样本量 746 户；第三，表 6.5.1 中的 10 个模型，因变量是取自于民生满意度指标体系中的民生总指标和四个二级指标，这些指标综合性较强，可以近似地看作是连续变量，因而我们使用的是一般线性回归模型；表 6.5.2 中的八个模型，因变量是取自于民生指标体系中的三级指标，其综合性较低（某些三级指标数据是直接来源于问卷中的单一五级评价问题），呈现较为明显的离散变量特征，因此我们选择采用更为适合的有序 Logistic 回归模型来探讨因变量与健康度水平的关系；第四，表 6.5.1 与表 6.5.2 中的模型都是成对匹配出现的，其中奇数号模型均为健康度做单一解释变量的回归模型，而偶数号模型则是在前一模型基础上额外加入家庭居所海拔高度、家庭规模以及家庭人口平均年龄三个控制变量的回归模型。

表 6.5.1　家庭健康度对民生满意度的影响（表 1）

因变量	Welfare		Rsdt_Lf		Pub_Serv		Pub_Secur		Eclg_Cvl	
自变量	模型 1	模型 2	模型 3	模型 4	模型 5	模型 6	模型 7	模型 8	模型 9	模型 10
HR_fmm	−4.31*** （0.48）	−4.9*** （0.53）	−5.05*** （0.65）	−6.51*** （0.71）	−4.22*** （0.56）	−4.21*** （0.62）	−3.6*** （0.59）	−4.07*** （0.67）	−3.57*** （0.68）	−4.34*** （0.74）
Alttd_fm	—	−2.2* （1.2）	—	−3.3** （1.7）	—	−4.9*** （1.5）	—	−1.8 （1.5）	—	−33* （1.75）
Num_fm	—	−0.155** （0.234）	—	−0.34 （0.31）	—	0.31 （0.27）	—	−0.18 （0.3）	—	−0.99*** （0.33）
AA_fm	—	0.085 （0.038）	—	0.21*** （0.051）	—	0.057 （0.043）	—	0.06 （0.05）	—	0.038 （0.051）

① 受访对象是个人，而问卷主要问的家庭的情况，同时还有问到其他家庭成员的某些信息，某些问题的确存在受访者不大清楚的情况。

续表

因变量	Welfare		Rsdt_Lf		Pub_Serv		Pub_Secur		Eclg_Cvl	
自变量	模型 1	模型 2	模型 3	模型 4	模型 5	模型 6	模型 7	模型 8	模型 9	模型 10
样本量	543	543	659	659	687	687	645	645	746	746
调整的	0.126	0.144	0.083	0.126	0.076	0.091	0.053	0.057	0.036	0.059

注：1. 因变量 Welfare 表示"民生满意度"，因变量 Rsdt_Lf 表示"居民生活满意度"，因变量 Pub_Serv 表示"公共服务满意度"，因变量 Pub_Secur 表示"公共安全满意度"，因变量 Eclg_Cvl 表示"生态文明满意度"，自变量 HR_fmm 表示"家庭成员主观健康度均值"，自变量 Alttd_fm 表示"受访家庭住址海拔"（该变量的单位使用"千米"），自变量 Num_fm 表示"受访家庭成员数"，AA_fm 表示"受访家庭成员平均年龄"。

2. 所有 10 个线性回归模型的具体表达式如下：

模型 1：$Welfare = \beta_0 + \beta_2 HR\_fmm + \varepsilon$

模型 2：$Welfare = \beta_0 + \beta_2 HR\_fmm + \beta_2 Alttd\_fm + \beta_2 Num\_fm + \beta_4 AA\_fm + \varepsilon$

模型 3：$Rsdt\_Lf = \beta_0 + \beta_2 HR\_fmm + \varepsilon$

模型 4：$Rsdt\_Lf = \beta_0 + \beta_2 HR\_fmm + \beta_2 Alttd\_fm + \beta_2 Num\_fm + \beta_4 AA\_fm + \varepsilon$

模型 5：$Pub\_Serv = \beta_0 + \beta_2 HR\_fmm + \varepsilon$

模型 6：$Pub\_Serv = \beta_0 + \beta_2 HR\_fmm + \beta_2 Alttd\_fm + \beta_2 Num\_fm + \beta_4 AA\_fm + \varepsilon$

模型 7：$Pub\_Secur = \beta_0 + \beta_2 HR\_fmm + \varepsilon$

模型 8：$Pub\_Secur = \beta_0 + \beta_2 HR\_fmm + \beta_2 Alttd\_fm + \beta_2 Num\_fm + \beta_4 AA\_fm + \varepsilon$

模型 9：$Eclg\_Cvl = \beta_0 + \beta_2 HR\_fmm + \varepsilon$

模型 10：$Eclg\_Cvl = \beta_0 + \beta_2 HR\_fmm + \beta_2 Alttd\_fm + \beta_2 Num\_fm + \beta_4 AA\_fm + \varepsilon$

3. *** 表示回归系数在 99% 的水平上显著，** 表示回归系数在 95% 的水平上显著，* 表示回归系数在 90% 的水平上显著。

4. 回归系数下方括号内为系数标准差。

下面我们先来分析表 6.5.1 中的五组回归模型。表中模型 1 与模型 2 将样本家庭健康度状况对其民生满意度的影响进行了分析；模型 3 与模型 4 研究了家庭健康状况对居民生活满意度的影响；模型 5 和模型 6 则探讨家庭健康状况与受访家庭在公共服务满意度之间的关系；模型 7 和模型 8 关注的是受访家庭的健康状况对其在公共安全层面满意度的影响；模型 9 与模型 10 则考察的是受访家庭的健康状况与其对生产生活环境的生态文明状况评价之间的关系。下面简单地来分析上述模型：

（1）五组共 10 个线性回归模型，最为重要的共同结论是家庭健康度在所有的模型中其回归系数均以 99% 的水平显著，且小于 0。因而无论模型中是否加入控制变量，家庭健康度对各个因变量（满意度）的影响均显著地为负。这一结论与我们对民生满意度、各二级满意度指标以及家庭健康度的赋值规则有关，意味着家庭健康度对于各满意度来说是具有积极意义的，与我们预期的结论相一致，平均健康度高的家庭在总的民生满意度以及构建民生满意度的四个二级满意度维度上要更为满足。经过计分体系的标准化换算（五分制转化为百分制），在模型 1 和模型 2 中 1% 的家庭平均健康度的增加能带来约 0.17%—0.20% 的民生满意度增加。

（2）在所有的五组模型中，是否加入控制变量对模型的整体解释度（调整的）并未产生较大的影响，尤其是解释变量（自变量）家庭平均健康度的回归系数符号与显著性没有发生变化，因此通过模型所建构的健康度与各满意度（被解释变量）之间的相关关系是稳定的。

（3）对于三个控制变量来说，其回归系数的显著程度在各组模型之间存在差异。从检验为显著的结论来看，较为一致的是家庭住址海拔高度对于各个满意度（被解释变量）的影响大致为负，海拔越高的家庭各个层面的满意度倾向于更低。

（4）相对于以民生满意度二级指标作为因变量的模型来说，家庭健康度对总体民生满意度（模型 1 和模型 2）的模型整体解释度（调整的）显然为最佳，这表明健康度对民生满意度主要表现为整体性的影响，而非在少数维度上的解释度相对突出。

可以看出来，表 6.5.1 中不仅分析了家庭健康度对民生满意度的影响，还研究了健康度对构建民生满意度的四个二级满意度指标的影响。我们发现家庭平均健康度对于整体民生满意度以及二级满意度均存在积极影响，健康度较高的家庭倾向于满意度更高；健康度对于整体民生满意度的影响要高于各二级满意度。

根据前文分析，家庭健康度在现实生活中可以通过多种渠道影响到家庭民生满意度，为此我们从民生满意度指标体系每一个二级满意度指标下再挑选出一个三级满意度指标来考察健康度与更为具体的生活满意度之间的关系。挑选出来的四个三级满意度指标为：居民收入满意度、医疗服务满意度、卫生安全满意度以及饮用水质满意度。

表 6.5.2　家庭健康度对民生满意度的影响（表 2）

因变量	Income		Medicare		Hlth_Secur		Wtr_Qlt	
自变量	模型 1	模型 2	模型 3	模型 4	模型 5	模型 6	模型 7	模型 8
HR_fmm	−0.53***（0.085）	−0.7***（0.1）	−0.51***（0.08）	−0.54***（0.09）	−0.4***（0.1）	−0.52***（0.12）	−0.38***（0.1）	−0.46***（0.11）
Alttd_fm	—	−0.5**（0.2）	—	−0.6***（0.2）	—	0.2（0.2）	—	−0.6***（0.2）
Num_fm	—	−0.054（0.04）	—	0.005（0.04）	—	−0.04（0.05）	—	−0.13***（0.05）
AA_fm	—	0.022***（0.006）	—	0.006（0.006）	—	0.012（0.007）	—	0.0006（0.007）
样本量	735	735	740	740	652	652	746	746
Pseudo	0.019	0.035	0.016	0.021	0.014	0.019	0.012	0.025

注：1. 因变量 Income 表示"居民收入满意度"，因变量 Medicare 表示"医疗服务满意度"，因变量 Hlth_Secur 表示"卫生安全满意度"，因变量 Wtr_Qlt 表示"饮用水质满意度"，自变量 HR_fmm 表示"家庭成员主观健康度均值"，自变量 Alttd_fm 表示"受访家庭住址海拔"（该变量的单位使用"千米"），自变量 Num_fm 表示"受访家庭成员数"，AA_fm 表示"受访家庭成员平均年龄"。

2. 由于因变量（被解释变量）都是较为明显的有序离散变量，因此八个回归模型均采用有序 Logistic 回归模型（ordered logistic model，OLM）。

3. *** 表示回归系数在 99% 的水平上显著，** 表示回归系数在 95% 的水平上显著，* 表示回归系数在 90% 的水平上显著。

4. 回归系数下方括号内为系数标准差。

由于四个具体的生活满意度指标作为因变量来说具有显著的有序离散变量特征，因此表 6.5.2 中的四组回归模型并不是常规的线性最小二乘回归模型，而是选用更为适合的有序 Logistic 回归模型（ordered logistic model，简称 OLM 模型）。表 6.5.2 所展示的四组八个模型具有以下特征：

研究目标自变量"家庭平均健康度"的回归系数在所有表 6.5.2 中展示的模型均为 99% 水平上显著，且均小于 0。这个结论与表 6.5.1 中的各个模型结论是一致的，说明平均健康度更好的家庭在上述四个具体生活满意度层面满意度也倾向于更高。

由于表 6.5.2 中的回归模型均为 OLM 模型，因此其模型整体解释度并非用 OLS 模型结论中（如表 6.5.1 中的模型）"调整的"来表示，OLM 模型中使用的是相类似含义的 Pseudo（或翻译为"伪"）。虽然表 6.5.2 中模型"Pseudo"与表 6.5.1 中模型"调整的"直接做对比并不太合适，但其表达的含义是类似的。从这个意义上来说，表 6.5.2 中 OLM 回归模型的整体解释度都较低。

显然在表 6.5.2 每一组模型的对比中，增加了三个控制变量的模型并未带来模型解释度的大幅上升，也未给解释变量"家庭平均健康度"的回归系数带来重大冲击[①]，这说明控制变量对被解释变量的解释度贡献也不高，且控制变量与解释变量之间并不存在共线性问题。三个控制变量在不同的模型中的回归显著性与符号都有差别，表明其影响在各个模型中并不稳定。

总结一下健康度与民生满意度的关系。家庭成员的平均健康度对家庭的民生满意度存在显著的正向影响，而且这个影响是整体性和全面性的，健康度高的家庭不但倾向于有更高的整体民生满意度，而且在民生满意度的各二级指标层面（居民生活、公共服务、公共安全以及生态文明）也同样存在这样的显著正向的影响关系。从这个层面上来说，有效提高居民整体健康度的政策措施将对民生的各个方面产生正面影响。

---

① 比如改变回归系数的符号。

6.6　结论

在本节我们依托建立在全体受访家庭成员基础上的入户调研健康数据，将拉萨七县农牧区居民的健康状况与家庭日常饮用水卫生健康安全相结合，并进一步深入探讨居民健康度与民生满意度之间的关系。主要获得了以下发现与研究结论：

（1）从人口性别构成的角度来看，拉萨七县农牧区的常住居民中女性占比异常的高，这个分布状况与 2010 年的人口普查都有较大差距。由于本次入户调研的随机抽样比例达到了该区域内总体人口的 1%，因此我们认为此现象具有较好的客观性，而男性比例缺失的部分主要出现在 20—60 岁这一年龄段，因此猜测形成的原因很可能来自于近年来推进较为迅速的城市化进程中的影响。

（2）调研地区人口的居民健康状况总体上来看是接近于"比较好"的状况。对于本次抽样家庭来说，健康度的程度降低，伴随着人口的慢性病患病率以及近三年重大疾病患病率都大幅地升高。

（3）海拔对健康的影响并不明显，地域（各县）之间的健康差距也不大，但是性别之间的健康差异较为明显。男性的人口的健康度要显著地高于女性。

（4）慢性病患病率对人口健康度的影响非常显著，从家庭的角度来看，家庭慢性病患病率可以解释家庭平均健康度差异的 43%。我们认为，在现阶段的拉萨市七县农牧区，慢性病是影响居民健康度水平最重要的因素之一。

（5）基于从样本家庭采集的饮用水，项目组进行了饮用水安全的无机检测。在多达 65 种元素的浓度检测后，结合问卷中饮用水安全的调查数据，我们发现拉萨市七县农牧区的主要饮用水源是未经加工处理的自然地表水，其次是浅层地表水，而全部水样的达标率约为 93%。在未达标的水样中，尼木县的一个村有极高的水样超标率，而来自于另外三个县的三个不同村也有一定程度的高密度饮用水样超标的情况，这是需要在公共卫生安全层面引起重视并进一步搜集信息检测研究的。结合饮用水检测结果与健康度调查信息，我们认为饮用水超标在一定程度上对健康有影响，但是作用不明显。

（6）居民健康度对民生满意度有正面的作用，健康度高的家庭倾向于有更高的民生满意度。健康对民生满意度的影响方式是全局与整体性的，这意味着健康度对民生满意度构成的几个主要维度都有正面影响，而并不是只在民生的某些维度有很强的作用。这也告诉我们，提升居民健康的政策将会对民生各个方面带来积极影响。

第七章

普惠金融专题

普惠金融（inclusive finance）概念产生于 2005 年联合国国际小额信贷年，随后便在全球迅速传播。我国于 2006 年正式引入了普惠金融这一理念，并开始了长达数年的普惠金融"中国模式"的探索。2013 年，十八届三中全会正式提出"发展普惠金融"，构建一个多层次、广覆盖、可持续的现代金融服务体系。2016 年 1 月 15 日，国务院发布了《关于推进普惠金融发展规划（2016—2020 年）的通知》，再一次体现了党中央、国务院对发展普惠金融的高度重视。2016 年 1 月 27 日，中央一号文件《关于落实发展新理念加快农业现代化实现全面小康目标的若干意见》提出，要加快多层次、广覆盖、可持续的农村金融服务体系的构建，并全面激活农村金融服务链条，力争为普惠金融在我国农村地区的推行创造出适宜的环境。在我国高度重视农村普惠金融发展的大好形势下，通过对拉萨市各县农牧区的调查分析，切实为该地区的普惠金融发展出谋划策，为其在经济发展中出现的问题提出切实可行的解决方案。在促进拉萨市各县农牧区普惠金融良好发展的同时，为我国其他探索农村金融发展的地区提供范本和学习对象，具有很强的实践意义和指导意义。

本部分基于拉萨市各县农牧区普惠金融发展现状，首先对普惠金融的基本理论知识进行阐释，包括内涵、发展历程、理论基础、分析框架等要点内容，并就普惠金融与精准扶贫之间的关系进行了探讨，从而更有利于从客户层面、微观层面、中观层面、宏观层面四个维度剖析普惠金融支持拉萨市各县农牧区精准扶贫中存在的问题。同时，结合拉萨市各县农牧区满意度的问卷调查，深入分析了该地区经济发展情况以及普惠金融影响的深度、广度，并总结出其在普惠金融助推精准扶贫战略过程中遇到的问题并试图找出解决路径，在结合拉萨市各县农牧区的发展现状、明确其未来金融的战略要求的基础上，探讨其发展普惠金融的模式选择，从而帮助该地区贫困群体脱贫致富、步入小康，真正使金融"普"及于民、"惠"及于民，使金融服务在该地区人民的生活中发光发热。

7.1 普惠金融

从 2006 年中国小额信贷联盟最先将普惠金融这一概念引入国内，到 2013 年《中共中央关于全面深化改革若干重大问题的决定》正式将"惠普金融"提上我国改革的日程，再到国务院发布《关于印发推进普惠金融发展规划（2016—2020 年）的通知》，普惠金融概念可以准确定义为：立足机会平等要求和商业可持续原则，通过加大政策引导扶持、加强金融体系建设、健全金融基础设施，以可负担的成本为有金融服务需求的社会各阶层和群体提供适当、有效的金融服务，并确定农民、小微企业、城镇低收入人群、贫困人群和残疾人、老年人等其他特殊群体为普惠金融服务对象。由此，我国实现了普惠金融发展进程中理念和实践上的又一次质的飞跃。

7.1.1 普惠金融的内涵

顾名思义，普惠金融核心在于"有效、全方位地为社会所有阶层和群体提供服务"。区别于传统的金融理念，普惠金融本着人人平等、共同富裕的原则，认为每个人都应该被赋予平等地享受金融服务的权利，

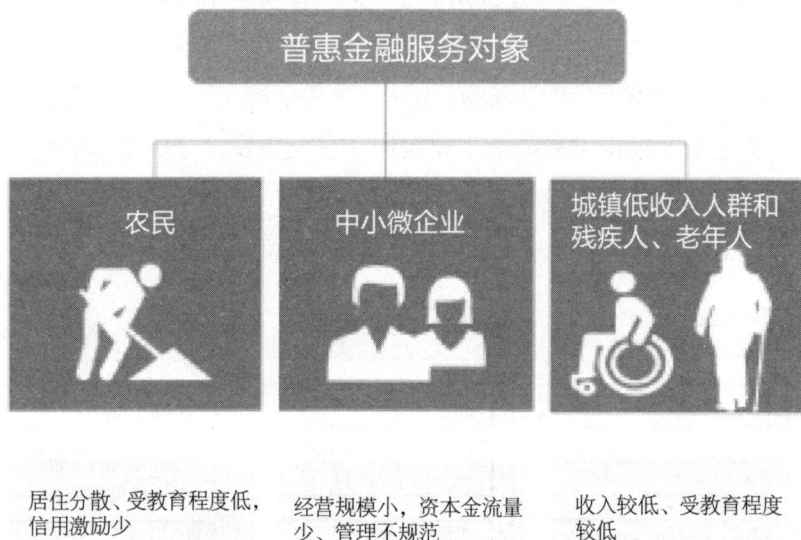

图 7.1.1　普惠金融服务的对象[①]

包括广大被排除在正规金融体系之外的低收入群体。

　　"普惠"的含义就是要在全民范围内实现金融机会的平等，其服务对象如图 7.1.1 所示，这种囊括低收入人群的金融创新服务形式不是变相地进行施舍或是救济，也不是单方面地将经济资源转移到贫困地区，借此实现经济的表面平衡，而是要从真正意义上破除穷人金融的边缘化、维持金融的可持续性、还原金融体系的完整度，使得"有真实需求的人能够以合理、可接受的价格，方便及时并且有尊严地获取全面高质量的服务"。

　　具体而言，"普"就是要将所有人都纳入金融服务体系，并在扩展金融服务覆盖的深度和广度的基础上，无论贫富，每个人都能够平等自由地享有金融服务的机会，充分体现了"平等"的思想。"惠"则代表了一

---

　　① 易观智库：《中国普惠金融专题研究报告 2016》，2016 年 9 月 5 日。

种有效帮助贫困人群脱贫致富的金融工具，值得注意的是，"惠"强调的是金融的可持续性，其并不是指救济和施舍，也不是简单意义上的"输血"，而是一种具有造血功能的、让人人平等获取金融服务的实惠。

普惠金融理论发展前后主要经历了三个阶段，分别是小额信贷阶段、微型金融阶段以及普惠金融阶段（见图 7.1.2 和图 7.1.3）。从某种程度上来说，普惠金融是小额信贷、微型金融的发展和延伸。

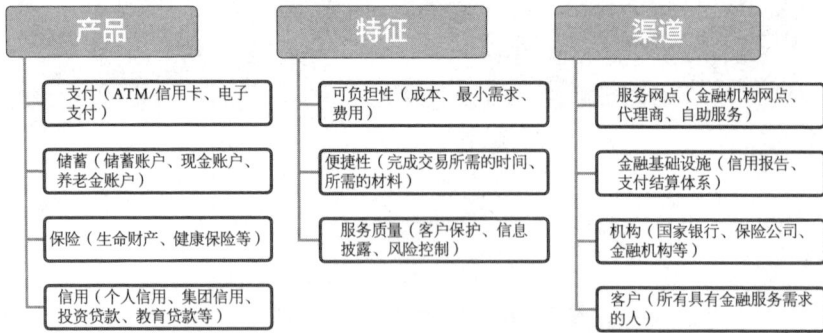

产品	特征	渠道
支付（ATM/信用卡、电子支付）	可负担性（成本、最小需求、费用）	服务网点（金融机构网点、代理商、自助服务）
储蓄（储蓄账户、现金账户、养老金账户）	便捷性（完成交易所需的时间、所需的材料）	金融基础设施（信用报告、支付结算体系）
保险（生命财产、健康保险等）	服务质量（客户保护、信息披露、风险控制）	机构（国家银行、保险公司、金融机构等）
信用（个人信用、集团信用、投资贷款、教育贷款等）		客户（所有具有金融服务需求的人）

图 7.1.2　普惠金融的发展

小额信贷是向社会金字塔底层低收入群体提供的小规模、持续性信贷服务，贷款人无需抵押或者担保、以自身信用为保证即可获取贷款，比如最早的孟加拉国穆罕默德小额信贷以及孟加拉乡村银行的创立。随着小额贷款成功在服务优惠性及发展可持续间获得了平衡发展，人们开始意识到金融服务对消除贫困、推动发展起着至关重要的作用，也开始意识到现有的、单一的贷款服务存在很大的局限性，并且贫困人群同样需要全方位、多层次的金融服务。由此，在 20 世纪 90 年代，微型金融作为小额信贷的扩展和完善应运而生。微型金融是指为贫困群体提供包括信贷、储蓄、保险以及转账等更为全面的金融服务。据统计，截止于 2005 年，全球范围内的微型金融机构已有 3133 个，相较于 1997 年的规模，总体增长了五倍有余，且微型金融而受益的人群也从 1350 万人提升至了 11330 万人。迅猛发展的微型金融不仅促进了金融服务的公平化的提升，并且在很大程度上加速了经济的发展。

2005 年 9 月世界首脑会议上，各国已经充分认识到了贫困者在金融行业中的重要作用，"贫困者得到金融服务尤为必要，包括获得微型金融和小额信贷"，并第一次提出了建设"普惠金融体系"的概念。从普惠金融的整个发展历程来看，其与小额信贷、微型金融有着不可分割的联系，它既是对小额信贷及微型金融内容的扩充，又是对小额信贷及微型金融形式的创新。其传承了小额信贷和微型金融扶贫的巨大能量，还超越了传统、零散的金融服务范畴，旨在向更加贫困、更加偏远的地区开放金融市场、完善金融服务，运用金融工具最大化提升贫困人群的经济能力，帮助其减轻、摆脱贫困，最终过上富裕的生活。

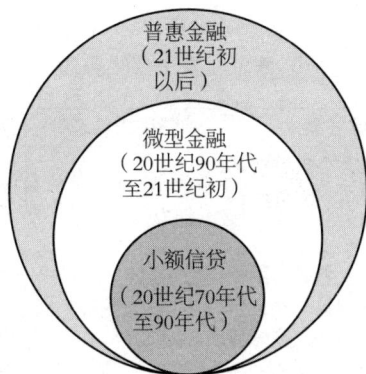

图 7.1.3 普惠金融发展阶段

7.1.2 普惠金融的分析框架

普惠金融服务对象重点集中在那些被正规机构排斥在外的贫困和低收入人群，包括农户、小微型企业和城市贫困及弱势群体等[1]。普惠的

---

① 胡文涛：《普惠金融发展研究：以金融消费者保护为视角》，《经济社会体制比较》2015 年第 1 期。

金融就是要将这部分人群有效地融合到金融体系的微观、中观及宏观三个层面中（如图 7.1.4 所示），从而实现更贫困、更偏远地区金融市场的开放。

（1）客户及需求。普惠金融体系的目标客户包括了所有阶层，重点是那些被排斥于正规金融服务体系外的贫困人群及低收入阶层，具体包括贫困农户、普通农户、小微型企业、一定规模中型企业、初期龙头企业、城市低收入人口、城市创业失业人群。他们拥有一个共同的特点，即依靠自身资金、现有的途径无法满足本身的金融需求。实际上，其需求情况恰好就是普惠金融体系的核心，决定着普惠金融体系三个层面的行动和安排。表 7.1.1 中给出了农村地区普惠金融主要服务对象的信贷需求及特点。

表 7.1.1　农村地区普惠金融主要服务对象的信贷需求[①]

主体		主要信贷需求	信贷需求特征	满足信贷需求的主要方式
农户	贫困农户	生活开支、小规模种植或者养殖生产贷款需求	小额应急、偏生活化、还款能力较弱	民间小额贷款、小额信贷、政府扶贫资金、政策金融
	普通农户	生活开支、小规模种养业贷款需求、专业化规模化生产、工商业贷款需求	分散且额度较小、还款有一定保证	自有资金、民间小额贷款、合作金融机构小额信用贷款、少量商业性信贷、合作金融
乡镇企业	小微型企业	启动市场、扩大规模	小额资金需求频繁、风险较大	自有资金、民间金融、风险投资、商业信贷、政策金融、小额信贷
	一定规模中型企业	面向市场的资源利用型生产贷款需求	额度较大、还款有一定保证、有一定风险	自由资金、商业信贷、政策金融、小额信贷
	初期龙头企业	专业化技能型生产规模扩张贷款需求	额度较大、还款能力较强、风险较小	自由资金、风险投资、商业信贷、政策金融、小额信贷、政府资金

[①]　张晓燕等：《普惠金融的理论和实践》，经济科学出版社 2014 年版，第 34 页。

（2）微观层面。直接面向贫困群体的零售金融服务提供者在普惠金融体系发挥着支柱作用，包括民间借贷、商业银行以及位于二者中间的所有金融机构。具体而言，可以将参与普惠金融体系的服务提供者分为四类，分别是各级传统银行、非银行金融机构（以小额信贷公司、小额保险公司、消费者信贷协会等为代表）、非政府组织、合作性金融机构。这些机构在维持自身可持续经营并获取利润的同时，承担了一部分减少贫困、实现公平等社会责任。

（3）中观层面。这一层面主要是指一个强大的金融基础设施体系，从而使金融服务供给方实现降低交易成本、扩大服务规模和深度、提高技能、促进透明的要求。这一层面包含了众多的金融服务活动及其相关者，如审计师、支付结算系统、培训机构等。

（4）宏观层面。普惠金融体系宏观层面的主要构成包括一委一行两会、财政部以及其他相关的政府机构。良好的政策环境是有利于将金融服务向贫困群体推进的，那么，政府在这个过程中实际上承担了一个重要的角色，其会尽可能地在保持经济增长、推进利率市场化及金融监管

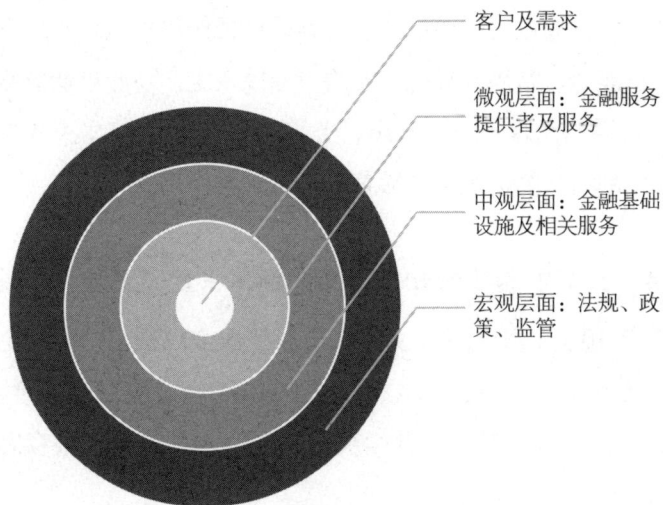

客户及需求

微观层面：金融服务
提供者及服务

中观层面：金融基础
设施及相关服务

宏观层面：法规、政
策、监管

图 7.1.4　普惠金融的主要内容

等方面做出努力。

7.1.3 普惠金融与精准扶贫

2013 年 11 月，习近平总书记在湘西考察时正式提出了"精准扶贫"，强调扶贫要实事求是，因地制宜。精准扶贫就是要通过对贫困户和贫困村精准识别、精准帮扶、精准管理和精准考核，引导各类扶贫资源优化配置，实现扶贫到村到户，逐步构建扶贫工作长效机制的治贫方式①。而随着普惠金融实践与研究的不断深入，均显示出普惠金融与精准扶贫之间有着紧密的内在联系。首先，普惠金融的目标与精准扶贫高度一致。普惠金融的发展目标就是要实现所有地区尤其是贫困地区金融服务的广覆盖，提高所有阶层尤其是贫困群体金融服务的可获得性，而这恰好与精准扶贫的目标不谋而合。其次，普惠金融的可持续性强化了精准扶贫的效果。普惠金融强调的是形成一种长期有效的机制，从而使扶贫对象与金融机构之间能够长期建立良好的信用关系，这也将会为精准扶贫的持续发展保驾护航。同时，普惠金融能使扶贫效用达到最大化。区别于传统的金融模式，普惠金融与生俱来的"造血"功能能够最大限度地确保精准扶贫的效用，通过金融工具的杠杆作用极大程度地提升贫困群体的经济能力，贫困人群把有偿的资金投入生产从而创造价值，从根本上摆脱贫穷的困境。可以看出，普惠金融是助推精准扶贫的重要途径，其在精准扶贫的进程中发挥着不可替代的作用。

7.1.4 拉萨市各县农牧区普惠金融体系建设的难点及分析

2008 年 10 月，十七届中央委员会第三次会议提出"农村金融是现代农业经济的核心"，强调了农村金融在社会经济发展中的重要地位。2010 年，中央一号文件《中共中央国务院关于加大统筹城乡发展力度

---

① 尤圣光：《普惠金融与精准扶贫的研究》，《当代经济》2016 年第 5 期。

进一步夯实农业农村发展基础的若干意见》指出，当前的工作重点应是"健全强农惠农政策体系，推动资源要素向农村配置"。加快普惠金融体系的建设正好契合了我国当前发展农村经济的文件精神，然而，基于拉萨市各县农牧区农户的调查显示，当前该地区普惠金融发展仍有些不尽如人意，尚存在着许多阻碍其向前发展的困难和因素。

7.2　金融与生活

7.2.1　银行卡的普及与接受程度

2010 年以来，西藏自治区银行贷款迅速发展，尤其是拉萨市及周边地区。对拉萨市七县农牧区居民金融与生活情况的了解主要从本次调研的受访家庭对银行业务（银行卡功能）的了解，家庭银行贷款情况以及非银行贷款／借款情况进行调查分析。调查显示农牧区居民金融知识比较薄弱，有相当一部分受访对象不了解银行卡功能。此外，政府的各项农牧区补贴也大多以现金而非银行账户转账形式发放。银行贷款业务以中国农业银行为主，其他银行比例很小。在受访居民日常生活中，私

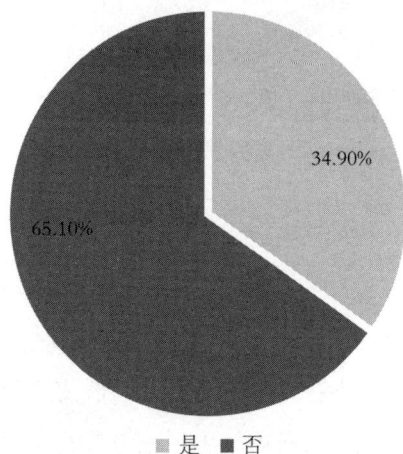

图 7.2.1　对银行卡功能的了解状况

人借款现象较为普遍，且大多数非银行借款不需要利息。这说明该地区的银行贷款业务具有极大的发展空间。银行可以根据该地区具体情况从贷款条件、利息等方面进行调整以完善该地区的贷款业务，促进该地区经济发展。

如图 7.2.1 所示，在调查得到的 746 个样本中，了解银行卡功能的家庭占 34.90%，不了解的占 65.10%。数据表明该地区大部分人了解银行卡功能，但仍然有相当一部分人不了解银行卡功能。从银行卡功能的了解情况来看，政府需要加强基本金融知识（银行卡功能）的普及，让更多人了解金融基础知识。

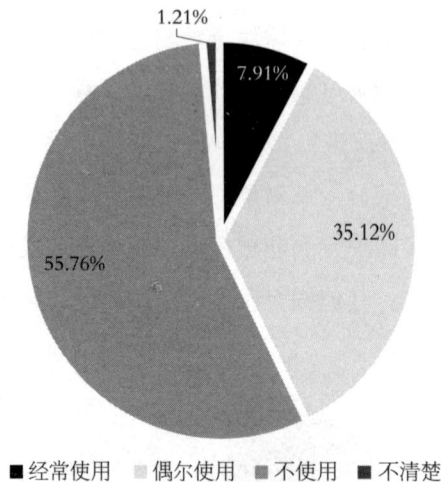

图 7.2.2　家庭使用银行卡的频率

由图 7.2.2 可知，在调查得到的 746 个样本中，拉萨市七县农牧区居民只有 7.91% 的家庭经常使用银行卡，35.12% 的家庭偶尔使用银行卡，55.76% 的家庭不使用银行卡。数据表明银行卡的使用在调研地区中并不普及，绝大多数人在日常生活中更习惯使用现金。推测可知，拉萨市农牧区的金融产业较为滞后，出现该情况的原因主要应该来自于银行营业网点或者 ATM 覆盖区域较少，金融支付手段的适应性较低；同时也有可能是居民货币收入较少且金融意识不足。银行卡的普及有许多便利，无论是消费还是商业结算等，都能较好地促进经济的流动性。金融机构以及相关部门可以通过大力宣传推进银行卡业务，在该地区适度增加银行营业网点建设以及 ATM 机的设置，让居民的金融生活便利起来。

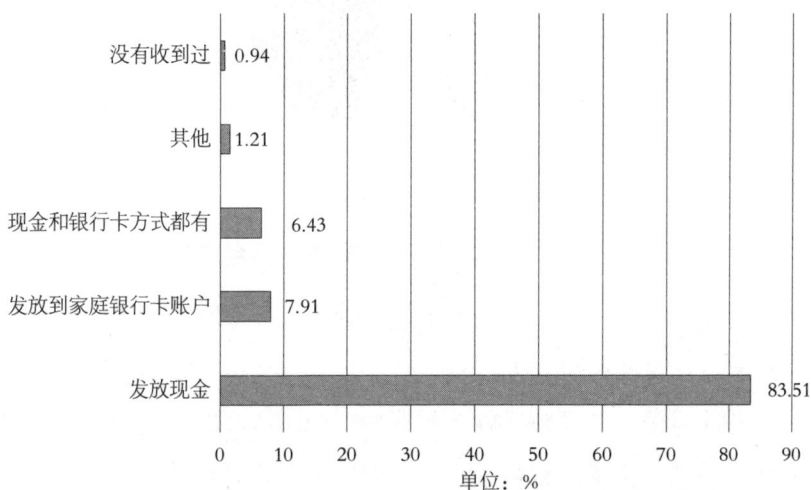

图 7.2.3　家庭接受政府补贴的方式

西藏地区农牧民的货币收入中较大一部分是来自于政府发放的各项补贴。如图 7.2.3 所示，在调查的全体 746 个样本中，83.51%的家庭 2016 年度仅以现金方式接受到政府补贴（或者说政府以现金的形式来发放补贴），另有 7.91%的情况是政府通过向发放家庭的银行卡账户转账来发放的当年补贴，有 6.43%的受访者表示现金和银行卡账户的方式都有，另有 7 户家庭表示没有收到过补贴，占到总样本的 0.94%。数据显示，拉萨市七县农牧区绝大多数政府补贴都是以现金形式发放，应该说这一补贴发放方式很可能促成一部分居民完全不使用银行卡，同时应该也与金融机构在农牧区的分支机构与分支设施太少有关。需要注意的一点是，现金形式的政府补贴将导致该地区银行卡业务难以推进，地区的金融产业得不到发展。因此政府在农牧区银行卡的推广层面拥有很好

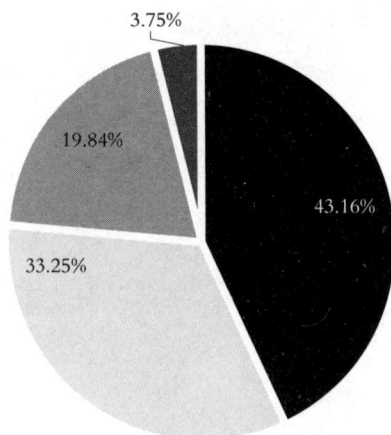

图 7.2.4　是否接受补贴完全通过银行卡账户发放

的激励渠道，并配合以加大银行卡业务宣传力度和取款与支付的普及，让银行卡进入农牧民的生活。

　　在全体有效入户调研 746 个样本中，43.16%的家庭表示非常愿意接受政府补贴完全通过银行卡账户发放，另有 33.25%的情况是在现金与银行账户发放之间没有倾向，19.84%表示不愿意接受补贴发放到个

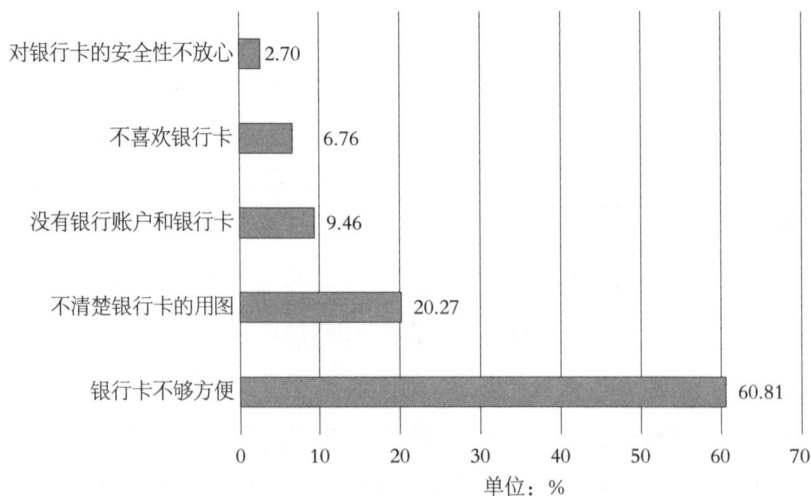

图 7.2.5　不愿意接受银行卡的原因

人银行账户，另有 3.75% 的受访者表示不清楚。

在调查得到的 148 户表示不愿意通过银行卡直补方式获取政府补贴的受访对象中，我们进一步询问其不接受银行卡的原因，发现有 60.81% 的家庭表示不愿意接受补贴完全通过银行卡账户的原因是认为银行卡使用不够方便，有 20.27% 的情况是不清楚银行卡的用图，有 9.46% 的受访户表示自家没有银行账户和银行卡，2.70% 的家庭认为银行卡安全性令人不放心，另有 10 户家庭表示不喜欢银行卡，占到总样本的 6.76%（如图 7.2.5 所示）。

分析这几种原因的构成可以看到，不清楚银行卡用途的约 20% 受访者与对银行卡安全性缺乏信心的约 3% 的受访者属于对银行金融业务以及银行卡本身缺乏相关的信息和知识；而认为使用银行卡太麻烦的 61% 受访者，其主动拒绝银行卡的原因主要来自于银行分支营业网点过少，接受银行卡支付的商家不够普及。对于金融与银行系统基础设施不够完善的缺陷，政府可以从两个方面着手，一方面加强银行卡业务的宣传；另一方面，完善银行基础设施，如增加 ATM 机。

7.2.2　银行贷款的普及

"普惠金融"以及"惠农金融"等概念近年来在国内讨论得比较多，其中与农业相关的核心内容是如何将我国高速发展的金融市场、金融工具以及金融手段运用到"三农"问题中，以金融为助推，提升农民的收入，发展广大的农村地区，为农业人口的脱贫致富提供帮助。而目前真正实践的金融工具最常见的是对农业和农民发放小额贷款，西藏农牧民在获取具有财政贴息的"惠农贷款"方面有较大的兴趣。为此我们用一组与农牧民家庭银行贷款相关的问题来深入研究银行贷款在受访居民中的普及程度。

如图 7.2.6 所示，入户调研的全体 746 个样本中，66.09% 的家庭表示当前有尚未还清的银行贷款，33.24% 表示没有尚未还清的银行贷款，

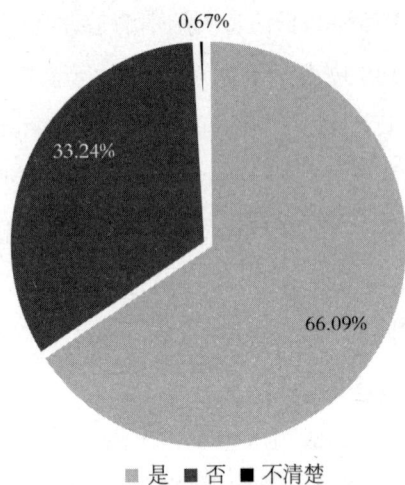

图 7.2.6 是否有未还清的银行贷款

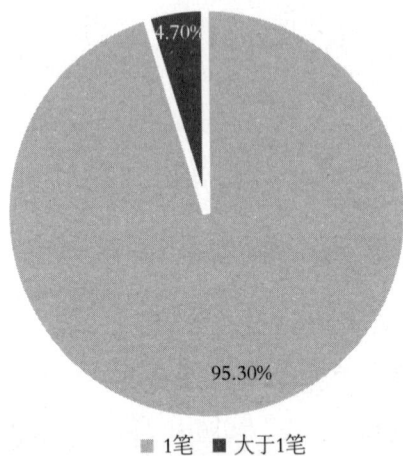

图 7.2.7 未还清银行贷款的笔数

另有 5 户家庭表示不清楚，占到总样本的 0.67%。数据表明，受访对象中大多数家庭存在或涉及银行贷款现象。

从未还清贷款的家庭情况来看，如图 7.2.7 所示，95.30% 的家庭只有一笔尚未还清银行贷款，极少部分家庭存在多笔未还清银行贷款。显然，银行贷款的普及度与银行卡的较少使用形成鲜明的对比。通过两组数据的对比，我们认为：1. 银行卡的较少使用主要是金融机构（银行）在农牧区的分支机构网点过少，以及银行卡的支付功能不被普遍应用的结果；2. 银行贷款的覆盖面如此广泛的原因是西藏财政贴息贷款的确给农牧民家庭的生活与生产带来极大的帮助，且其申请与发放的效率是相当高的。

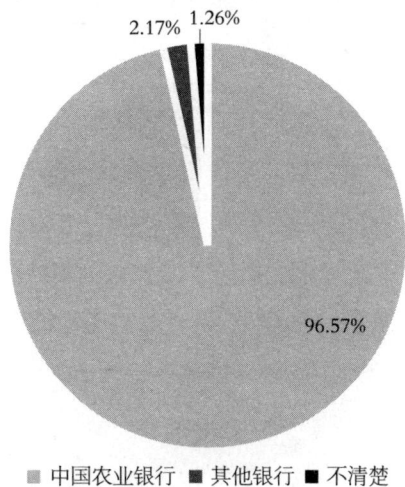

图 7.2.8　银行贷款来源

所有受访家庭目前仍未还清贷款的有 493 户，共计 554 笔银行贷款，其中贷出银行以中国农业银行为绝对多数（如图 7.2.8 所示，占比 96.57%）。结合前一部分的分析，我们认为拉萨农牧区的银行贷款业务仍然具有很大的发展空间，通过各种方式推进除中国农业银行外的其他银行的贷款业务，如基于放贷银行适当的财政贴息和补贴，减少不必要的操作流程，降低贷款要求，加强广告宣传力度等，将大大促进金融业务在西藏地区的发展和民生改进中的重要地位，同时也促进西藏金融行业的发展。

7.2.3　民间借贷的普及度

对于正规金融渠道的补充，民间借贷行为在西藏乃至其他四省藏区也是比较常见的一个现象。互通有无，调剂丰缺，家族帮扶，民间金融借贷行为自古就有其抵御风险的作用。尤其是在西藏这样自然环境条件恶劣的地区，居民之间在投资与消费、储蓄与消费、临时支出与长期收入等方面通过民间借贷来调剂。下面我们将着重讨论受访农牧区居民的民间借贷状况。

如图 7.2.9 所示，在全体 746 个样本中，占比 17.02% 的家庭曾经向

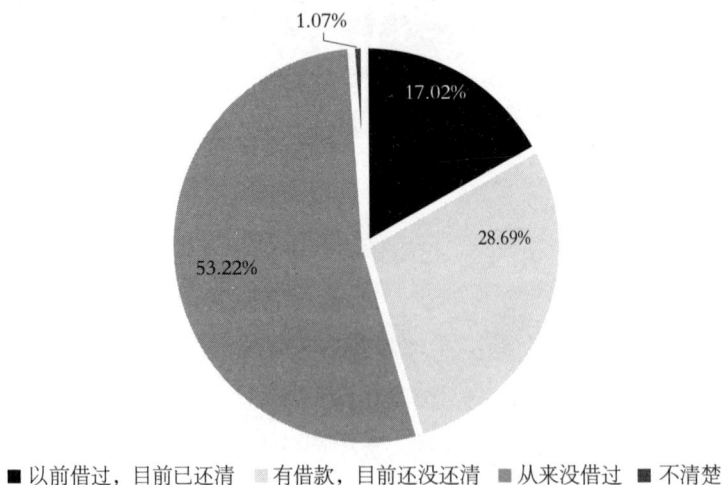

图 7.2.9 （除银行贷款外）是否向其他人或机构借过钱

其他人或机构（非银行）借钱，目前已经还清；占比 28.69% 家庭有向其他人或机构借钱，且目前未还清；而 53.22% 的家庭回答从未向其他人或非银行机构借钱，此为占比最大的一个群体；另有 8 户表示不清楚，占比 1.07%。超过四成的家庭向其他非银行的个人或机构借过钱，而其借款对象大多是亲戚、朋友，也有少部分是通过村委会、乡政府借款（见图 7.2.10）。这些家庭倾向于向亲戚朋友借款的主要原因是利息低并且程序简单（见图 7.2.11）。

西藏地区民风淳朴，民间信用借款与家族帮扶比较常见，同时历史上西藏的寺院也曾部分地提供过民间金融借贷的服务。为此我们专门针对非银行的民间借款与贷款现象进行了深入调研。如图 7.2.10 所

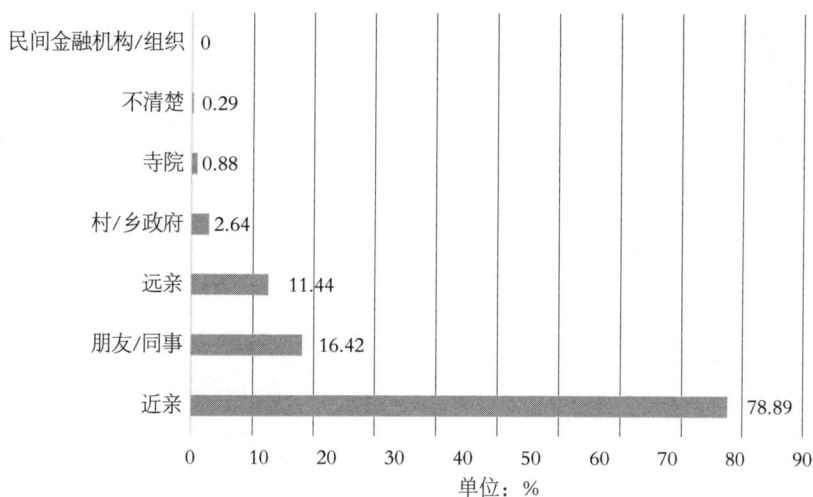

图 7.2.10　民间借贷途径

示，在调查得到的 341 个发生过非银行民间借款与贷款的受访家庭中，有 78.89% 家庭向近亲借过钱或现在借了近亲的钱，这是占比最大的；有 11.44% 家庭曾发生向远亲借钱的状况；有 16.42% 家庭有向朋友或者同事借钱的经历；选择其他的家庭中还有 9 户（占比 2.64%）曾经从村

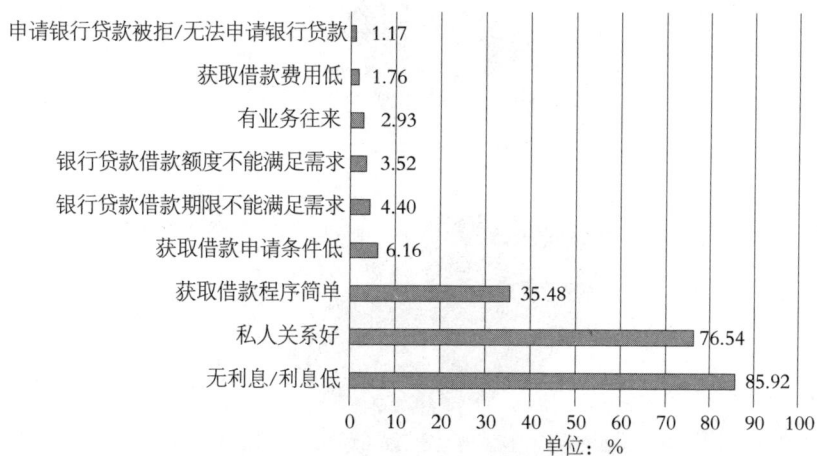

图 7.2.11　向非银行个人或机构借款的原因

委会或者乡政府等政府组织或者部门借款；而且我们也的确观测到了极少部分（3 户，占比 0.88%）家庭曾经向寺院借过款。注意两点：第一，虽然我们的问题选项中包含了民间非银行金融机构 / 组织，但是没有受访家庭有过向民间非银行金融机构借款的经历，这说明拉萨农牧区民间金融的发展状况还是比较保守和滞后的；第二，本问题是多选项，因此图 7.2.10 中各类占比的加和是要大于 1 的。

进一步探究私人借贷的原因，在调查得到的有过民间借款经历的 341 个受访家庭样本中，我们发现影响借款对象选择的因素最大的是无利息或者利率低、私人关系好，分别达到了 85.92% 与 76.54%（见图 7.2.11），这是已有选项中占比最大的；另有 35.48% 家庭是因为向此类机构 / 个人贷款或借款程序简单。注意，询问私人借款的原因是一个多选题项，因此图 7.2.11 中各类借款原因的家庭占比加和要大于 1。

为了更为清晰地展现民间借贷现象的细节，我们还收集了关于受访家庭最近三年曾经或正在发生的私人借款的细节。近三年发生过向非银行机构或个人借款行为的有效样本为 321 户，其中占比最大的是有过 1 次私人借款经历的样本（32.26%），而发生过借款次数为 1—3 次的家庭

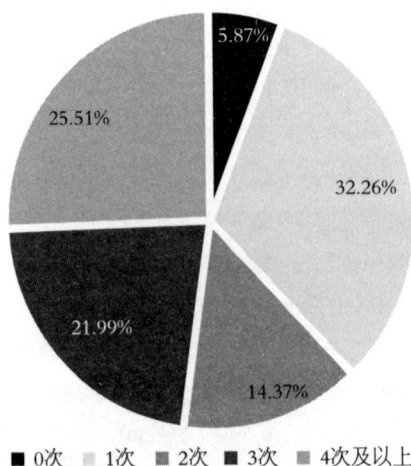

图 7.2.12　近三年向非银行（金融）机构 / 个人借款次数

占比接近七成（68.62%），借款次数大于 3 次的家庭占比 25.51%，如图 7.2.12 所示。另有约 3.70% 的家庭近三年借款次数等于或超过 10 次。

　　分析发现在调查发生过民间借款行为的 341 个样本中，有 7.35% 家庭借款都需要支付利息；有 4.71% 家庭借款部分需要利息；有 87.94% 家庭借款都不需要支付利息；另有 1 户家庭表示不清楚。如图 7.2.13 所示。

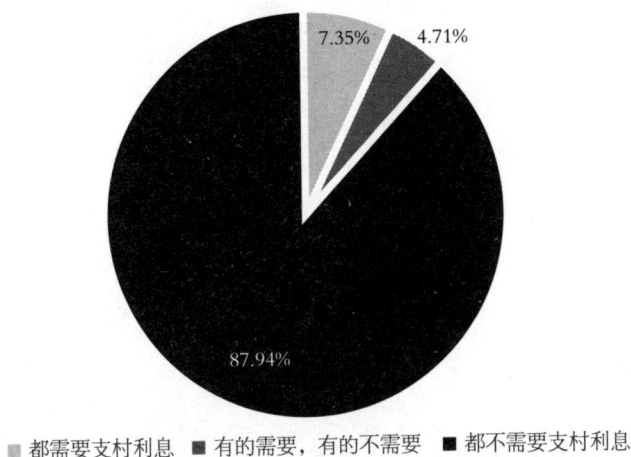

■ 都需要支村利息　■ 有的需要，有的不需要　■ 都不需要支村利息

图 7.2.13　近三年向非银行（金融）个人／机构借款是否支付利息

　　进一步调查研究发现，约 50% 的家庭近三年有向其他非银行的个人或机构的借款行为，且绝大多数都在 10 万元以下，这表明该地区小额贷款较多。私人借款中约 88% 的借款是不需要支付利息的（见图 7.2.13）。在需要支付利息的借款中（32 户），有 40.63% 家庭借款利率在 10% 及以上；有一半家庭借款利率在 0—10% 之间（见表 7.2.1）。具体的利息花费，有 80.56% 家庭为非银行贷款支付利息在 1000 元及以下；有 13.89% 家庭为非银行贷款支付利息在 1000—3000 元之间。以上数据表明这些非银行贷款产生的利息很少，进一步反映该地区金融行业发展滞后。政府方面应该加强金融知识的普及，银行方面应该放宽贷款条件，降低贷款利息，丰富贷款业务（小额贷款业务），以此促进该地区金融行业的发展。

表 7.2.1 向非银行（金融）机构／个人借款最高利率

利率（%）	频数	百分比（%）	累积百分比（%）
10 及以上	13	40.63	40.63
10 以下（不含 0）	16	50	90.63
0	3	9.37	100

7.3 金融需求

农牧区家庭的金融需求会受到来自自身收入水平、储蓄、支出情况以及该地区经济发展等因素的影响。一般来说，农牧区家庭需要会产生更多不同于城市人群的金融需求，如贷款需求、储蓄需求、支付和转账需求、保险需求等。本部分将就拉萨市各县农牧区普惠金融的主要需求现状展开探讨。

7.3.1 借贷需求占据重要位置

拉萨市各县农牧区家庭到银行的主要目的基本上是贷款。根据问卷调查结果显示，在 768 个样本中有 66.67% 的农牧家庭尚有未还清的银行贷款，其中，约 484 户家庭有 1 笔银行贷款尚未结清，12 户家庭有 2 笔未结清的银行贷款，极少数家庭拥有 3 笔及 3 笔以上的未结清银行贷款。整体而言，拉萨市各县农牧区家庭的未还清银行贷款数量基本维持在 1 笔，这主要是由其自身的收支情况决定的，这同样也是影响他们的普惠金融服务的频率。

根据统计显示，拉萨市各县农牧民的人均纯收入从 2009 年的 4149 元增至 2013 年的 8265 元，整体呈现出明显的增加趋势，年增长率突破了 10 个百分点。与此同时，拉萨市各县农牧民的年人均支出五年间增加了 2100 多元。该地区农牧民的人均收入虽有所增加，其支出同样也是呈现出了逐年增长的态势。在考虑通货膨胀以及物价水平等因素后，虽然当地农牧民的支出仍然小于收入，但是可认为实际差距较小。换而言之，拉萨市各县农牧民的存款捉襟见肘，一旦遇到突发情况需要支出较大数额的钱款时，大多数人只能选择去银行办理贷款。且这些家庭主要是以小额贷款为主，贷款额度多为 10 万元以下，较高额的贷款十分少见，这主要是由农牧民其自身的特点决定的。对于他们而言，其所面临的最大问题便是资金的匮乏，且日常的贷款需求十分频繁。因而，无论是第 1 笔贷款还是第 2 笔贷款，其为贷款所支付的利息区间主要集中在 1000 元以下。

而对于更低收入的群体来说，情况会比想象中严重许多，长期入不敷出的困境使得他们只能靠贷款来勉强维持日常的生活开销，但这就像滚雪球一样，长此以往，后果可想而知。问卷调查的结果正好印证了这一情况的真实存在，在 508 户尚有未结清银行贷款的家庭中，2 户家庭竟有 10 笔银行贷款未还清。

可以看到，由于长期收支间的不平衡，该地区的农牧民在遇到经济困难时只能向银行求助，又或者寻求其他人或者机构帮忙，比如，在接受问卷调查的 768 户中接近一半的家庭都有过向除银行以外的其他人或者机构借过款的经历。其中，选择向近亲、远亲借钱的家庭居多，也存在直接向村委会、乡政府等政府部门寻求帮助的家庭。据调查，该地区农牧民对借款对象进行选择时关注的问题主要有利息是否低、私人关系是否良好、借款程序是否便捷等。

综上，当前拉萨市农牧区的借贷需求仍是十分旺盛，占据了主要地位。因此，在推进普惠金融发展的过程中，应从该地区农牧户以及其具体需求的现实情况出发，从而合理地安排普惠金融体系的运营方向和结构。

7.3.2　储蓄及其他需求日益迫切

除了借贷需求之外，拉萨市各县区农牧民的其他需求也开始增长，比如储蓄需求。由于受当地经济发展水平、收入水平以及生产自救能力等因素影响，拉萨市农牧民的储蓄率实际上是相对较低的。下面以2012年、2013年的拉萨市农牧民人均现金流（表7.3.1）为例并加以分析，农牧民的现金收入包括了工资性收入、家庭经营性收入以及其他非生产性收入，其现金支出包括了家庭经营性支出、生活消费支出以及其他非借贷性支出。由表7.3.1可知，首先，可以肯定的是该地区农牧民的现金收入是稍大于支出的，手头是有一定剩余资金的；其次，其现金收入的主要来源是工资性收入和家庭经营性收入，其中相对稳定的工资性收入所占比例较小，而家庭经营性收入随季节变化明显；再次，其支出主要用于生活消费支出且所占比例非常大，这个现象是与恩格尔定律一致，即满足生活支出在总支出中的比例与其经济的发达成反比关系，换句话说，越是贫困的地区，生活消费支出所占的比重越是大；最后，生产性经营支出是必须连续的，资金链一旦断裂，则会影响整个家庭的生计。所以，该地区的农牧民需要储蓄并且必须储蓄。我们有理由相信，随着他们收入的不断增加，其对简单存款、银行卡、结算等金融的需求也将越来越迫切。根据问卷调查的结果显示，有34.90%的家庭对银行卡的功能有了解，并且也会去使用银行卡办理业务，这也是普惠金融服务对其的覆盖以及影响。

表 7.3.1　拉萨市农牧民人均现金流表

指标	2012 年（元）	2013 年（元）	增长率（%）
人均纯收入	7082	8265	16.70
工资性收入	1515	1949	28.65
家庭经营性收入	4831	5515	14.16
其他非生产性收入	736	801	8.83
家庭经营性支出	559	780	39.53
生活消费支出	2306	4163	80.53
其他非借贷性支出	933	1052	12.75

同时，鉴于农业的成产周期长、受自然因素的影响大、抵御风险的能力弱，农牧民对保险的需求也表现得越来越迫切。随着其风险意识的提高，其对保险服务的需求也是逐渐增加的。同时，随着其收入的增加，我们有理由相信其购买保险的行为将会越来越频繁。而农业保险作为普惠金融体系的重要内容，是农村经济得以稳定、农业得以发展的有效途径。

综上，随着该地区农牧民金融意识的不断提高，必然会使其对金融产品的需求趋于多样化。他们的金融需求不仅仅是传统的贷款、存款，保险、结算、理财、投资等金融服务在该地区同样是具有一定的市场。尽管当前农牧区的经济存在阶段性发展不平衡现象，导致农牧民对结算、投资理财的关注度稍显不高，但相对于过去已经有了很大程度的改变，它代表了未来农牧民的金融需求发展趋势。值得注意的是，虽然拉萨农牧区的金融需求层次不断上升、规模也在不断扩大，但与发达城镇相比还是稍显落后的，再加上自然环境的限制，使得金融机构提供服务时支付的成本过多，从而影响了其提供服务的意愿。因此，如何有效地控制金融机构的服务成本是使农牧区金融需求得以满足的关键。

7.3.3 金融供给现状

在拉萨市农牧区的经济环境下，大多数金融机构无法形成规模效应，由专业化分工发展而导致交易费用增加的问题不能得到有效解决，再者拉萨市的农牧业受自然条件影响较大从而显得更为脆弱。因此，与国内其他地区相比，拉萨市农牧区的金融机构追求利润的方式单一，主要依靠优惠利率政策和综合补贴政策带来丰厚的利润。

（1）基本结构维系需求

当下，拉萨市农牧区的金融供给主要是以中国农业银行的基层营业网点以及中国邮政储蓄银行代理网点等正规的金融机构为基本面，加之非正规金融机构供给予以辅助。以中国农业银行西藏自治区分行营业部为例，2015 年累计发放涉农贷款 43 亿元，其中农牧民到户贷款 13 亿元，农牧民户均贷款 3.9 万元。同时，问卷调查的结果也显示，选择向银行贷款的 511 户家庭中，其第 1 笔贷款多数是通过中国农业银行基层营业网点这一渠道获得，此种方式的比例竟高达 96.22%，可见中国农业银行金融服务在该地农牧区的覆盖面实则很广。而随着金融体系基本结构的不断完善，金融产品的供给也由传统的存贷服务开始向现代支付结算、理财、保险、咨询等产品转变。整体来说，拉萨市农牧区的金融供给总体能满足辖区农牧民的金融需求。

（2）特惠政策增加保障

特惠金融政策的有效落实是拉萨市农牧区金融供给得以增加的有效保障。可以看到，长期以来，我国十分重视和关心拉萨市乃至整个西藏的发展，根据其经济发展不同阶段的特征给予以优惠贷款利率为中心的特殊优惠政策，同时也给予了更为宽松、更为优惠的扶贫贴息贷款政策。这些政策的落实，有效地增加了拉萨市农牧区金融服务的供给，极大地调动了该地区农牧民改善生产生活的积极性。截至 2015 年底，该区的"涉农"贷款余额 297.26 亿元，较年初增长了 98.09%，占各项贷款总额的 18.36%。与此同时，扶贫贴息贷款余额翻倍增加，余额达到了 214.56 亿元，较年初增长了 179.26%。通过贷款优惠利率、扶贫贴息贷款利率政策的执行，直接向拉萨市农牧区让利，极大程度地减轻该地区经济主体的利息负担，也间接使其收入得以增加。可以看到，在中央扶贫贴息贷款的政策下，金融服务得以更好地服务农牧家庭，造福农牧区。

（3）信用体系创造便利

随着拉萨市农牧区信用体系建设的不断推进，该地区金融供给的外部环境也渐趋良好。2015 年，当地政府正式启动了山南地区琼结县农村信用体系试验区的建设工作，还开通了互联网个人信用报告查询平台。至此，该地区农牧区的信用建设已取得初步成效，建设评定信用县

6个、信用乡（镇）390个，信用村的数量也十分可观，高达3824个，使得农牧户享有更多的特殊优惠政策，比如适当提高贷款授信额度、优先设立网点等。可以看到，信用县、乡（镇）、村的评定工作对培育农牧民信用意识、改善信用环境、优化金融生态、防控信贷风险起到了十分积极的作用，不仅增强了该地区经济参与者的信用意识，而且还有效地控制了金融机构面临的信用风险约束。截至2015年底，全区涉农贷款的不良率维持在0.3%左右，远低于全区其他贷款的不良水平。

7.3.4　存在问题

尽管当前拉萨市农牧区的普惠金融服务不管是深度还是广度都得到了一定的拓展，但由于农牧区区域的特殊性，地区金融基础建设成本以及金融服务成本较其他地区更高，且金融生态环境也稍显脆弱，普惠金融工作的难度由此也增大不少，相关方面的建设还有待进一步加强。针对当前该地区的具体情况，将从以下几个方面就其所存在问题展开讨论和分析。

（1）普惠金融的理念有待深化

可以看到，从政策实践来看，当地政府部门实际上对普惠金融的认识仍有不足，并没有主动地承担起引领、带动的角色。以政府补贴发放的方式为例，在调查中发现，拉萨各县农牧区的政府更倾向于以现金补贴的形式将补贴发放给农牧家庭，而极少通过银行卡的途径，这也在一定程度上反映出财政补贴资金通过银行卡方法的试点实际上尚未在全农牧区得到有效推广，政府起到的引领作用仍显不足。而实际上，在我们的调查中，有接近一半的家庭是非常愿意接受补贴完全通过银行卡账户的，而完全不愿意接受的家庭仅占不到五分之一的比例。从现有的金融机构来看，其社会责任的意识仍不强，由于受到农牧区条件的影响，其自我提升的机会不多、竞争意识不强，大多依赖于特殊优惠政策获取丰厚利润，更不会主动地去承担起应负的社会责任。从农牧家庭来看，他们的金融知识实际上是十分匮乏的。在抽样调查的 768 户家庭中，对银行卡功能完全了解的家庭只占到 34.90%，远远不到一半的数目，从而导致其使用银行卡的频率很低，甚至有 55.60% 的家庭在日常生活中根本不会去使用银行卡。究其原因，主要还是因为他们并不清楚银行卡具体有哪些功能。值得肯定的是，当前由中国人民银行和其他金融监管机构统筹安排的金融知识进农牧区的宣传活动已取得了一定成效，但是尚没有形成循环扩大效应，对农牧家庭的知识普及活动仍需继续。

（2）金融服务体系不够健全

整体而言，现有的金融机构单一且未全覆盖，且金融供给主要依赖于中国农业银行。虽然该地区的保险业、证券业取得了一定程度的发展，但其主要还是以银行业金融机构为主体，其中，中国农业银行是服务拉萨市各县农牧区的主要力量，其基层网点遍布拉萨市各个县域，而西藏银行、中国邮政储蓄银行、中国银行、中国建设银行等仅在个别县设立了分支机构。可以看到，中国农业银行挑起了拉萨市乃至整个西藏金融服务的重担，截至 2016 年 6 月底，人民币各项存款余额已达 479 亿元，人民币各项贷款余额 120 亿元，其存贷市场份额占整个西藏银行业金融机构的一半左右。前面的分析也曾提到，在有贷款需求的农牧民中，接近 98% 的家庭都是通过中国农业银行获得贷款的，且农牧民贷款数量在 2010 年及之后呈现出迅猛增加的态势，无论是第 1 笔贷款还是第 2 笔贷款，几乎所有的农牧家庭都是在 2010 年及之后获得。而 2010 年正好是中国农业银行推出以"金、银、铜、钻"四卡为载体的农牧区小额信用贷款业务的起点，这进一步说明了中国农业银行这一创新举措得到了广大农牧民的高度肯定，对拉萨市农牧区的经济建设和服务起到了至关重要的作用。然而，应该注意到的是，除银行机构外，人保财险、人寿保险、平安保险的覆盖面极为有限，以中国平安财产保险西藏分公司为例，目前仅建立了五家外围机构，网点仅覆盖山南、林芝、日喀则、那曲和昌都地区。在完整的金融市场体系中，参与的主体应是多样化、多元化的，像该区域中国农业银行一枝独秀的情况是不利于内地成熟金融产品引入的，同时也会在很大程度使金融服务的效率大打折扣。

（3）金融产品供给不足

经过多年的努力，拉萨市各农牧区的金融服务得到了较快的发展，产品类型也日益丰富、完善，但是与该地区经济主体日益多方面、多层次的金融需求相比，其所能提供的金融产品的种类仍是不足的，创新的力度也不大，目前主要还是以存款类、贷款类以及保险类业务为服务的核心，符合农牧区经济主体当前金融需求的创新性产品几乎没有，金融产品的供给是需要进一步改善的。以保险产品为例，现有的农业保险主要以政策性涉农保险为主，险种也仅限于五种类型，分别是农机具保险、农用机动车辆保险、农牧民住房保险、养殖业保险、种植业保险。总体来说，满足当地农牧民金融需求的保险产品是不多的，这对涉农保险的服务深度造成一定影响。

（4）相应设施尚未完善

由于拉萨市普惠金融的发展尚未形成完全统一的认识，战略规划和顶层设计启动较晚，从而该区基础设施建设仍显薄弱，金融服务的基础布局也是缺乏统筹规划的，同时农牧区的支付服务环境也是稍显恶劣的。该区内银行县域以下的网点普遍存在办公条件差、服务手段落后、信息建设滞后等问题，值得注意的是，由于基层营业网点的科技信息建设投入不足，从而电子化建设落后，进而导致银行支付系统难以在县域以下广泛推广。而金融支付的服务资源配置存在不均，城乡地区明显优于农牧区域，具体表现为，农牧区的支付服务组织供给明显不足、支付结算方式单一、结算设施如 ATM、POS 机具等相对较少。在调查中也发现，一部分家庭是不愿意接受财政补贴完全通过银行卡发放的，因为他们觉得银行卡的使用太麻烦，这也侧面反映出了该地区支付服务的供给是不到位的。虽然截至 2015 年底，全区共设立了助农取款服务点

2240 个，布放机具 2355 台，填补了 682 个金融空白行政乡镇、1650 个空白行政村，但金融服务的供给仍是存在一定规模的留白地区。

数十年来，通过各级政府为农牧区普惠金融工作所做的政策安排以及制度设计，部分农牧区的金融机构克服了机会成本居高不下的问题，其生存空间得到了极大的扩展，从而使得农牧区的经济取得了一个良好的发展。但是，一些地区由于人口密度过低、自然环境恶劣、农牧业的弱质性等原因导致金融服务留白，即使在特殊优惠政策的支持下，仍旧无法弥补其昂贵的服务成本。那么，如何有效地改善金融空白区的现状、降低金融服务成本都是值得深思的问题。

7.4 构建拉萨市农牧区普惠金融体系建议

可以看到，拉萨市农牧区普惠金融的推广虽然取得了一定成绩，但是仍然存在一些不足。因此，构建完善的普惠金融体系、从而满足各区县农牧民多方面的金融需求是当前金融工作的首要任务。若想取得长足的发展，就必须建立起一个多层次的、服务范围广的普惠金融体系。

关于农村普惠金融的实践探索中，孟加拉国格莱珉银行（Grameen Bank）的模式算是国际上典型的成功模式，其因规模巨大且效率奇高等优点远近闻名。它从诞生之日起就是为了那些由于无法提供抵押而被正规金融机构排斥在外的贫困群体服务的，其最根本的目的就是要帮助社会底层的贫困群体消除贫困，改变生活图景从而提升经济能力，而非以直接盈利为发展目标。其首创了以五人小组模式为依托的无抵押、无担保的贷款模式，集中放贷、分期还款，小组成员互相监督并定期召开会议交流信息。在国内，也不乏成功案例，比如海南的"一小通"模式、浙江丽水的五大金融创新工程模式等，这些都为拉萨市农牧区普惠金融的发展提供了宝贵经验。为了解决当前该地区所存在的问题，推进农牧区普惠金融的发展，在借鉴国内外宝贵经验的同时，还应结合该地区现有的特点，从而更好地发挥政策优势、经验优势，彻底改变整个农牧区普惠金融生态环境，推动农牧区普惠金融的长足发展。

7.4.1　建设更为全面的农牧区普惠金融体系

由前所述，中国农业银行是拉萨市各区县的主力军，其他金融机构的引导作用并不明显。由此，完善更为丰富的农牧区普惠金融体系成为工作的重点，更丰富就是在以中国农业银行县及以下的机构为主体的层面上，不断培育、发展新型农村金融机构、中国邮政储蓄银行作为补充，并以其他金融组织机构作为辅助，从而实现多层次、全方位、广覆盖的农牧区普惠金融体系。

第一，要充分发挥中国农业银行的带头作用，并不断夯实以中国农业银行基层服务网络为主的普惠金融体系基础。发展的方向不能脱离拉萨市农牧区当前的实际情况，因此普惠金融体系的建立仍然是需要依靠农行的。在原有的基础上，进一步地完善其在农牧区的机构布局，重点优化和改善金融服务空白乡镇的总体规划，并在所有行政村建立自主助农取款点并加大布放 POS 机等物理机具的力度，逐步形成"乡乡有机构，村村有服务"的服务环境。同时，为了更好地把金融服务送到农牧民的"家门口"，可以考虑实施乡村金融代理或常驻机制的探索，从而实现普惠金融体系的细节优化。通过这些方式，强化中国农业银行的基层服务网络，强化中国农业银行"三农"服务的作用，从而提高该地区农牧家庭金融服务的获得性以及满意度。

第二，还应将丰富中国邮政储蓄银行网点、探索新型农村金融机构的任务提上日程，将其作为拉萨市农牧区普惠金融体系的强化剂。邮储银行应抓住当前的发展机遇，加快"三农"网点的建设，把现有的邮政储蓄代理网点改组为县支行，在未设立代理网点的县域考虑新建县支行，而在县以下的乡镇依托自营网点或者邮政储蓄代理网点，从而形成更好的网点优势。在这个过程中，鼓励和发展农牧区微型金融组织也是十分必要的，应以更加积极的态度参与到新型农村金融机构设立的过程中来，包括对村镇银行、农村资金互助组织以及小额贷款公司等金融机构的引进和培育。在有条件的地方考虑设立村镇银行、小额贷款公司，在经济基础好的地方设立农村资金互助社，极大丰富农牧区金融机构的类型，增强拉萨市普惠金融体系的生命力。

第三，还应鼓励其他商业银行增设县域网点，并使之成为拉萨市农牧区普惠金融的重要组成部分。目前，除中国农业银行以外的其他银行仅在个别县域设立了分支机构，这是不利于普惠金融的可持续发展的。因此，在一些条件成熟的区域应考虑分批次、分阶段、有针对性地设立地方性银行、股份制银行、其他国有银行、政策性银行的分支机构。尤其是西藏银行，应加快金融服务的布局规划，尽早成为"三农"服务的后续力量。

第四，还应加快科技信息技术与物理网点建设的有效融合，为农牧区普惠金融体系的持续发力提供强大的硬件支撑。值得注意的是，由于农牧区自身区域的特殊性如自然条件差、人口密度低等，单纯依靠物理网点提供服务显得势单力薄，加之设立物理网点的成本过大，金融服务难以为继，经济效率难以提升。那么，在有条件的地方实际上是可以借助现代化科技的支付工具来提升服务效率的，比如互联网金融、手机银行等现代化的支付工具，相信随着科技技术与传统网点的相互补充，定能提升当地农牧家庭的体验度、获得感。在推行新的支付工具的同时，还应注意对风险防范机制的完善，以避免给农牧区的家庭带来不可避免的经济损失。

第五，还应加快中介服务体系的建设，推动信用担保体系的建设。在有条件的区域内考虑建立国有全资政策性担保公司、引进区外信用担保公司等，为农牧区家庭的融资提供金融服务，加快农牧区的经济发展。

7.4.2　提供更为丰富的普惠金融服务及产品

为了满足农牧区家庭日益丰富的金融需求，提升金融服务的综合性显得尤为重要。不仅要加快全面、综合的农牧区金融服务的发展，形成"点小面大"的金融服务总体布局，还要注重多层次金融服务产品的创新。可以看到，当前银行、保险等机构都是按照西藏自治区的统一规定和标准执行为农牧民提供金融服务和产品，并没有因地制宜地、主动地开发一些全新的金融产品。实际上，在稳步推进传统业务的同时，还应注意根据不同区域的资源禀赋、发展水平、金融需求来推进金融服务和产品的创新。就提供服务的方式而言，不应拘泥于原有的传统方式，应引入现代科技技术来加快服务的升级，大力推广网上银行、手机银行、IC 卡等便捷、高效的支付手段，稳步提升金融机构的服务水平。就提供的产品而言，在继续推行以"金银铜钻"四卡为基础的小额信用贷款产品的同时，探索更加多元化的信贷产品、担保方式，如妇女联保小额贷款、农村诚信青年创业贷款等都是很好的专属信贷产品，也无疑会将农牧区的小额信贷工作推向一个全新的高度。另外，根据不同层次人群的保险需求，有针对性地开发手续简单、保障度高、缴费起点低的保险产品，同时结合不同区域资源禀赋的情况大力发展特色农牧业保险，提升农牧区农业抵御风险的能力。

7.4.3　采取更为积极的政策引导

在各项特殊金融优惠政策的支持下，拉萨市农牧区的金融发展有了很大起色，但是与发达地区相比，其发展的水平还是略低，尚需要继续落实相关的优惠政策，切实强化精准扶贫，加强基础设施以及配套建设，并强化政府在普惠金融的深化中的牵头作用，以一个更为积极的姿态投身到农牧区普惠金融体系的建设进程。

首先，各部门要贯彻落实好相关的特殊优惠金融政策，充分发挥引导作用。第一，就是要确保银行机构吸收的存款主要用于当地，从而确保其发放贷款的资金来源充足，同时，也要继续落实银行机构的差异化信贷管理办法和考核方式。第二，要积极引导金融资源向更贫困、更偏远的地区倾斜，必要时可以采取特殊的补贴渠道和方式，从而正向激励资金流向"三农"、县域等地区。第三，要积极地去争取更多的特殊优惠金融政策，如存款准备金、支农再贷款方面的惠利，使农牧区的家庭能够获得更加丰富的金融服务。

其次，要全方面强化扶贫，同时加大精准扶贫的力度，从根本上深化农牧区的普惠金融。一方面，要通过更多金融机构基层网点的流动服务，鼓励和支持农牧民家庭利用金融工具改善生活、发展经济，并借助惠民活动，大力宣传金融知识、普及发展理念，经济扶贫、文化扶贫两手抓，从而培养农牧民勤劳致富的金融理念，激发其潜在的金融需求。另一方面，也要加大扶贫贴息贷款的力度，降低农牧家庭的利息成本，间接实现其收入的增加，从而尽早实现脱贫致富。

再次，进一步落实相关政策的保障，不断完善农牧区金融监管的标准，因地制宜，适当放松县域及以下金融机构的存贷比、资本充足率风险权重分配、不良率等监管标准，并加速金融机构"绿色通道"的建设，以较低的准入门槛、特别的优惠政策吸引更多的优秀金融机构加入到农牧区普惠金融的建设中。此外，还应加大区域内的网络建设、设备更新等基础设施的资金投入，营造良好的硬件保障，逐步推进农牧区普惠金融的工作。

最后，进一步强化当地政府的引导作用，制定出更为全面的普惠金融总体规划，全面推进拉萨市农牧区普惠金融服务。通过有效的沟通、协调，促进普惠金融发展配套设施的完善，实现金融资源的合理配置。同时，鼓励和支持金融创新，督促金融机构在金融服务和产品方面的主动创新，以"创新驱动"带动整个普惠金融工作的高效运转。

7.5　结论

总体来说，拉萨市各区县普惠金融的推广确已取得相当的成绩，但尚遗留一些问题。本专题从拉萨市各区县具体情况出发，就其当前的普惠金融体系建设的发展情况进行了研究，对其目前发展中存在的问题展开深层次的探讨，并提出了切实可行的解决方案，呼吁其建立起一个政府积极牵头、金融机构持续发力、金融服务惠及全区、配套实施趋于完善的普惠金融工作体系，只有这样，才能真正地使全区农牧民脱贫致富，从而实现经济发展的腾飞。

第八章

牦牛与民生专题

牦牛是拉萨地区牧民最重要的家庭资产与收入来源，与牧民的生产、生活息息相关。拉萨地区作为我国典型的以牦牛产业为主的畜牧业生产地区，牦牛产业的发展不仅影响当地牧民的增收与福利提升，还与农牧区的政治稳定有着密切关系。因此，探讨拉萨地区牦牛与牧民民生之间的关系，分析牦牛产业发展存在的问题，并提供解决这些问题的政策建议，对提高牧民生产生活质量，促进农牧区和谐稳定发展具有重要的现实意义。

在本专题部分，我们将对拉萨地区现阶段牦牛与民生之间的关系，以及牦牛产业链中出现的问题逐一分析，并根据分析结果，为拉萨地区牦牛产业的发展提供相应的政策建议。

8.1 研究背景与意义

中央农村工作会议要求各级地方政府积极培育新型农业经营主体，促进小农户和现代农业发展有机衔接。草原畜牧业不仅是现代农业体系的重要组成部分，还是构成我国陆地生态系统的重要组成部分。党的十九大报告提出，要实施乡村振兴战略，强调农业、农村、农民问题是关系国计民生的根本性问题，必须始终把解决好"三农"问题作为全党工作的重中之重。牧区、牧业、牧民组成的"三牧"问题是"三农"问题的重要组成部分。第一，牧业是牧民收入的主要来源，但牧民收入水平总体上偏低。据国家统计局数据显示，2015 年全国牧民人均纯收入为 11421 元，西部牧民的人均纯收入为 9093.4 元，拉萨地区牧民的人均纯收入为 10378 元。拉萨牧民收入虽然高于整个西部的农牧民人均纯收入，但是依然比全国牧民人均纯收入低大约 10 个百分点。第二，牧民增收难度较大。首先，牧民的收入主要靠放牧获得，收入来源单一。为了保护生态环境，国家出台了一系列宏观政策，限制了牧民的过度放牧。其次，国家给予牧民的政策性补贴只占整个惠农补贴的 13% 左右，牧民转移性收入不高。第三，牦牛奶占牧民收入的 40% 左右。但我国牦牛奶产业发展较晚，产业化程度低，产业规模较小，经营模式单一，原奶季节性波动大、产业链构成要素不完整不稳定等问题严重制约了牦牛奶产业的发展。

牧民增收是中国特色社会主义制度优越性和民族区域制度优越性的根本要求和体现，具有重大的战略意义与政治意义。牦牛作为牧民家庭的重要组成部分，不仅可以增加牧民收入，还可以提升牧民生产生活水平，增强牧民幸福感。牦牛产业作为国民经济的重要组成部分，不仅为社会提供大量的畜产品，还可带动相关种植业、食品业、饲料业、兽药业、制药业发展。促进牦牛产业的适度发展，不仅可以增加地方财政性收入，促进区域经济发展，还有利于牧区尤其是少数民族聚居区的政治稳定。

8.2　牦牛的经济价值

据拉萨市统计局数据显示，2015 年拉萨地区农、林、牧、渔业总产值 23.38 亿元，按可比价计算，同比增长 6.50%。其中：农业产值

10.20亿元，同比增长4.7%，占比43.63%；林业产值0.34亿元，同比下降5.8%，占比1.45%；畜牧业产值12.72亿元，同比增长5.60%，占比54.41%；渔业产值0.02亿元，同比增长10.40%，占比0.09%。农林牧渔服务业产值0.10亿元，同比增长1.40%，占比0.43%。在农、林、牧、渔业收入中，畜牧业所占比例最大。畜牧业产值主要分为三块：牲畜饲养、猪饲养以及家禽饲养。其中，牲畜饲养产值、猪饲养产值、家禽饲养产值占比分别为95.57%、3.61%与0.82%。在拉萨地区的牲畜饲养结构中，牦牛所占比例最高，因此，牦牛养殖在整个畜牧产业中具有举足轻重的地位。拉萨地区牦牛种群主要包括西藏高山牦牛、西藏帕里牦牛、西藏斯布牦牛和西藏娘亚牦牛。各牦牛品种生产性能如表8.2.1所示。

在西藏，牦牛奶是乳制品的重要原料，西藏乳制品的90%、青海乳制品的80%以及四川乳制品的70%，原料都来源于牦牛奶。[1]牦牛奶含有丰富的蛋白质、乳脂、乳糖、矿物质元素、人体必需氨基酸及乳清白蛋白等营养成分。牦牛肉是牦牛的主要产品之一，西藏、青海、甘肃等省（自治区）每年牦牛肉产量占总产肉量的50%。在牛肉生产中，无论从食品安全还是节粮型畜产品生产的角度，牦牛肉都发挥重要的调节作用。牦牛绒是近年来毛纺织品的紧俏原料，据西藏自治区农牧科学院畜牧兽医研究所（1999）对西藏牦牛毛绒品质的分析表明，牦牛绒无髓毛含量高、纤维细度小、强力和伸度较高，其纺织品与山羊绒近似，但价格比山羊绒低。牦牛皮可加工成底革、面革、机械用革等，用来缝制皮箱、皮包、皮衣等各种日用品以及工业用品。牦牛皮制成的牛皮船，是高原河流上重要的交通工具。牦牛角制成的牛角梳、牦牛骨制成的饰品与工艺品等深受市场欢迎。牦牛粪是牧民生活中最重要的燃料。

---

[1] 牛春娥等：《我国牦牛资源现状及其产品开发利用前景分析》，《安徽农业科学》2009年第17期。

牦牛还具有药用价值，牦牛骨、牦牛鞭均可入药。随着人们对牦牛价值认识的深入，世界各地对牦牛产品的需求将越来越大，牦牛产品的价格也将逐渐提高。

表 8.2.1 拉萨牦牛品种的生产性能

品种	性别	肉用性能	产毛性能	乳用性能	役用性能
西藏高山牦牛	♂	屠宰率 50.40%，净肉率 45%	产毛量 1.6 kg		驮重 50—80 kg
	♀	屠宰率 50.80%，净肉率 41%	产毛量 0.5 kg	泌乳期 305—396d，年产奶量 138—230 kg，日产奶量 1—1.5 kg	
	阉牛	屠宰率 53%	产毛量 1.7 kg		
西藏帕里牦牛		屠宰率 52%	产绒 0.6 kg	产奶量 1.6 kg /d	
西藏斯布牦牛		屠宰率 50%		产奶量 1.8 kg /d，乳脂率 5.90%—10.70%	
西藏娘亚牦牛	♂	屠宰率 55%			
	♀	屠宰率 49%—54%			

资料来源：施奇静等：《中国牦牛资源保护及可持续利用：驯化与品种培育》，《家畜生态学报》2016 年第 1 期。

8.3 牦牛与牧民生活满意度

民生水平可以用牧民的生活满意度指标进行衡量，而牧民收入满意度和住房满意度是构成牧民生活满意度的重要指标。牧民收入方面，拉萨地区牧民人均收入水平低于全国农村人均收入水平，牧民增收问题迫在眉睫；牧民住房方面，拉萨地区牧民住宿环境脏、乱、差等问题依然存在，改善牧区人居环境成为提升牧区居民生活质量的关键。本节首先从牧民收入主要来源、牧民对家庭收入状况满意度评价、牧民收入总体状况以及牧民增收的角度，分析牦牛养殖与牧民家庭收入之间的关系。随后，从牧民住房基本情况以及对住房满意度评价两方面，阐述牦牛养殖与牧民住房满意度之间的关系。

8.3.1 牧民收入满意度

（1）牦牛是牧民收入的主要来源

据拉萨地区统计年鉴数据显示，拉萨地区家庭经营性收入中农业收入为 1080 元，占比为 19.07%；林业收入为 655 元，占比为 11.56%；牧业收入为 1816 元，占比为 32.06%；其他占比为 37.31%。这些数据表明，牧业是拉萨地区家庭经营性收入的主要来源，这其中又以牦牛饲养为主。

调查问卷数据表明，拉萨地区农牧区中 47.54% 的受访家庭饲养了牦牛。如表 8.3.1 所示，饲养牦牛的家庭中，饲养的牦牛头数最高达到 200 头，最低仅有 1 头；95% 以上的家庭中饲养了公牦牛，平均每个家庭养 10.73 头；饲养母牦牛的农户家庭的比例达到了 89.65%，平均头数为 11.18 头；86.92% 的农户家庭饲养了成年牦牛，平均头数为 13.18 头；76.57% 的家庭饲养了未成年牦牛，平均头数为 5.55 头；75.75% 的牧民家庭饲养了产奶母牦牛，平均头数达到 4.86 头。从母牦牛产奶的性能来看，牦牛种群的泌乳期分布在 150—180 天之间，假设拉萨地区不同种类成年产奶母牦牛每头每天平均产奶 1.5kg，平均泌乳期为 165 天，那么一头牦牛平均每年产奶可达 247.5kg。据西藏高原之宝牦牛乳业公司透露，夏季每公斤牦牛奶的收购价格为 12 元，冬季达到 18 元，因此，平均每头产奶牦牛每年可带给牧民 4000 元左右的收入。2016 年拉萨地区农村居民人均可支配收入为 10736 元，其中牦牛奶贡献的份额可达 40% 左右。加上牦牛肉、牦牛毛等的收入，牦牛对牧民家庭收入的贡献率可能超过 50%。

表 8.3.1　拉萨市牧民牦牛养殖情况

指标	牦牛养殖	公牦牛	母牦牛	未成年母牦牛	成年牦牛数	产奶母牦牛	户籍人口数	养牦牛户籍人口数
观察数	367	352	329	281	319	278	772	367
均值	27.08	10.73	11.18	5.55	13.18	4.86	4.87	5.6
农牧户家庭占比（%）	47.54	95.91	89.65	76.57	86.92	75.75	**	**
最小值	1	1	1	1	1	1	1	1
最大值	200	100	100	30	75	30	14	14

（2）牦牛与牧民家庭收入评价

总体调查数据显示，2016 年 31.27%牧民的家庭货币收入相比上年有所增加；48.10%牧民的家庭货币收入与去年持平；还有 19.21%牧民的家庭货币收入较去年减少了；余下 1.43%牧民对家庭货币收入变化不清楚。在考察牧民对家庭收入状况满意度评价时，13.97%的牧民对家庭收入状况非常满意；31.11%的牧民比较满意；34.44%的牧民认为自己家庭收入状况一般；16.19%的牧民感到比较不满意；2.70%的牧民感到非常不满意；1.59%的牧民不清楚其家庭收入相比上年的增减情况。

在饲养牦牛的家庭中，2016 年 30.52%牧民的家庭货币收入较去年增加了；47.41%牧民的家庭货币收入与上年持平；20.98%牧民的家庭货币收入相比去年出现下降；1.09%的牧民不清楚家庭货币收入变化。家庭收入状况满意度方面，14.71%的牧民对当前收入状况十分满意；29.16%的牧民对当前家庭收入比较满意；34.33%的牧民认为当前家庭收入状况一般；17.17%的牧民感到比较不满意；2.45%的牧民感到非常不满意；2.18%的牧民不清楚其家庭收入相比上年的增减情况。

在未饲养牦牛的家庭中，2016 年 32.32%牧民的家庭货币收入高于上年；49.05%牧民的家庭货币收入与上年保持一致；16.73%牧民的家庭货币收入低于上年；余下 1.90%的牧民不了解家庭货币收入的变

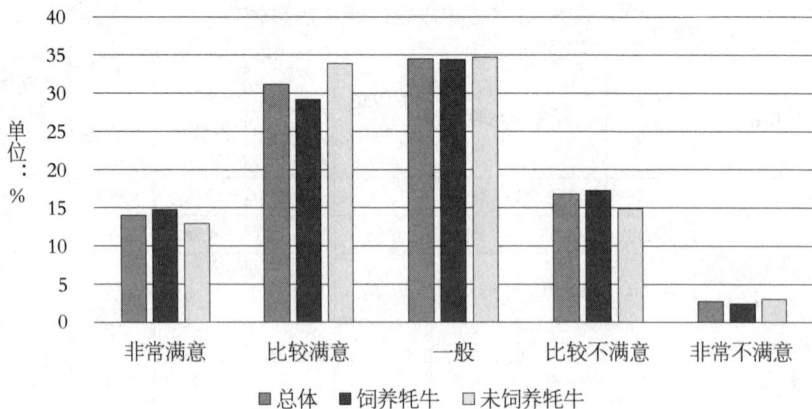

图 8.3.1　牦牛与牧民收入满意度

化。家庭收入状况满意度方面，12.93％的牧民对家庭收入状况非常满意；33.84％的牧民感到比较满意；34.60％的牧民认为自己家庭收入状况一般；14.83％的牧民感到比较不满意；3.04％的牧民感到非常不满意；0.76％的牧民不清楚其家庭收入相比上年的增减情况。

上述数据还表明，未饲养牦牛的家庭相比饲养牦牛的家庭，认为家庭货币收入较上年增加以及对家庭收入感到满意的比例更高。出现这一差异结果的原因有两个方面：第一，未饲养牦牛家庭的受访者的受教育程度高于饲养牦牛家庭的受访者，且未饲养牦牛家庭的常住人口低于饲养牦牛的家庭，因此未饲养牦牛的家庭相对于饲养牦牛的家庭有更多的精力与时间投身于养殖之外的其他工作，非农收入占比增加。第二，对于饲养牦牛的家庭来说，其养殖收入受到多方面的限制，如牦牛生病、衰老、产奶期的不稳定性等都可能影响牧民当年的家庭收入。

实证结果显示，牧民家庭牦牛饲养头数的增加会显著增加牧民家庭货币收入。一方面，国家会给予饲养牦牛的家庭一定的补贴，每头公牦牛补贴 2000 元，母牦牛每头补贴 60 元，这种政府转移性支付对于饲养牦牛较多的家庭来说，是一笔可观的收入。此外，正如前文提及的牦牛奶的收入占牧民家庭总收入的 40％左右，因此牧民家庭母牦牛头数越多，牦牛奶的产量就越多，越能够带给牧民更多收入。因此，牧民饲养牦牛的总头数、产奶的牦牛数、公牦牛数、母牦牛数以及成年母牦牛数等都与牧民收入满意度呈显著的正相关关系。然而，未成年牦牛头数却与牧民收入满意度存在显著的负相关关系。据相关资料显示，每头未成年牦牛每天需要饮用一头产奶牦牛 1/3 的牦牛奶，导致牧民家庭饲养的未成年牦牛头数越多，家庭可供出售的牦牛奶越少。牦牛幼年时期无法给牧民带来收入，反而需要花费较多的时间、精力及其他成本进行饲养，因此，牧民家庭中饲养的未成年牦牛头数越多，牧民对家庭收入状况越不满意。

（3）牧民收入总体情况

图 8.3.2 对比了 2004—2013 年拉萨地区城镇居民和牧民收入的变化。结果显示，2004—2013 年间，拉萨地区城镇居民人均可支配收入平均为牧民人均收入的 3.37 倍。近几年来，城镇居民与牧民可支配收入的差距有缩小的趋势。虽然牧民人均可支配收入逐年上升，但是增速下降幅度较大。从全国平均农村居民人均可支配收入情况来看，拉萨地区牧民人均可支配收入始终低于全国平均水平，促进牧民增收迫在眉睫。

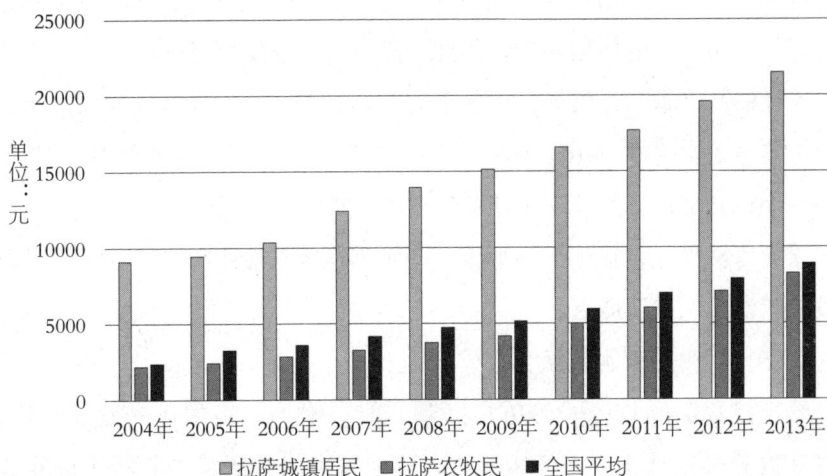

图 8.3.2　2004—2013 年拉萨城镇居民、农牧民及全国农村居民可支配收入

（4）牧民增收缓慢的原因

①收入结构单一

受限于特殊的地理特征，拉萨地区牧民居住较为分散，交通不便、信息交流便捷程度低；牧民专业技能低、语言不通、劳动力转移困难，造成家庭经营性收入在整体收入结构中始终占绝对优势的现状。据调研数据以及相关估算，牧民家庭收入的主要来源要是饲养牦牛以及出售牦牛奶等，占比超过40%以上，而其他收入来源，如工资性收入等，对家庭收入的贡献程度较小。

青藏高原是我国自然灾害频发的高风险地区。在全球变暖的大背景下，一方面气温上升对西藏地区的农牧业生态系统造成了严重的威胁，出现动物北移、草场退化、生物多样性锐减等一系列问题。另一方面，西藏地区干旱、雪灾、局部强降水、霜冻、冰雹、沙尘等气候灾害，以及草原虫、鼠灾害等生物灾害，造成农业歉收、绝收；牧业牲畜膘情下降、产奶量降低、产仔率下降、仔畜成活率下降等风险。牦牛作为拉萨地区牧民的主要收入来源，一旦发生上述灾害，牧民收入就会受到严重影响。

牦牛作为高原畜牧业其他牲畜不可替代的优势牛种，同时也是未通过正规育种培育的原始畜种，因此，其生产性能低于普通奶牛。牦牛的生产性能易受季节、气候、遗传等因素的影响。比如母牦牛的日产奶量只有普通花奶牛的1/10—1/20；普通花奶牛的产奶期可达到10—12个月，而母牦牛的产奶期只有5—6个月。如果遇上天气变化等，牦牛产奶量会急剧降低。牦牛产奶量少、产奶不稳定是造成牧民增收缓慢以及收入不稳定的重要原因。

②牦牛产业专业化程度低

拉萨牧区的牧民一般单户经营，依靠增加牲畜数量来发展牧业。过度放养导致草原生态环境恶化，迫使国家出台政策限制牦牛饲养数量。单户经营的牧民家庭内部管理缺乏专业分工。牧民组织化程度低，导致其交易能力弱。拉萨地区牦牛产业化模式单一，大多以"公司+牧户"形式存在。一系列问题导致牦牛产业发展不成熟，制约了牧民增收。

8.3.2　住房满意度

对于青藏高原的居民来说，民居的形式与结构因地理环境、气候条件和生产方式的不同表现出较大的差异。牧区传统的民居以帐房为主，农区和城镇的住宅则是石木或土木结构的楼房。拉萨牧区帐篷的搭建材料以牛毛帐篷为主，材料多取自牦牛的皮毛。随着拉萨地区经济与牧业生产的发展，民众收入有了大幅提高；草场分块经营后，牧民不再需要频繁迁徙，因此，目前牧区修建的住房多为土木或是石木结构的平房。2016 年拉萨地区政府工作报告数据显示，截止到 2016 年底，拉萨地区完成 7750 户牧民安居工程和 125 个村居环境综合整治，建设保障性住房 5687 套，改造 1394 户 10.46 万平方米棚户区，城乡居民人均居住面积达到 33 平方米，城乡居民实现安居乐业。我国政府一直强调加快推进农村人居环境建设，改善农村人居环境是提升农村居民生活质量的关键，也是全面建设小康社会的基本要求和统筹城乡发展的重要途径。因此，了解和分析当前牧民住房满意度情况具有重要的现实意义。

从住房拥有情况来看，被调查地区 98.10% 的牧民家庭都拥有自己的住房，自有住房的平均年限为 9.11 年；无自有住房的牧民家庭仅占 1.90%，80.29% 的牧民认为自己的家庭房屋够住。饲养牦牛的牧民家庭，其自有住房拥有率为 100%，78.48% 的牧民认为自己的家庭房屋够住；未饲养牦牛的牧民家庭中，96.20% 的牧民家庭拥有自有住房，略低于饲养牦牛的家庭，80.74% 的牧民认为自己的家庭房屋够住，如表 8.3.2 所示。

表 8.3.2　牧民住房基本情况

指标	饲养牦牛家庭	未饲养牦牛家庭	受访地区
观察数（户）	367	263	630
住房拥有率（%）	100	96.20	98.10
住房年限均值（年）	8.90	9.42	9.11
房屋够住率（%）	78.48	80.74	80.29

　　牧民家庭对住房满意度的评价主要从牧民居住的空间、舒适度、房屋的新旧程度、房屋的结构布局等方面考虑。其中，20.16%的牧民对自己家庭住房状况非常满意；34.44%的牧民对自己家庭住房状况感到比较满意；27.15%的牧民认为自己家庭住房状况一般；16.03%的牧民对自己家庭住房状况比较不满意；2.22%的牧民对自己家庭住房状况非常不满意。

　　饲养牦牛的家庭中，19.89%的牧民对自己家庭现住房状况非常满意；31.61%的牧民对自己家庭现住房状况比较满意；28.06%的牧民认为自己家庭住房条件一般；17.98%的牧民对自己家庭现住房比较不满意；2.45%的牧民对自己家庭住房非常不满意。

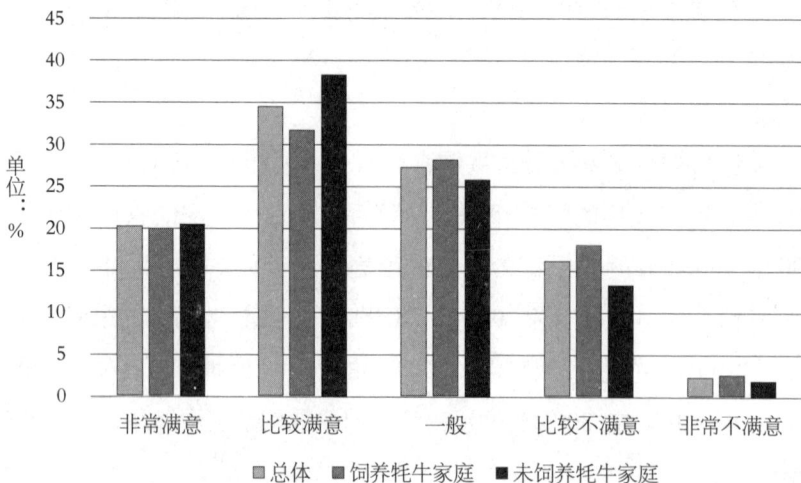

图 8.3.3　牦牛与住房满意度

对于未饲养牦牛的家庭，20.53%的牧民对自家家庭住房状况非常满意；38.40%的牧民对自己家庭住房状况比较满意；25.86%的牧民觉得自己家庭住房状况一般；13.31%的牧民对自己家庭住房状况比较不满意；仅有1.90%的牧民对自己家庭住房情况非常不满意。如图8.3.3所示。

从统计数据来看，饲养牦牛的牧民家庭对家庭住房状况感到满意的比例低于未饲养牦牛的牧民家庭。原因在于饲养牦牛的牧民家庭除了家庭人员居住及堆放杂物之外，还需要另建牛舍。给定宅基地面积，家人居住房屋的内部空间大小有限。调查数据显示，饲养牦牛的家庭常住人口数高于未饲养牦牛家庭，住房相对紧张。

从实证结果来看，牧民家庭饲养的牦牛数量越多，牧民对家庭住房现状越满意。基于前文分析可知，牧民饲养的牦牛数对牧民收入状况存在显著正向影响，因此饲养牦牛越多的家庭，其家庭经济状况越好，改善住房及相关设施条件的支付能力也越强，住房舒适程度得以提高，因而住房满意度也相对较高。

8.3.3　小结

本小节分析了牧民饲养牦牛与牧民收入以及住房满意度之间的关系，得到以下结论：随着牧民家庭饲养牦牛数量的增加，牧民家庭货币收入状况越好，牧民对家庭收入以及住房状况越满意。但是，未成年牦牛头数与牧民收入和住房满意度存在显著的负相关关系。

8.4　牦牛与公共服务满意度

本节分别从当地医疗满意度、路况满意度、政府补贴满意度的角度分析牧民饲养牦牛数量与牧民对政府提供公共服务满意度之间的关系，从中了解拉萨农牧区居民对政府目前提供的各项公共服务的评价，了解牧民的需求，从而为完善相关政策提供依据。

8.4.1 医疗满意度

拉萨地区农牧区实施以政府主导的、免费医疗为基础的牧民基本医疗保障制度。拉萨地区农牧区医疗制度补偿水平高于全国和西部地区，财政对公立医院和基层医疗机构的投入较高，牧民未交纳个人保险也能享受农牧区医疗，保障政策比全国其他地区更优惠。近年来，拉萨地区医疗服务需求总量呈增长趋势，但增长速度低于全国。

随着农村经济社会的发展，农村居民对医疗服务的需求不断提高，对医疗服务的质量的关注日益增加。农村居民对医疗机构、医护人员、药品、医保制度等四个方面的评价直接影响其对医疗服务满意度的评价。医疗服务满意度是评价医疗服务质量的一个重要指标，能在很大程度上反映民众潜在的医疗需求。

图 8.4.1 显示，33.49%的牧民对其所在乡镇医疗服务感觉到非常满意；35.56%的牧民对乡镇医疗服务感觉到比较满意；20.16%的牧民对乡镇医疗服务水平感觉一般；6.35%的牧民对乡镇医疗水平感觉比较不满意；0.95%的牧民对乡镇医疗服务感觉非常不满意；3.49%的牧民对该问

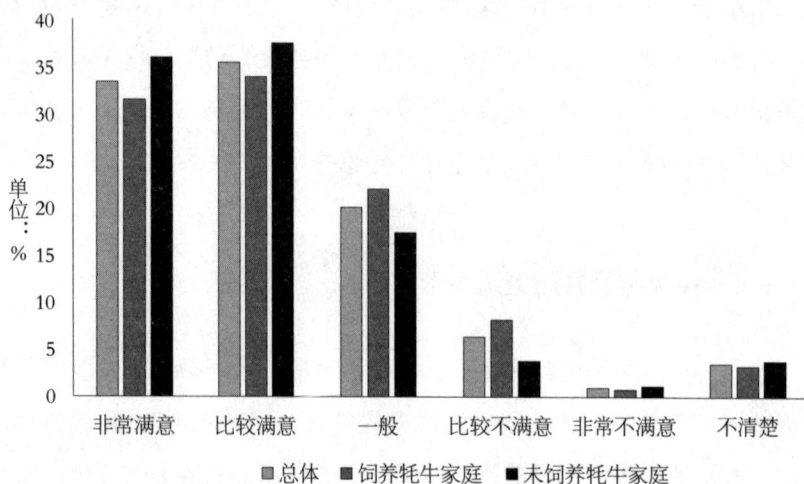

图 8.4.1　牦牛与乡镇医疗服务满意度

题的回答为不清楚。

在饲养牦牛的家庭中，31.61％的牧民对所在乡镇医疗服务感觉到非常满意；34.06％的牧民对乡镇医疗服务感觉到比较满意；22.07％的牧民对乡镇医疗服务水平感觉一般；8.17％的牧民对乡镇医疗水平感觉比较不满意；0.82％的牧民对乡镇医疗服务感觉非常不满意；3.27％的饲养牦牛的牧民对该问题的回答为清楚。

在未饲养牦牛的家庭中，36.12％的牧民对所在乡镇医疗服务感觉到非常满意；37.64％的牧民对乡镇医疗服务感到比较满意；17.49％的牧民对乡镇医疗服务水平感觉一般；3.80％的牧民对乡镇医疗水平感觉比较不满意；1.14％的牧民对乡镇医疗服务感觉非常不满意；3.80％的牧民对该问题的回答为不清楚。

图8.4.2表明，40％的牧民对县医院医疗服务感觉非常满意；31.59％的牧民对县医院医疗服务感到比较满意；6.67％的牧民对县医院医疗水平感觉一般；2.54％的牧民对县城医疗水平感觉比较不满意；0.95％的牧民对县医院医疗服务感觉非常不满意；18.25％的牧民对该问题的回答为不清楚。

饲养牦牛的家庭中，40.33％的牧民对县医院医疗服务感觉非常满意；28.07％的牧民对县医院医疗服务感到比较满意；7.90％的牧民对县医院医疗水平感觉一般；2.45％的牧民对县城医疗水平感觉比较不满意；1.09％的牧民对县医院医疗服务水平感到非常不满意；20.16％的牧民对该问题的回答为不清楚。

未饲养牦牛的家庭中，39.55％的牧民对县医院医疗服务感觉非常满意；36.50％的牧民对县医院医疗服务感到比较满意；4.94％的牧民对县医院医疗水平感觉一般；2.66％的牧民对县城医疗水平感觉比较不满意；0.76％的牧民对县医院医疗服务水平感到非常不满意；15.59％的牧民对该问题的回答为不清楚。

图8.4.1与图8.4.2对比可知，未饲养牦牛的牧民家庭对医疗服务满

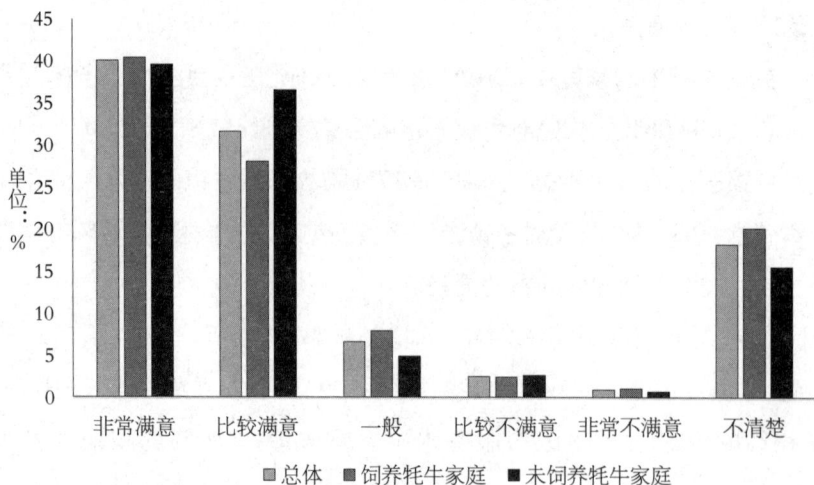

图 8.4.2　牦牛与县医疗服务满意度

意的比例高于饲养牦牛的家庭。由于饲养牦牛的家庭居住地相较于未饲养牦牛家庭的居住地更为偏远，看病的方便程度大打折扣，因此对医疗服务水平满意的比例相对较低。

从实证分析结果来看，牦牛各个指标（包括饲养牦牛总数、产奶母牦牛总数、未成年母牦牛数等）都与乡镇医疗服务水平和县医院医疗服务水平满意度呈现显著的负相关关系，即饲养牦牛越多，对医疗服务满意度越低。具体原因有三个方面：第一，饲养牦牛的村民通常会选择居住在边缘地区，这些地区距离村镇诊所及县医院距离较远，导致花费去诊所的时间较长，看病不方便带来的服务体验相对较差。第二，饲养牦牛的牧民经常暴露于各种天气环境下，与各种不可预期的自然灾害作斗争，身体出现问题的概率变大，村里的基本医疗服务难以提供很好的治疗条件，导致牧民对村镇医疗服务评价较低的可能性增加。第三，随着牧民饲养牦牛头数的增加，牧民家庭收入增加，导致其对医疗服务的期望度和需求增加，进而对村级及县级的医疗服务满意度降低。

8.4.2 路况满意度

农村道路是农村地区最重要的基础设施之一，是支撑农村经济活动得以实现和延续的必要条件，是新农村建设的第一要务和抓手。拉萨地区自 2002 年实施农村公路交通基础设施建设项目以来，农村公路建设工作稳步推进。2015 年拉萨地区政府工作报告显示，截止到 2015 年底，拉萨地区六县二区的 64 个乡镇（街道办事处）、269 个建制村以及所有的自然村已全部实现了通达，其中 64 个乡镇（含 8 个街道办事处）已通油路，通畅率达 100%；269 个建制村（含 35 个居委会）已通油路，通畅率达 98.85%。拉萨地区农村公路总里程达到了 2942.57 公里，通达、通畅率均居全区第一位。拉萨已初步形成"覆盖广泛、结构合理、干支协调、衔接顺畅"的市域公路网系统。

农村道路供给是满足农村地区居民生产、生活和社会发展基本需求的一项公共服务。理论上讲，农民对农村道路供给的满意程度能够反映农村居民对道路需求的程度，因此，研究农民对农村道路供给的满意度，分析农民对农村道路需求的变化，进而提出满足农民需求的农村道路发展策略，可以让农民更多地分享改革和发展的成果，更大限度地增进农民的福利水平。

从调研数据来看，39.68% 的牧民对乡村道路状况感到非常满意；27.78% 的牧民对乡村道路状况感到比较满意；12.70% 的牧民对乡村道路状况感到一般；13.17% 的牧民对乡村道路状况感到比较不满意；6.35% 的牧民对乡村道路状况感到非常不满意；0.32% 的牧民对此问题的回答为不清楚。

在饲养牦牛的家庭中，32.43% 的牧民对乡村道路状况感到非常满意；27.52% 的牧民对乡村道路状况感到比较满意；14.44% 的牧民对乡村道路状况感到一般；17.17% 的牧民对乡村道路状况感到比较不满意；7.90% 的牧民对乡村道路状况感到非常不满意；0.54% 的牧民对此问题

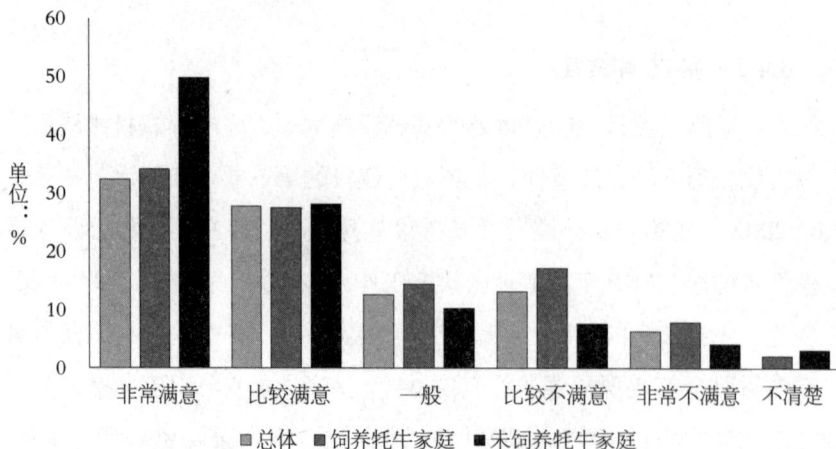

图 8.4.3 牦牛与路况满意度

的回答为不清楚。

在未饲养牦牛的家庭中，49.81%的牧民对乡村道路状况感到非常满意；28.14%的牧民对乡村道路状况感到比较满意；10.27%的牧民对乡村道路状况感到一般；7.60%的牧民对乡村道路状况感到比较不满意；4.18%的牧民对乡村道路状况感到非常不满意；无牧民对此问题的回答为不清楚。如图 8.4.3 所示。

通过数据对比可知，未饲养牦牛的牧民家庭对当地道路满意的比例高于饲养牦牛的牧民家庭。原因在于饲养牦牛的家庭居住地相对偏远，路况相对较差，因此对道路状况感到满意的比例略低。

实证结果发现，牧民家庭饲养的牦牛数量对当地道路状况满意度评价存在显著的负向影响，即牧民家庭饲养牦牛的头数越多，牧民对当地道路状况越不满意。原因同样可以概括为三个方面：一是由于饲养牦牛的牧民家庭通常会选择居住在距离村子中心较远的边缘地带，或者牧场位于村子的边缘。这些地带道路状况相对较差，降低了饲养牦牛的村民对于村道路状况的评价。二是饲养牦牛的牧民家庭基于销售牦牛产品的需要对道路运输的便捷性要求较高，目前的路况无法满足其需求。第三，饲养牦牛越多，意味着收入水平越高，生活越富裕，对公共产品的需求期望也越高。

8.4.3　政府补贴满意度

2016 年，拉萨地区积极完善社会保障制度，社保参保人数突破 46.68 万人；城乡低保标准提高到月人均 640 元和年人均 2450 元；农村五保户供养标准提高到年人均 5370 元，高出自治区 970 元。同时，拉萨地区建立社会救助联席会议制度、社会救助信息直报系统和"一门受理、协同办理"的工作机制，并建立未成年人救助保护中心。五保老人意愿集中供养率和孤残儿童集中供养率均达 100%。①

西藏自治区对全区免征农业税，实施一系列的牧民安居工程补助，对农房改造给予每户补助 1 万元，游牧民定居每户补助 1.5 万元，异地搬迁贫困户每户补助 2.5 万元。除此以外，拉萨地区对粮食作物良种繁育和推广实施补贴：一级种子每亩补贴 60 元；二级种子每亩补贴 30 元；对农机产品、农畜产品加工机械等按照自治区招标价格补贴 30%。除了一系列农业补贴措施外，拉萨地区还对畜牧业进行补贴，每头能繁母猪补贴 100 元，每头能繁母猪保险保费金额 60 元；牦牛犊良种每头补贴 60 元，改良黄牛（奶牛）良种补贴每头 100 元；改良绵羊每只补贴 60 元；自治区对羊、牦牛、黄牛、猪、奶牛及耕牛的牲畜疾病防治进行补贴。拉萨地区对因疫情扑杀的牲畜、家禽实行补贴，政府承担 80%。除此以外，还实施一系列的退耕还林、还草补助、饲料补助以及饮水补助等政府补贴。②

政府实施的一系列补贴措施不仅有助于缓解西藏地区贫困和提升藏

---

① 王珊：《"十二五"时期拉萨 400 多个项目让百姓成为最大受益者》，2016 年 3 月 30 日，见 http://www.chinatibetnews.com/ls/sfyw/201603/t20160330_1150702.html。

② 马志德：《西藏农牧民安居工程实施方案正式出台》，2006 年 2 月 11 日，见 http://www.xzzw.com/xw/xzzyw/201501/t20150130_222334.html。

族人民物质、文化、生活水平，也有助于实现农牧区安定、广大藏族同胞安居乐业。牧民就政府实施的一系列补贴有什么样的评价，牧民家庭饲养牦牛情况的不同会对政府补贴态度发生怎样的变化。通过对这些问题的分析，可以为今后政府工作的改善提供方向。

从受调查地区补贴领取状况与贫困状况来看，70%的牧民家庭都领取到了农业补贴，30%的家庭未领取到农业补贴。24.13%的牧民家庭是建档立卡贫困户，其中45.39%的家庭是一般贫困户，53.95%的家庭是低保户。21.90%的牧民家庭除了领取农业补贴、养老保障款项之外，还领取了其他补贴，如住房补贴、家电下乡补贴等。

在饲养牦牛的牧民家庭中，73.02%的牧民领取到了农业补贴，26.98%的牧民家庭未领取到农业补贴。33.83%的牧民家庭是建档立卡贫困户，其中52.81%的牧民家庭是一般贫困户，46.07%的牧民家庭是低保户。19.07%的牧民家庭领取了除农业补贴以外的其他补贴。

在未饲养牦牛的牧民家庭中，65.78%的牧民家庭领取到农业补贴，34.22%的牧民家庭未领取到农业补贴。23.95%的牧民家庭是建档立卡贫困户，其中34.92%的牧民家庭是一般贫困户；65.08%的牧民家庭是低保户。25.88%的牧民家庭领取了除农业、养老保障补贴之外的其他补贴。

表 8.4.1　农牧户家庭补贴领取与贫困状况

指标	饲养牦牛家庭	未饲养牦牛家庭	受访地区
观察数（户）	367	263	630
是否有农业补贴（%）	73.02	65.78	70
是否贫困户（%）	33.83	23.95	24.13
是否有其他补贴（%）	19.07	25.88	21.90

表 8.4.1 显示，饲养牦牛的家庭获得农业补贴和贫困补贴的比例大于未饲养牦牛的牧民家庭，但拥有其他补贴的比例低于未饲养牦牛的家庭。产生这种结果的原因可能在于两方面：一方面，饲养牦牛的牧民家

庭中人口较多，家庭人均收入较低，因此贫困的比例较高。另一方面，饲养牦牛的牧民的受教育程度低于未饲养牦牛的牧民，其对政策的解读、理解状况不如未饲养牦牛的牧民，导致可能出现政府补贴实际已经下发，但牧民却并不知情的情形。

调查数据显示，58.10%的牧民对政府补贴感到非常满意；26.35%的牧民对政府补贴感到比较满意；7.78%的牧民认为政府补贴带来的感觉一般；2.70%的牧民对政府补贴感到比较不满意；0.95%的牧民对政府补贴感到非常不满意；4.12%的牧民对该问题的回答为不清楚。

在饲养牦牛的家庭中，62.13%的牧民家庭对政府补贴感到非常满意；24.52%的牧民家庭度对政府补贴比较满意；6%的牧民家庭对政府补贴感觉一般；3.50%的牧民家庭对政府补贴感到比较不满意；1.40%的家庭对政府非常不满意；2.45%的牧民对该问题的回答为不清楚。

在未饲养牦牛的家庭中，52.47%的牧民家庭对政府补贴感到非常满意；28.90%的牧民家庭对政府补贴感到比较满意；10.27%的牧民家庭对政府补贴感觉一般；1.52%的牧民家庭对政府补贴感到比较不满意；0.38%的牧民家庭对政府补贴感到非常不满意；6.46%的牧民对该问题的回答为不清楚。如图 8.4.4 所示。

从数据来看，饲养牦牛的牧民家庭对政府补贴满意的比例高于未饲

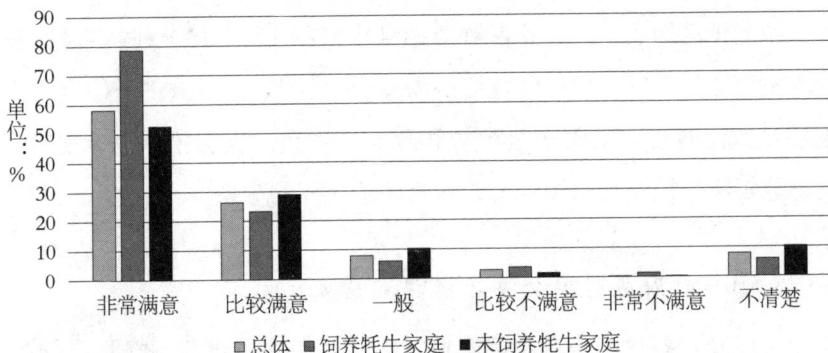

图 8.4.4　牦牛与政府补贴满意度

养牦牛的家庭。从实证结果来看，随着牧民家庭饲养的牦牛头数的增加，牧民对政府补贴越满意。根据拉萨地区政府发布的消息，政府给予饲养牦牛的牧民家庭，牦牛良种每头 2000 元的补贴，产奶母牦牛每头 60 元的补贴等。同时，政府还给予牧民家庭一系列的牲畜病防治补贴。因此，饲养牦牛的家庭除了享受农业补贴之外，还享受畜牧业补贴，对政府补贴满意的比例高于未饲养牦牛的家庭。而且随着牧民家庭饲养的牦牛数的增加，牧民收到的牲畜补贴力度越大，这些补贴在牧民家庭收入中也占据相当的份额，因此饲养牦牛的牧民家庭对政府补贴满意度较高。

8.4.4　小结

本小节分析了牧民牦牛饲养与牧民对社会公共服务评价之间的关系，得到以下结论：牧民家庭中饲养牦牛的头数越多，牧民对村级与县级医疗服务状况越不满意，对当地道路设施状况越不满意，但是对政府补贴越满意。此结论说明，政府需要加大对拉萨地区医疗与道路基础设施的建设，更好地满足牧民日常生产、生活需要。

8.5　牦牛与公共安全满意度

拉萨地区地质、气象条件复杂，自然灾害频繁，加上利益冲突、制度摩擦等矛盾交织，对该区域经济与社会生活带来巨大的冲击。本小节主要从牧民对政府处理安全事故和政府应对自然灾害措施满意度的角度，分析牦牛饲养与牧民对公共安全评价之间的关系。

8.5.1　政府应对安全事故措施满意度

生产安全事故是指在生产企业（尤其是矿山、建筑、修路等行业）发生的危害健康的事故，以及在农业、牧业生产中发生的人身安全事故。生产安全事故在给国家和集体带来重大财产损失、给人民生命安全健康带来严重损害的同时，还在一定程度上引发了社会恐慌。拉萨市农牧区地处高原地区，海拔较高，环境恶劣，发生生产安全事故的概率高于其他地区。

从调研数据来看，40.96%的牧民对生产事故发生后政府采取（或预计可能采取）的措施感到非常满意；24.44%的牧民感到比较满意；5.40%的牧民感到一般；2.38%的牧民感到比较不满意；0.63%的牧民感到非常不满意；26.19%的牧民对该问题的回答为不清楚。

在饲养牦牛的家庭中，42.24%的牧民对生产事故发生后政府采取（或预计可能采取）的措施感到非常满意；21.53%的牧民感到比较满意；5.99%的牧民感到一般；2.45%的牧民感到比较不满意；0.27%的牧民感到非常不满意；还27.52%的牧民对该问题的回答为不清楚。

在未饲养牦牛的家庭中，39.17%的牧民对生产事故发生后政府采取（或预计可能采取）的措施感到非常满意；28.52%的牧民感到比较满意；4.56%的牧民感到一般；2.28%的牧民比较不满意；1.14%的牧民感到非常不满意；24.33%的牧民对该问题的回答为不清楚。如图8.5.1

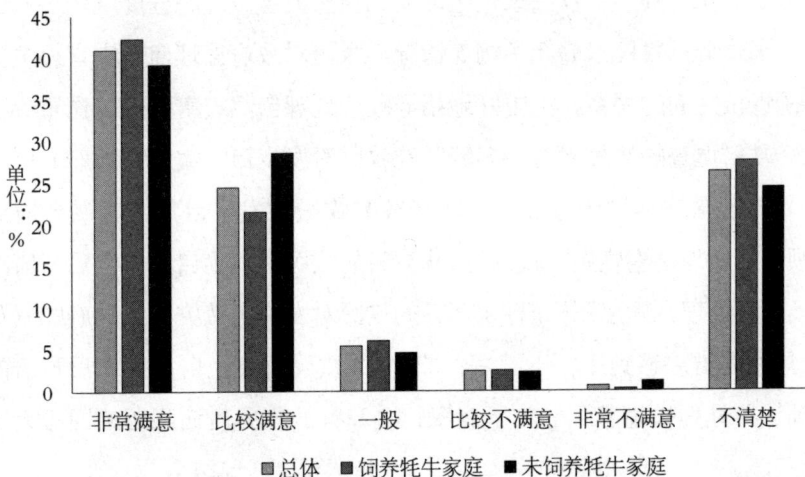

图 8.5.1　牦牛与公共安全事故措施满意度

所示。

通过数据对比可知，未饲养牦牛的牧民家庭对生产事故发生后政府（或预计可能采取）处理措施满意的比例略高于饲养牦牛的牧民家庭。产生此差异的原因是，饲养牦牛的家庭相对于未饲养牦牛的家庭，发生生产事故的概率更高，从而对政府处理生产安全事故有较高的要求。

实证分析结果发现，牧民家庭饲养的牦牛头数量与对生产安全事故发生后政府采取（或预计可能采取）的措施满意度之间呈现显著的正相关关系。一方面，牦牛产业作为当地的支柱性产业，自然受到当地政府的高度重视。另一方面，相对于其他行业，牦牛产业重大安全事故发生的概率较低。即使遇到重大安全事故，由于牦牛是支柱产业，政府一般都制定了妥善的预案，并且牦牛数量越多，预案可能越完善，进而对政府对于生产安全事故采取（或预计可能采取）的措施满意度越高。

8.5.2 政府应对自然灾害措施满意度

牦牛是牧民家庭重要的资产与主要收入来源，如果发生自然灾害，将会给牧民带来重大损失。如果政府能及时处理自然灾害，及时给予牧民家庭安抚与补偿，牧民家庭生活受到自然灾害波及的程度就较少。因此，通过分析牧民家庭牦牛饲养情况与牧民对政府处理自然灾害相关措施的评价之间的关系，能更好地指导政府处理自然灾害时的工作重心。

从所调查的数据来看，48.57%的牧民对发生自然灾害后政府的（预计）处理措施感到十分满意；22.86%的牧民对发生自然灾害后政府的（预计）处理措施感到比较满意；9.37%的牧民对发生自然灾害后政府的（预计）处理措施感到一般；4.76%的牧民对发生自然灾害后政府的（预计）处理措施感到比较不满意；2.22%的牧民对发生自然灾害后政府的（预计）处理措施感到非常不满意；12.22%的牧民对该问题的回答为不清楚。

饲养牦牛的牧民家庭中，48.78%的牧民对发生自然灾害后政府的

（预计）处理措施感到十分满意；20.71%的牧民感到比较满意；8.99%的牧民感到一般；5.45%的牧民感到比较不满意；3.27%的牧民感到非常不满意；12.81%的牧民对该问题的回答为不清楚。

未饲养牦牛的牧民家庭中，48.29%的牧民对发生自然灾害后政府的（预计）处理措施感到十分满意；25.86%的牧民感到比较满意；9.89%的牧民感到一般；3.80%的牧民感到比较不满意；0.76%的牧民感到非常不满意；11.41%的牧民对该问题的回答为不清楚。如图 8.5.2 所示。

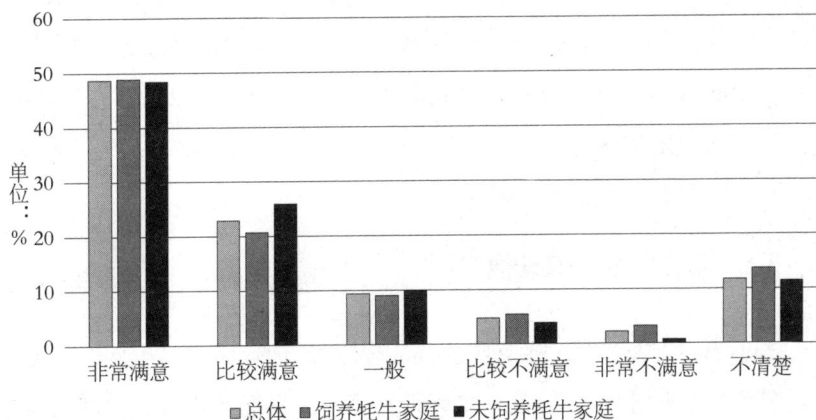

图 8.5.2 牦牛与自然灾害处理措施满意度

从数据结果看，饲养牦牛的家庭对自然灾害发生后政府处理（预计处理）措施感到满意的比例略小于未养饲养牦牛的家庭。原因在于，饲养牦牛家庭遇到自然灾害的可能性更大，因自然灾害而产生的损失会更多，受到的冲击会更大，进而降低对政府处理自然灾害措施的满意度。

从实证结果来看，随着牧民家庭饲养牦牛头数的增加，牧民对自然灾害发生后政府的（预计）处理措施越不满意。可能的解释有两方面，一方面是自然灾害发生后，对牧民的收入影响较大，牧民受到的心理伤害较大，对于政府赔偿的心理预期也较大，当实际得到的赔偿小于牧民心理预期时，就会导致牧民对政府工作评价的满意度降低。另一方面是政府确实在自然灾害处理方面存在欠缺，不能达到牧民的要求。因此对于常常发生自然灾害的藏区，政府不仅要做好灾后的处理工作，更重要的是如何做好预防工作，将自然灾害的危害降低到最小。

8.5.3 小结

本节主要从牧民对政府应对安全事故及自然灾害措施的评价角度分析了牦牛饲养与政府公共安全之间的关系，得到以下结论：随着牧民家庭饲养牦牛头数的增加，牧民对生产安全事故与自然灾害发生后政府处理的（预计处理措施）措施越不满意。这表明，政府还应加强对农牧区公共安全的人力、物力投入，尽量减少公共安全事故以及自然灾害事故发生后对牧民的损害。

8.6 牦牛与生态文明满意度

本小节主要从牧民对目前饮用水以及对周边环境满意度两个方面来分析牦牛饲养与生态文明满意度之间的关系，从而为完善相关政策提供理论支持。

8.6.1 饮水状况满意度

饮水与人们生活息息相关，生活饮用水的水质直接关系着广大群众的身体健康。近年来，拉萨地区大力开展居民饮水工程，农村居民饮水条件得到较大改善，多数地区实现了自来水的供给。饮用水水源主要是以山泉水为代表的地表水。拉萨河贯通全区，水资源丰富，山泉水以融化的雪水为主，基本不受工、农业污染，饮用水中的镉、铬、汞、铅、总硬度、耗氧量、氯化物、硫酸盐等许多指标合格率多年都为100%，饮水水质远好于其他地区。

尽管国家投入大量资金用于改善拉萨地区牧民的饮水工程，但仍有少数牧区存在饮水难问题。此外，部分农牧地区位于高寒地区，饮水工程受气温等的影响较大，气候原因导致自来水水管冰冻而出现季节性缺水、停水等不能正常供水现象。部分牧区乡村饮水安全意识淡薄，大多数居民直接饮用的是未经任何杀菌处理的地表水，对居民身体健康危害较大。分析牧民对日常饮水水质的评价，有助于了解牧民对水质的需求，以便为政府解决牧民饮水问题提供有益线索。

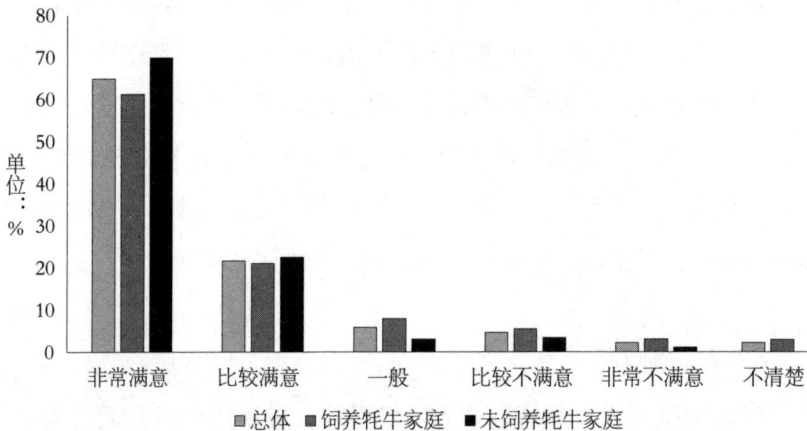

图 8.6.1　牦牛与饮水满意度

从调研数据来看，对目前饮用水的水质满意度评价中，64.93％的牧民感到非常满意；21.59％的牧民感到比较满意；5.87％的牧民感觉一般；4.60％的牧民感觉比较不满意；2.22％的牧民感觉非常不满意；0.79％的牧民对该问题的回答为不清楚。

在饲养牦牛的家庭中，61.32％的牧民对目前饮用水的水质感觉感到非常满意；20.98％的牧民感到比较满意；7.9％的牧民感到一般；5.45％的牧民感到比较不满意；3％的牧民感到非常不满意；1.36％的牧民对该问题的回答为不清楚。

在未饲养牦牛的家庭中，69.97％的牧民对目前饮用水的水质感觉感到非常满意；22.43％的牧民感到比较满意；3.04％的牧民感觉一般；

3.42%的牧民感到比较不满意；1.14%的牧民感到非常不满意。

通过数据对比可知，未饲养牦牛的牧民家庭对饮用水水质感觉满意的比例高于饲养牦牛的牧民家庭。客观而言，饲养牦牛的牧民家庭居住地较偏远，其日常饮水多来自地表水，牧民家庭净化地表水的能力较差，饮用水质质量较低。从实证结果来看，随着牧民家庭饲养牦牛头数的增加，牧民对目前饮用水水质越不满意。主要原因包括两方面：一是随着牧民家庭饲养牦牛头数的增加，牲畜饮水量也增多，为了降低饮水的成本，牧民通常会选择成本较低的河流、地表水。但是这种水源的水质较差，水中沙、石等杂质难以得到妥善的处理，因此牧民对饮水水质感觉评价较低。二是饲养牦牛的家庭通常会选择接近水源的地方生活。虽然这极大方便了牦牛的饲养，但也极易出现人畜共饮及牲畜粪便、排泄物污染水源的情况，导致牧民对饮水水源的评价降低。

8.6.2 周边环境满意度

已有文献将周边环境划分为自然环境、景观环境以及周边人文环境，这三种环境相伴而生、相互作用。本报告中的周边环境主要指一个家庭周边的自然环境，像排水、排污情况等均会影响家庭周围的环境清洁与整洁程度。家庭的周边环境好坏对牧民生活会产生重要的影响，周边环境越好，牧民的生活态度就越积极向上，幸福感就越强。牧民对周边环境的评价也与自身的财力、物力有关，家庭富裕的人，可能对周边环境要求较高，强调环境清洁、路况平整、风景优美等。

生活污水排放方式与厕所类型是评估家庭周边环境的重要指标。从所调查的地区的数据来看，7.14%的牧民家庭通过村或镇排放管道系统排放生活污水；91.75%的牧民家庭通过自家自行排放污水；1.11%的牧民家庭随地泼洒排放污水。61.90%的牧民家庭使用自家修建的旱厕；2.22%的牧民家庭使用自家修建的冲水厕所；35.88%的牧民家庭没有厕所。

在饲养牦牛的家庭中，3.27%的牧民家庭通过村或镇排放管道系统排放生活污水；96.19%的牧民家庭通过自家自行排放污水；0.54%的牧民家庭随地泼洒排放污水。46.05%的牧民家庭有旱厕；1.63%的牧民家庭使用的是冲水厕所；52.31%的牧民家庭没有厕所。

在未饲养牦牛的家庭中，12.55%的牧民家庭生活污水排放方式是村或镇排放管道系统；85.55%的牧民家庭通过自家自行排放污水；1.90%的牧民家庭污水排放方式是随地泼洒。84.03%的牧民家庭使用的自家修建的旱厕；3.04%的牧民家庭使用的是自家修建的冲水厕所；12.93%的牧民家庭没有厕所。如表 8.6.1 所示。

表 8.6.1　牧民家庭污水排放与厕所类型基本情况

指标		饲养牦牛家庭（%）	未饲养牦牛家庭（%）	受访地区（%）
污水排放方式	村镇排放管道	3.27	12.55	7.14
	自行排放	96.19	85.55	91.75
	随地泼洒	0.54	1.90	1.11
厕所类型	旱厕	46.05	84.03	61.90
	冲水厕所	1.63	3.04	2.22
	无厕所	52.31	12.93	35.88

从数据上来看，饲养牦牛的家庭选取自行排放污水方式的比例大于未饲养牦牛的家庭。可能饲养牦牛的家庭因饲养牦牛产生的牲畜粪便较多，选择自家排放污水的成本更低。饲养牦牛的家庭拥有厕所的比例小于未饲养牦牛的家庭。可能的原因是，一方面饲养牦牛的家庭要经常外出放牧，厕所的存在对其生活影响小于未饲养牦牛的家庭；另一方面，饲养牦牛的牧民相较于未饲养牦牛的牧民受教育程度较低，健康卫生知识较为缺乏，依然保留着游牧民族的生活习惯。

在衡量牧民对周边环境满意度时，44.8%的牧民感到非常满意；42.86%的牧民觉得比较满意；9.21%的牧民认为家庭周边环境一般；3.33%的牧民家庭感到比较不满意；0.32%的牧民家庭对家庭周边环境非常不满意。

在饲养牦牛的家庭中，43.88%的牧民对家庭周边环境非常满意；40.60%的牧民比较满意；12.26%的牧民认为家庭周边环境一般；2.99%的牧民家庭感到比较不满意；0.27%的牧民家庭对家庭周边环境非常不满意。

在未饲养牦牛的家庭中，44.87%的牧民对家庭周边环境非常满意；46.01%的牧民感到比较满意；4.94%的牧民认为家庭周边环境一般；3.80%的牧民家庭对家庭周边环境比较不满意；0.38%的牧民家庭对家庭周边环境非常不满意。

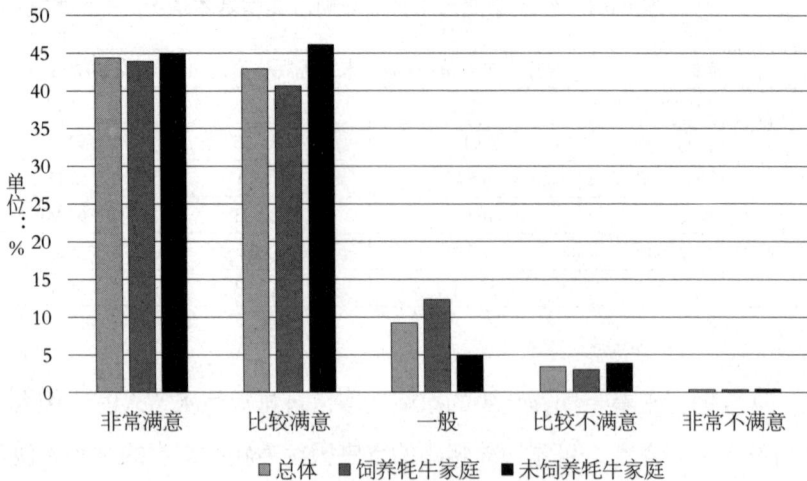

图 8.6.2 牦牛与周边环境满意度

从数据上看，饲养牦牛的牧民家庭对周边环境满意的比例低于未饲养牦牛的牧民家庭，饲养牦牛的家庭选择自行排污方式的比例较高。对于牧民来说，自行排污设施不完善，处理污水、粪便等的效果较差。同时，牦牛粪便的产生也会对家庭周边环境产生很大的影响，从而使得饲养牦牛的家庭对周边环境满意的比例低于未饲养牦牛的家庭。

从实证分析结果来看，随着牧民家庭饲养牦牛的头数增加，牧民对家庭周边环境的满意度不断下降。两方面原因进行解释：第一，随着家庭饲养牦牛头数的增加，可能导致牧民对周围环境满意度降低。第二，牧民家庭饲养的牦牛本身就是家庭资产和收入的象征，牦牛头数越多的牧民家庭，物力财力越丰富，越追求较为优美的周围环境，因此，随着牦牛头数的增加，牧民反而对周边环境的评价变差。

8.6.3 小结

本小节分析了牧民牦牛饲养情况与牧民对生态文明满意度评价之间的关系，得到以下结论：随着牧民家庭饲养牦牛头数的增加，牧民对目前饮用水水质以及家庭周边环境越不满意。此结论说明，政府还需要进一步加大对拉萨市农牧区地区水源的保护和治理工作，加强对牧民生活基础设施的建设和改善力度。

8.7 牦牛与金融服务

近年来，拉萨市农牧区的金融服务发展迅速。据拉萨市统计局数据显示，2015年底，拉萨地区的"涉农"贷款余额达297.26亿元，较年初增长98.09%，占各项贷款总额的18.36%。与此同时，扶贫贴息贷款余额达到214.56亿元，较年初增长179.26%。农牧区的信用建设取得初步成效，现有评定信用县6个，信用乡（镇）390个，信用村的数量高达3824个。

金融部门作为经济社会发展中起重大支持作用的部门，逐渐成为拉萨市农牧区实现和谐稳定发展的重要支撑力量。因此，本节通过分析牦牛数量和牧民借贷情况之间的关系，加深对牧民借贷行为的理解，从而为政府下一步工作提供借鉴。

8.7.1 农牧区金融生活分析

从总样本来看，54.44%的牧民家庭没有借款行为；借款金额小于1万元的牧民家庭比例为11.27%；23.97%的牧民家庭借款金额在1万—5万元之间；6.19%的牧民家庭借款金额在5万—10万元之间；借款金额大于10万元的牧民比例仅占4.13%。从借款次数来看，有54.44%的牧民家庭借款次数为0；33.33%的牧民家庭的借款次数在1—3次；11.75%的牧民家庭的借款次数在4—10次；借款次数大于10次的牧民家庭比例仅占0.48%。

对于饲养牦牛的家庭，53.41%的牧民家庭没有借款行为；11.44%的牧民家庭的借款金额小于1万元；24.80%的牧民家庭的借款金额在1万—5万元之间；5.99%的牧民家庭的借款金额在5万—10万元之间；借款金额大于10万元的牧民家庭比例仅占4.36%。从借款次数来看，53.41%的牧民家庭借款次数为0；34.06%的牧民家庭的借款次数在1—3次；11.72%的牧民家庭的借款次数在4—10次；借款次数大于10次的牧民家庭占比仅有0.82%。

对于未饲养牦牛的家庭。55.89%的牧民家庭没有借款行为；

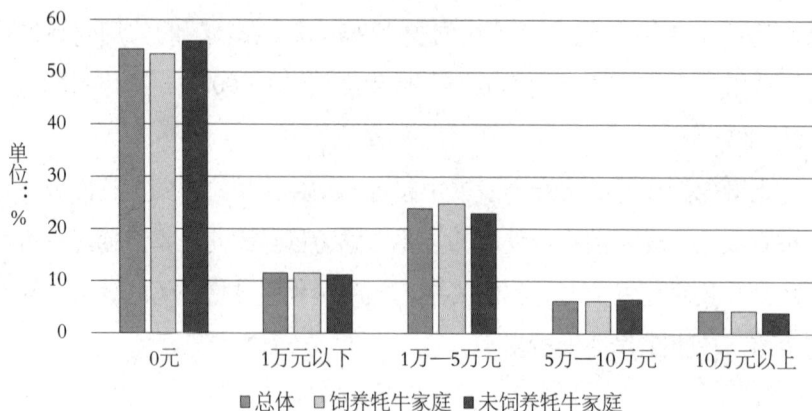

图 8.7.1　借款总金额

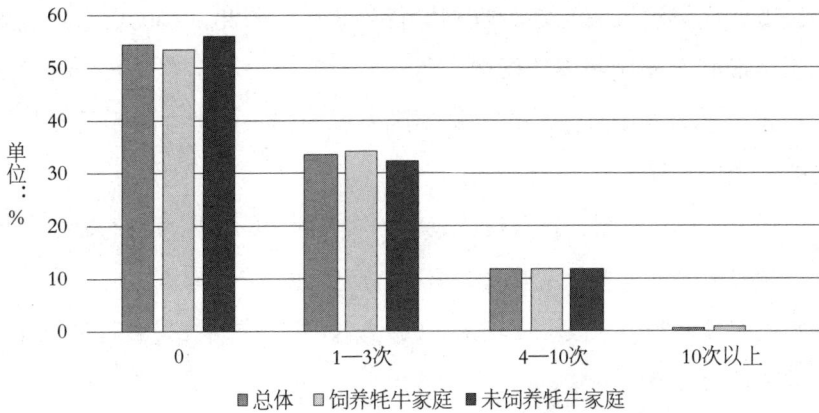

图 8.7.2　借款总次数

11.03％的牧民家庭的借款金额小于 1 万元；22.81％的牧民家庭的借款金额在 1 万—5 万元之间；6.46％的牧民家庭的借款金额在 5 万—10 万元之间；借款金额大于 10 万元的牧民家庭比例仅占 3.80％。从借款次数来看，55.89％的牧民家庭借款次数为 0；32.32％的牧民的借款次数在 1—3 次；11.79％的牧民的借款次数在 4—10 次；牧民借款次数大于10 次的比例为 0。

　　对比上述数据可知，没有借款行为的牧民家庭所占比例最大。发生借款行为的借款者，其借款总额多是 10 万元以下的小额贷款。进一步分析可知，在发生借款的家庭中，约 70％的家庭有向他人或向其他机构贷款的行为。其中，约 90％的家庭是通过亲戚或者同事等非银行渠道借款，仅 10％的家庭是通过民间金融机构等渠道贷款。在发生非银行渠道贷款行为的家庭中，86％的家庭不需要支付利息的，剩余14％的家庭中，65％的家庭借款年利息率在 10％以下。这些数据表明，拉萨农牧民的贷款渠道较少，大多数家庭都是从亲戚、同事处借款，且几乎不用付任何利息。究其原因，一方面在于牧民的抵押不足。牧民的资产很大一部分就是牦牛本身，牦牛虽然属于生产性资料，但是难以满足银行机构的贷款条件。牧民家庭的房屋等其他资产的潜在价值较低，同样难以满足银行机构的贷款条件，因此，牧民贷款只能求助于亲朋好友和民间借贷机构。另一方面在于拉萨市农牧区金融发展的不足，金融机构有限，牧民的金融意识不强，运用金融手段发展经济的理念还不深入。

通过数据对比可知，在借款者中，饲养牦牛的牧民家庭的借款次数和总额要多于未饲养牦牛的牧民家庭。产生此差异的原因可能在于牦牛养殖生产周期较长、波动性较大。因此，饲养牦牛的牧民家庭对于资金的需求较大且较为频繁。

通过实证分析结果发现，牧民家庭饲养的牦牛头数（包括饲养牦牛总数、产奶母牦牛总数、未成年母牦牛数等）都与借款总次数以及借款金额呈现显著的正相关关系。一方面，牦牛行业的生产周期较长，在牦牛的育肥过程中需要大量的饲草料投入和劳动力投入，资金需求较大；另一方面，牦牛行业的波动性较大，饲草料价格、牦牛产品需求、自然天气情况以及疫情情况等因素的变动都会引起牦牛生产与需求的变动，从而导致牧民收入的波动，致使牧民借款次数和借款金额的增加。

8.7.2 农牧区金融发展存在的问题

规模化是牦牛产业发展的方向，规模化对资金的需求较大，因此，拉萨地区牦牛产业的发展离不开金融的支持。近年来，西藏自治区先后设立了产业与企业改革发展资金、农牧特色产业发展资金等，建立了中小企业贷款风险补贴机制和小企业贷款担保补助机制，以重点支持和培育具有西藏地方特色和比较优势的产业。但西藏地区经济欠发达，牦牛行业整体水平不高，还存在很多单户经营的牧民家庭，合作社和企业较少，且大多数合作社和企业的规模都较小，难以达到全国统一的贷款条件，融资难成为制约牦牛产业发展的瓶颈。虽然各商业银行创新金融产品，对牦牛产业给予一定的政策倾斜，以加强对西藏地区牦牛产业的支持，但西藏金融体系仍存在一系列问题。

（1）金融覆盖面不足

当前，商业性金融机构、合作金融机构、中国邮政储蓄银行以及小额贷款公司共同为农牧区提供信贷资金的格局已经形成，但这些金融机构因受自身经营管理的限制，对牦牛产业的支持和促进作用并不明显。2014年末，西藏地区的683个乡镇中，仍有50.36%的乡镇未设立金融服务机构网点。全区县及县以下放置ATM机累计为1248台，县级覆盖率约为21.23%，乡级仅为19.33%。2012年末，西藏只有12家担保公司，其中只有6家与西藏的银行机构存在一定程度的合作。担保机构2012年末在保余额仅2.88亿元，担保覆盖面明显不足。会计师事务所、资产评估、信用评级等其他中介服务机构发展同样缓慢，行业整体水平较低，影响企业和牧民的融资。

（2）牦牛产业各环节金融支持不平衡

现代牦牛产业的特点之一是产业化，表现为供、产、加工、销售环节分工明确，相互协调，共同发展。但金融机构对牦牛产业各环节的金融支持力度明显失衡。饲料加工企业及畜产品加工企业由于企业规模相对较大、信用较高、易达到贷款条件，获得金融支持的力度较大，而牦牛养殖户获得贷款的难度偏大。首先，拉萨地区单户饲养牦牛模式普遍。即使大多数地区成立了牦牛养殖合作社，但合作社体系尚未健全；参与合作社的牧户没有形成规模，且大多合作社成员人数都在20人以下。现有的合作社中，仅有15家拥有营业收入且营业额在400万元以上，占拉萨地区牧民专业合作社总数的1.85%。其次，目前发放的畜牧业贷款多集中在抵押贷款。从牦牛养殖的特点看，其资产主要集中在活畜和草场经营权证上，但活畜不能充当有效抵押物，草场经营权证作为抵押目前还处于试验阶段。牧民们没有工资本和存款单，仅有的房产因潜在价值较低，也难以作为抵押物，种种原因均导致牦牛养殖户贷款困难。

8.7.3 金融支持发展与建议

针对上述存在的问题，提出以下三点发展建议：

（1）完善和创新农牧区金融服务体系

在牦牛产业的发展过程中，根据牦牛产业链各环节对金融的需求，如饲养环节中牦牛饲草料的购买需要金融的支持，生产环节中工具的租赁和劳动力的雇佣需要金融的支持等，构建多层次、多元化的牧区金融供给体系。为此，应该一方面积极争取国家政策上的金融支持；另一方面加强相关政策的制定和规划，通过政策引导、促进更多金融机构在拉萨牧区设立服务点，丰富金融服务供给。此外，政府也应鼓励和支持民间借贷机构的发展，让牧民可以从更多渠道获得资金。

（2）完善和创新农牧区金融服务产品

拉萨市牧区的金融机构应该根据拉萨牧民和牦牛产业的特点，积极探索新的贷款发放渠道。一是成立可以进行牦牛抵押的专门金融机构，制定牦牛活体抵押融资管理办法，从而解决牦牛不能抵押的问题。例如，西藏金融租赁有限公司推出的"活储＋寄养＋牦牛租赁"全新的产业模式，对牦牛抵押、探索多样化的贷款发放渠道进行了一定程度的创新。二是完善牧民草场经营权抵押机制。从法律制定、机构设置两个方面，完善草场经营抵押权机制。法律上正式承认草场经营权可以进行有效抵押，规定草场经营权的条件和适用范围等；机构设置上建立草场经营权抵押的专门机构，进行登记发布、价值评估、政策咨询等工作。藏北的班戈县已经试点开办了"草场承包经营权抵押贷款"业务。当地金融机构正在积极探索"政策性担保公司＋贷款对象""政府风险补偿＋贷款对象"等模式，并引入了"政府增信"机制。这些试点都尝试在草场经营权抵押方面进行创新，值得学习其中的经验。

8.7.4 小结

本节较为全面地对现阶段拉萨农牧区金融服务与牦牛养殖之间的关系进行详细的分析，结果发现：

（1）金融支持发展滞后，牧民利用金融发展经济的理念薄弱。

（2）随着牧民家庭中饲养牦牛头数的增加，牧民的借款金额和借款次数会相应增加。

（3）现阶段拉萨市农牧区牧民的借款渠道，主要来源于民间借贷等非银行机构。

8.8 牦牛奶产业链分析

牦牛产业的发展关乎西藏牧民民生大计。解决西藏牧区民生难题的关键在于提高牦牛产业的发展水平。牦牛产业包括牦牛肉、牦牛骨、牦牛奶以及牦牛毛四个分支产品，其中，牦牛奶产业最为重要。

深受西藏宗教文化影响的牧民，对于牦牛有着一份特殊的情感。他们将牦牛视为一种神圣之物，认为牦牛是上天赐予他们的宝贝，对牦牛怀有一颗敬畏之心，因此，很少有牧民家庭宰杀牦牛。拉萨地区牦牛肉的供应几乎全部来源于牦牛专业养殖场与养殖大户，但西藏养殖场与养殖大户规模小、数量少，大规模养殖又会超出草场的承载力，影响可持续发展。从尊重藏区文化传统和可持续发展角度，对于牦牛肉与牦牛骨产品的大规模发展，拉萨地区须持谨慎态度。虽然牧户家庭都有剪牦牛毛的习惯，但是牦牛毛的产量较低，并且对于一般消费者而言，牦牛毛的用途与价值均不高，牧户出售牦牛毛的收入只占牧民收入很小的一部分。

基于前文的数据可知，牦牛奶对牧户家庭收入的贡献率高达40%以上。随着乳制品市场细分种类的进一步扩大，消费需求与消费结构的不断升级，人们对高端乳制品（液态奶）需求增加。消费者逐渐认识到牦牛乳制品的独特性，对牦牛奶及其制品的需求量大增，促进牦牛乳业健康发展可有效促进牧民增收。因此，本节将牦牛乳业发展作为分析的重点。

不同于其他农产品产业链，拉萨农牧区牦牛奶产业链存在固有的先天劣势。首先，拉萨位于我国西部偏远地区，地处高原地带，交通基础设施不健全，牦牛奶制品运到外地市场的运输成本过高。其次，作为一种稀有物种，牦牛本身产奶量就低于普通奶牛，原奶稀缺导致牦牛奶制品成本进一步增加。再次，牦牛奶供给的季节性和波动性，导致了整个牦牛奶产业链的不稳定性，加剧了加工企业的生产成本，影响了消费者偏好的形成。对于消费者而言，尤其是奶制品这种快速消费品，消费者一旦忠于某种特质的奶制品就很难改变其偏好。由于原奶供给的不稳定，导致冬季市场上牦牛奶制品供应不足，原本忠诚度较高的用户资源可能白白流失。因此，牦牛原奶供给的波动，从根本上影响了牦牛奶产业链的健康稳定发展。

尽管牦牛原奶的供给问题是限制牦牛奶产业链发展的主要问题，但是产业链中其他环节的问题同样制约着牦牛奶产业链的发展与升级。下面我们将从牦牛奶产业链的各个构成环节对现存的问题进行具体分析。

8.8.1 产业链的构成

牦牛奶产业链主要由五个环节贯穿始终：生产资料的供给、牦牛原奶的生产、牦牛原奶的收购、牦牛原奶加工、牦牛奶及其制品销售。在整个产业链运行过程中，牦牛奶产业链的构成要素分别是饲草料加工企业、牧户与牦牛专业合作社、奶站、牦牛奶产品加工企业以及牦牛奶产品经销企业。在牦牛奶产业链上，饲草料加工企业完成牦牛需要的饲草料的加工生产，牧户和牦牛奶业专业合作社完成牦牛原奶的生产，奶站负责牦牛原奶的收购，牦牛奶制品的加工企业承担牦牛奶产品的加工，牦牛奶制品的销售主要由牦牛奶产品销售企业或加工企业自身的经销部门来完成。

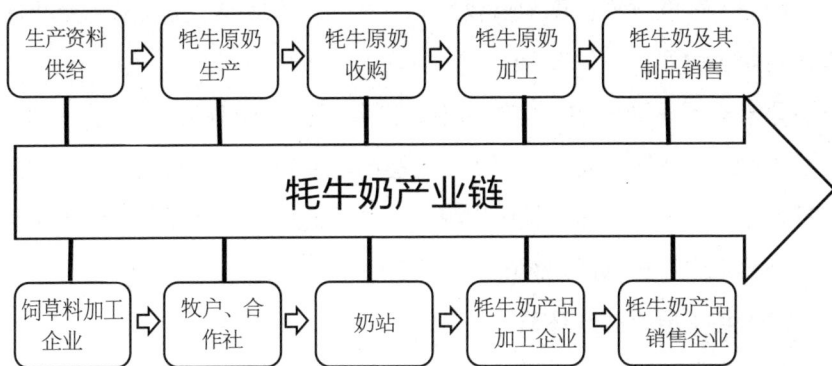

图 8.8.1　牦牛奶产业链示意图

8.8.2　产业链存在的问题

根据实地调研情况和相关资料显示，目前拉萨地区牦牛奶产业链发展尚未完善，饲草料加工和产品销售环节的建设和发展较为滞后，其他环节也存在各自的问题，最终限制了整个产业链的发展。

（1）生产资料供给环节

牦牛饲养需要大量的草料，传统草料的供给主要来自于大自然的馈赠，天然草场是饲养牦牛最佳的场所。但限于拉萨特殊的地理环境和气候条件，天然草场具有明显的脆弱性和敏感性，易受到破坏，且牧户受教育程度较低，难以认识到生态环境的脆弱性和草场的承载力极限。根据数据显示，在 2000—2010 年之间，西藏地区的草地退化面积和年均退化率分别达到 48.80% 和 2.50%。[①] 单个牧民出于自身经济利益最大化考虑，可能增加牦牛喂养量，导致过度放牧。这种只追求眼前利益而忽视长远利益的做法导致草场退化，草料数量减少以及质量降低，致使

---

① 戴睿等：《藏北那曲地区草地退化时空特征分析》，《草地学报》2013 年第 1 期。

牦牛生长无法得到足够的优质草料。数据还显示，西藏地区草畜矛盾突出，全区饲草料缺口在 28 万吨上下。[①] 近年来随着牧民牦牛饲养量的急剧增加，过度放牧、草地超载、草地三化、草地产草量及载畜量降低等问题愈演愈烈。

国家出于保护生态环境的考虑，出台了相关的政策和措施。例如，退耕还草工程，退牧还草工程等。这些政策措施限定了牧民放牧的时间和具体区域，虽然在一定程度上降低了草原的压力，但牦牛草料不足仍是整个牦牛产业链供应前端的一大隐患。

（2）牦牛原奶生产环节

牦牛产品生产环节中最重要的部分是牦牛的饲养，如何正确地、科学地饲养牦牛是生产环节的关键。

首先，牦牛的生产性能低。牦牛作为高原畜牧业其他牲畜不可替代的优势牛种，同时也是未通过正规育种培育的原始畜种。其生产性能受到季节、气候、遗传等因素的影响较大。例如：母牦牛的日产奶量只有普通花奶牛产奶量 1/20—1/10，产奶期只有 5—6 个月。夏季是牦牛产奶的高峰期，而冬季则是低谷期。如果受到恶劣天气的影响，产奶量会急剧下降，这些因素导致牦牛原奶的供给出现季节性的波动与不稳定。

其次，单户经营模式存在很大局限性。牦牛饲养分为牧户单独饲养和合作社饲养两种方式。牧户单独饲养是最原始也是最普遍的饲养方式。牧户单独饲养方式存在诸多弊端：一是牧户的受教育程度较低，单独饲养很难理解和掌握科学饲养的技巧和方法，导致饲养的效率低下；二是风险性较高，牧户饲养投入成本较高，饲料、工具、技术等都需自己单独承担，牧户很难应对突发状况，若发生疾病或天灾，对牧户的打击是毁灭性的。

---

① 王莉：《拉萨地区探索草牧业发展新路：念好"牧草经"共奔小康路》，2017 年 12 月 26 日，见 http://www.xzxw.com/ls/sfyw/201712/t20171226_2073623.html。

再次，拉萨地区的牦牛养殖合作社体系尚未健全。现有的合作社存在两个问题：一是规模较小，参与合作社的牧户没有形成一定规模。截止到 2016 年，拉萨地区共有牧民专业合作社 810 家，其中，成员人数达 90 人以上的仅有 80 家，大多合作社成员人数都在 20 人以下。现有的合作社中，有营业收入且营业额在 400 万元以上的只有 15 家，占拉萨地区牧民专业合作社总数的 1.85%[①]。二是合作社功能不够完善，尚不能完全满足牧户对于饲养牦牛的需求，如饲养牦牛所需的基础设施还有待完善等。

（3）牦牛原奶收购环节

牦牛奶的收购环节发挥承前启后的关键作用，奶站在其中扮演着重要角色。奶站的出现促进了奶业专业化分工，降低了奶农与乳品企业直接交易的费用，提高了奶农和乳品企业的生产效率。同时，奶站为奶农提供养殖技术指导、病害防治、饲料供应以及资金周转等必要的支持。

牦牛奶收购环节同样存在一系列的问题：一是奶站的数量不足，无法满足各地牧户出售牦牛奶的需求；二是奶站经营缺乏监管，可能会产生安全隐患；三是奶站的经营受到牦牛原奶生产的影响，由于牦牛奶供给的季节不稳定性，导致奶站经营的不稳定性以及工作人员的不稳定性；四是奶站收购的牦牛奶无法及时找到销路，原奶积压时间过长，导致牛奶变质，浪费原材料，使得奶站收益受损。

（4）牦牛原奶加工环节

牦牛原奶的加工环节是牦牛产业链重要的一环。目前牦牛原奶加工存在两个主要问题：首先，针对原奶加工企业而言，牦牛的产奶期一般集中在 5—10 月份，夏季原奶供给较多，冬季原奶供给较少，如果原奶加工企业投资建厂规模较大，购买加工设备以及招募工人的数量较多，

---

① 李海霞：《拉萨有农牧民专业合作社 810 家》，2017 年 3 月 15 日，见 http://epaper. chinatibetnews.com/xzsb.html/2017-03-15/content_756605.htm。

冬季就可能面临部分机器设备以及人员闲置的问题，加剧加工企业的生产成本。但如果企业根据冬季原奶的供给购买设备以及招募工人，在产奶旺季企业将会面临生产能力不足的困境，因此，如何降低原奶供给波动成为关键问题。其次是牦牛奶制品的加工档次不高，牦牛奶及其制品均是高端产品，例如市场上销售较好的"高原之宝"牦牛奶，一盒200ml 的牦牛奶售价达到 22 元，远高于普通牛奶的价格，但是由于牦牛奶产量低等原因，导致企业生产成本较高，利润并不高。

（5）牦牛奶制品销售环节

在现代商业世界中，销量决定了产量，进而决定了饲养量。销量的好坏决定了整个牦牛奶产业的命运。由于该产业的特殊性，牦牛奶产业在销售环节存在固有缺陷：一是牦牛主要分布在青藏高原，地处高原，位置偏远，交通基础设施差，增加了运输成本；二是由于市场需求不稳定以及供应的不稳定，导致销售企业无法拥有一批忠诚的客户，限制了企业的发展。

8.8.3 牦牛奶产业发展与建议

加快牦牛奶产业链建设，打造完整的牦牛奶产业链，是破解牧民收入低、增收难，改善民生难题的有效途径。通过加强拉萨地区牦牛奶产业链现有构成要素的建设，努力补齐短缺要素，对现有产业构成要素进行扩展、重组和升级，突出牦牛奶产业链构成的区域和民族特色，更多地把牧民嵌入到草原畜牧业产业链构建、发展和完善中，让更多牧民分享产业链升级带来的好处。

根据前面章节的分析，我们了解到，解决牦牛原奶供给的不稳定性，降低产品销售成本等问题格外重要。提高牦牛产奶淡季的产量是解决原奶供给不稳定的关键，科学饲养牦牛、建立专业合作社等不失为好办法。而对于产品销售环节的成本问题，运输成本是导致牦牛奶制品边际成本居高不下的主要原因，因此政府可以加大对农牧区基础设施尤其是道路的建设，打通产业链各个环节之间的运输路线，降低运输成本从而降低产品的边际成本。以下我们分别从供应链的各构成环节提出更加详细的建议：

（1）生产资料供给环节

政府可以在拉萨地区不同的县区分别扶持饲草料加工龙头企业。布局上，可以在拉萨粮食产区依托粮食种植、加工副产品丰富、养殖业比较发达及科研院所相对集中的有利条件，建立饲草料、浓缩饲料和预混合饲料生产基地；在饲草种植地区可以依托规模化饲草种植基地，建立饲草料加工基地。政策上，要求各级财政部门将草原生态保护建设和饲草料产业发展资金纳入预算，并建立长期稳定的投入机制。同时，鼓励牧民群众自筹资金参与建设，鼓励和引导企业、经纪人、种养大户等社会资本加大对饲草料产业发展的投入。此外，政府还可以进一步对现有中、小型饲草料加工企业重组优化、整合资源，全力培育一批起点高、规模大、带动力强的饲草料生产、加工龙头企业，从而将龙头企业的带动示范作用激发出来。同时以饲草料龙头企业为主，生产加工储备饲草料；州级选取中心地带，建立跨地区的防灾减灾饲草料储备库；县级以万亩、千亩、百亩饲草料基地为依托，建立稳定的饲草料生产、加工储备站（点）；以牧户为单元贮备抗灾饲草料。灾害发生时，作为政府的应急救灾饲草料贮备，及时向灾区调运饲草料，并补贴抗灾饲草料运费和管理费用。[①]

拉萨市人民政府可以鼓励龙头企业、专业合作社、种养大户，积极采取有偿转让租赁和土地流转方式开展草饲规模种植和牧草良种基地建设。充分利用弃耕地、轮歇地、退耕还草地，扩大饲草种植规模。调整粮食低产田和灾害频发地区的耕地，大力种植饲草。另外，政府也可从

---

① 郜晋亮：《推动高原畜牧业转型升级——看青海如何破解饲草料产业发展难题》，2013年6月3日，见 http://szb.farmer.com.cn/nmrb/html/2013-06/03/nw.D110000nmrb_20130603_1-01.htm?div=-1。

牦牛所食的草料入手，冬季是牦牛新鲜草料缺乏的季节，也是牦牛营养极易缺乏的季节。意大利黑麦草和美国冬牧黑麦草是解决冬天缺少鲜草的主要牧草，它们具有充足的营养成分，是动物冬季生长不可缺少的营养元素，能解决动物在冬天长期吃干草导致的水分缺失、生长速度慢等问题。政府可出资引进此类牧草的种植，或是支持相关研究人员研究此类牧草的属性等，使其冬季能在我国高原生长，解决冬季牦牛饲草缺乏的现象。

（2）牦牛奶产品生产环节

从农牧户供给牦牛原奶产品的角度来看，可以从以下几个角度来解决牦牛产奶不足与产奶不稳定的问题。

首先，改良牦牛品种，提高牦牛生产性能。牦牛奶收入是牧民家庭收入的重要组成部分，但是母牦牛产奶受到季节、气候、遗传等因素的影响较大，其产奶量相对较低。政府可以引进生物技术进行牦牛优良品种的培育。在牦牛品种的选育阶段，事先确立选育目标和选育的牦牛标准，淘汰未达标的牦牛，建立稳定的选育基地，有目的有计划地提高母牦牛的出生率，逐步提高牦牛的群体质量。

其次，改变牦牛传统的饲养方式，实行科学饲养。牧民文化程度较低，对科学养殖牦牛的方法知之甚少。即使部分牧民倾向于科学养殖牦牛，但科学养殖的设施、技术等都需要巨额的投资。因此，由政府牵头组织牧民进行牦牛标准化养殖不失为一个好办法。如当雄县郭庆村成立了牦牛育肥合作社，该合作社统一生产标准，统一技术服务，统一饲料和兽药采购，统一产品销售，其发放的饲料采用先进的高密包装技术，将玉米秸秆、精料和微生物发酵剂混合、压缩并包装成袋，这种技术能使饲料保持丰富的营养价值，可满足牦牛对营养的需求，使得牦牛在冬春季节与夏秋季节一样膘肥体壮，且不影响牦牛的产奶率，提高了牦牛冬春季节饲养效率。这种办法不但提高了牧民群众饲养牦牛的经济效益，而且减轻了草场压力，有利于生态环境的保护。

除了可以将牦牛业发展较好的村子或县区的养殖模式因地制宜地推广到拉萨地区，政府也可在当地采取下列措施：一是在牦牛产区推行冷季暖棚饲养。露天牛圈御寒效果不好，是造成牦牛冷季掉膘的原因之一，暖棚内温度高，可减少牦牛的能量消耗。二是适当进行补饲。一方面补饲可使牦牛获得均衡营养，提高牦牛的生产潜力；另一方面可以防止牦牛掉膘甚至死亡，提高牦牛的成活率。三是缩短饲养期，延长犊牛的哺乳期。加强犊牛的饲养，提前屠宰，这样可以加快畜群周转，提高出栏率和经济效益。

此外，以家庭为单位的牧业生产模式转变为集体经营模式，不仅可达到保护生态的目的，还可稳定牧民的经济收入。因此不同区县可根据自身发展情况与发展模式，借鉴以上较为成功的牦牛饲养模式，寻找适合自身发展的牦牛养殖模式。

（3）牦牛原奶收购环节

针对牦牛原奶收购环节的问题，政府可以采取以下措施：

加强对牧民牦牛饲养情况的了解，根据牧民需要加大对当地奶站的建设，并鼓励相关的集体、合作社建立奶站。在奶站向相关企业出售、收购牦牛奶时，政府可以推广类似于订单保收模式，解决奶站销售上的后顾之忧。如政府牵头鼓励奶站与相关企业达成牦牛奶的长期保价收购协议，解决奶站收购原奶的顾虑，稳定奶站的正常经营与收入。

鼓励相关企业自建奶站。企业直接从牧户家庭收购原奶，一方面减少了中间环节，降低交易成本；另一方面企业建立规范化奶站，稳定了公司牦牛奶制品原料的来源。

（4）牦牛原奶加工环节

培植突出区域加工特色的畜产品加工龙头企业，是解决牦牛原奶加工环节存在的问题的重要措施之一。政府的工作重点是扶持龙头企业，引导同类企业通过参股、合并、兼并、租赁等方式联合重组，以资产优化重组带动技术改造升级，提高产业品牌价值。通过创建大型龙头企业集团形成区域拳头产品，以此来开拓市场，从而带动整个产业升级发展。

（5）牦牛奶产品销售环节

西藏地区基础设施不发达在一定程度上限制了产品销售到区域以外的地方，可以采取"区域内自我消耗"的方式，保障销售企业的产品具有一定的基础销量。政府机关及企事业单位等对奶制品有一定的需求量，在政府的支持下，若此类客户能成为牦牛奶制品忠诚的客户群，这无疑增加了牦牛奶制品需求的稳定性。

随着西藏牦牛产业前端饲草料加工企业和畜产品加工工业的发展与壮大，客观上也需要现代营销企业为之开创市场和反馈信息。销售企业自身也可通过一定手段抓住一批忠诚客户。由于产业链的建立与巩固需要一定的时间，原奶供应的季节性导致牦牛产品供应不稳定，难以培养一批饮用牦牛奶的忠诚客户，因此牦牛奶的市场需求不稳定。西藏高原之宝公司提出"牦牛认养"设想，将青藏高原（含西藏、青海、云南、四川、甘肃）现存的1500万头牦牛，以公司、基地加牧民合作社的合作模式，通过手机、移动终端、视频等模式推送到全球，将认养者与牦牛、牧户、牛奶制造工厂、体验消费、高原牧家乐、旅游观光、民族团结与文化等场景视频有机结合，让认养者、消费者、牧户、商家之间进行互动。同时也让有经济条件、有爱心的公益人士和关心青藏高原经济发展的全球爱心人士来认养青藏高原的牦牛。通过牦牛认养这样一个平台，可以带动当地旅游业发展，促进牧区经济增长和牧民收入增加。西藏高原之宝公司还将这些牦牛所产的牛奶，做成奶粉或者牦牛乳，寄到内地认养牦牛的人手中。这一做法不仅抵消了销售公司利润因季节波动带来的影响，而且还通过潜移默化的方式培养潜在的忠诚客户，在一定程度上可解决产品销售问题。

8.8.4　小结

在本节，我们对牦牛奶产业链各环节所存在的问题进行了详细的描述和具体的分析，然后基于分析并结合现有的成功实践经验，提出了促进牦牛奶产业健康发展的建议：

（1）针对生产资料供给环节存在草料不足和质量较差的问题，可以采取扶持饲草料加工龙头企业，建立饲草料储备库，以及引进更优质的饲草料等方式来解决。

（2）针对牦牛原奶生产环节存在牦牛生产性能低和组织化程度较低的问题，可以采取改良牦牛品种，进行科学饲养，以及加大牦牛合作社的建设等方式来解决。

（3）针对牦牛原奶收购环节存在奶站不足和监管不足的问题，可以采取加大奶站的建设力度，鼓励企业自建奶站，以及加大对奶站的监管等方式来解决。

（4）针对牦牛原奶加工环节存在生产不稳定和产品档次不高的问题，可以采取培植牦牛原奶加工龙头企业，鼓励企业之间重组优化，以及加大对加工企业的政策支持等方式来解决。

（5）针对牦牛奶制品销售环节存在需求不稳定的问题，可以采取加强基础设施建设，完善市场体系，以及创新销售手段等方式来解决。

8.9 结论

本章我们在对拉萨地区现阶段牦牛产业发展情况分析的基础上，从家庭生活、公共服务、公共安全、生活环境以及金融支持五个方面深入探讨了牦牛饲养与民生满意度之间关系。由于出售牦牛奶占据牧民收入的40%，本章又重点对牦牛奶产业链的各个构成环节现存的问题进行了详细的分析，并提出相对应的解决方法和建议。主要获得了以下发现和建议：

（1）从家庭生活角度来看，牦牛是牧民最重要的资产，也是牧民收入的最主要来源。

（2）从牧民生活满意度来看，随着牦牛数量的增加会增加牧民的收入满意度，但却会降低牧民住房的满意度。

（3）从公共服务角度来看，随着牦牛数量的增加会降低牧民的医疗服务满意度，也会降低牧民对道路情况的满意度。

（4）从公共安全角度来看，随着牦牛数量的增加会提高牧民对政府应对安全事故措施满意度，但是会降低牧民对自然灾害发生后政府处理（预计处理）措施满意度。

（5）从生活环境的角度来看，随着牦牛数量的增加会降低牧民对饮水状况满意度，同时也会降低周边环境满意度。

（6）从金融支持角度来看，随着牧民家庭中饲养牦牛的头数的增加，牧民的借款金额和借款次数也会增加。

（7）出于尊重当地风俗文化、社会稳定和可持续发展的考虑，在拉萨地区，规模发展牦牛肉和牦牛骨等产品须慎重。为提高民生水平，政府重点应考虑牦牛奶的增值和发展。牦牛原奶供给的不稳定，是牦牛奶产业发展所存在的最大问题。解决牦牛原奶供给的不稳定，以消除各个环节的不稳定是牦牛奶产业健康发展的关键。

附 录

附录一　客观隔离度计算方法

家庭到村委会的道路条件 (F19)		移动通讯网的可得性 (A22)		电网可达性 (F03)		公共供水系统的可获得性 (Ea16)		公共交通的通达性 (D21)		村委会到公路的距离 A02	
问卷选项	标准化赋予权重	问卷选项	标准化赋予权重	问卷选项	标准化赋予权重	问卷选项	标准化赋予权重	问卷选项	标准化赋予权重	实际距离范围(公里)	标准化赋予权重
1.全程都有	0	1.有中国移动的移动网络	0	1.国家电网供电	0	1.公共自来水厂集中供水的自来水	0	1.非常满意	0	0 ≤ A02 < 5	0
2.大部分有	0.25	2.有中国联通的移动网络	0	2.自家太阳能电池供电	0.33	2.地表水蓄水设施集中供水的自来水	0.25	2.比较满意	0.167	5 ≤ A02 < 10	0.125
3.小部分有	0.50	3.有中国电信的移动网络	0	3.自行发电	0.66	3.自家的水井	0.50	3.一般	0.334	10 ≤ A02 < 15	0.250
4.基本上没有	0.75	4.没有任何移动通信网络	1	4.完全不用电	1	4.村里/乡镇的公共水井	0.75	4.比较不满意	0.501	15 ≤ A02 < 20	0.375
5.完全没有	1					5.自然地表水（溪水或河流）	1	5.非常不满意	0.668	20 ≤ A02 < 25	0.500
						6.其他		6.不清楚	0.835	25 ≤ A02 < 30	0.725

续表

家庭到村委会的道路条件（F19）		移动通讯网的可得性（A22）		电网可达性（F03）		公共供水系统的可获得性（Ea16）		公共交通的通达性（D21）		村委会到公路的距离A02	
问卷选项	标准化赋予权重	问卷选项	标准化赋予权重	问卷选项	标准化赋予权重	问卷选项	标准化赋予权重	问卷选项	标准化赋予权重	实际距离范围（公里）	标准化赋予权重
								7.本村没有公共汽车	1	30 ≤ A02 < 35	0.875
										35 ≤ A02 < 40	1

备注：

1. 公共供水系统的可获得性（Ea16）选项6其他中将回答为"自然地表水和公共自来水"并为选项1.公共自来水厂集中供水的自来水，赋予权重"0"；"公共水井"并为选项4.村里/乡镇的公共水井，赋予权重"0.75"；"不清楚在家时间很少"视为"无效项"；"3+5"并为选项3，赋予权重"0.50"；"去邻居家接水"视为"无效项"，因为无法判断邻居家的饮用水来源；"外地运来的水""桶装水"赋予权重"0"，因为一般情况下用水通过外地输送过来说明该户与外界接触较多相对隔离程度则低。

2. 此次到访村落共62个，经调研队伍用里程表计算每个村落离公路的距离形成村委会到公路的距离A02数据，各村村委会到公路的距离范围为0—37公里，将其标准化时以步长5公里为一个等级距离，共分为9个等级距离，每个等级距离标准化为0—1之间的值，间隔为0.125。对于两个村委会到公路距离为999及9999的设为缺失值。

附录二　主观隔离度计算方法

消费者的市场参与度（E13）			家庭手机使用率（F11）		手机社交应用微信的使用度（F12）		银行卡的使用频率（Eb02）		受访者受教育程度（B09）	
问卷选项	问卷选项按隔离程度排序	标准化赋予权重	问卷选项	标准化赋予权重	问卷选项	标准化赋予权重	问卷选项	标准化赋予权重	问卷选项	标准化赋予权重
1.主要是自家种植/养殖	2.主要是从市场上购买	0	1.手机是家人之间日常的通讯工具	0	1.家人平常都使用微信	0	1.经常使用	0	1.没上过学，也未在寺庙正规学习过	1
2.主要是从市场上购买	6.市场上购买与亲戚朋友赠送约各一半	0.20	2.一部分家人有手机，还有一部分没有手机	0.33	2.一部分家人使用微信，还有一部分没有使用	0.25	2.偶尔使用	0.33	2.没上过学，曾经在寺庙正规学习过	0.88
3.主要是亲戚朋友赠送	4.自家种植/养殖与市场上购买约各一半	0.40	3.只有个别家人使用手机，大多数没有手机	0.66	3.只有个别家人使用微信，大多数没有微信	0.50	3.不使用	0.66	3.小学	0.77
4.自家种植/养殖与市场上购买约各一半	5.自家种植/养殖与亲戚朋友赠送约占一半	0.60	4.家人都不用手机	1	4.家人都不用微信	0.75	4.不清楚	1	4.初中	0.66
5.自家种植/养殖与亲戚朋友赠送约占一半	3.主要是亲戚朋友赠送	0.80			5.不知道微信是什么	1			5.高中	0.55

续表

消费者的市场参与度（E13）			家庭手机使用率（F11）		手机社交应用微信的使用度（F12）		银行卡的使用频率（Eb02）		受访者受教育程度（B09）	
问卷选项	问卷选项按隔离程度排序	标准化赋予权重	问卷选项	标准化赋予权重	问卷选项	标准化赋予权重	问卷选项	标准化赋予权重	问卷选项	标准化赋予权重
6.市场上购买与亲戚朋友赠送约各一半	1.主要是自家种植/养殖	1							6.中专/职高	0.44
7.其他		无效项							7.大专/高职	0.33
									8.大学本科	0.22
									9.硕士研究生	0.11
									10.博士研究生	0
									11.其他	无效项

备注：

1. 日常消费食品来源 E13 选项 7 其他项中将回答为"米面油国家负担，蔬菜肉类自己买""三者皆有"共 4 个样本视为"无效项"，不纳入主观隔离度指标计算，原因在于无法很好地将它们归为某一选项赋予权重。问卷 6 个选项按消费者市场隔离程度低至高排序应为，"2. 主要是从市场上购买"，赋予权重"0"；"6. 市场上购买与亲戚朋友赠送约各一半"，赋予权重"0.20"；"4. 自家种植/养殖与市场上购买约各一半"，赋予权重"0.40"；"5. 自家种植/养殖与亲戚朋友赠送约各一半"，赋产权重"0.60"；"3. 主要是亲戚朋友赠送"，赋予权重"0.8"；"主要是自家种植/养殖"，赋予权重"1"。

2. 受访者受教育程度 B09 选项 11 其他项中将回答为"村民办学校""上过扫盲班""民办学校""两个月小学"，共 5 个样本视为"无效项"，因为无法准确定义其受教育程度。

拉萨市农牧区饮用水水化学测试
以及健康安全风险评估报告

报告单位: 天津大学—西藏大学高原水化学联合实验室毛国柱课题组

1. 测试目的

目前, 西藏地区农牧民的饮用方式主要沿用传统的直接取用自然地表水的方式, 长期饮用水质不达标的饮用水可能导致疾病, 甚至会损伤肾脏、心脑血管等, 对人体健康造成极大的危害。

为科学客观调查西藏地区农牧民的生活条件、记录全区民生状况、民生发展动态以及民生改善事实, 西藏大学开展了"拉萨市民生改善调查", 对拉萨市七县 (近 29000 平方公里) 63 个村 730 户农牧民家庭的饮用水进行调查采样 (覆盖区域 2015 年户籍人口约 51 万, 常住人口约 54 万), 对拉萨农牧区家庭饮用水安全进行评价, 为政府制定民生政策提供强有力的事实依据, 进而提出相应的政策建议以改善拉萨农牧区家庭饮用水水质状况。

2. 测试方法

根据已有文献研究成果, 水中金属元素超标是影响西藏地区饮用水

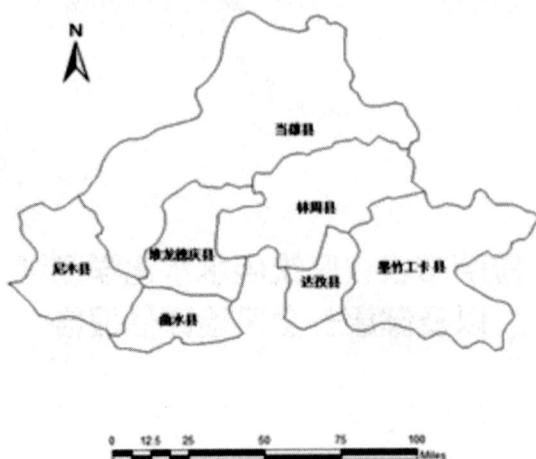

图1 拉萨市农牧区饮用水调查区域图

安全的主要原因。所以，此次拉萨市农牧区家庭饮用水调查，对饮用水中65种元素的含量进行分析测试。

使用电感耦合等离子体发射光谱仪（ICP-OES）测试常量元素Ca、Na、K、Mg元素的含量；使用电感耦合等离子体质谱（ICP-MS）测定Fe、Al、Mn、As等60种微量元素的含量；使用冷原子荧光测汞仪测定Hg元素含量。

测试单位：中国科学院青藏高原研究所

根据《生活饮用水标准检验方法》（GB/T 5750—2006）及《水质氟化物的测定离子选择电极法》（GB 7484—87），使用PXS—270离子计对水样中的F离子浓度进行测定。

测试单位：天津大学

数据分析及健康安全风险评估单位：天津大学

3. 测试结果

以《生活饮用水卫生标准》（GB 5749—2006）及世界卫生组织《饮用水水质准则》第四版为基准，对采集的拉萨市农牧区 730 户家庭的饮用水水样中的元素含量进行测试，测试结果发现：部分水样存在超标元素，超标元素共 8 种（图 2），其中 As、B、F 元素超标的水样数量最多；682 户家庭的饮用水水样中测试项目内元素含量的测试结果完全达到生活饮用水卫生标准，拉萨市农牧区饮用水水质测试项目内达标率为 93.4%。

3.1 As 元素含量

长年饮用 As 元素含量超过饮用水标准限值的水，会导致皮肤受损，掌跖角化，甚至致癌。根据"拉萨市民生改善调查"测得的数据发现，拉萨西北地区的 As 元素含量普遍高于其他地区（图 3），在所调查的 730 户用户中，25 户家庭饮用水中的 As 元素含量超过《生活饮用水卫

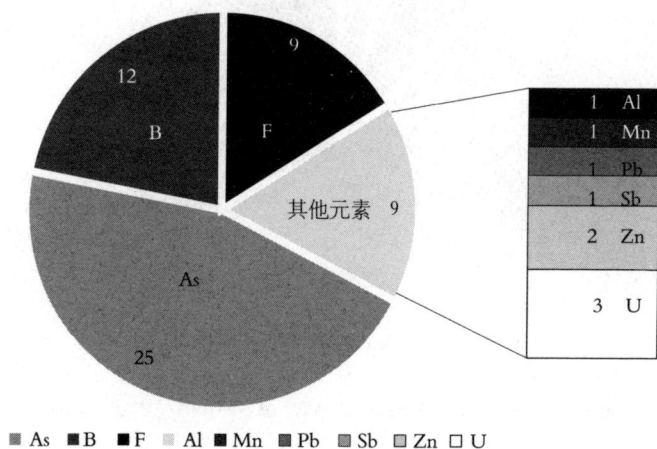

图 2 拉萨市农牧区超标元素饮用水家庭数量图

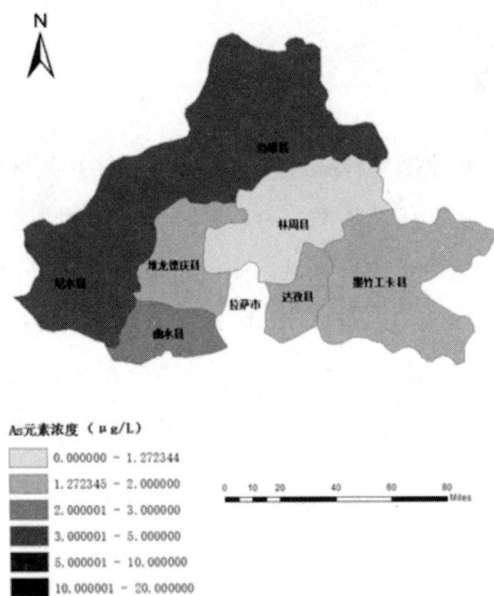

图 3 拉萨市农牧区砷元素浓度分布图

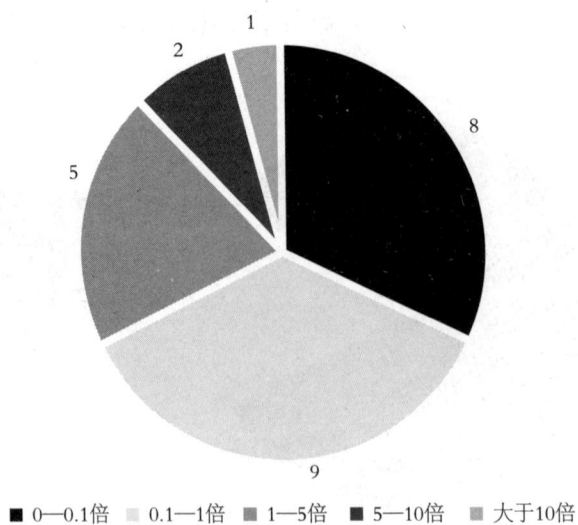

图 4 砷元素超标比例及户数

生标准》(GB 5749—2006) 规定的生活饮用水水质标准限值（10μg/L），其中超标率在 1 倍以上的有 7 户（表 1）。

表 1 拉萨市农牧区饮用水砷元素超标信息统计

行政县	用户编号	As 元素超标倍数（以 10μg/L 为上限）
墨竹工卡县	540127256641005	0.43
	540127256641011	0.40
达孜县	540126513659005	0.48
	540126513659008	0.42
	540126513659025	0.52
林周县	540121139488005	1.77
	540121139488007	1.80
	540121139488016	1.79
曲水县	540124552327001	2.05
	540124552327002	2.03
	540124552327010	0.26
尼木县	540123123300002	0.03
	540123123300004	0.02
	540123123300005	0.01
	540123123300006	0.01
	540123123300007	0.01
	540123123300009	0.01
	540123123300010	0.02
	540123123300011	0.03
堆龙德庆县	540125607608007	0.41
当雄县	540122498558001	0.11
	540122498558002	5.66
	540122331601012	7.53
	540122331601018	0.63
	540122838912003	0.30

3.2　F元素含量

饮用水是我国居民摄取氟元素的最主要途径，长期饮用高氟元素含量的饮用水会引起地氟病，主要病症表现为氟斑牙和氟骨症；长期饮用缺氟水也会影响人体健康，会使儿童发育减缓、体重轻、龋齿，并对神经、甲状腺、生殖系统发育产生不良影响。

在所调查的 730 户家庭中，没有出现饮用水缺氟的情况（图 5），但是存在 9 户家庭的饮用水氟元素含量超过生活饮用水卫生标准限值（1000μg/L）。这些饮用水氟元素含量偏高的家庭，全部出现在尼木县境内，且超标率都在 1 倍左右（表 2）。

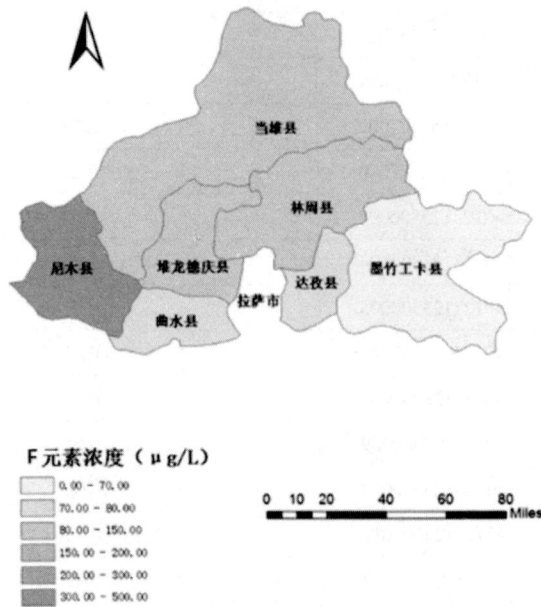

图 5　拉萨市农牧区氟元素浓度分布图

表 2　拉萨市农牧区饮用水氟元素超标信息统计

行政县	用户编号	F 元素超标倍数（以 1000 μg/L 为上限）
尼木县	540123123300007	1.08
	540123123300002	1.04
	540123123300004	1.04
	540123123300005	0.99
	540123123300009	1.04
	540123123300010	0.99
	540123123300008	1.04
	540123123300003	1.04
	540123123300001	1.04

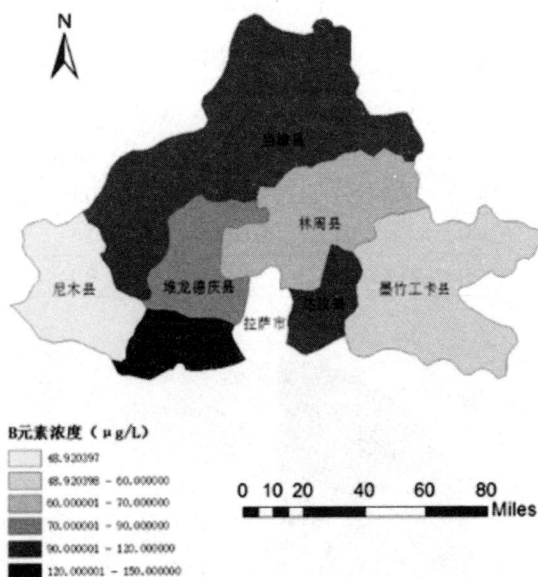

图 6　硼元素浓度分布图

3.3　硼元素含量

长期饮用硼元素含量达不到生活饮用水卫生标准的水会对人体肝、

肾脏造成损害，在调查的 730 户家庭中，曲水县居民饮用水中硼元素平均含量最高，但无硼元素含量超过饮用水标准的用户。拉萨市农牧区共有 12 户家庭饮用水中硼元素超过生活饮用水卫生标准的规定，且 77% 的超标住户都集中在当雄县和堆龙德庆县（表 3）。

表 3　拉萨市农牧区饮用水硼元素超标信息统计

行政县	用户编号	B 元素超标倍数（以 1000 μg/L 为上限）
达孜县	540126854980022	0.47
林周县	540121641033006	1.03
	540121694472001	1.07
堆龙德庆县	540125200588001	2.92
	540125760670005	1.92
	540125760670010	1.30
当雄县	540125607608007	0.32
	540122429052012	1.01
	540122429052025	1.10
	540122277050009	0.15
	540122320946008	2.43
	540122320946010	0.44

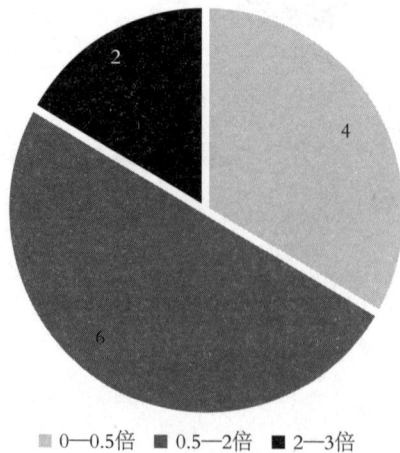

■ 0—0.5倍　■ 0.5—2倍　■ 2—3倍

图 7　硼元素超标比例及户数

3.4 其他元素超标情况

其他水质元素超标的用户信息如表4所示，数量不多且分布不集中，无法仅从结果得到有效的信息，可结合地方病的情况做进一步的探讨与研究。

表4 拉萨市农牧区饮用水其他元素超标信息统计

超标元素	行政县	用户编号	超标倍数
Al	尼木县	540123972013010	0.29
Mn	当雄县	540122838912002	8.80
Zn	林周县	540121641033009	1.17
	墨竹工卡县	540127973626001	0.19
Pb	当雄县	540122320946003	0.16
U	当雄县	540122173191002	2.99
		540122173191011	2.70
		540122838912015	0.06
Sb	堆龙德庆县	540125760670010	4.67

3.5 饮用水水质总体评价及影响因素讨论

拉萨市农牧区饮用水主要取自地表水体，地表水体中的化合物主要来源于人类活动(如钢、铁、铅、锌等金属的冶炼，木材和焦炭的焚烧，化工生产，农药的使用，废物的不合理的弃置) 或天然过程 (如火山活动、地表岩石风化，地表／地下水—沉积物系统中含矿物的排放)。由于西藏地区独特的地理条件，人类活动和自然过程都可能对西藏地区的水质造成影响。通过对拉萨市农牧区730户家庭饮用水水质的调查，我们发现48户家庭的饮用水水质不能达到生活饮用水卫生标准，饮用水中主要超标元素为As、F、B，结合实际情况推测以下因素可能会对拉萨农牧区饮用水水质造成影响：

（1）矿产资源的影响。高原地质有利于形成稀有矿藏，在青藏铁路尼木—羊八井沿线存在大量的矿产资源，矿石的风化以及矿业开采废水的排放会对地表水水质带来影响，而西藏村民主要以分散式供水为主，水源多为山间泉水、江河水以及浅表井水等地表水，矿产资源的丰富存在可能会对居民的饮用水质量造成影响，所以我们还需要对拉萨周边矿石类型、采矿场选址以及采矿废水排放方式进行进一步调查判定。

（2）地热的影响。拉萨西北部蕴藏着丰富的地热，由于深部熔融岩浆的脱气作用或者水—岩的相互作用，地热流体中会有一些特殊的化学成分，如氟、砷、硼等。西藏地区地热利用方式一般为直接抽取高温地下水用作发电，释放了温度后的地下水当作废水不做任何处理直接排放，给水环境带来影响。在拉萨市西北当雄县境内有我国正在开发的最大湿蒸汽田——羊八井地热田，通过调查羊八井地热田所在地与其所在地周边地区及其下游地区村民的饮用水水质状况，发现羊八井镇饮用水水质状况良好，在调查的 12 户家庭中 As 元素含量和 F 元素含量全部满足生活饮用水卫生标准，仅有两户家庭饮用水硼元素含量超过生活饮用水卫生标准的规定；紧邻羊八井镇的格达乡没有出现不满足生活饮用水卫生标准的用户；在羊八井废水流向的下游的堆龙德庆县，我们对 127 户居民饮用水状况进行调查，发现 3 户居民饮用水硼元素含量超标，堆龙德

图 8　羊八井地热电厂废水排放流向图

庆县饮用水水质在测试项目内达标率为 97.60%，饮用水水质状况基本良好。所以，可以推测羊八井地热田的存在对饮用水水质并无直接影响。

经过饮用水测试、初步调查工作，尚不能确定导致饮用水水质不达标的原因，还需结合拉萨区域的地理环境、居民饮用水获取方式、矿产资源分布情况等进行进一步调查，对饮用水中的超标物质进行更深入的源解析工作。

3.6　拉萨市农牧区饮用水健康安全风险评价

根据拉萨市农牧区饮用水水质检测结果，结合美国国家环境保护局推荐的环境健康风险评价模型，定量地描述人在污染的环境中暴露时受到危害的风险。

美国国家环境保护局推荐的环境健康风险评价模型：

化学致癌物所致健康危害风险采用公式：

$$R_i^c = [1-\exp\,(-D_i q_i)]$$

化学致癌物的总风险值：$R^c = \sum_{i=1}^{n} R_i^c$

式中：R^c 表示基因毒物质中的化学致癌物的评价风险值，单位是 a^{-1}；q^i 表示化学致癌物的致癌强度系数，单位是 mg/（kg·d）；S 表示该地区的人均寿命，单位是 a；D^i 表示该化学物通过饮水途径所产生的日均暴露剂量，单位是 mg/（kg·d）。

$$D_i = v_i \times C_i / W$$

式中：V^i 表示该地区的成人每天饮用水摄入量，单位是 L/d；C^i 表示该物质在评价水体中的浓度，单位是 mg/L；W 表示该地区的人体质量，单位是 kg。

非致癌物所致健康危害风险采用公式：

$$R_i^n = (D_i/RfD_i) \times 10^{-6}/72$$

非致癌物的总风险值：$R^n = \sum_{i=1}^{n} R_i^n$

式中：R^n 表示躯体毒物质化学非致癌物的评价风险值，单位是 a^{-1}；表示躯体毒物质的致癌强度系数；S 表示该地区的人均寿命，单位是 a；D^i 表示该化学物通过饮水途径所产生的日均暴露剂量，单位是 mg/(kg·d)，计算方法如上。

在饮用水中各种物质的浓度均很低，无特殊混合物的情况下，可以假定各种物质对人体的危害作用是相对独立的，不考虑各种金属进入人体的相互作用及污染物的毒性差异。这样，最终水环境的健康风险评价值就相当于各种物质风险值的累加。则水环境总的风险值：$R_总 = R_c + R_n$。

最后，对拉萨市农牧区存在超标项目的饮用水的健康安全风险程度进行评价，评价结果如表 5 所示。

表 5 拉萨市农牧区饮用水不满足生活饮用水卫生
标准家庭的健康安全风险评价

行政县	用户编号	风险值	风险等级	风险程度
墨竹工卡县	540127256641005	8.47404E—05	III	中
	540127256641011	8.30838E—05	III	中
	540127973626001	1.36778E—05	II	低—中
达孜县	540126854980022	1.74539E—06	I	低
	540126513659005	8.78164E—05	III	中
	540126513659008	8.45038E—05	III	中
	540126513659025	9.03004E—05	III	中
林周县	540121641033006	1.09154E—07	I	低
	540121694472001	5.18561E—06	I	低
	540121139488005	0.00016373	IV	中—高
	540121139488007	0.0001662	IV	中—高
	540121139488016	0.000165259	IV	中—高
	540121641033009	3.26152E—06	I	低
曲水县	540124552327001	0.000180249	IV	中—高
	540124552327002	0.000179015	IV	中—高
	540124552327010	7.48571E—05	III	中

续表

行政县	用户编号	风险值	风险等级	风险程度
尼木县	540123123300007	5.97521E—05	III	中
	540123972013010	2.64856E—06	I	低
	540123123300002	6.11152E—05	III	中
	540123123300004	6.05225E—05	III	中
	540123123300005	5.98706E—05	III	中
	540123123300006	5.99299E—05	III	中
	540123123300007	5.97521E—05	III	中
	540123123300009	5.99891E—05	III	中
	540123123300010	6.07596E—05	III	中
	540123123300011	6.13522E—05	III	中
	540123123300008	1.34634E—11	I	低
	540123123300003	1.34634E—11	I	低
	540123123300001	1.34634E—11	I	低
堆龙德庆县	540125200588001	3.89286E—09	I	低
	540125760670005	2.90079E—09	I	低
	540125760670010	2.27778E—09	I	低
	540125607608007	8.34395E—05	III	中
当雄县	540122429052012	1.30615E—09	I	低
	540122429052025	1.99802E—09	I	低
	540122277050009	2.0873E—09	I	低
	540122320946008	1.14504E—09	I	低
	540122320946010	3.40675E—09	I	低
	540122320946015	1.42381E—09	I	低
	540122498558001	6.59738E—05	III	中
	540122498558002	0.000390593	IV	中—高
	540122331601012	0.000498455	V	高
	540122331601018	9.6863E—05	III	中
	540122838912003	7.73434E—05	III	中
	540122838912015	3.78571E—08	I	低
	540122173191002	1.4238E—07	I	低
	540122173191011	1.32023E—07	I	低
	540122320946003	3.27664E—09	I	低
	540122838912002	2.77749E—09	I	低

根据健康安全风险评价结果发现，在拉萨市农牧区饮用水水质不满足生活饮用水卫生标准的家庭中，23 户家庭的饮用水健康安全风险等级是 III 级以下，饮用水基本安全；18 户家庭的饮用水健康安全风险等级是 III 级，饮用水存在一定的健康安全风险；7 户家庭的饮用水健康安全风险等级是 III 级以上，饮用水存在较高的健康安全风险。对 7 户饮用水存在较高的健康安全风险的家庭饮用水水样进行再次测试（复测结果见附表 2），复测结果的健康安全风险评价如表 6 所示。

表 6　拉萨市农牧区饮用水存在较高健康安全风险的
家庭饮用水水样复测结果分析

行政县	用户编号	风险值	风险等级	风险程度
林周县	540121139488005	0.000524261	V	高
	540121139488007	0.000681766	V	高
	540121139488016	0.000441859	IV	中—高
曲水县	540124552327001	0.000221309	IV	中—高
	540124552327002	0.000237935	IV	中—高
当雄县	540122498558002	0.000799607	V	高
	540122331601012	0.001064006	VI	极高

复测结果显示，复测家庭的饮用水确实全部存在较高的健康安全风险，这与用户饮用水中较高的 As 元素含量有一定的关系，对于饮用水中 As 元素的来源以及对饮用水中 As 元素含量的控制，需要进一步的调查和研究。

4. 结论

综上所述，拉萨市农牧区饮用水水质状况良好，在所检测的 730 户住户中，96.58% 的住户饮用水水质在测试项目内完全达标或基本安全，2.46%（18 户）的住户饮用水存在一定的健康安全风险，0.96%（7 户）的住户饮用水存在较高的健康安全风险，饮用水健康安全风险信息统计如表7所示。

拉萨市农牧区饮用水中超标最严重的元素为As、F、B。通过对我国正在开发的最大湿蒸汽田——羊八井地热田周边饮用水水质的调查，发现羊八井镇饮用水质量良好，调查的12户住户饮用水基本不存在健康安全风险；在紧邻羊八井镇的格达乡，调查的10户住户饮用水全部不存在健康安全风险；在羊八井热田下游的堆龙德庆县，调查的127户住户饮用水基本不存在健康安全风险。此次调查结果可以证明羊八井地热田近30年的大规模持续开发利用对其周边以及下游的拉萨农村居民饮用水的健康安全没有产生风险影响。

在调查的730户住户中0.9%（7户）的住户饮用水存在较高的健康安全风险的原因，还需要根据拉萨河丰水期、平水期、枯水期不同水期的样品，结合区域的实地状况以及地方病的发病情况做污染物来源分析、形态分析等来判断超标原因，找到根源加以控制，提高拉萨市农牧区人民的生活质量。

表7　拉萨市农牧区饮用水健康安全风险信息统计

行政县	调查家庭数量（户）	饮用水健康安全风险评价		
		基本安全的家庭数量（户）	有一定健康安全风险的家庭数量（户）	有较高健康安全风险的家庭数量（户）
墨竹工卡县	117	115	2	0
达孜县	71	68	3	0
林周县	139	136	0	3
曲水县	84	81	1	2
尼木县	84	75	9	0
堆龙德庆县	127	127	0	0
当雄县	108	103	3	2

说明：报告工作是在西藏大学"拉萨市民生改善调查"项目的资助下完成的，得到了杨丹副校长的大力支持和杨铮副教授的密切合作，同时得到天津大学—西藏大学高原水化学联合实验室的经费资助。该版本报告为现阶段的初步分析，后续会结合实地因素以及地方病发病情况，进行深入分析与讨论。

附　录

附表 1　超标户超标元素及倍数总览

住户编号	超标元素	超标倍数	超标元素	超标倍数
540127256641005	As	0.43		
540127256641011	As	0.40		
540127973626001	Zn	0.19		
540126854980022	B	0.47		
540126513659005	As	0.48		
540126513659008	As	0.42		
540126513659025	As	0.52		
540121641033006	B	1.03		
540121694472001	B	1.07		
540121139488005	As	1.77		
540121139488007	As	1.81		
540121139488016	As	1.79		
540121641033009	Zn	1.17		
540124552327001	As	2.05		
540124552327002	As	2.03		
540124552327010	As	0.26		
540123972013010	Al	0.29		
540123123300002	F	1.04	As	0.03
540123123300004	F	1.04	As	0.02
540123123300005	F	0.99	As	0.01
540123123300006	As	0.01		
540123123300007	F	1.08	As	0.01
540123123300009	F	1.04	As	0.01
540123123300010	F	0.99	As	0.02
540123123300011	As	0.03		
540123123300008	F	1.04		

续表

住户编号	超标元素	超标倍数	超标元素	超标倍数
540123123300003	F	1.04		
540123123300001	F	1.04		
540125200588001	B	2.92		
540125760670005	B	1.92		
540125760670010	Sb	4.67	B	1.3
540125607608007	As	0.406		
540122429052012	B	0.32		
540122429052025	B	1.01		
540122277050009	B	1.10		
540122320946008	B	0.15		
540122320946010	B	2.43		
540122320946015	B	0.44		
540122498558001	As	0.11		
540122498558002	As	5.66		
540122331601012	As	7.53		
540122331601018	As	0.63		
540122838912003	As	0.30		
540122838912015	U	0.06		
540122173191002	U	2.99		
540122173191011	U	2.70		
540122320946003	Pb	0.16		
540122838912002	Mn	8.80		

附表 2 复测结果超标元素及倍数总览

行政县	住户编号	超标元素	超标倍数
林周县	540121139488005	As	7.724
	540121139488007	As	10.41
	540121139488016	As	6.331
曲水县	540124552327001	As	2.643
	540124552327002	As	2.919
当雄县	540122498558002	As	12.44
	540122331601012	As	17.06

后　记

　　这是一本用脚跑出来而非用笔写出来的书，这是一项把文章写在大地上的成果，这是西藏大学援藏和在藏师生深入基层、关爱民生的科学献礼。

　　2016 年 7 月，作为中组部第八批援藏干部赴藏工作之后，作为学者，我深感西藏历史研究底蕴之深厚。但同时也发现当代西藏研究缺乏科学方法、完备数据和团队协作，难以对国家和西藏当下发展的重大需求提出科学建议，对西藏未来的研究几乎是空白。为了服务当代西藏发展需求，在西南财经大学和西藏大学的支持下，我们组建了珠峰研究院。自治区人大常委会副主任、西藏大学党委书记尼玛次仁同志和前世界银行首席经济学家、北京大学林毅夫教授给予极大支持，亲自为研究院剪彩。珠峰研究院成立伊始，就立志"做具有世界平面的广度，中国本土的深度，西藏未来高度的研究，成为西藏研究第一智库"。林毅夫先生为了支持西藏大学的研究，多次入藏，在西藏大学成立了北京大学新结构经济学研究院西藏分院并欣然同意为本书作序。

　　如何做好当代西藏的研究？我认为需要选题、数据、方法和观点。中国特色、西藏特点，事关重大的选题可以集中有限的研究资源实现突破；科学统一的数据平台，可以解决许多研究资料来源经验化、零散化和缺失问题；基于通用科学规范的理论和实证研究可以解决方法现代化和成果可接受问题；基于客观数据和科学方法的研究可以得出可靠观点和有效的政策建议。

西藏发展的关键词是：稳定、民生和生态。已经启动的第二次青藏高原综合科学考察将构建包括生态研究在内的科学数据平台，破解诸多重大科学问题。民生是民心所系，国之根本，执政之要，是"以人民为中心"发展理念的具体体现，党的治藏方略也提出"以改善民生、凝聚人心为西藏和四省藏区社会经济发展的出发点和落脚点"。但是民生发展的概念界定、指标体系不够完善，基于西藏独特社会经济条件的数据十分缺乏，因此西藏民生的研究还没有实现科学化。在攻坚扶贫阶段，民生研究将提供未来发展的导向。到2020年，西藏和全国同步全面实现小康之后，民生将成为社会经济发展的主旋律。因此，西藏民生研究具有重要性、紧迫性和战略性。

本次拉萨农牧区的民生调查目标有三：一是构建既符合通用民生指标体系，又具有西藏特点的指标体系；二是进行科学深度访谈、科学抽样和入户调查，以此开始西藏民生研究科学化进程；三是力争为民生改善提出有科学依据的决策建议。考虑到拉萨市城关区生产生活形态几乎和内地相似，民生指标体系没有特殊性，攻坚扶贫和民生改善的压力较小，因此不作为首次调查考虑的重点。

农牧区的居民生活生产由于市场化程度、金融深化深度、工业化影响程度较低，因此民生指标具有很多特殊性。我们沿用了国务院发展研究中心的民生指标体系，把民生界定为居民生活、公共服务、公共安全和生态文明四大维度，并分解为16个二级指标。但从三级指标开始，我们发现原有的指标不太适用。例如居民收入货币化程度较低，财产多以牛羊等方式存在，因此我们通过深度入户访谈，把三级指标全部本地化以反映农牧民的生产生活情况。我们的26个三级民生满意度指标的提问方式与西南财经大学的"全国中心城市民生满意度"指标以及"四川民生满意度"两套主观民生满意度指标体系的提问方式类似，但是更加本地化。

具体而言，指标本土化主要体现在以下几个方面：（1）针对西藏农牧区市场化程度不高，还存在大量的自给自足经济以及物物交换经济，我们将消费分为货币化支出与非货币化消费两类来询问；（2）针对西藏农牧区还存在大量地区没有国家电网覆盖，以及石化能源消费较困难的情况（生活燃料以牛粪为主），我们在关于消费的主观满意度中加入了能源方式与用电稳定性的询问；（3）针对西藏自治区的 15 年全免费义务教育的全面推广实施，将义务教育的满意度作为教育满意度的询问内容；（4）针对农牧区农村医保以及医疗资源的相对匮乏现象，将村／镇卫生所以及县医院的医疗服务作为医疗方面满意度的询问内容；（5）针对西藏农牧区全民社保的全覆盖（无须缴费的政府免费提供），以及各类农牧业补贴的广泛发放，将养老保障与各类补贴的满意度作为社会保障方面的询问内容；（6）针对西藏农牧区公共交通工具的匮乏（人口密度太小而导致公共交通供给的非经济性）与村／乡道路发展不平衡，将公共汽车的可达性和对本村／乡道路状况的作为交通方面的询问内容；（7）公共安全方面加入了西藏农牧区常见的自然灾害前后的政府预防与救助方面的询问，生产安全方面加入了牲畜传染病的政府预防与救助方面的询问；（8）针对西藏农牧区目前还未能实现饮用水集中供给的现实，我们在生态文明方面加入了关于饮用水质满意度的提问内容，并且进行了专门的饮用水质监测专题研究。

本次入户调查共抽取拉萨 62 个村，746 户，覆盖 2833 人的有效家庭样本。抽样规则是严格按照随机抽样原则来设计的，但由于拉萨市七县农牧区全体家庭样本信息的可得性限制，样本的抽取是依照两阶段随机抽样来进行的：第一阶段从拉萨市七县共 224 个村中依照七县的常住人口比重随机抽取 62 个样本村，随后根据每一个样本村的全体户籍列表再随机抽取 12 户作为入户对象。实际执行入户时，由于交通安全等特殊条件的限制，小部分村的最终有效样本与 12 户稍有偏差。

在拉萨市政府的重视、信任和关心支持下，研究团队运用西南财经大学中国家庭金融调查中心世界一流的抽样与访谈调查平台，研究历时 1 年、走村入户用时 48 天、累计行程 6 万公里，形成了 40 多万字的《拉萨市农牧区民生发展调查报告（2017）》，取得了反映拉萨市农牧区民生现实状况与发展变化的一系列研究成果。第一次开展严格符合科学规范的西藏农牧区居民入户调研，最终在一个月时间完成全部 800 多个调研样本和有效样本的入户信息采集。参与调研的全体老师和同学们秉承"缺氧不缺精神、艰苦不言辛苦、奉献不计得失"的使命感和责任感，在 12 月西藏环境最严酷的季节完成了调研。

完成入户调查以后，又经过了一年的样本有效性确认、数据清理与整理分析、报告写作修改、多次专家论证最终形成了本报告。希望这是一次把西藏民生研究科学化系统化的一次成功尝试。

本次拉萨农牧区调查具有以下特点：1. 科学性。在深度访谈、指标设计、样本选择、问卷翻译、入户调查、结果分析等环节均采用科学通用方法。利用西南财经大学中国家庭金融调查中心国际领先的调研平台，保证了调查的顺利进行。2. 综合性。民生指标涉及居民生产生活的方方面面，本身就具有综合性的特征。我们在基本指标结构不变的基础上，对指标进行了本地化改造，以期反映综合反映民生的各个方面。3. 本地化。本次调查具有浓厚的青藏高原特色，指标设计、调查对象、调查区域、调查结果都充满了浓浓的"酥油味""糌粑味"。针对西藏社会经济发展的重大问题，我们还增加了健康和饮用水、隔离度、牦牛、普惠金融等研究专题，以期提供全面系统认识西藏的分析框架。

当然，由于客观民生改善投入与政府民生绩效数据获取的困难，本次调查主要是农牧区的主观满意度调查，还未能在客观政府民生投入和居民主观满意之间建立起科学的关系，这是我们以后努力的方向。同时，民生满意度需要从社会、文化、信仰等多维度进行系统理论和实证研究，这也将是团队未来研究的方向。

　　本次调研的分工如下：问卷由杨丹、杨铮、图登克珠负责总设计，参与入户调研由杨铮、徐良果、侯仲凯、王波负责后勤与总调度，西藏大学财经学院、经济与管理学院和科研处的老师25位老师参与了入户调查，他们是：杨铮、徐良果、侯仲凯、王征征、杨昭、金措、杨阿维、申苗峰、王波、阿米娜、刘佳、袁霄、侯仲凯、黄全花、白玛玉珍、达日吉、次旦平措、王勇军、柯燕、徐爱燕、王晓芳、周蓉、辛馨、黄菊英、张建伟。经济与管理学院的博士和硕士研究生西绕甲措、杨新玲、卓嘎、王玉柱、萨珍、胡丹丹、王发莉参与了调研。西藏那曲第二高级中学教师切羊卓玛参与了入户调查。西藏大学央珍、益西央吉、索朗次仁、罗布、桑珍、索朗曲珍、嘎玛赤列、罗桑、达珍、索央、且增尼玛等同学参与了入户翻译工作。

　　调研报告由杨丹、杨铮、图登克珠负责总撰修订，杨铮、胡国平、徐爱燕、曾攀、刘忠等起草初稿，经过近十次的专家论证和修订，最终形成了本报告。初稿写作分工如下：第一章：胡国平；第二章：杨铮；第三章：胡国平、徐爱燕、曾攀；第四章：胡国平、徐爱燕、曾攀；第五章：何卓静、杨铮；第六章：杨铮；第七章：曾攀；第八章：周钻究、王梦函、刘忠。

　　本次调查能够顺利进行，首先要感谢现任西藏自治区政府主席，时任拉萨市委书记的齐扎拉同志，以前瞻的眼光批示支持本次调查。作为拉萨市民，我们也感受到拉萨市做了大量立足长远、惠及民生的前瞻性工作，"树上山、河变湖、暖入户"成为民生典范工程惠及千家万户。本次调查的结果证明了这些努力的成效，为未来发展提供了参考。

　　自治区党委常委、组织部长曾万明同志对本次调研给予大力支持，并且和课题组分享了他关于西藏民生和西藏发展的诸多独到深邃的见解。国务院发展研究中心副主任王一鸣教授曾经多次入藏，对西藏发展倾注了心血和情感，对我们工作给予指导并作序推荐。

西藏大学纪建洲校长对于本次调研的大力支持使得本次调查从设想变为现实。西藏自治区政府副秘书长旦增伦珠同志积极支持珠峰研究院工作，他敏锐地看到了西藏民生调查的学术和社会价值，积极支持本次调查，并通读报告全文提出了宝贵意见。时任拉萨市副秘书长的援友廖卫华同志对于调查也给予了大力支持。本项目得到西藏大学"2016年度西藏经济社会发展与长治久安（一流学科）"建设项目经费支持。

本研究得到西南财经大学的大力支持，赵德武书记亲自带队到拉萨签署两校战略合作协议，学校持续为援藏提供经费和人力资源支持。西南财经大学中国家庭金融调查中心主任甘犁教授经过十多年的努力，创建了全球领先的社会调查平台，在他帮助下，西藏大学迅速地完成了调研团队的培训，调研软硬件平台的调试，中国家庭金融调查中心的团队对本次调查提供了专业的咨询。

人民出版社曹春编审参与组稿的全过程，给出她专业独到的建议。在此一并表示深深的谢意！

回顾整个研究历程，翻山越岭寻找受访对象的艰难情景又浮现在眼前，入户访谈过程中给我们感动和激励的那些带着浓厚的乡音仍在回荡，和我们积极交流（虽然还是需要翻译，而且是藏区方言的翻译）的淳朴的笑脸也历历在目。西藏是全国连片深度贫困地区，调查组的师生看到受访对象生活在比我们父辈生长的农村还要艰苦的环境，更加激励我们努力工作，让更多的农牧区的孩子得到优质的教育，通过"知识改变命运"，实现人生出彩。师生们反映，调研的过程也是自己受教育的过程，所有成员都经历了一次深度的社会实践，也经历了一次深刻的心灵洗涤。

项目所采集的数据定格在了2016年年末，它记录了这个时点拉萨市七县农牧区居民真实的生活与民生状态，记录了西藏农牧区民生发展历程中的一个真实的脚印。高处着眼，实处着手。我们远期的目标是建设西藏自治区，乃至环喜马拉雅地区甚至是泛世界第三极地区的社会科学研究大数据平台，形成世界级优秀团队和有全球影响力的成果，因此我们盼望一次全面的青藏高原综合社会科学考察。中期的目标是构建西藏民生研究的大数据平台，积极推进西藏社会科学研究平台建设。近期目标是构建西藏民生研究数据平台，利用援藏机制建立优秀团队，产出有参考价值的研究成果，助力 2020 年全面建成小康社会。

我们的研究并不会停止，未来还将记录更多西藏社会经济发展和民生改善的真实信息，为西藏发展提供科学客观的研究支持。

杨 丹

教授、博士生导师

中组部第八批援藏干部

西藏自治区发展咨询委员会副主任

西藏大学副校长、西南财经大学副校长

2018 年 6 月于拉萨

责任编辑：曹　春　朱　蔚

封面设计：汪　莹

图书在版编目（CIP）数据

拉萨市农牧区民生发展调查报告.2017 ／杨丹，杨铮，图登克珠 著 . —北京：
　人民出版社，2018.12

ISBN 978－7－01－019090－7

I.①拉…　II.①杨…②杨…③图…　III.①居民生活－研究报告－拉萨

　IV.① D668

中国版本图书馆 CIP 数据核字（2018）第 051271 号

拉萨市农牧区民生发展调查报告（2017）

LASASHI NONGMUQU MINSHENG FAZHAN DIAOCHA BAOGAO 2017

杨　丹　杨　铮　图登克珠　著

人 民 出 版 社 出版发行

（100706　北京市东城区隆福寺街 99 号）

北京汇林印务有限公司印刷　新华书店经销

2018 年 12 月第 1 版　2018 年 12 月北京第 1 次印刷

开本：710 毫米 ×1000 毫米 1/16　印张：33

字数：459 千字

ISBN 978－7－01－019090－7　定价：138.00 元

邮购地址 100706　北京市东城区隆福寺街 99 号

人民东方图书销售中心　电话（010）65250042　65289539